초거대 위협

MEGATHREATS

초거대 위협

앞으로 모든 것을 뒤바꿀 10가지 위기

누리엘 루비니 **지음** | 박슬라 **옮김**

한국경제신문

———

세계는 2008년 금융 위기와 2020년 코로나19 경제 위기를 과감한 재정 및 통화 정책으로 극복했다. 하지만 이 과정에서 루비니 교수가 지적한 것처럼 '모든 위기의 어머니'인 부채가 급증했다. 모든 자산 가격에 거품이 발생했다가 붕괴하고 있다. 여기에 인공지능과 업무 자동화, 탈세계화, 강대국 간의 지정학적 충돌, 스태그플레이션, 통화 붕괴, 소득 불평등 심화, 기후 변화라는 거대한 위협이 더해지고 있다. 루비니 교수는 이들 위협이 상호 영향을 미치면서 지난 75년간 지속돼온 안정과 번영의 시대는 끝났다고 주장한다. 지금 우리 앞에 닥친 위기에서 생존하려면 시대의 흐름을 알아야 한다. 이 책을 필독해야 할 이유다.

김영익, 서강대학교 경제대학원 교수

———

금융 위기를 정확히 예측한 루비니가 10가지 거대 담론을 통해 다시 한 번 논리적인 비관론을 제기한다. 거기서 그치는 게 아니라 비판을 넘어서기 위해 반드시 주목해야 하는 이슈들을 함께 제시한다. 불확실한 지금의 상황을 헤쳐 나갈 때 꼭 필요한 인사이트가 담긴 책이다.

오건영, 신한은행 WM컨설팅센터 부부장

———

이제껏 보기 드문 명료한 정신으로, 마치 뜨거운 칼로 버터를 자르듯 문제를 정확히 꿰뚫는 책이다. 지금 우리의 경제적 상황에 대해 이보다 더 명쾌한 설명을 본 적이 없다. 이 책을 읽은 사람들은 작금의 재정적 위기에서 벗어날 것이며, 만일 중앙은행가들이 이 책의 메시지를 받아들인다면 세상은 지금보다 더 좋은 곳이 될 것이다.

나심 니콜라스 탈레브, 《블랙 스완》 저자

────────

누리엘 루비니만큼 독자들을 얼어붙게 만드는 경제학자도 없을 것이다. 그러나 그의 경고에 귀 기울여야 하는 이유는 단지 무섭기 때문이 아니라 대개 사실로 입증되기 때문이다. 실제로 이 책에서 그가 묘사하는 10가지 초거대 위협은 미래에 얼마든지 나타날 수 있는 일들이다. 두려울수록 직시하라. 경고에 귀를 기울이고 관심을 가져라.

마틴 울프, 〈파이낸셜 타임스〉 수석 경제논설위원

────────

2008년 금융 위기를 예측한 경제 전문가가 쓴 이 책은 앞으로 수십 년 안에 세계의 평화와 번영을 위협할 커다란 위기들을 분석하고 있다. 각각의 위기들은 서로 영향을 미침으로써 서로를 강화하며, 위험에 대응하는 우리의 능력을 떨어뜨린다. 저자의 말에 따르면 우리가 할 일은 명확하다. 고질적인 정치적, 지정학적 장벽을 극복하고 적절한 집단적 대응을 펼치는 것이다. 그러지 않으면 인류는 이제껏 경험하지 못한 혼돈과 격변의 시대로 걸어 들어갈 것이다. 시의적절한 시기에 나온 매우 설득력 있는 책이다. 모두가 저자의 경고에 귀 기울여 경각심을 갖길 바란다.

이언 브레머, 유라시아 그룹 회장 · 《우리 대 그들》 저자

경제, 금융, 역사, 국제관계에 능통한 저자 자신의 풍부한 개인적 경험을 바탕으로 쓴 역작이다. 이 영리하고 시의적절한 분석은 우리가 지금 그리고 앞으로 알게 될 복합적이고 중요한 개념을 제시하는 것 이상이다. 또한 저자는 인간의 잘못된 판단과 정책, 자연의 경고에 대한 집단적인 방관과 무시가 어떻게 세대를 초월하는 거대한 위협을 초래했는지 인상적으로 서술하고 있다. 만일 이 책조차 무시하고 싶다면 말 그대로 초거대 위험을 감수해야 할 것이다.

모하메드 엘 에리언, 핌코 전 CEO · 《새로운 부의 탄생》 저자

2008년 대침체를 예측한 경제학자가 변화의 길목에서 또다시 중요한 위기가 닥쳐올 것이라 말하고 있다. 늘 어두운 미래를 예언한다고 해서 '닥터 둠'이라 불리는 누리엘 루비니 교수가 또 이렇게 경고하는 이유는 단순히 겁을 주기 위해서거나 그의 말을 듣게 하기 위함이 아니다. 우리가 너무 늦지 않게 위기에 대비하도록 도와주기 위함이다. 문제를 일찍 예측할수록 방지하고 해결하기가 쉬운 것은 너무나 당연한 진리다.

애덤 그랜트, 펜실베이니아대학교 와튼스쿨 교수 · 《싱크 어게인》 저자

차분하고 명석하게 선견지명을 보여주는 책이다. 중요한 역사적 사건을 분석해 현재의 추세를 광범위하게 논의하며, 여기에 통찰력 있는 경제 분석을 결합해 세계 경제의 장기적 위험을 명쾌하게 보여준다. 어둡긴 하지만 훌륭하다.

케네스 로고프, 하버드대학교 경제학과 석좌교수 · 《화폐의 종말》 저자

———————

최근 우리는 블랙스완 사건이 생각보다 더 자주 발생하는 것을 목격하고 있다. 누리엘 루비니는 그중에서도 가장 위협적인 백조가 무엇인지, 우리가 그 백조에게 쪼이지 않으려면 어떻게 해야 할지를 알려준다. 물론 첨단기술이 우리 앞에 놓인 문제들을 해결해줄 수도 있을 것이다. 그러나 누리엘이 경고한 것처럼 정치적 의지가 없다면 기술도 의미가 없다. 이 책은 낙관적이진 않지만 냉철한 분석으로 지금 우리에게 정말로 필요한 이야기를 해주고 있다.

배리 아이켄그린, UC버클리대학교 경제학과 교수 · 《황금 족쇄》 저자

우리는 날마다 온갖 위험을 마주한다. 개중에는 비교적 가벼운 것들도 있다. 혹여 실수하더라도 별일 없이 넘어갈 수 있는 것들 말이다. 가령 일반 주식에 100달러를 투자했다가 투자금을 전부 잃거나 약간 손해를 봐도 큰 문제는 없을 것이다. 하지만 이런 위험이 계속 이어지고 심각한 피해를 유발한다면 우리는 이를 '위협'이라고 부른다.

예를 들어 바다가 바로 내려다보이는 높은 절벽 위 별장을 산다고 하자. 이는 가히 위협이라고 부를 만한 위험을 감수하는 행동이다. 기후 변화로 1년 내내 폭풍우가 칠 수도 있으며, 해안 절벽이 조금씩 침식될 수도 있다. 이런 투자는 위협이 될 수 있다. 만일 집 아래 절벽이 매일 얼마나 침식되고 있는지 궁금해서 몸을 내밀고 내려다볼 정도로 멍청하다면 목숨까지 위험해질 수 있다.

한 사람이 어떤 결정을 내릴 때 우리는 그 사람의 삶이 앞으로 어떻게 될지 약간이나마 엿볼 수 있다. 하지만 정책입안자가 집단 또는 사회적 위험과 연관된 결정을 내릴 때는 판단하기가 쉽지 않다. 전쟁에 참여해야 할까? 기후 변화의 속도를 늦추기 위해 기업들에 높은 탄소세를 부과해야 할까? 이런 결정들을 내릴 때 개개인이 접할 수 있는 정보는 한정되어 있지만 막상 그 결과는 너무도 방대해 우리 모두에게 엄청난 영향을 끼친다.

2008년 글로벌 금융 위기나 코로나19와 같은 팬데믹 앞에서 많은 정책입안자가 갈팡질팡한 것만 봐도, 어떻게 미흡한 정책이 은행 예금을 바닥내고 수백만 명의 생계와 생명을 위태롭게 하는지 알 수 있다. 집단적인 공동 대응은 개인적 대응보다 훨씬 어렵다. 국내에서 또는 국제적으로 정책입안자들이 의견 합치를 보지 못하고 서로 다투는 상황이라면 결정을 내리기가 더 어려울 것이다.

경제학자인 나는 위험과 그 결과를 관찰하고 고찰한다. 2006년에 나는 집값이 폭등하고, 주택담보대출 부채가 위험 수준에 도달하고, 과도한 건축 붐이 일어나는 것을 보았다. 새로이 지어진 수많은 주택은 구매자가 나타나기만을 간절히 바라고 있었다. 나는 머지않아 역사에 기록될 거대한 거품이 터져 세계적인 경기침체와 금융 위기가 발생할 것이라고 경고했다.

그러나 공공연히 그런 발언을 하는 것은 친구를 사귀기에 그리 좋은 방법은 아니었다. 논평가들은 나를 '닥터 둠(Dr. Doom)'이라고 조롱하면서 주의를 촉구하는 내 다급한 외침을 묵살했다. 그리고 내가 예견한 대로 사태가 발생하고 글로벌 금융 위기가 절정에 이르자 미국 전역에서(그리고 부동산 거품이 있었던 다른 국가들도) 부동산 시장이 폭락했고 전 세계 경제와 금융기관에도 거대한 반향이 일었다.

위험과 위협은 어디에나 도사리고 있다. 일부는 더디게 움직이고 어떤 것들은 다른 것들보다 훨씬 위험하다. 그중에서도 가장 위험한 것들은 가장 천천히 움직이는 경향이 있기 때문에 집단 대응을 하기가 특히 어렵다. 이 책에서 나는 천천히 진행되고 있든 가속도를 내고 있든, 조만간 우리를 덮치든 한참 뒤에 도달하든 현재 우리가 직면한 가장 크고 거대한 위협에 초점을 맞추고자 한다. 나는 이런 위협을 '초거대 위협(megathreats)'이라고 부른다. 이 초거대 위협은 막대한 피해와 고통을 야기하고 쉽게 해결할 수 없는 지극히 심각한 문제를 가리킨다.

최근 러시아의 우크라이나 침공에서 볼 수 있듯이 전쟁은 끔찍한 고통을 초래한다. 그러나 내가 말하는 '초거대 위협'은 전쟁만을 지칭하는 것이 아니다. 전쟁은 인류의 기록이 시작된 이래, 아니 그전부터 계속 존재해왔다. 국지적 전쟁이든, 세계 전쟁이든 어떤 것들은 빠르게 끝났고 어떤 전쟁은 수년이 넘게 지속되었다. 그러나 전쟁은 우리가 직면한 새로운 도전 과제도 아니고, 전쟁을 피하는 것이 내 전문 분야도 아니다. 설사 지정학적 초거대 위협이 강대국 간의 전쟁으로 이어지거나 그 결과 심각한 인간적, 경제적, 재정적 영향이 발생하더라도 말이다.

내가 그보다 더 심각하게 우려하는 초거대 위협은 경제, 금융, 정치, 지정학, 무역, 첨단기술, 건강, 기후 등 광범위한 문제들이다. 지정학적 위협처럼 그중 일부는 냉전(冷戰)을 거쳐 종내에는 열전(熱戰), 즉 본격적인 무력 전쟁으로 이어질 수도 있다. 내가 이 책을 쓴 이유는 지금 우리가 매우 긴급하고 거대한 규모의 10가지 심각한 문제에 직면해 있다고 믿기 때문이다. 따라서 명확한 비전을 갖고 미래를 예측하고, 이런 위협이 우리를 파멸시키지 않도록 지금 당장 할 수 있는 일을 행동으로 옮겨야 한다.

기억은 쉽게 희미해진다. 특히 경제적 불안과 관련된 부분에서는 더욱 그렇다. 제2차 세계대전 이후 세계는 몇 번의 짧은 시기를 제외하면 상당히 오랫동안 부와 번영, 평화와 생산성 증대의 혜택을 누렸다. 지난 75년은 비교적 안정적인 시간이었다. 경기침체와 불황이 찾아오기는 했지만 몇 번의 예외를 제외하면 힘든 시기는 그리 길지 않았다. 혁신은 삶의 질을 비약적으로 높였다. 강대국 사이의 총력전도 경험하지 않았다. 대부분 국가에서 젊은 세대는 부모나 조부모보다 더 나은 삶을 누릴 수 있었다.

불행히도 이 길었던 상대적 번영의 시기는 그다지 오래가지 못할 것 같다. 우리는 상대적 안정의 시기를 떠나보내고 이제 극심한 불안정과 갈등, 혼돈의 시대로의 정권교체를 앞두고 있다. 과거에 맛본 그 어떤 경험과도 다른, 서로 연결된 여러 개의 초거대 위협에 직면했다.

우리는 지금 벼랑 끝에서 위태롭게 휘청거리고 있다. 그런데도 대부분의 사람은 아직도 우리의 미래가 과거와 비슷하리라 생각한다. 엄청난 착각이다. 이 새로운 경고 신호는 매우 명확하고 논리적으로도 일리가 있다. 경제, 금융, 첨단기술, 무역, 정치, 지정학, 건강, 환경과 관련된 위험들은 점점 더 커지고 있고 심각해지고 있다. 초거대 위협의 시대에 온 것을 환영한다! 이 거대한 위협들은 우리가 알고 있다고 생각했던 세상을 완전히 뒤바꿔놓을 것이다.

이제는 초경계 태세로 사는 법을 배워야 한다. 안정된 고용과 대부분의 전염병을 정복한 지속 가능하고 건강한 지구 그리고 경쟁 강대국들 사이의 평화 등 이제껏 당연하게 여겼던 경제적, 지정학적 확신이 사라지고 있다. 스태그플레이션과 짧게 지나간 경기침체를 제외하면 전후(戰後) 수십 년간 안정적으로 유지되었던 경제 성장과 번영이 끝나고 대공황 이후 이제껏 본 적 없는 경제 및 금융 위기가 시작되었다.

이런 경제 위기는 기후 변화와 인구통계학적 붕괴, 무역과 이주를 축소하는 국가주의 정책, 중국(더불어 러시아와 이란, 북한 등 수정주의 동맹국)과 미국 및 그 동맹국 사이의 글로벌 경쟁 그리고 그 어느 때보다도 짧은 기간 내에 다수의 일자리를 대체할 기술 혁명으로 더욱 악화될 것이다.

이 책은 우리를 향해 돌진해오고 있는 10가지 초거대 위협을 탐구한다. 이런 초거대 위협들을 한자리에 모아놓고 보면 이것들이 어떻게 서로 겹치고 서로 강화하는지 알 수 있을 것이다. 부채 축적과 부채의 덫, 장기간 지속된 저금리 정책과 금융 위기, 인공지능(AI)과 업무 자동화, 탈세계화, 강대국 간의 지정학적 충돌, 인플레이션과 스태그플레이션, 통화 붕괴, 소득 불평등과 포퓰리즘, 세계적 유행병과 기후 변화 사이에는 연관성이 있다. 각각의 문제들은 또한 다른 문제를 해결하는 데 방해가 된다. 하나의 위협은 그저 골칫거리일지 모른다. 그러나 동시에 발생하는 10개의 초거대 위협은 그보다 훨씬, 훨씬 심각한 문제다.

이제부터 한 장마다 각각의 초거대 위협을 살펴보고 그런 위협에서 살아남기 위한 우리의 집단적 전망을 논할 것이다. 스포일러를 조금 하자면 엄청난 행운과 전례 없는 경제 성장 그리고 그럴 가능성이 거의 없는 전 세계적 협력이 없다면 행복한 결말은 없을 것이다. 우리는 너무 멀리 와버렸다.

이런 운명을 자초한 것은 우리 자신이다. 이 책에 제시된 초거대 위협들을 초래한 것은 결국 잘못된 금융 규제 완화와 비전통적인 거시경제 정책, 탄소 배출의 산업화, 제조업 일자리의 해외 이전(offshoring), 인공지능 개발을 비롯해 중국이 세계 시장에서 경쟁할 수 있도록 힘을 실어준 것처럼 '처음에는 해결책처럼 보였던' 조치들이었다.

이 책에서 논하는 초거대 위협과 싸우려면 우리는 그동안 고이 간직해왔던 가정을 버려야 한다. 특정 일자리를 자동화하면 과거에 그랬듯이 더 새롭고 좋은 일자리가 탄생할 것이라고 예상해서는 안 된다. 세율을 낮추고 무역을 자유화하고 규제를 완화하면 모두에게 이익이 될 경제적 에너지가 생성될 것이라고 가정해서도 안 된다. 어쩌면 이제 우리는 생존을 위해 개인의 자유보다 공공과 국가 및 세계의 이익을 더 중요하게 여겨야 할지도 모른다. 지속 가능하고 포괄적인 성장을 회복하지 못하면 경쟁적 이해관계 때문에 전 세계가 국내 및 국제 갈등으로 점철되었던 암흑기로 다시 돌아갈 수도 있다.

이 책은 향후 20년 동안 우리의 미래를 위협할 초거대 위협을 중단기적 관점으로 살펴보겠지만 실제로 이런 초거대 위협들은 이미 가시화되고 있다. 인플레이션의 급격한 상승으로 경기침체 위험이 증가하면서 선진경제에서 고개를 쳐들고 있는 스태그플레이션 위험, 중앙은행이 인플레이션에 맞서 금리를 인상하면서 드러난 고부채 국가 정부 및 민간 부문 행위자들의 재정 취약성과 디폴트(채무불이행) 위험, 글로벌 증시 약세와 암호화폐를 비롯한 수많은 자산 거품의 붕괴 등. 저금리 시대가 뒤집히고 있다.

또한 세계 경제의 파편화와 탈세계화에 대한 끊임없는 논의와 추진, 러시아의 우크라이나 침공 및 갈등이 지리적으로 그리고 파격적인 방식으로 확대될 가능성, 미국(및 서구 동맹국)과 중국(및 실질적인 동맹국인 러시아, 이란, 북한) 사이에 울려 퍼지고 있는 신냉전의 북소리와 대만을 둘러싼 미중 간의 긴장이 고조되고 있는 점도 우려되는 부분이다.

기후 변화가 점점 심각해지는 가운데 인도와 파키스탄에서 사하라 이남 아프리카와 미국 서부까지 강타한 대규모 가뭄과 폭염은 또 어떤가. 중국의 성장 둔화 및 잘못된 제로코로나 정책으로 경제가 경착륙(硬着陸)할 위험, 많은 가난한 국가에서 아직 통제되지 못했고 다양한 변이로 새로운 변종이 등장할 가능성이 있는 세계적 유행병, 식량과 에너지 및 원자재 가격의 급등으로 발생할 식량 부족 사태와 에너지 불안, 식량 부족이 기근으로까지 이어질지 모르는 위험 등 모두 지금보다 훨씬 위험한 미래와 10년 안에 다가올 초거대 위협을 가리키는 불길한 징조였다.

실제로 2022년 봄, 그 어느 때보다도 촉각을 곤두세우고 있던 국제 통화기금(International Monetary Fund, IMF)의 총재 크리스탈리나 게오르기에바(Kristalina Georgieva)와 동료 두 사람은 세계 경제가 "제2차 세계대전 이후 가장 큰 시험"에 들기 직전에 있으며 "언제 닥칠지 모르는 '재난의 합류 지점'에 직면해 있다"고 경고했다.[1]

나는 진심으로 우리의 미래가 낙관적이라는 전망을 내놓을 수 있으면 좋겠다. 증시가 오르고, 수입이 증가하고, 소득과 일자리가 많아지고, 평화와 민주주의가 전 세계로 퍼져나가 여러 국가가 번성할 것이며, 지속 가능하고 포괄적인 성장이 실현되고 국제 협정이 모두에게 공정하고 수용 가능한 규정을 제정할 것이라고 말이다. 그렇게 말할 수만 있다면 정말 좋겠다. 그러나 그럴 수가 없다. 좋든 싫든 변화가 오고 있다. 우리가 직면할 초거대 위협들은 세계를 재편할 것이다. 살아남고 싶다면 갑자기 불시의 공격을 받은 듯 놀라지 마라.

2부
금융, 무역, 지정학, 첨단기술, 환경의 위기

3부
재앙을 피할 수 있을까

MEGATHREATS

1부

거대 스태그플레이션과 부채 위기

1장

눈먼 시장이 불러들인 부채 위기

나는 40년이 넘는 세월 동안 학자로서, 미국 정부의 정책입안자로서 부채 위기들을 겪었고 이를 해결하기 위해 노력했다. 어떤 위기는 한 지역에 국한되었고 어떤 위기는 전 세계를 휩쓸었다. 몇몇은 흔적을 거의 남기지 않았고 몇몇은 경제 부문 전반을 초토화하면서 수백만 명의 삶을 헤집어놓았다. 경제 정책을 다루는 복잡한 문제에서 그 누구도 정답을 아는 듯 말해서는 안 되겠지만 이것만큼은 말할 수 있다. '경험은 형편없는 교사'다.

우리는 몇 번이고 거듭해서 똑같은 실수를 저지른다. 열풍과 저금리 정책은 언제나 거품을 부풀린다. 그리고 그때마다 거품은 펑 하고 터진다. 애니메이션 〈루니 툰(The Looney Tunes)〉에 나오는 로드 러너는 선물 포장이 된 폭탄도 냄새로 구분할 수 있는데, 우리는 왜 그조차도 못한단 말인가? 포장지 때문인지 인간 본성 때문인지는 몰라도 최악의 부채 위기가 또다시 우리 앞에 놓여 있다. 예전에 우리가 무엇을 겪었는지 까맣게 잊어버리기라도 한 것처럼 말이다.

과거의 교훈을 뼈저리게 되새겨야 할 국가 중 하나는 바로 아르헨티나다. 2020년 중남미에서 세 번째로 경제 규모가 큰 아르헨티나의 정부는 1980년 이래 네 번째이자 역사상 아홉 번째 디폴트를 선언했다. 2020년 8월, 아르헨티나 재무부는 긴 협상에 지친 채권단과의 협의 결과를 발표했다. 협상 종료를 각오하기 몇 시간 전에 상환 유예와 이자 삭감이라는 극적인 타결을 이뤄낸 것이다.

재정적 재앙을 피하고 싶은 국가들에 영원히 마르지 않는 희망의 샘이 솟아난 것이나 마찬가지였다. 당시 알베르토 페르난데스(Alberto Fernandez) 아르헨티나 대통령은 이렇게 선언했다. "부디, 다시는 이 [채무의] 미로에 들어가지 않기를." 그는 아르헨티나의 국가 채무를 10년 안에 절반으로 줄이겠다고 약속하며 궁지에 몰린 경제를 되살리기 위해 최선을 다할 것임을 시사했다. 그리고 지역 주지사들과 그의 곁을 지켜준 국회의원들에게 감사했다. 프란체스코 교황과 멕시코, 독일, 프랑스, 스페인, 이탈리아의 각국 수장들에게도 감사했다. 〈파이낸셜 타임스(Financial Times)〉의 보도에 따르면 그는 "무엇도 쉽지는 않았으나, 아르헨티나인들이 할 줄 아는 게 있다면 넘어졌을 때 스스로 일어나는 것"이라고 말했다.[1]

이는 국가가 역경을 맞이했을 때 정치 지도자가 으레 내놓곤 하는 솔직하고 투지에 찬 발언이다. 그러나 아르헨티나와 더불어 전 세계가 현재의 위기를 넘기려면 아직 한참 멀었다. 아르헨티나는 현재 약

3,000억 달러의 공공 부채를 안고 있는데 이는 2020년 총 경제생산량과 맞먹는 규모다. 또한 코로나19 위기를 거치며 인플레이션으로 나라가 황폐해져 2022년에는 물가가 급등했다.

전 세계가 점점 더 아르헨티나를 닮아가고 있다. 코로나19 대응과 관련된 막대한 청구서가 날아오기 전부터 기업과 금융기관, 가계가 진 민간 부채와 정부의 공공 부채는 이미 통제 불능으로 치닫고 있었다. 2021년 미국에서는 1조 9,000억 달러 규모의 코로나19 구제 법안이 통과되었다. 여기에 트럼프 대통령 재임 중에 통과된 두 개의 거대한 경기부양책을 더하면 미국은 2019년 이후 공공 부채에 4조 5,000억 달러를 추가한 셈이다. 로렌스 서머스(Lawrence Summers) 전 재무부 장관은 2021년 초 〈워싱턴 포스트(Washington Post)〉 논평란에서 해당 정책이 "미국 역사상 가장 대담한 거시경제 안정화 정책이 될 것"이라고 경고했다. 그는 이런 과도한 부양책이 경기를 과열시키고 높은 인플레이션을 일으킬 것이라는 매우 합당한 우려를 표했다.[2]

그러나 바이든 정부는 이에 그치지 않고 기반 시설 및 사회복지 분야에 3~4조 달러의 지출을─오직 세금 인상을 통해서만 부분적으로나마 충당할 수 있는─계획했으나 다행히도 이 대규모 추가 지출안은 부분 통과되는 데 그쳤다.

집권 정당이나 연립정부의 색깔과는 무관하게 거의 모든 국가에서 코로나19에 대한 대응 때문에 부채 억제 정책이 느슨해졌다. 유럽은 간신히 버티는 중이다. 2021년 2월 〈뉴욕 타임스(New York Times)〉는 "[유럽의] 채무가 제2차 세계대전 이래 전례 없는 수준으로 급증하고 있다"고 보도했다.[3] 유럽의 많은 국가에서 부채가 빠른 속도로 증가하고 있으며 그 수준은 국가의 경제 규모를 크게 앞지르고 있다.

국제금융협회(Institute of International Finance, IIF) 데이터에 따르면 2021년 말 세계 부채(민간 및 공공)는 세계 GDP의 350퍼센트를 훨씬 넘어섰으며, 지난 수십 년간 빠른 속도로 증가해왔고(1999년에는 세계 GDP의 220퍼센트) 코로나19 위기 이후에는 특히 급증했다.[4] 이제껏 선진경제나 신흥시장에서 부채 비율이 이 정도 수준까지 이른 적은 없었다. 미국의 부채 수준은 세계 평균과 함께 움직이고 있다. 현재 미국의 GDP 대비 민간 및 공공 부채 비율은 대공황 때 부채가 최고점에 이르렀을 때보다 훨씬 높고, 미국이 제2차 세계대전으로 부상해 강력한 성장기에 돌입했을 당시의 두 배 이상이다.

이런 가파른 추세에 세계 부채를 관측하는 국제금융협회는 매우 직설적인 경고를 날렸다. "만일 세계 부채가 지난 15년간 있었던 평균 속도로 계속 증가한다면 2030년에는 360조 달러를 초과할 것이다. 이는 현재보다 85조 달러가 증가한 수치다."[5] 그렇게 되면 세계 경제 생산량 대비 부채 비율이 네 배 이상으로 늘어나 막대한 부채 상환 비용 때문에 경제 성장이 가로막힐 수 있다.

거주 가능하고 진보적인 세계에서 국가들은 성장을 억제하지 않고도 상환 가능한 수준의 부채를 유지해야 한다. 정부가 채무를 건전한 수준으로 유지한다면 (성장을 촉진하고 경기침체를 끝내기 위해) 침체기에는 부채를 늘리고 회복기에는 부채를 갚을 수 있다. 그러나 그 이상을 넘어서면 국가는 부채를 갚을 현실적인 능력도, 가능성도 없는 상태가 된다. 그럴 때 부채 위기가 발생하면 국가와 지역, 나아가 전 세계가 경제가 역성장하는 경기침체에 직면할 수 있다.

국가 채무가 만기일에 이르렀을 때 정부는 선택할 수 있는 바람직한 옵션이 없다. 통화 가치를 낮추고 사회안전망을 축소하는 다소 가혹한 구제책은 종종 시장 붕괴와 권위주의 포퓰리즘, 심지어는 최고가를 부른 불량 입찰자에게 미사일이나 핵 기술을 조용히 판매하는 등 의도치 않은 결과로 이어질 수 있다.[6]

국제금융협회는 2020년 11월에 '더 많은 부채, 더 많은 문제(More Debt, More Trouble)'라는 제목의 위클리 인사이트(Weekly Insight) 보고서를 통해 "2016년 이후 세계 부채 누적 속도가 전례 없는 수준에 이르렀다"라고 경고했다. 다시 말해 위기는 이미 다가오고 있었다. 팬데믹은 그 속도를 더욱 높였을 뿐이다.[7]

부채 비율은 선진경제가 더 높을지 몰라도 곤경에 더 빨리 처하는 것은 신흥시장이다. 신흥시장의 기준에서 볼 때 아르헨티나는 전체적으로 부채가 아주 많은 나라도 아니다. 민간 부채가 GDP의 3분의 1 정도에 불과해 비교적 건전한 편이기 때문이다. 그러나 자료를 통해 알 수 있듯이 외화로 표시된 부채는 해외 융자를 상환하고 이자를 지불하는 능력을 낮춘다. 아르헨티나가 페소화 가치를 미국 달러에 고정했을 때, 2001년 미국 경제는 호조를 유지하고 아르헨티나 경제는 곤두박질치자 통화 가치가 폭락했다. 이는 외화로 채무를 상환하는 능력에 과도한 압박을 가했다.

그리고 지금은 새로운 부채 위기가 다가오는 중이다. 선진경제의 부채 수준은 이미 GDP의 420퍼센트라는 기가 막힌 수준에 이르렀을 뿐만 아니라 시시각각 증가하는 중이다. 또한 신용을 기반으로 경제 성장을 일구어 GDP의 330퍼센트라는 에베레스트급 채무를 지고 있는 중국 역시 지금 몰려오고 있는 부채의 쓰나미를 피해 가지는 못할 것이다.

실제로 우리는 수십 년, 아니 지난 수 세기 동안 금융 거품과 경제적 혼란 속에서도 살아남았다. 앞에서도 언급했다시피 지난 40년간 나는 부채 위기를 여러 차례 목격했고 그때마다 해당 국가나 지역은 결국 다시 일어서는 데 성공했다. 그러나 독자 여러분이여, 늘 그렇듯 위기란 왔다 가기 마련이며 최악이라고 해봤자 흉터를 남길 뿐이라고 생각한다면 이번에는 틀렸다.

우리는 이제 완전히 새로운 영역에 들어섰다. 세계 소득증가율이 하락하면서 대부분의 예측 가능한 시나리오에서 국가와 기업, 은행 및 가계가 상환할 수 있는 것보다 더 많은 빚을 지고 있다. 금리가 0이나 마이너스였을 때 감당 가능했던 부채는 이제 중앙은행이 인플레이션에 대처하기 위해 기준금리를 급격히 인상해야 하기에 더는 지속할 수 없을 것이다.

공공 부문이든 민간 부문이든, 알뜰하든 낭비가 심하든 지금 우리는 대출자와 차입자의 삶이 바뀔 변곡점을 향해 질주하고 있다. 머지않아, 앞으로 10년 안에 언제든 그 어느 때보다 거대한 '모든 부채 위기의 어머니'가 등장할 수 있다.

벼랑 끝에 몰린 낙관주의자들

현재 우리를 둘러싼 딜레마에선 데자뷔가 느껴진다. 2006년 봄, 미국의 부동산 시장이 폭등했다. 살아 있는 사람이라면 누구나 쉽게 대출을 받을 수 있었고, 주택은 불티나게 팔려 나갔다. 자산 수준이나 소득이 주택담보대출을 갚을 자격이 되지 않더라도 상관없었다. 구매자들은 감당 가능한 수준보다 더 많은 돈을 빌려도 주택 가격이 오르면 상쇄될 것이라는 기대감에 부풀었고, 시장은 그런 구매자들을 어떻게든 찾아냈다. 내 눈에 이 현상은 거품으로 보였고, 그래서 나는 거품이라고 말했다.

그해 라스베이거스에서 열린 주택저당 유동화(mortgage securitization, 대출금융기관이 주택저당채권을 발행해 투자자에게 매각하는 것-옮긴이)에 관한 컨퍼런스에 참가했는데, 내가 보기엔 무모하고 해로운 서브프라임 모기지(subprime mortgage, 신용등급이 낮은 개인에게 일반 주택담보대출보다 높은 금리로 자금을 빌려주는 주택담보대출 상품-옮긴이)가 분명했다. 값싼 부채와 느슨한 신용 요건이 돈을 부동산 거품으로 밀어 넣고 있었다. 컨퍼런스가 끝나고 나는 차를 빌려 데스밸리(Death Valley, 죽음의 계곡)를 보러 갔다. 해수면보다도 낮고 마치 달과도 같은 풍광을 자랑하지만 광부들이 반짝이는 금을 캐다 여름 무더위 속에서 죽어갔던 곳이다. 그곳으로 가던 도중에 나는 부채에 대한 내 우려를 증명하는, 인간이 만든 죽음의 계곡을 보았다.

라스베이거스에서 빠져나가는 도로는 생긴 지 얼마 안 된 새 마을을 가로지르고 있었다. 광대한 부지에 새로 지은 집들이 텅텅 빈 채로 줄지어 늘어서 있었다. 아무도 살고 있지 않았다. 불빛도 보이지 않았다. 차도 없고 가족들도 없었다. 이 '지역공동체'는 개발자들이 건물을 지을 때 상상했을 마을이 아니라 그냥 묘지였다. 무분별한 탐욕이 만들어낸 주택 거품이었던 것이다. 에리히 폰 슈트로하임(Erich von Stroheim)의 고전 영화 〈탐욕(Greed)〉에서 두 주인공이 서로를 때려죽였던 이유와 똑같은 탐욕 말이다.

부동산 거품이 대출자와 차입자를 모두 위험에 빠트리고 있다는 명백한 증거에도 불구하고 전문가라는 이들은 그런 우려를 일축했다. 나는 몇 달 후 IMF 주최 행사에서 경제학자들을 앞에 두고 기조연설을 하며 똑같은 경고를 날렸다. 유가와 주택 가격이 완화되는 기미가 보이긴 했지만 극적으로 완화된 것은 아니었다. 나는 부동산 거품의 이면에 거대한 금융 위기가 도사리고 있다고 경고했다. 거품은 결국 주택담보대출의 채무불이행으로 이어져 위험한 담보대출을 묶은 채권에 몰려든 대출기관과 투자자들을 파멸시킬 것이다. 대부분 전문가가 이해관계에 눈이 먼 신용평가사들이 최상위로 평가한 채권을 신뢰했지만 나는 헤지펀드와 투자은행, 상업은행과 주요 금융기관 및 혼비백산한 주택 소유자들이 결국에는 수천억 달러 규모의 손실을 입을 것이라고 예견했다.

나는 미적지근한 박수를 받으며 연단에서 내려왔다. 사회자가 큰 소리로 말했다. "음, 독한 술이 필요하겠군요." 그 말은 내 연설에 떨떠름했던 청중들에게서 웃음을 자아냈다. 다음 차례 발언자는 내가 수학적 모델을 사용하지 않았다는 점을 지적했고 내 분석이 영원한 비관론자의 예감일 뿐이라며 거부 반응을 보였다.

다음 해인 2007년 2월, 나는 스위스 다보스에서 열린 세계경제포럼(World Economic Forum, WEF)에 세계 전망을 논하는 패널로 참석했고 다시 한번 내 우려를 강조했다. 여전히 강한 부정적 반응이 돌아왔다. 당시 미 연방준비제도(Federal Reserve, 연준) 의장이었던 벤 버냉키(Ben Bernanke)는 주택시장 조정이 일어날 것이나 그에 따른 심각한 부작용은 없을 것이라고 말했다. 그는 금융 위기는 물론 은행 시스템 전반을 위협하는 일은 없을 것이라고 했다. 나는 정중하게 그에게 동의하지 않는다고 말하면서 미국뿐만 아니라 세계적인 금융 위기와 험난한 앞길에 대비해야 한다고 경고했다.

나는 사람들의 생각을 거의 변화시키지 못했다. 오히려 사람들이 나를 '닥터 둠'이라고 부르며 공격하도록 더 많은 탄약을 제공한 셈이었다. 그 별명은 건전한 판단력과 바람직한 정책, 도덕적 원칙이 우세하다면 진보적이고 포용적인 자본주의가 가능하다는 내 믿음을 무시하는 것이었다.

내 경고에 대한 사람들의 반응은 다보스의 저명한 전문가들조차 아주 늦을 때까지도 문제를 발견하지 못할 수 있음을 확인해주었다. 이는 인간의 고질적인 사고방식 때문이다. 대부분 사람은 최악의 상황을 상상하고 싶어 하지 않는다. 우리는 천성적으로 낙관주의자다. 개인적으로 나는 매년 열리는 다보스의 시대정신이 곧 미래에 대한 반대 지표라고 생각한다. 다보스에 모인 모든 사람이 무언가 일어날 것이라고 믿는다면—나쁜 일이든 좋은 일이든—그 믿음은 틀릴 가능성이 아주 크다.

전 세계 엘리트들은 종종 합의된 집단 사고에 매몰되곤 한다. 다보스 회의에서 그들에게 반대 의견을 표명할 또 다른 기회가 있었다. 내 두 번째 발표는 향후 위험을 고려해 유럽통화동맹(European Monetary Union, EMU)의 미래를 모색하는 것이었다. 당시 같은 패널로 참가한 장클로드 트리셰(Jean-Claude Trichet) 유럽중앙은행(European Central Bank, ECB) 총재와 줄리오 트레몬티(Giulio Tremonti) 이탈리아 재무부 장관은 건전하고 지속 가능한 통화동맹에 대해 자신감을 드러냈다. 그러나 나는 일부 EU 회원국의 과도한 부채와 경쟁력 상실이라는 심각한 위험이 유로존을 분열시킬지도 모른다고 강조했다.

나는 대규모 무역수지 적자와 재정 적자를 동반한 저성장이 지속되면 이탈리아와 그리스, 스페인, 포르투갈이 2010년 말 즈음 심각한 부채 위기에 직면할 것이라고 경고했다. 내 발언에 이탈리아 재무부 장관이 크게 동요한 듯했다. 나는 미국 측 관점을 지닌 인물로 소개되었지만 청중에게 내가 튀르키예에서 태어나 이탈리아 밀라노에서 성장했음을 알렸다. 그러면서 이탈리아 재무부 장관에게 내 두 번째 조국이 재정 붕괴라는 심각한 위험에 처할 것이라고 말했다. 내가 말을 마치기도 전에 재무부 장관은 참을 수 없다는 듯 소리쳤다. "루비니, 튀르키예로 돌아가시오!" 뉴스에서는 이 일을 가리켜 '트레몬티의 분노 발작'이라고 보도했다.

3년 후 그리스는 파산했고 나머지 피그스(PIIGS, 포르투갈, 이탈리아, 아일랜드, 그리스, 스페인) 국가들은 심각한 재정 위기에 빠졌다. 그리스가 엄격한 재정 적자 제한 규정을 수용하기까지는 2년이 더 걸렸다. 그 시점에서 그리스는 공공 부채를 줄이고 구조조정을 단행하는 한편, 트로이카라고 불리는 유럽연합 집행위원회(European Commission)와 유럽중앙은행 그리고 IMF로부터 2,000억 유로의 구제금융 패키지를 받아들였다.

그리스는 간신히 위기를 넘겼지만 이는 서곡에 불과했다. 그보다 10배나 되는 공공 부채를 지고 있는 이탈리아는 파산하기에도, 구제하기에도 너무 컸다. 유로존은 그리스 없이도 생존할 수 있을 것이다. 그러나 유럽의 제3위 경제 대국인 이탈리아를 잃는다면 유로존 정책가들의 꿈은 박살이 날 것이다.

2007~2008년 초에는 미국에서 대규모 금융 위기가 발발했다. 이번에는 과도한 소비자 부채로 인한 사태였다. 주택 소유자가 주택담보대출 융자금을 갚지 못하자 여기에 타격을 입은 은행들이 파산했다. 증시가 폭락하고 자산은 사라졌으며 대출기관은 돈을 빌려주기를 꺼리고 회사는 문을 닫았다. 그리고 일자리가 사라졌다. 중앙은행 총재들은 출혈을 막기 위해 서둘러 재무부 관리들과 은행업계 경영자들을 한자리에 불러 모았다.

대혼란과 고통스러운 현장을 보는 것을 좋아할 사람은 없다. 나 역시 내 비관적인 예측이 사실로 입증되는 것이 달갑지 않았다. 2006년 나를 IMF 강연에 초청한 경제학자는 나더러 정신 나간 사람 같다고 말했다. 2년 뒤 미국 전역의 부동산 시장이 폭락하고 주택담보대출기관들이 위험에 처하자 그는 다시 연단에 선 나를 예언자라고 부르며 환영한다고 말했다.

　이토록 엄청난 대격변과 거부 반응을 겪었으니 우리가 과거의 느슨한 방식을 시정했으리라 생각할지도 모르겠다. 그러나 그러기엔 부채는 너무도 매혹적이다.

반복되는 위기의 역사

국가, 기업, 가계는 모두 투자나 소비를 위해 돈을 빌린다. 새로운 공공 자본 또는 민간 자본에 대한 투자는 미래에 지속될 것들을 위한 투자다. 국가는 공공 부채를 사용해 항구와 도로, 교량 및 기타 기반 시설에 투자한다. 민간 부문에서 기업은 더 많은 상품과 서비스를 생산하기 위해 기계와 소프트웨어, 컴퓨터에 투자한다. 가계는 주택이나 교육에 투자하기 위해 돈을 빌린다. 이렇게 투자를 위해 돈을 차입하는 것은 투자수익이 자금 조달 비용보다 더 높다면 합리적이다. 하지만 소비를 위해 차입하는 것은 다르다. 계속 쌓이는 청구서나 영업이익으로 충당해야 할 적자를 메우려고 돈을 빌리는 것이다.

　신중하고 알뜰한 공공 및 민간 차입자는 경험을 통해 황금률을 배운다. 바로 소비하기 위해서가 아니라 투자하기 위해 빌리라는 것이다. 원칙적으로 소비를 위한 차입은 투자를 위한 차입보다 더 위험하다. 정체된 급여, 재정 적자 또는 임의 소비재나 휴가 비용을 계속 부채로 메운다면 차입자는 파산으로 이어지는 내리막길을 타게 된다.

그러나 값비싼 자산을 구매하기 위해 돈을 과도하게 빌리는 것 역시 큰 위험을 초래한다. 시장에 쏟아지는 값싼 부채만큼 실속 없는 자산 거품을 만드는 것도 없다. 예를 들어 가격이 급등하는 시점에서 한 기업이 성급하게 자금을 차입해 광섬유 네트워크에 수십억 달러를 지출한다고 하자. 회사의 임원들은 미래에 투자하는 것이라고 그들 자신을 설득하지만 예측 가능한 수익으로 채무를 상환할 수 없다면 이런 투자는 회사에 피해를 줄 뿐이며 나아가 도산으로 이어질 수도 있다. 광섬유가 처음 등장한 이래 많은 사람이 배웠듯이, 과도한 레버리지와 값싼 돈으로 부풀려진 자산에 투자하는 것은 붐(boom)과 버블(bubble)로 이어지며 곧 붕괴와 폭락이 뒤를 잇는다.

호황과 불황 주기는 1841년 《대중의 미망과 광기》가 출간된 이후 우리의 역사에 분명하게 기록되고 있다. 이 책에서 스코틀랜드 출신의 저자 찰스 맥케이(Charles Mackay)는 알뿌리 하나에 집 한 채 값을 호가한 17세기 네덜란드의 튤립 광풍을 예로 들어 쉽고 빠르게 돈을 벌기 위해서라면 절제를 모르고 날뛰는 인간의 본성을 탐구했다.

부채 및 금융 위기는 취약한 신흥경제에서만 발생하는 것이 아니다. 최근 수십 년의 금융 역사는 선진국들의 경제 및 금융 위기로 가득 차 있다. 잘못된 판단이 투자가들을 휩쓸면 부채는 마치 스테로이드처럼 그들을 부풀린다.

시작은 항상 숭고한 의도로 출발한다. 1971년 닉슨 행정부가 금 가격과 미국 달러를 분리해 달러화의 가치가 시장 수요에 따라 변동되기 시작하자 베트남 전쟁으로 심화되었던 재정 적자 및 무역 적자가 완화되기 시작했다. 금환본위제(金換本位制)는 제2차 세계대전 이후 세계의 통화 안정성을 보완하기 위해 고안된 것이다. 닉슨의 결정은 단기적으로는 유익했으나 장기적으로는 위험할 수 있었다. 이후 50년 동안 선진경제국(신흥시장은 말할 것도 없고)은 온갖 우여곡절을 겪어야 했다.

1970년대의 스태그플레이션, 1980년대의 미국 부동산 붕괴와 그로 인한 저축 및 대출 은행 위기, 1990년대 초반 스칸디나비아 3국의 금융 위기, 1992년 유럽환율제도(European Exchange Rate Mechanism, ERM) 통화 위기, 1990년대 일본의 부동산 거품 붕괴와 그 뒤를 이은 극심한 경기침체 및 디플레이션, 1998년 두 명의 노벨상 수상자가 몸담았던 롱텀 캐피털 매니지먼트(Long-Term Capital Management, LTCM)의 파산, 2000년대 초반 인터넷 붐에 이은 거품 붕괴 및 관련 기업들의 부도, 주택 및 신용 붐과 2007년부터 시작된 금융 위기, 2010년대 초반 유로존 위기 그리고 2020년 코로나19에 이르기까지 이 모든 호황과 불황 주기는 점점 더 많은 공공 및 민간 부채를 발생시켰다.

나는 1984년 IMF에서 근무하면서 처음으로 글로벌 수준의 부채 붕괴를 접했다. 하버드대학교에서 박사 과정을 밟다가 워싱턴D.C.에서 여름 인턴십을 하던 중이었다. 석유 붐이 일었을 때 막대한 자금을 투자해 기반 시설을 현대화하고 정부 지출을 늘린 중남미 국가들이 과도한 부채에 짓눌려 허덕였다. 뉴욕과 런던에서는 아르헨티나의 독재자 후안 페론(Juan Peron)의 두 번째 부인을 모티브로 삼은 브로드웨이 뮤지컬 〈에비타(Evita)〉가 연일 매진을 기록하고 있었다. 이제 현실

세계의 아르헨티나도 부채 위기에서 또다시 주역을 맡을 차례였다. 중남미 국가들의 부채 위기가 폭발한 것은 1982년이지만 사실 그 근원은 1970년대에 이들 정부의 과도한 자본 차입에 있었다.

1973년과 1979년, 지정학적 원인으로 발생한 두 번의 석유파동으로 유가가 급등했다. 전문가들은 세계 원유 수요가 계속해 증가세를 이어나갈 것으로 예측했다. 원자재를 기반으로 한 중남미 국가들의 통화는 외국인 투자자에게 위험해 보였기 때문에, 석유 부국들은(그리고 에너지 수출에 제한이 있는 일부 중남미 국가들까지도) 급격히 증가하는 정부 지출과 투자에 필요한 자금을 조달하기 위해 세계에서 가장 안전한 통화인 미국 달러를 차입해 국가 부채를 가파르게 늘려갔다.

페소로 상환되는 채권이나 융자는 통화의 평가절하나 인플레이션 때문에 하룻밤 사이에도 가치가 떨어질 수 있다. 반면에 1달러는 오늘도 내일도 동일한 가치를 지닌다. 석유가 비싸게 팔리는 동안에는 모두가 풍요로웠다. 1980년까지 풍부한 석유 수출 수익은 변동금리 기준과 연동된 부채 증가 비용을 능가했다. 채권자도 채무자도 화목한 분위기 속에서 각자의 케이크를 맛있게 즐길 수 있었다.

그러나 1980년, 금리가 두 자릿수에 이르면서 심각한 출혈이 발생했다. 당시 미 연준 의장인 폴 볼커(Paul Volcker)가 치솟는 유가로 비롯된 인플레이션에 대응하기 위해 사용한 전략이었다. 외채 상환 금액이 수출로 벌어들이는 수익을 앞지르기 시작했다. 외채를 달러로 상환해야 하는 신흥시장의 달러 보유고가 고갈되었다. 해외 채권자들의 독촉을 막기 위해 더 많은 미국 통화가 필요해진 아르헨티나와 멕시코, 브라질 및 기타 중남미 산유국들은 더 많은 부채와 차입을 비롯해 해결책을 황급히 모색하기 시작했다.

1982년 주가가 폭락하고 미국이 깊은 불황에 빠지면서 게임이 끝나버렸다. 석유 경제는 가라앉았고 OPEC 국가들은 적자가 증가했으며 막대한 부채가 곪아 터지기 시작했다. 전 세계 재무부, 특히 중남미 국가의 재무부는 이자를 지불할 달러를 구하는 데 어려움을 겪었다. 달러 금리가 급등했다. 원금 상환이 가까워졌는데 현금이 없거나 새로운 자본에 접근할 수 없는 국가들은 달리 선택권이 없었다. 채무 불이행 선언이 속출했다. 채권국들은 큰 타격을 입었고 전 세계 부채 시장이 휘청거렸다. 위기를 해결하기 위해 설립된 IMF가 긴급 지원에 나섰다. 2008년 경기 대침체와 지금 우리가 직면한 초거대 위협에 비하면 덜 심각해 보일지 몰라도 당시 중남미 국가들에는 엄청난 타격을 준 사건이었다.

1980년대의 이 '잃어버린 10년' 동안 중남미 지역의 전반적인 성장이 정체되었다. 아르헨티나에서는 물가가 매달 두 자릿수로 증가하는 초인플레이션이 발생했다. 1990년대가 되어 채권자들이 은행 융자를 액면가액이나 더 낮은 이자율의 새 채권으로 교환받았을 즈음에야 안정성이 회복되기 시작했다.

중남미 국가들은 채권단과 간헐적으로 화해를 맺었다. 짧게나마 숨을 고르고 나자 1994~1995년에 멕시코 통화 위기가 찾아왔다. 그리고 1997~1998년에는 동아시아가 색다른 형태의 부채 위기를 보여주었다. 이제까지 건전하고 성공적인 경제를 유지하고 있던 아시아의 네 국가가 갑자기 무너지기 시작했다. 대부분의 분석가는 신흥시장에서 발생한 전형적인 위기의 형태가 중남미와 비슷하다는 데 놀랐다. 공공 외채 급증에 이은 중요 상품에 대한 수요 붕괴였다.

동아시아는 매우 낮은 수준의 재정 적자와 공공 부채를 유지하고 있었다. 국가 부채는 잘 관리되고 있었고 정부는 일을 유능하게 처리하고 있는 듯 보였다! 저축률은 높았고 재정 당국은 신중하고 검소했다. 아시아의 호랑이로 불리는 한국과 말레이시아, 인도네시아, 태국은 경제 변혁의 모범이라는 평을 듣고 있었다. 이 국가들은 전 세계에 진출한 역동적인 기업들을 양성했지만 알고 보니 그 기업들은 외화로 빌린 막대한 부채를 기반으로 성장을 일구고 있었다. 민간 부채는 공공 부채보다 더 치명적일 수 있다.

당시 나는 민간과 공공 부채 양쪽 모두를 연구하고 있었다. 교수로 재직 중이던 예일대학교에서 웹사이트를 구축해 관련 뉴스를 추적하고 수많은 학자와 기업 및 투자자에게 분석 자료를 제공하고 있었다. 모두가 알다시피 동아시아 정부는 빌린 돈을 흥청망청 쓰는 차입자가 아니었다. 그러나 차입 기업과 부동산 개발업자, 은행 등이 성장에 집착하는 정부 기조를 따르고 있었고 때로는 도산 직전의 회사를 흡수하는 등 과도한 위험을 감수했다.

민간 부문은 확장 자금을 조달하는 데 해외 융자를 이용했다. 신흥시장의 차입자들은 과대평가된 자산을 짊어지고 있었는데 대부분이 부동산과 사업체였다. 이런 변동성 자산은 현지 통화로 수익을 창출하지만 빌린 돈을 갚을 때는 비가 오든 눈이 오든 미국 달러와 일본

엔화로 상환해야 했다. 달러와 엔 그리고 (예를 들면) 태국 바트 사이의 통화 불일치는 이런 투기성 투자를 무너뜨렸고, 그 여파는 이내 아시아의 네 마리 호랑이뿐만 아니라 전 세계 은행과 투자자들을 집어삼켰다.

무역 적자가 급증하면서 수출 수익을 늘려야 한다는 압박을 받고 있던 아시아의 호랑이들은 과대평가된 통화 가치가 급락하도록― 수출 가격을 낮춤으로써 경쟁력을 높이는 흔한 방법―내버려둘 수밖에 없었다. 그러자 바닥치기 경쟁이 시작되었다. 차입 자금을 달러와 엔으로 상환하기 위해 점점 더 많은 자국 통화가 필요해졌다. 외채의 실질 비용이 표시이자율을 훌쩍 뛰어넘는 수준으로 치솟았다. 차입 기업은 파산했고, 대출자들 역시 그들과 함께 추락했다. 민간 부문의 자금 부족이 공공 부문까지 흘러들었다. 적자가 급속히 늘어나면서 각국 정부들이 손실된 세금을 메우고 기업과 은행을 구제하기 위해 주머니를 비웠기 때문이다.

1998년 동아시아 위기가 발생했을 때 나는 클린턴 행정부의 백악관 경제자문위원회(White House Council of Economic Advisers) 의장을 맡고 있던 재닛 옐런(Janet Yellen)에게서 이메일을 받았다. 그는 내게 위원회의 빈자리를 채워달라고 부탁했다.

나는 세계 경제의 안정성을 회복하고 강화하기 위한 정책에 힘을 보탤 기회를 반갑게 받아들였다. 그로부터 2년 반 동안은 워싱턴에 있었다. 처음에는 옐런 의장과 함께 경제자문위원회에서 일했고 그다음에는 재무부에서 팀 가이트너(Tim Geithner)와 래리 서머스 밑에서 일하며 과도한 부채에서 기인한 잇따른 금융 위기에 대처할 방법을 조언했다. 우리는 러시아와 파키스탄, 브라질, 아르헨티나와 에콰도르, 우루과이의 위기를 목도했다. 심지어는 1998년 소련 해체 이후 러시아 경제가 첫 경기후퇴를 겪고, 미국 최대의 헤지펀드인 롱텀 캐피털 매니지먼트가 파산했을 때 선진경제마저 흔들리는 것을 경험했다. 그 사건은 꽤 중요한 교육 효과를 발휘했다.

나는 다시금 아르헨티나에서 무슨 일이 일어나고 있는지 추적하기 시작했다. 아르헨티나는 1991년까지 자국 통화인 페소를 미국 달러에 고정했고, 페소화가 안정화될 것이라고 확신한 대출기관들은 걱정을 접고 다시 해외 융자 창구를 열었다. 아르헨티나는 조금도 시간을 낭비하지 않고 다시 공공 부채를 축적하기 시작했다. 나는 1998년부터 2000년까지 백악관과 재무부에서 일하면서 아르헨티나의 재정적 곤란을 평가하는 데 많은 시간을 들였다. 구제금융의 타당성과 아르헨티나의 도산 허용 여부를 두고 치열한 논쟁이 벌어졌다. 다른 해결책을 찾지 못한 나는 통화의 가치 절하와 채무불이행 선언, 구조조정을 얻어내기 위해 아르헨티나에 간곡히 요청했고, 결국 2001년에 아르헨티나는 그 선택을 받아들였다.

아르헨티나의 형편없는 경제 정책이 전적으로 그들의 잘못만은 아니다. 잇따른 외부 충격(shock)이 아르헨티나를 강타했을 때 채권자들이 작당 모의를 한 것도 영향을 미쳤다. 연준이 금리를 급격히 인상하거나 수출 상품 가격이 급격히 하락하거나 아니면 둘 다일 때 신흥시장은 종종 곤경에 빠진다. 나는 아르헨티나가 2001년에 채무불이행을 선언한 후 벌처 투자자(vulture investor, 부실 기업이나 부실 채권 등에 공격적으로 투자해 높은 차익을 올리는 투자자를 말한다-옮긴이)들의 공격적인 고소를 방어할 수 있도록 10년 동안 국제 법정의 증언대에 섰다.

정책입안자들은 종종 문제 해결을 위해 여러 자원을 동원하다가 미래의 위기가 시작될 토대를 마련하곤 한다. 경제학자들은 그 원인으로 '도덕적 해이(moral hazard)'를 꼽는데, 이는 차입자와 투자자가 더욱 과감하게 행동하도록 유도하는 구제금융의 다른 말이라고도 할 수 있겠다. 손실을 입어도 어차피 남들이 대신 갚아줄 텐데 뭐하러 위험을 걱정한단 말인가? 정책 결정은 의도치 않은 결과들을 초래한다. 특히 2008년 글로벌 금융 위기를 초래한 서브프라임 모기지 사태를 보면 더욱 그렇다.

1980년대 저축 및 대출 위기 당시 투기성 부동산 대출로 많은 소규모 금융기관이 파산하자 규제 당국은 정리신탁공사(Resolution Trust Corporation)를 설립해 위험 선호 성향이 강한 투자자에게 위험 자산을 묶어 판매했다. 투기에 능숙한 구매자들은 위험한 실질대출금리에서 높은 수익률을 감지하고 초특가 판매 상품을 헐값으로 사들였다. 서브프라임 산업의 시작이었다. 월스트리트는 창의력을 발휘해 아무 가치 없는 돼지 귀로 그럴싸한 비단 지갑을 만들어내기 시작했고, 채권 발행자들에게서 돈을 지원받는 부채평가기관들의 성급한 축복 덕분에 위험은 사라진 것처럼 보였다. 이후 10년간 기준도 없고 양심의 가책도 없는 대출기관에 선동된 주택 구매자들이 흥분해서 날뛸 무대가 마련되었다.

시간을 빨리 감아 오늘날로 돌아와 보자. 전 세계의 코로나19 위기는 제2차 세계대전 이후 최악의 경기침체를 불러왔다. 전에 없던 팬데믹으로 이미 엄청난 민간 및 공공 부채를 지고 있던 세계 경제가 휘청거렸다. 선진경제에서는 현금을 투입하면 대부분의 가계와 기업에 활기를 불어넣을 수 있으리라는 가정 아래 비전통적이고 파격적인 통화와 재정 및 신용 완화 정책으로 대응했다. 경제학 용어를 빌리면 이런 차입자들은 유동성은 부족해도 상환 능력이 있었다.

백신 접종이 시작되면 팬데믹이 진정될 것으로 예상한 정부는 유동성 없는 건전한 기업들이 버틸 수 있도록 막대한 자금을 투입했다. 그러나 시간이 지나도 사상자는 계속 발생했다. 크고 작은 많은 기업이 궁지에 몰렸으며 그 과정에서 공공 및 민간 부채가 증가했다. 결국 그런 해결법은 2008년 금융 위기 때보다도 더 빠른 속도로 돈을 찍어냄으로써('양적 완화'와 '신용 완화') 민간 및 공공 부채의 증가를 부추겼을 뿐이었다.

빈곤한 개발도상국들은 공격적인 재정 및 통화 부양책을 실천할 역량이 부족했다. 당황한 채권단은 파산 가능성이 있는 부실 차입자와, 최소한의 지원이 있다면 생존할 수 있는 유동성 부족 차입자를 분류하기 시작했다. 후자에 속하는 나라들은 생존을 위해 도움이 시급했다. 광범위한 지원을 제공할 자원이 부족한 상황에서, 신흥시장과 가난한 개발도상국은 공식 경제 활동이 얼어붙는 '팬데믹 공황'을 겪었다. 전 세계 대출기관들은 위기를 느꼈다. 실제로 저소득 경제의 60퍼센트는 여전히 심각한 부채 취약성을 지니고 있었다. UN에 따르면 다가오는 재난의 합류 지점을 감안할 때 가난한 개발도상국의 최대 70개 국가가 향후 몇 년 안에 채무불이행에 직면할 수 있었다.[8]

　일부 정부와 국제기구는 빈곤 국가가 채무 상환을 유예할 수 있도록 합의하곤 한다. 민간 채권단은 대개 상환액을 줄여달라는 요구에 반발했다. IMF와 국제금융기구의 대출 능력을 늘려 부채 위기에 놓인 취약 경제에 보조금 융자를 제공하도록 하자는 제안이 빗발쳤다. 취약한 신흥시장과 개발도상국은 세계 경제가 코로나19로 인한 경기 침체에서 회복된 후에도 2021년, 2022년까지 불안정한 상태를 벗어나지 못했다. 이들 국가 중 다수가 의료 시스템이 발달하지 못했고 값싼 백신에 대한 접근성이 부족했다. 금융시장에 대한 신뢰가 낮아 통화 및 재정 정책을 완화할 수도 없었기 때문에 소득이 감소하자 원래도 높은 수준이었던 부채가 GDP에서 차지하는 비중이 급증했다.

　2022년 에너지와 원자재, 식량 가격이 급등하면서 원자재 수출국이 아닌 신흥시장과 개발도상국은 큰 타격을 입었다. 식량 부족과 굶주림, 심지어 기근의 망령이 개발도상국의 수천만 빈곤 인구 주변을 떠돌기 시작했다. 차드, 에티오피아, 스리랑카, 소말리아, 잠비아를 시작으로 빈곤 국가의 완전 채무불이행 위험이 급격히 증가했다. 2022년 4월에는 데이비드 맬패스(David Malpas) 세계은행 총재가 이렇게 경고했다. "개발도상국은 팬데믹, 인플레이션 상승, 러시아의 우크라이나 침공, 대규모 거시경제 불균형, 에너지 및 식량 공급 부족 등 여러 겹의 위기를 겪고 있다. 이는 빈곤 감소, 교육, 보건 및 성평등에서 거대한 역행을 일으키는 중이다."[9]

풍부한 자원을 보유한 선진경제는 한동안 위험이 날뛰도록 내버려두었다. 그러다 2021년 새로운 경보가 울리기 시작했다. 자칭 투자자라는 이들이 온라인 게임의 성황으로 저물어가던 비디오게임 전문 소매업체 게임스톱(GameStop)의 주식을 사기 위해 빚까지 내가며 몰려든 사건이 발생한 것이다. 그들은 온라인 주식거래 서비스가 제공하는 레버리지를 사용해 수익을 정당화할 수 있는 수준을 넘어 주가를 마구 상승시켰다. 그들은 이것이 게임스톱의 몰락을 전략으로 삼은 사악한 공매자들을 물리치기 위해서라고 주장했다.

이는 '호황-불황-붕괴' 주기의 축소판 시나리오였다. 부채 거품은 지속 불가능한 자산 거품을 부채질한다. 결국 게임스톱과 다른 주식들이 정상적인 수준으로 복귀했을 때 소액 투자자들은 엄청난 고통을 겪어야 했다. 실제로 많은 밈 주식(소셜미디어를 통해 광적인 추종 집단을 얻은 회사들의 주식)이 2021년에 잔뜩 거품이 끼었다가 2022년에는 가치의 70퍼센트 이상을 잃었다. 2021~2022년 암호화폐에서도 그와 유사한 호황과 불황의 순환이 발생했다. 암호화폐는 내재 가치가 없고 소매 투기꾼들의 포모(FOMO, 남들에게 뒤처지거나 혼자 소외되는 것에 대한 두려움-옮긴이) 광풍 때문에 거품이 발생한 또 다른 자산군이다.

많은 전문가가 암호화폐 열풍을 두고 사람들이 잠시 이성적 판단을 잃은 단편적 사건으로 치부했지만, 그전에 미국 정부가 성인 수백만 명에게 수표를 쥐어주었다는 사실을 간과할 수 없다. 이게 정말로 그들이 재난지원금을 사용한 방식이란 말인가? 수백만 미국인이 본질적 가치가 없는 밈 주식이나 암호 자산에 얼마 안 되는 저축을 투자해 단타 거래나 도박을 했다. 그들 자신에게도 그리고 정책입안자들의 원래 의도인 경제 회복에도 전혀 도움이 되지 않는 행동이었다. 그들의 돈은 빚만 남기고 연기처럼 사라졌다. 〈뉴욕 타임스〉의 표현에 따르면 마치 예수 그리스도처럼 머리에 금빛 후광을 두르고 "성경 대신 손에 들린 복음에는 '불황은 사라지고 주가는 언제나 상승하리라'고 적혀 있는"[10] 연준 의장의 그림이 그려진 기념 운동복만이 남았을 뿐이었다.

금융 민주화는 돈에 쉽게 접근할 수 있게 하고 신용 비용을 낮추지만 동시에 당연히 거쳐야 할 엄격하고 철저한 검토 행위를 생략한다. 2000년대 초반에 소비자들은 너도나도 저렴한 부채로 집을 사기 위해 부동산에 몰려들었다. 차후 이와 관련해 600쪽에 이르는 〈금융 위기 조사 보고서(Financial Crisis Inquiry Report)〉와 그 외 수많은 보고서가 쏟아졌을 정도다. 그리고 지금은 낮은 금리와 비디오게임을 닮은 주식거래 앱 덕분에 초보 투자자도 새로운 변명거리와 대출 수단을 손에 넣을 수 있게 되었다. 이런 앱들은 기업 가치와는 전혀 상관없는 주식과 내재 가치가 없는 암호화폐를 홍보한다.

과거 서류에 서명만 하면 되었던 위험한 주택담보대출처럼, 이 새로운 재난 후보는 저소득층과 자산이 적은 이들, 직업에 만족하지 못하고 전문 기술이 필요 없는 일을 하는 이들을 유혹한다. 가장 이상한 것은 극우와 극좌 정치인들이 이런 망연한 꿈을 꾸고 있는 차입자들이 나중에 쉽게 목을 매달 수 있도록 더 많은 밧줄을 제공하고 있다는 점이다.

부채 팬데믹은 이미 시작되었다

다가오는 10년 동안 모든 부채 위기의 어머니는 어떤 모습으로 나타날까? 지난 세기 동안 세상이 많이 변하긴 했지만 과거는 미래를 엿볼 수 있는 소름 끼치는 창문을 제공한다.

유럽이 제1차 세계대전으로 인한 채무를 갚기 위해 애쓰는 동안 1918년의 스페인 독감은 1억 명이 넘는 인구의 목숨을 앗아갔고 경제 생산량도 크게 줄었다. 그런데도 놀라울 정도의 경제 호황과 금융 혁신이 시작되었고 최초의 텔레비전과 라디오, 축음기, 유성영화, 진공청소기, 대량생산 자동차 및 전기 교통신호기 등 기술 혁신의 시대인 '광란의 20년대(Roaring Twenties)'가 이어졌다. 끝없이 치솟는 증시에 누구도 금융 거품과 과도한 신용 및 부채 축적의 징후를 발견하지 못했다. 그러나 모두가 알다시피 결과는 파국이었다. 1929년 주가 대폭락 이후 실행된 잘못된 정책은 1930년대의 대공황을 초래했다.

역사는 그대로 반복되지는 않아도 종종 각운을 맞춘다. 요즘도 광란의 20년대를 연상케 하는 여러 징후가 나타나고 있다. 대규모 통화와 재정 및 신용 부양책이 세계 시장에서 금융 자산 거품을 부풀리고 있다. 상품과 서비스를 생산하는 실물 경제는 저금리로 증가한 부채, 풍부한 신용, 정부의 막대한 경기부양책 덕분에 한동안 호황을 누릴 기세다.

이 파티는 무분별한 투기가 지속 불가능해질 때까지 계속될 것이다. 그리고 경제학자 하이먼 민스키(Hyman Minsky)의 이름을 딴 민스키 모멘트(Minsky moment), 즉 호황 정서의 불가피한 붕괴로 끝날 것이다. 이는 시장 관측자들이 갑자기 정신을 차리고 비이성적인 과잉 열기를 걱정하기 시작할 때 발생하는 현상이다. 일단 분위기가 변하면 자산과 신용 거품과 붐 정서가 붕괴해 폭락이 불가피해진다.

열띤 호황과 거품은 항상 거품 붕괴와 폭락에 앞서 나타나지만 이번에는 그 규모가 과거의 선례들을 훨씬 뛰어넘는 수준이다. 선진경제와 신흥시장은 그 어느 때보다도 많은 부채에 시달리고 있다. 선진경제의 잠재 성장률은 낮고, 코로나19로 초래된 경기침체에서 회복되는 과정은 험난하며 점점 더 속도가 느려질 것이다. 정책입안자들은 그동안 비축해두었던 통화와 재정 자원을 전부 써버렸고 비상금은 바닥을 드러내고 있다. 이 경제 드라마의 다음 장은 우리가 과거에 목격했던 그 어떤 것과도 비슷하지 않을 것이다.

2022년 상반기에 나타난 많은 증시 약세장이 최근의 자산 거품이 거의 끝나가고 있다는 신호를 보내고 있다고 해도 정확히 어떤 것이 다음번 경제 충격의 원인이 될지는 아무도 예측할 수 없다. 물론 후보는 많다. 1929년처럼 거대한 시장 거품이 터질 수도 있다. 인플레이션 급등으로 중앙은행이 가혹한 방식으로 긴축 통화 정책을 펼치고, 이는 지속 불가능한 금리 상승으로 이어진다. 동물에서 인간으로 전염되는 인수공통감염병이 더 빈번하게 발생하고 치명적으로 변이하면서 코로나19보다 더 심각한 펜데믹이 등장할 수도 있다. 금리 인상에 따른 신용경색으로 기업 부채 위기가 터지거나 새로운 주택 거품이 터져 주택 소유자와 대출기관을 무너뜨릴 수도 있다.

2022년 러시아의 우크라이나 침공과 같은 지정학적 충격이 확장 또는 심화되어 원자재 가격과 인플레이션이 더 급등할 수도 있다. 아니면 그 외 다른 지정학적 위험이 고조되거나 위에서 언급된 위험들이 서로 결합해 또다시 세계적인 경기침체가 촉발될 수도 있다. 미국과 중국이 지정학적 충돌로 치닫는 가운데 보호무역주의로 회귀하거나 두 강대국 간의 탈동조화(decoupling, 한 나라 경제가 특정 국가 또는 세계의 경제 흐름과 독립적으로 움직이는 현상-옮긴이)가 발생할지도 모른다. 이탈리아가 끝내 파산하고 유로존의 붕괴가 시작될 수도 있다. 정권을 장악한 포퓰리스트 정치인이 국가주의 정책으로 경제를 망쳐 지속 불가능한 부채가 더 많이 축적될 수도 있다. 어쩌면 기후 변화 때문에 마침내 지구는 사람이 도저히 살 수 없는 치명적인 전환점에 도달할지도 모른다.

하나 또는 여러 개의 충격이 심각한 경기침체와 금융 위기를 촉발하면 이를 완화하기 위해 과거에 사용했던 전통적인 대응 방안을 활용할 수가 없다. 안전장치가 없으면 높은 레버리지를 사용하던 가계, 기업, 은행 및 기타 금융기관이 파산하고 저축과 기타 자산이 사라지고 부채만 남는다. 부의 축적과 유지에 대한 기존 전제가 무너질 것이다. 앞으로는 소유한 것이 아니라 빚진 것으로 우리의 위치가 결정될지도 모른다.

금리 상승으로 압박감에 시달리는 정부는 부채 상환 능력이 감소할 것이다. 중앙은행은 정부가 파산하도록 놔둘 것인지, 아니면 채무 불이행의 한 형태인 높은 인플레이션으로 부채를 청산할 것인지를 결정해야 한다. 이런 충격이 가장 먼저 목격될 곳은 아마도 각 회원국에 자국의 통화 위기를 방어할 자체 중앙은행이 없는 유로존일 것이다.

높은 부채와 약한 통화를 지닌 신흥시장은 참담한 미래를 앞두고 있다. 외국 채권단에서 빌린 채무를 상환할 만큼 충분한 수입을 올리지 못하면 국내 통화가 약해지거나 붕괴한다. 이로써 국내 경제가 위축되고 통화 가치가 하락해 인플레이션이 치솟으면 헤지펀드의 거장 레이 달리오(Ray Dalio)가 '인플레이션 불황'이라고 부른 경제적 타르구덩이에 빠진다. 여기서 벗어나려고 발버둥질하는 신흥시장은 상품이나 원자재가 아닌, 더 나은 삶을 바라는 시민들을 수출할 것이다.

세계적으로 연달아 발생하고 있는 채무불이행에 대해서는 심지어 중국마저 취약한 상태다. 중국은 지난 수십 년간 급속한 성장에 힘입어 막대한 공공 및 민간 부채를 유지할 수 있었다. 그러나 최근의 성장 둔화와 민간 부문의 과잉 부채―예를 들면 과잉 레버리지와 과잉 공급 문제를 안고 있는 부동산 부문―로 이미 일부 대형 부동산 회사들은 채무불이행 및 파산 위기로 치닫고 있다. 세계적으로 심각한 경기침체가 발생할 경우 중국은 수출 시장이 위축되고 자국 제품에 대한 보호주의가 촉발되어 여느 곳 못지않은 심각한 경기침체와 부채 위기를 겪을 것이다.

이런 전염병은 국경을 넘어 다양한 분야로 번져나갈 것이다. 대공황 이후 제정된 통화 정책과 재정 부양책이 그 흐름을 다소 둔화시킬 수 있을지는 몰라도 통화와 재정 총알은 벌써 바닥나고 있다. 무거운 부채를 진 다국적 기관과 국가들은 불안정한 토대 위에 서 있다. 중소기

업과 개인은 살아남기 위해 경제적인 우선순위를 재고할 것이며 정부
는 중요한 공공 서비스를 축소할 것이다. 빠져나올 수 없는 깊은 구덩
이에 빠졌는데 물은 빠르게 불어나는 형국이다.

다가오는 부채 위기는 이제껏 우리가 경험한 것 중 최악이 될 수도
있다. 하지만 이마저도 조만간 우리가 직면할 초거대 위협 중 하나일
뿐이다. 만일 공공과 민간 부문 양쪽 모두에서 심각한 정책 실패와 행
태적 실패가 발생하면 어떻게 될까?

2장
민간 및 공공 부문 정책의 실패

《안나 카레니나》의 저자 레오 톨스토이라면 이렇게 말했을지도 모른다. 행복한 차입자는 모두 비슷하지만 불행한 차입자가 불행한 이유는 제각각이라고 말이다(소설 《안나 카레니나》의 유명한 첫 문장 "행복한 가정은 모두 비슷하지만 불행한 가정이 불행한 이유는 제각기 다르다"를 패러디한 것이다-옮긴이). 돈을 갚을 수 있는 이들은 어떻게든 앞으로 나아간다. 그러나 불행한 차입자들은 프로젝트가 중단되어 돈을 갚지 못하는 등 다양한 이유로 상환 의무를 이행하지 못한다.

이는 정부도 마찬가지다. 채무불이행을 목전에 둔 채 휘청거리는 정부는 똑바로 일어서도록 부축해줄 도움의 손길이 필요하다. 그리고 그런 지원을 하기 위해서는 그들에게 호의적이고 오류와 실책, 오판 및 불운으로 인한 값비싼 경제적 결과를 관리할 수 있을 만큼 견고한 국제기구—IMF나 세계은행과 같은—가 필요하다. 오늘날 세계는 역사상 경제적으로는 가장 부유하지만 든든한 도움을 줄 곳을 찾기는 점점 더 어려워지고 있다. 가장 큰 자본 공급처인 강대국 정부들마저 부채에 시달리고 있기 때문이다.

부채 위기를 치유하는 것은 가능하다. 다만 대부분의 해결책이 독한 약과 고통스러운 재활을 전제로 한다. 구제금융은 긴요한 현금을 투입하는 대가로 조직에 심각한 손상을 입힐 수도 있는 양보를 요구한다. 구조조정은 노동자를 내쫓고 투자가에게 타격을 입히지만 그러고도 효과가 없을 수도 있다. 인플레이션은 시간이 지남에 따라 실질 부채 부담을 줄여주지만 저축이 감소하고 비용이 급증한다.

자본세는 실물 자산 및 금융 자산 소유자를 압박한다. 금융 억압은 평소에는 다른 모든 이에게 부담을 전가하는 데 익숙한 금융 부문에 비용을 떠넘긴다. 긴축 정책은 알뜰하고 분별력 있는 대응처럼 들리지만 이는 심각한 경기침체가 촉발되기 전까지일 뿐이다. 경제 성장은 유일하게 환영할 만한 해결책을 제시하지만 부채 때문에 계획이 위축되면 전망이 가장 어둡다. 이 장에서 우리는 일곱 가지 경제 전략 그리고 그중 상당수가 왜 문제를 개선하기보다 더 악화시켰는지에 대해 살펴볼 것이다.

부실 조직에 구제금융을 제공해봤자 경제 건전성을 회복할 수는 없다. 멀쩡한 친구 둘이 인사불성으로 취한 친구 하나를 일으켜 세우려는 꼴이니 말이다. 지속 불가능한 민간 부채의 사회화는 종종 지속 불가능한 공공 부채로 이어진다. 1980년부터 다섯 번이나 채무불이행 위험을 겪은 아르헨티나를 생각해보라. 그때마다 아르헨티나는 채권단과 합의를 거쳐 국제 자본 시장에 대한 접근성을 회복했지만 동시에 더 큰 부채 위기의 발판을 마련했다. IMF는 2016년에 아르헨티나를 구제하기에 앞서 "만연한 거시경제 불균형, 뒤틀린 미시경제, 제도적 시스템의 약화"에 대해 경고한 바 있다.[1]

이제 2020년 10월로 넘어가 보자. 아르헨티나가 다시금 채권단과 협상을 맺은 지 두 달도 되지 않아 한 고위 관리가 아르헨티나의 공공 부채가 국내총생산에 비해 빠른 속도로 증가하고 있다고 보고했다. 신용위험 등급은 개선된 게 아니라 악화되었다. 이런 놀라운 동향 때문에 아르헨티나의 한 경제학자는 공적통화금융기구포럼(Official Monetary and Financial Institutions Forum, OMFIF)에서 아르헨티나가 "또다시 벼랑 끝에 서 있다"라고 말하기도 했다.[2]

요즘 아르헨티나는 예외의 경우를 넘어 일종의 법칙을 세우는 중이다. 극심한 적자, 불리한 국제수지 그리고 만족할 줄 모르는 채무 욕구로 많은 국가가 채무불이행에 빠졌다. 그리스, 이탈리아, 스페인, 레바논, 튀르키예, 에콰도르, 에티오피아, 차드, 감비아, 스리랑카까지, 이들 국가의 재무 관리들에게 물어보라. 내 나라만큼은 예외일 거라는 생각은 금물이다. 도널드 트럼프 전 대통령은 미국이 마치 평판이 좋지 않은 부실 경영 부동산 회사라도 되는 양 채무불이행 선언이야 말로 국가 부채를 탕감하는 가장 빠른 방법이라고 공공연하게 언급하곤 했다.

분명히 말해두지만 나는 부채에 반대하지 않는다. 부채는 투자 자금을 조달하는 데 유용하고 안정적인 통화와 관리 가능한 부채 비율,

균형 있는 국제수지와 소득 증가를 유지하는 건전한 경제 아래서는 매우 유익한 수단이다. 국내총생산으로 측정되는 생산량의 증가는 부채를 감당 가능한 수준으로 유지하게 해준다. 경제가 활기를 띠면 정부는 경제 성장에 박차를 가하는 정책을 세밀하게 조율하는 데 집중할 수 있다.

경제 성장과 결합된 신중한 부채는 미래 세대에도 부담을 주지 않으며 현재 삶의 질을 높인다. 경기침체처럼 불운한 시기에 돈을 차입하면 경기침체를 완화할 수 있고, 풍요로운 시기에는 기초재정(이자 지불을 제외한 예산 잔액)을 흑자로 운영해 부채 비율을 줄이고 안정시킬 수만 있다면 부채도 절대적으로 괜찮다.

제2차 세계대전 이후 약 70년이라는 시간 동안 세계는 대체로 만족스러운 환경을 조성했고 이에 따라 산업화 세계는 갈등 대신 협력을 택했다. 선진국들은 강력한 경제 성장을 통해 전쟁으로 인한 막대한 부채에서 벗어날 수 있었다. 그러나 1970년대에 이르러 평온한 수면 아래 파문이 일면서 동기와 유인책이 변화하기 시작했다. 변화는 처음에는 느리게 시작됐지만 곧 세계화라는 열띤 기치 아래 꾸준히 속도를 높여갔다.

이제 신흥시장은 최저 비용으로 상품을 생산하기 위해 서로 경쟁한다. 해외 이전과 같은 개념을 수용한 다국적기업은 비용 절감을 향해 돌진한다. 그들은 국내 시설을 포기하고 임금이 더 낮은 지역으로 생산 시설과 일자리를 옮기고 있다. 신흥시장은 부가 증가하면서 수백만 명이 빈곤에서 벗어나고 소비자 기대가 상승했다. 성장하는 기업들과 자유경쟁 국가들은 수요를 수용하기 위해 세계 부채 시장의 문을 두드리고 있다.

그 결과 개인 및 가계 부채가 급증하면서 선진경제의 노동자들은 바닥치기 임금 경쟁으로 고통받게 되었다. 한때 번성했던 지역 사회는 낮은 소득 때문에 신용카드 부채가 증가했다. 미국의 신용카드 빚은 저축을 나락으로 빠트리고 있다. 가계 경제는 국가 경제를 견인하는 주체다. 즉 가계 소득의 감소는 곧 조세수입의 감소를 의미한다. 비정규직이기에 복리후생 혜택을 받지 못하는 노동자들은 구매력 저하와 치솟는 의료 및 교육비에 갇혀 옴짝달싹 못 하는 상황이다. 경제적 압박에 직면한 시민들은 지역과 주, 연방 자원에 커다란 부담을 부과하고, 점점 증가하는 소득과 부의 불평등은 정치 및 경제적 포퓰리즘을 촉발하고 있다.

식품과 주택, 의복, 중등교육 및 소비자가 원하거나 필요로 하는 많은 것이 점점 더 신용으로 지불될 것이다. 지방 부채는 공립학교와 지역 서비스에 보조금을 지급하고 국가 부채는 의료 서비스부터 군함에 이르기까지 국가적 우선순위에 따라 사용된다. 이자와 원금을 상환할 만큼 성장이 이뤄지지 않으면 이 모든 부문에서 부채가 증가할 것이다.

소비자 지출을 유지하기 위해 대출기관과 규제기관은 학자금 대출과 신용카드, 주택담보대출 등에 대한 접근을 완화한다. 은행가들은 돈을 빌릴 수 있는 새롭고 더 위험한 방법을 고안해 차입자가 더 많은 부채를 쌓도록 부추긴다.

너그러운 사회복지 프로그램을 운영하는 유럽 경제에서는 줄어드는 소득과 증가하는 소비자 열망 사이의 격차를 완화하는 데서 다소 다른 양상을 띤다. 이들은 차입자에게 민간 부채를 떠안도록 장려하기보다는 무료 서비스 또는 보조금 지급 공공 서비스를 폭넓게 제공한다. 의료, 교육, 연금, 실업수당 및 복지 비용은 그에 상응하는 세금도 없이 가계 지출이 아니라 국가 지출에 기록된다. 이런 유권자 친화 정책은 민간 부문 대출보다는 정부의 재정 적자와 공공 부채를 빠르게 늘린다.

미국은 역사적으로 사회복지 비용을 부담하려는 의지가 적은 편이지만 글로벌 금융 위기와 코로나19 팬데믹을 거치면서 그 여파에 관심을 기울이게 되었다. 공화당은 종종 집권 중에 세금을 깎아주는 한편 지출 및 복지후생 프로그램의 삭감을 병행하는 척하지만 대개는 실패한다. 한편 민주당은 종종 세금을 충분히 인상하지 않은 채 관대한 사회적 의제에 돈을 지출한다. 어느 쪽이 정권을 잡든 미국의 경제 생산량 대비 공공 부채 비율은 빠르게 유럽을 따라잡고 있다.

나는 경제학자이자 친구였던 고(故) 알베르토 알레시나(Alberto Alesina)와 함께 《정치 주기와 거시경제(Political Cycles and Macroeconomy)》라는 책에서 당파 갈등이 금융 위기에 미치는 영향을 탐구한 바 있다. 선거 전 예산 인상에서 좌우익의 성향을 분석한 결과 우리는 누가 정권을 쥐고 있든 그런 관행이 산업 경제의 막대한 예산 초과로 이어진다는 사실을 발견했다. 이 같은 편향은 그 후로도 계속해서 뚜렷해지고 있다.

차입자와 대출자가 잠시도 참지 못하고 가려운 곳을 긁어버리는 습관을 어떻게 고칠 수 있을까? 차입자의 이런 행동을 일시적으로 막기 위해 사용되는 방법 하나는 높은 금리다. 오랫동안 지속된 저금리 정책은 바로 얼마 전까지 우리 머릿속에서 40년 전 마지막으로 기록된 두 자릿수 인플레이션의 힘든 기억을 지워버렸다. 60세 미만 소비자 중에서 당시 분위기를 기억하는 이들은 거의 없을 것이다. 1981년만 해도 주택 구매자들은 10퍼센트의 고정 주택담보대출 금리에 서명했다. 하지만 곧 기억상실증에 걸려버렸다. 인플레이션이 진정되자 값싼 부채에 대한 사람들의 태도는 미국의 유머 풍자 잡지 〈매드(MAD)〉의 마스코트 알프레드 E. 노이만(Alfred E. Neuman)처럼 변했다. "뭐? 내가 무슨 걱정?"(〈매드〉에 "뭐? 내가 무슨 걱정?"이란 말풍선을 달고 등장하는 얼간이 캐릭터 알프레드 E. 노이만은 도널드 트럼프를 포함해 버락 오바마, 엉클 샘, 다스 베이더 등 수많은 화제의 인물로 묘사되었다-옮긴이)

잘못된 정책이 낳은 세 가지 불일치

정부와 민간에서 돈을 빌리는 방식은 매우 중요하다. 절대적인 숫자도 중요하지만 경종을 울리는 것은 숫자들을 산출하는 도구 그 자체다. 세 가지 커다란 불일치가 지금 우리가 처한 곤경을 더욱 악화시키는 중이다.

정부나 민간이 받는 단기 융자는 장기 융자보다 금리가 낮아 몇 달러를 더 절약할 수 있지만 대신 높은 잠재 비용을 지불해야 한다. 유동성 위기가 발생하고 융자 기간이 만료되면 재융자를 받기가 어렵다. 월스트리트 기업 베어 스턴스(Bear Stearns)와 리먼 브러더스(Lehman Brothers)가 2008년에 배웠듯이 만기 불일치(단기 부채로 자금을 조달해 장기 비유동성 자산을 운영하는 것)는 치명적인 결과를 불러올 수 있다.

대출기관이 만기된 융자를 새로 갱신하는 것을 거부한다면 가계와 회사, 정부는 운영에 필요한 현금이 부족해질 수 있다. 채무 곤경에 빠져 있을 때 기꺼이 재융자를 해주는 채권자가 있거나 정부의 구제 금융이 일시적인 부족분을 메워줄 수 있다면 유동성 부족을 자체적으로 해결할 수도 있다. 그러나 현금에 허덕이는 차입자가 채권자에게 돈을 지불하기 위해 자산을 헐값으로 매각해야 한다면 곧바로 부도로 치달아 파산하게 된다.

또한 외화로 빌리는 것이 금리가 높은 현지 통화로 빌리는 것보다 더 저렴해 보일지도 모른다. 그러나 여기에도 함정이 숨어 있다. 미국 달러 같은 외화에 묶여 있는 환율은 통화가 과대평가된 수준으로 고정되거나 수출로 벌어들인 돈이 줄어들면 신흥시장의 무역 적자를 확대한다. 그러나 무역 적자가 감당 못 할 수준에 이르러 미국 달러에 고정된 통화가 붕괴하면 소규모 신흥시장의 달러 부채는 실질적으로 그 가치가 증가하게 된다.

가령 아르헨티나가 해외에서 미국 달러로 차입하고 이후 현지 통화 가치가 하락한다면 페소로 표시되는 외화 부채의 실질 가치가 급격히 증가하는데, 이를 통화 불일치의 대차대조표 효과라고 한다. 이런 통화 불일치—소득이나 자산은 현지 통화의 가치를 지니는데 외화로 돈을 빌리는 것—는 저개발 국가의 생존을 위협한다. 외화로 표시된 부채 및 관련 부채상환액의 실질 가치가 치솟고, 현지 통화로 소득과 자산을 보유한 채무자는 파산한다.

차입자가 고려해야 할 세 번째 중요한 요소는 자본구조의 위험성이다. 기업은 종종 융자나 주식 매각을 통해 새로운 투자 자금을 조달한다. 따라서 재정적 곤경에 처하면 갑자기 자기자본 대비 부채 비율이 매우 중요해질 수 있다. 경기가 좋을 때는 높은 부채를 감당할 수 있지만 위기에 직면하면 부채는 치명적일 수 있다.

자기자본 대비 부채 비율은 소득을 창출하지 않는 주택의 이자를 상환하는 가계에도 큰 영향을 끼친다. 주택의 자기자본 대비 부채 비율이 낮으면 매월 내야 하는 대출금을 감당할 수 있다. 그러나 투자 자본이 너무 적은 경우는 어려운 시기가 닥쳤을 때 채무불이행을 초래하는데, 이는 2008년 금융 위기 당시 주택 시장이 침체되었을 때 자기자본이 0에 가깝거나 마이너스였던 많은 주택 소유자에게 달갑지 않은 교훈을 던져주었다.

기업 및 가계와 마찬가지로 국가 정부 역시 자본과 부채의 균형에 주의해야 한다. 대외 수입액이 수출액을 초과하면 경상수지가 적자를 기록하게 된다. 정부는 종종 해외 융자로 적자를 메우거나, 부채가 아니라 자기자본과 같은 외국인 직접투자로 막을 수도 있다. 재무부는 이자 부담을 줄이고 싶더라도 정부는 대개 부채를 선호하는데, 외국인 직접투자는 천연자원이나 국영기업, 전력망, 기타 민간 자산 및 기업에 대해 최소한 일부 통제권을 양보해야 하기 때문이다.

개인 차입자가 부채를 극대화하게 되는 원인에는 주로 두 가지가 있다. 공공 부문과 마찬가지로 그들 역시 자산에 대한 통제력을 유지하는 것을 선호한다. 또한 부채가 늘수록 위험이 증가하더라도 감세에 대한 선호가 결국 그들을 대출기관으로 유인한다. 한때 부채 비율이 극도로 낮은 트리플 A 신용등급은 최상의 재정 상태로 여겨졌지만, 이제는 대기업들이 수익 증대를 위해 세금 혜택을 이용하게 되면서 그 영광을 잃었다. 1980년대에는 정크본드(junk bond, 신용 등급이 낮은 기업이 발행하는 고위험·고수익 채권-옮긴이)라고 불리는 투자등급 이하의 채권이 막대한 부채에 대한 욕구를 부추겼다.

알다시피 융자는 일종의 계약이다. 이자는 형편이 좋을 때든 나쁠 때든 상관없이 갚아야 하고 만기에 이른 부채는 회수하거나 재융자 계약을 맺어야 한다. 반면에 지분 투자는 상황에 따라 발행자가 높이거나 낮추거나 폐지할 수 있는 배당금을 받는다. 주택담보대출 액수가 주택 가치에 영향을 주지 않는 것처럼 부채가 증가해도 기업의 시장가치가 변하는 것은 아니다. 그러나 때에 따라 주택 소유자와 기업 그리고 국가를 지급 불능 상태에 이르도록 압박할 수 있기 때문에 자본구조의 위험성을 인식하는 것은 매우 중요하다. 우리 모두 그 비용을 분담하고 있다.

만기 불일치와 통화 불일치 그리고 자본구조의 불일치는 모두 지급 불능 위험을 심화한다. 이는 차입자가 경상소득의 한계를 넘어 부채를 더 쉽게 축적할 수 있게 하고 종종 구조조정과 채무불이행을 초래한다.

부채 위기를 완전히 벗어날 방법은 없다

2008년 글로벌 금융 위기는 차입자와 대출자 모두를 큰 충격에 빠트렸다. 대규모 부채의 잠재적 위험에 대해 근본적인 재평가가 이뤄져야 했다. 어떤 이들은 잠시나마 종교에 빠지기도 했다. 전문가들은 안전장치의 중요성에 대해 떠들어댔고 은행 규제기관은 규정을 강화했다. 신용평가기관은 더 투명해졌다. 미 연준과 다른 은행 규제기관은 주요 은행들에 '스트레스 테스트'를 실시했다.

레버리지가 높은 가계와 은행은 저축을 늘리거나 부채 일부를 체납해 빚을 줄였지만 정부와 기업, 그림자 은행(shadow bank, 은행보다 덜 엄격한 규제를 받는 금융기관)은 돈을 더 많이 빌리기 시작했다. 정책입안자와 일부 민간 부문은 국제적인 위험을 완화하는 게 아니라 도리어 과도한 차입을 하는 오래된 나쁜 습관에 다시 빠져들었다.

지질학자라면 기저 암석을 누르는 무게 때문에 산이 아무리 높아봤자 중력이 허용하는 한도 내에서만 높이를 유지할 수 있다는 사실을 알 것이다. 부채 능력 역시 이와 유사한 원칙을 적용해 제한해야 한다. 그러나 안타깝게도, 인간의 행동에는 그에 상응하는 중력의 제한이 없다. 부채 수준이 증가하면 위험 성향도 함께 재조정된다.

차입자라면 누구나 위험 수준을 계산할 수 있다. 만기가 같은 두 채권의 이자율을 비교하면 어떤 채권이 채무불이행 위험이 더 큰지 투자자로서 판단할 수 있을 것이다. 위험이 클수록 이자율 또는 수익률이 증가한다. 미국 정부가 채무불이행을 선언할 가능성이 별로 없기 때문에 미국의 중장기 채권은 위험 부담이 없는 기준 수익률을 제공한다. 자기 구제를 위해 돈을 발행할 수 없는 차입자—가계, 기업, 도시, 주 또는 국가 등—는 돈을 빌리기 위해 더 높은 수익률을 제시해야 한다. 위험한 차입자와 안전한 차입자 사이의 수익률 차이, 즉 가산금리(spread)는 곧 신용위험(채무불이행 위험)을 의미한다.

한 예로 메가코퍼레이션이라는 회사가 10년 만기에 수익률 6퍼센트의 채권을 발행한다고 가정해보자. 10년 만기 미국 국채가 2퍼센트 이자를 지급한다면 두 채권의 수익률 차이는 4퍼센트포인트다. 이는 메가코퍼레이션 채권이 안전한 미 재무부 채권보다 훨씬 높은 수익률을 약속하지 않는 한 투자자들이 메가코퍼레이션의 채권을 구입하지 않을 것이라는 의미다. 가산금리가 높다는 것은 시장이 채권 발행자의 지급 능력을 의심한다는 뜻이다. 높은 가산금리는 수요를 줄이는 대신 채무불이행 위험을 보상할 수 있는 높은 수익을 원하는 투자자들을 유혹한다. 가산금리가 높아 채무불이행 위험이 커질수록 위험한 부채가 더 많이 쌓이게 된다.

가산금리가 두 자릿수만큼 높아지는 것은 시장이 해당 조직의 부채 수준이 지속 불가능에 가까워지고 있다고 선언하는 것과 같다. 이런 소식은 불안정성을 높인다. 메가코퍼레이션이 이미 수억 달러의 부채를 지고 있다면 해당 부채가 만기가 됐을 때 대출기관은 금리를 올리거나 융자를 거부할 수 있다. 취약성이 급증하면서 대출기관은 가산금리가 높은 기업에 돈을 빌려주는 것을 꺼리게 되고, 곧 공포의 물결이 일기 시작하면 아무도 브레이크를 밟을 수 없다.

이 메가코퍼레이션의 사례는 국가나 정부에도 적용할 수 있다. 그렇게 부채 위기에 직면하면 정부와 기업이 선택할 수 있는 옵션은 나쁜 것밖에 없다.

최후의 수단인 대출자에 의한 구제금융은 일반적으로 조건이 붙는다. 기업 경영자는 지출과 자본 배분에 대해 엄격한 조사와 제약을 감수해야 한다. 세계은행이나 IMF로부터 자주 돈을 빌리는 국가 정부 또한 엄격한 '이행 조건'을 수용해야 한다. 융자를 받는 대신 긴축재정 및(또는) 구조개혁을 단행해 기초 부채를 지속 가능하게 만들어야 하는 것이다.

대출자들은 일시적인 유동성 위기만 극복하면 되는 기업이나 정부와 근본적으로 부실하고 건전하지 못한 기업을 구분하기 위해 애쓰는데, 이때 기업보다는 정부가 더 유리하다. 어떤 나라는 파산하기에 규모가 너무 크고 IMF는 세계 금융시장에 구조적 영향을 주는 것을 피하고 싶기에 구제금융을 제공할 확률이 높다. 그렇다고 해서 구제금융에 많은 위험과 고통이 따르지 않는다는 의미는 아니다. 이행 조건이 있기 때문이다.

채무자가 단순히 유동성만 부족한 게 아니라 지급 불능으로 판명되면 현금 지원으로도 소생시킬 수 없는 좀비가 된다. 좀비는 심각한 문제다. 2020년 6월 〈시드니 모닝 헤럴드(Sydney Morning Herald)〉는 "연준이 창조한 부채 괴물 때문에 좀비들이 꿈틀거리고 있다"라고 경고했다.[3] 연구 조사 웹사이트 야후 뉴스는 2020년 3월에 "좀비 기업들이 세계 경제에 대한 불편한 진실을 숨기고 있다"라고 보도했다. 팩

트셋(FactSet) 데이터에 따르면 2020년까지 전 세계 4만 5,000개 상장 기업의 약 17퍼센트가 3년이 넘도록 이자를 지불할 자금을 마련할 수 없었다.[4] 실제로 중앙은행의 비전통적인 정책에 따른 값싼 차입 비용 덕분에 이미 많은 빚을 지고 있던 수많은 기업이 코로나19 위기 때 더 많은 돈을 빌려 거대한 좀비가 되었다.

과도한 자본 차입은 2022년에 부메랑이 되어 돌아왔다. 연준의 긴축 통화 정책은 '고수익' 채권이 안전 채권보다 더 많이 지불하던 가산금리를 급격히 올렸고, 따라서 '비우량' 채권에 의존하던 레버리지 회사들의 차입 비용을 크게 늘렸다. 그러자 채무불이행이 늘어나기 시작했다.

좀비를 구제하는 것은 궁극적으로 불가피한 파산을 늦출 뿐이다. 이를 좋은 소식으로 받아들일 사람은 시간당 비용을 청구하는 변호사들뿐이다. 메가코퍼레이션은 언젠가 반드시 도산과 구조조정에 직면할 것이다. 구조조정은 채권단과 많은 노동자에게 고통스러운 과정이 될 수 있다. 일반적으로 구조조정 과정에서 모든 채권자가 동등한 대우를 받는 것은 아니다. 채권이 조기에 만기된 일부 채권자는 채무불이행이 발생하기 전에 채무를 전액 회수할 수 있을지도 모른다. 장기 채권을 보유한 영향력 낮은 채권자는 종종 빌려준 돈 일부를 회수하는 데 만족하라는 압박을 받는데, 이는 그들 자신의 지급 불능 가능성을 높인다.

그렇게 파멸의 순환 고리가 만들어진다. 정부의 손에 구제된 은행과 기업, 가계는 공공 부채의 규모를 늘려 국가를 위험에 빠트린다.

한편 이 새로운 공공 부채를 은행과 기업, 가계가 소유하게 되기 때문에 파산 위기에 처한 국가는 민간 부문도 파산에 노출된다. 2010년부터 2015년까지 유로존 위기를 활성화한 것도 이 파멸의 고리였다. 심지어 당시 유로존은 코로나19 위기를 거친 현재에 비해 공공 부채 수준도 훨씬 낮았다.

잘못된 구제금융은 또 다른 유형의 실존적 위험을 부른다. 차입자가 누군가 자신을 구해주리라 확신하고 손쉽게 위험을 감수하면 경제학자들이 '도덕적 해이'라고 부르는 것이 발생한다. 위험한 도박을 했다가 실패해도 정부가 구제해줄 것이라고 확신한다면 걱정할 필요가 뭐가 있을까? 일단 달려들고 보지 않겠는가? 위험이 클수록 잠재 수익도 증가하니 손해 볼 것도 없다. 도박에 이기면 칩을 전부 가질 수 있고, 설사 진다고 해도 누군가 대신 돈을 갚아줄 테니 다음 기회를 노리면 된다. 이런 도덕적 해이로 이익은 사유화되고 손실은 사회화되며 납세자들은 곤경에 처한다.

아이러니하게도 높은 부채 문제에서 논란의 여지는 있어도 인기 있는 해결책이 하나 있다. 성장을 촉진하기 위해 '더 많은' 부채를 얻는 것이다. 지금껏 100년이 넘도록 경제학자들은 긴축재정과 재정 부양책 중 무엇이 더 나은지에 대해 치열한 논쟁을 벌여왔다. 오스트리아 경제학파[Austrian school of economics, 19세기 오스트리아에서 시작되어 자유시장경제의 순기능을 옹호하고 정부나 집단의 간섭 배제와 개인의 절대적 자유를 주장한다. 대표적인 경제학자로는 카를 멩거(Carl Menger), 루드비히 폰 미제스(Ludwig von Mises), 프리드리히 하이에크(Friedrich Hayek)가 있다]는 부채와 적자가 높을 때 긴축에 뿌리를 둔 해결책을 선호한다. 간단히 말하면 덜 쓰고 더 많이 저축하라는 것이다. 사실 이는 가계에서 귀를 기울여야 할 조언이다. 지출을 줄여 신용카드 빚을 줄일 수 있다면 재정 상태가 훨씬 건전해질 것이다. 그러나 정부는 가계와 같은 법칙을 따르지 않으며 가계에는 없는 선택권을 갖고 있다. 채권을 발행할 수 있고 통화 공급을 늘릴 수도 있다. 즉 정부는 수요를 자극할 수 있다.

영국의 전설적인 경제학자 존 메이너드 케인스(John Maynard Keynes)의 제자들은 오스트리아 경제학파의 주장에 반대한다. 이들은 대공황을 지적하면서 빌린 현금을 투입해 침체된 경제를 되살려야 한다며 재정 부양책이 고통스러운 불황과 지급 불능을 막을 수 있다고 주장한다. 케인스는 절약의 역설을 지적했다. 만일 감당할 수 있는 수준보다 더 많은 빚을 지고 있을 때 검약하는 가정이라면 지출을 줄이고 저축을 늘릴 것이다. 그러나 경기침체기에 모든 가정이 그처럼 절약하고 저축한다면 경제 활동의 집단적 부재로 성장이 급격히 감소할 것이다. 그렇다면 최후의 수단으로 정부가 직접 돈을 쓰는 주체가 되는 수밖에 없다.

2007년 세계 경제 위기 때 IMF는 오스트리아 경제학파와 의견을 같이했다. 과도한 부채를 짊어진 국가들에 긴축재정을 강요한 것이다. 어떤 이들은 IMF가 '대체로 국가재정의 문제(It's Mostly Fiscal)'의 약자라며 금융 혼란을 완화하기 위해서는 정부 지출을 제한해야 한다고 했다. 반면 오늘날에는 그 반대쪽으로 의견이 수렴되고 있는 듯 보인다. 코로나19 이후 새롭게 부상한 통념은 부채 문제를 해결하려면 더 많은 돈을 써야 한다는 것이다. 그렇지 않으면 경기침체가 더욱 심각해져 채무불이행의 위험에 직면하기 때문이다.

현재 바이든 대통령 옆에 있는 자문위원단과 2009년 오바마 대통령 자문위원단의 차이는 미국의 변화를 보여준다. 오바마 대통령 주변의 가장 큰 목소리들은 글로벌 금융 위기에서 탈출하려면 지출을 억제해야 한다고 주장했다. 반대로 트럼프와 바이든 행정부에서는 너무 적게 쓰는 것이 너무 많이 쓰는 것보다 더 위험하다는 의견이 우세했다. 그래서 오늘날 우리는 글로벌 금융 위기 때보다도 더 큰 재정 적자를 유지하고 있다.

미국과 여러 국가들이 경제 활동을 다시 자극하기 위해 구제금융의 한 형태인 파격적인 통화 정책을 실행하고 돈을 쓸 준비가 되어 있다. 이를 잘 나타내는 약자 중 하나가 제로 금리 정책을 의미하는 'ZIRP(Zero Interest Rate Policy)'다. 양적 완화 또는 신용 완화라는 기치 아래 더 광범위한 정책도 진행 중인데, 바로 연준이 공공 및 민간 부채뿐 아니라 투자등급의 경계에 있는 부채까지 매입해 경제에 현금을 투입하는 것이다. 이런 정책들은 단기 및 장기 금리를 낮춘다.

유럽과 일본은 실제로 마이너스 금리 정책인 NIRP(Negative Iinterest Rate Policy)를 시행하고 있으며, 그 결과 유럽과 일본에서는 약 18조 달러 상당의 최대 10년 만기 국채가 2021년 명목수익률 마이너스를 기록했다. 일부 스칸디나비아 국가에서는 심지어 주택담보대출 금리가 마이너스였다.

과도한 헬리콥터 머니(helicopter money, 헬리콥터에서 돈을 뿌리듯이 중앙은행이 경기부양을 위해 돈을 찍어 시중에 공급하는 정책을 말한다-옮긴이)는 분명 경제 셧다운이 가져온 최악의 영향을 상쇄했다. 옹호자들은 현대 통화 이론(Modern Monetary Theory, MMT)의 장점을 늘어놓는 것을 좋아한다. MMT는 양적 완화의 극단적 형태로, 중앙은행이 발행하는 돈으로 대규모 영구 재정 적자를 운영하는 정부에 적용되는 것처럼 보이는 이론이다. 그러나 투자가로서 경제 전반을 갉아먹는 부식 효과를 걱정하는 짐 로저스(Jim Rogers) 같은 회의론자들에게 MMT는 '지금 당장 더 많은 돈(More Money Today)'을 의미한다.

앞서 심각한 문제에 대한 다보스의 합의된 관점도 그랬지만 MMT를 둘러싸고 부상하는 새로운 합의 또한 우려스럽기는 마찬가지다. 금리가 0에 가깝거나 마이너스일 때 정부가 지출과 부채를 증가시켜 부채 상환 비용을 늘리지 않고도 국가 경제의 성장을 촉진할 수 있다는 점은 이해한다. 하지만 그런 마법 같은 일이 언제까지고 지속될 수는 없다. 오늘날 계속해서 늘어나는 적자는 낮은 금리에도 불구하고 부채 비율을 점점 늘리고 있다.

지속적이고 강력한 경제 성장이 이뤄지지 않는다면 결국 충격적인 사건이 발생해 전 세계에서 부채 거품이 터질 것이다. 코로나19 팬데믹은 우리를 벼랑 끝으로 내몰았다. 다음에 다가올 충격은 우리를 그 위에서 완전히 밀어버릴 것이다.

채무가 청산된다는 것은 채무자에게는 달가운 소식이지만 그렇게 되면 채권자들도 함께 쓸려나간다. 오늘날에는 많은 채권자가 저축 계좌와 직장가입 퇴직 연금인 401(k)를 가진 평범한 사람들이다. 정부의 공공 부채는 직간접적으로 일반 가계의 소유다. 저축이 국채의 형태를 띠고 있을 때는 직접적이고 국채를 보유한 은행에 예금되어 있을 때는 간접적이다. 그런데 만약 은행이 파산하거나 정부가 채무불이행을 하게 되면 예금자들의 돈은 어떻게 될까? 이는 다시 파멸의 순환 고리로 이어진다.

부채를 해결하는 방법으로서 채무불이행은 비열한 방식이다. 여러 가지 합병증을 유발하기 때문이다. 먼저 신용경색이 발생한다. 은행이 무너지고 신용이 고갈된다. 기업들은 도산한다. 사람들은 일자리를 잃고 가계는 소득과 집을 잃는다. 증시가 무너진다. 모든 채무불이행의 어머니가 모든 빚을 지워 없애주는 대규모 모라토리엄인 건 아니다. 그 과정은 굉장히 지저분하고 불쾌하다.

채무불이행과 구조조정에 비하면 구제금융은 채무자가(민간이든 공공이든) 현금은 부족해도 근본적으로 건전한 상태일 때, 즉 유동성은 낮지만 부실하지 않을 때 선호되는 방식이다. 그러나 지급 불능 상태가 눈앞에 닥치면 채무불이행과 채무조정은 불가피한 선택이 된다. 어려운 부채 위기를 해결하기 위한 절차적 방식으로는 불응채권자에게 대다수 채권자가 수용하는 구조조정 조건을 받아들이도록 강제하는 집단행동 조항이 있다.

외국 채권단에게 많은 빚을 진 차입자는 경제적 고통을 더 크게 겪는다. 신속한 대응과 소송, 혁신을 통해 어느 정도 위기에서 벗어날 수 있긴 해도 영원히 그럴 수는 없다. 위기에 몰린 중남미 국가들은 1980년대에 월풀(Whirlpool)과 같은 회사들에 달러화로 표시된 부채

덩어리를 매입한 다음 시장가치가 아닌 현지 통화로 교환하도록 설득해 작은 승리를 거뒀다. 이는 월풀에도, 외채를 회수하기 위해 달러가 필요했던 브라질에도 윈-윈 전략이었다.

그러나 작금의 부채 수준에서 이런 작은 승리는 침몰하는 배에서 갑판 의자를 다시 배치하는 것이나 마찬가지다. 신흥시장이 외채를 갚을 수 없다면 더는 선택권이 없다. 채무불이행이 불가피해지면 세계 자본 시장에 접근할 수 없다. 자본에 접근할 수 없다면 경제는 수축한다. 현지 통화의 가치가 사라진다. 돈을 더 많이 찍어봤자 인플레이션과 초인플레이션을 불러올 뿐이다. 빈곤이 확산되고, 국민을 부양할 수 없는 정부는 오래가지 못한다. 경제적 혼돈은 포퓰리즘 슬로건과 프리랜서 민병대로 무장한 권위주의 지도자들의 공허한 약속을 향해 문을 활짝 열어줄 것이다.

역사가 반복적으로 보여주듯이 선진경제국이라고 해서 불멸의 존재인 건 아니다. 1899년에 신중한 투자자들이 오스트리아-헝가리를 통치한 합스부르크 제국이 발행한 100년 만기 채권을 통해 추구한 것은 안정성이었다. 1914년 6월, 무정부주의자 가브릴로 프린치프(Gavrilo Princip)가 오스트리아의 페르디난트 대공을 암살해 제1차 세계대전이 발발했을 때도 합스부르크 국채는 다른 유럽 채권에 비해 여전히 가치를 유지하고 있었다. 다시 말해 어떤 전문가도 종말이 다가오고 있음을 예측하지 못했다. 4년도 안 되어 합스부르크 제국은 역사 속으로 사라졌다. 그로부터 20년 후 독일을 짓누르던 전후 부채와 배상 청구는 제2차 세계대전 발발에 지대한 영향을 끼쳤다.

현지 통화로 차입하는 경제 대국은 외화로 차입해야 하는 신흥시장 국가들에는 없는 선택권이 있다. 즉 자국 통화를 사용해 부채를 상환함으로써 채무불이행을 피할 수 있다. 그들은 자국 중앙은행에서 발행한 화폐를 사용할 수 있고, 따라서 계속 돈을 빌릴 수 있다. 이 경우 처음에는 통화 발행량을 늘려 경제 안정을 뒷받침할 수 있지만 그 치료법은 결국 독이 되어 돌아올 것이다. 서서히 인플레이션이 되돌아오고 종국에는 채무불이행의 한 형태가 된다. 이에 대해서는 5장에서 더 자세히 논하도록 하겠다.

채무불이행과 마찬가지로, 인플레이션은 채권자와 예금자의 부를 채무자와 차입자에게 이전한다. 자국 통화로 돈을 빌리는 미국 및 다른 선진경제는 부채가 지속 불가능한 수준에 이르러도 공식적으로 채무불이행을 선언할 필요가 없다. 그 대신 인플레이션이 좀 더 온화한 형태의 채무불이행이 되어 장기 고정금리 채무의 실질 가치를 축소한다.

실제로 인플레이션은 부를 이전한다. 채권 가격과 채권 금리, 즉 채권 수익률의 관계가 시소와 유사하기 때문이다. 채권 금리가 오르면 채권 가격이 하락하고 그 반대도 마찬가지다. 인플레이션이 표면화되면 대출자들은 더 높은 금리를 요구한다. 투자자에게 1퍼센트 이자를 지급하는 10년 만기 채권은 금리가 오를수록 매력이 떨어진다. 다른 채권이 더 높은 수익을 안겨주는데 뭐하러 연간 1퍼센트의 수익을 얻으려 이 채권을 구입한단 말인가? 가령 인플레이션율이 1퍼센트일 때 정부에 10년간 2퍼센트 이자율로 돈을 빌려준다면 내 실질 수익률은

1퍼센트다. 그러나 사후 인플레이션율이 10퍼센트라면 실제 수익률은 마이너스 8퍼센트인 셈이다.

금리에 대한 민감도는 통화 정책을 좌우한다. 저금리로 치솟는 부채 위에 앉아 있다면 금리 인상 의지가 억제되어 채권 가치가 하락한다. 그러나 낮은 금리는 차입과 무모한 레버리지를 조장해 더 큰 부채 문제를 부를 수 있다.

또는 정책입안자가 '금융 억압'을 단행할 수도 있다. 메커니즘이 다소 복잡하긴 하지만 어쨌든 너무 많은 유권자를 짜증 나게 하지 않으면서도 정치자금을 모으려는 정치가들의 기도에 응답하는 방안이라 하겠다. 정부는 대형 금융기관에 중소기업과 가계, 심지어는 부실 은행을 구제하도록 지시하는데 이는 금융 부문에 대한 은밀한 과세로 볼 수 있다.

2020년에는 통화, 재정, 신용 완화 및 구제금융이 기록적인 수준에 도달했다. 〈파이낸셜 타임스〉는 "이는 궁극적으로 친환경 전략을 포함해 정치적으로 필요한 모든 과감한 시도에 자금을 지원하는 노선으로 보일 것"이라고 보도했다. "왜냐하면 보증은 자산이 악화될 경우 정부 쪽에서는 우발 부채 외에는 비용이 들지 않기 때문이다. 이런 신용 문제의 오랜 해결책은 더 많은 돈을 빌려주고 채무자가 이자와 원금 모두에 대해 현재의 상태를 유지하는 것이다. 돈이 열리는 나무의 동요는 이제 막 시작되었을 뿐이다."[5]

부채 위기를 벗어나기 위한 해결책에 개인 자산에 대한 세금이 제외되어 있어도 완벽하다고 할 수 있을까? 재산이 없는 사람에게는 세금 부과가 매력적으로 보일지 몰라도 여기에는 단점이 도사리고 있다. 당국이 축적된 부에 세금을 부과하거나 초고소득에 높은 세율을 부과한다면 세금 회피가 늘어날 수 있고, 이에 따른 세수도 부채 부담을 완화하기에는 턱없이 모자랄 것이다. 그리고 부채 수준을 줄이기 위해 노동에 세금을 부과하는 것은 이미 많은 노동자가 소득에 쪼들리고 높은 과세에 시달릴 때는 대개 정치적으로 불가능하다.

　높은 부채 수준을 해결하기 위한 모든 구제책에는 비용이 소요된다. 절약의 역설, 채무불이행의 혼란, 구제금융의 도덕적 해이, 부유층에 손해를 입히고 민간 자본 투자를 감소시킬 부유세, 가장 취약한 계층에 피해를 주는 근로세, 채권자의 부를 갉아먹는 예상치 못한 인플레이션 등. 바로 이 때문에 우리는 마치 공짜 점심인 양 MMT의 새로운 '합의'에 도달한 것이다. 금리를 낮게 유지하고 계속 부채를 쌓는 것은 예금자 · 채권자의 재산과 소득을 차입자 · 채무자에게 재분배하는 가장 온화하고 최소한의 저항이 따르는 길이다. 그러나 쉽고 값싼 돈(저금리)은 더 많은 빚을 지게 한다. 쉬운 돈은 또한 자산 인플레이션으로 이어지고 종내에는 거품을 일으킨다. 언젠가는 결산이 이뤄질 것이다. 어쩌면 거품이 터지고 채무불이행과 인플레이션 또는 스태그플레이션을 부르는 거대한 붕괴의 형태로 다가올지도 모른다.

부채의 빙산 아래 숨은 비용들

과거의 부채 위기는 지금 우리 앞에 도사리고 있는 위기에 비하면 그저 그림자에 불과하다. 우리는 진실을 마주하고 싶어 하지 않는다. 우리는 미래에 허리띠를 졸라매야 한다거나 소득을 늘릴 기회가 없음을 인정하기 싫어하며, 하물며 구매력이 감소할 가능성이 크다는 사실은 더더욱 인정하기 싫어한다.

부디 예측이 틀렸기를 바라지만, 미래에 인플레이션이든 완전한 채무불이행이든 거대한 부채 붕괴 사태가 도래할 것임은 불가피해 보인다. 어느 쪽이든 마음대로 골라보라. 우리는 기름칠한 레일을 타고 쏜살같이 달려가고 있다. 관성에 굴복해서도, 이제껏 그런 것처럼 위기를 잘 극복할 거라고 가정해서도 안 된다. 유감스럽지만 이번에는 예전과는 비교도 안 될 정도로 상황이 나쁠 것이다.

그렇게 거대한 경제 붕괴가 돈을 빌리고 빌려주는 이들에게만 피해를 줄 것이라고 생각한다면—'은행은 힘들지 몰라도 우리 집은 괜찮을 거야'—이 세계가 경제와 재정뿐만 아니라 지정학적으로도 얼마나 많은 위험을 내포하고 있는지 상기해야 한다. 부채 위기는 단순히 경제에만 영향을 끼치는 것이 아니다.

1998년 여름 대통령 경제자문위원회에서 일할 당시에 나는 러시아의 부채 위기 및 채무불이행에 대한 대응과 관련된 논의에 참여한 적이 있었다. 한번은 백악관 지하에 있는 상황실에서 회의가 있었다. 텔레비전 드라마에는 종종 최첨단 벙커처럼 묘사되지만 사실은 수십 년간 한 번도 새로 단장하지 않은 황폐한 지하실이다. 어쨌든 철저한 보안 아래 군 고위급 인사들과도 대화를 나눌 수 있었는데, 우리는 러시아의 심각한 경제 악화가 국가체제 붕괴로 이어질 수 있고 그에 따라

핵무기 일부가 악당들의 손에 넘어갈지도 모른다고 걱정했다.

채무불이행과 치명적인 무기는 위험한 연관성을 지닌다. 오늘날, 핵무기를 보유한 러시아는 해외 자산이 동결되면서 또다시 채무불이행에 근접하고 있다. 1999년에 높은 외채와 핵무기를 보유하고 있는 파키스탄에 대한 지원을 검토할 때도 비슷한 우려가 제기되었다. 미 재무부와 IMF가 파키스탄이 경제 파탄을 피하고 외채를 재조정할 수 있게 도움을 주었지만 그들의 부채 수준은 오늘날에도 여전히 불안정하다.

지정학적 제약에 주의를 기울이면 집단적 풍조에 맞서는 데 도움이 된다. 2015년에 그리스가 유로존을 탈퇴할 것이라는('그렉시트') 견해가 월스트리트에 팽배했던 이유는 부분적으로 매파인 독일의 볼프강 쇼이블레(Wolfgang Schauble) 전 재무부 장관이 앙겔라 메르켈(Angela Merkel) 총리에게 구제금융을 지원하기보다 차라리 그리스를 놓아주자고 조언했기 때문이다.

내 생각은 달랐다. 나는 유로존이 그렉시트를 피하기 위해 그리스와 유럽연합 집행위원회 그리고 IMF로 구성된 트로이카가 합의에 이를 것으로 봤다. 그리스가 트로이카의 의지를 시험하긴 하겠지만 독일이 통화동맹의 붕괴 위험까지 감수하며 플러그를 뽑지는 않을 것 같았다. 내 예측은 옳았다. 그리스는 긴축재정과 혁신을 시행하는 대신 2,000억 달러의 대규모 구제금융을 받는 데 성공했고 유럽은 그렉시트를 피할 수 있었다.

나는 경제와 재정적 요인만을 고려하는 게 아니라 그 이상의 요소들까지 전부 감안한다. 가령 튀르키예의 수백만 난민이 유럽의 관문인 그리스 국경에 모여들어 발생한 지정학적 결과와 같은 것들 말이다. 그리고 희망적인 징후와 문제적 징후를 빠짐없이 고려한다. 나를 '닥터 둠'이라고 부르는 이들은 내가 부정적인 면만큼이나 긍정적인 측면을 엄격하게 검토한다는 사실을 알지 못할 뿐이다. 낙관론자와 비관론자 양쪽 모두 나를 반대론자라고 부른다. 그러니 굳이 별명을 고르자면 '닥터 리얼리스트(Dr. Realist)'라 할 수 있겠다.

오늘날에는 고개를 어느 쪽으로 돌려봐도 방대하게 쌓여 있는 부채가 눈에 들어온다. 하지만 마치 빙산처럼 수면 아래에 그보다 훨씬 더 거대한 부채가 존재한다는 사실을 잊어선 안 된다. 차입자와 대출자가 정확히 얼마나 많은 돈으로 묶여 있는지는 눈에 훤히 보이지만 노인의료 및 연기금의 미적립 채무, 기후 변화 비용, 미래의 범세계적 유행병 비용 및 기타 헤아릴 수 없는 부채를 구제하는 데 얼마나 많은 비용이 필요할지는 차마 헤아릴 수도 없을 지경이다. 부채 위기는 지금 그것이 우리 앞에 놓인 유일한 초거대 위협이라고 해도, 정책입안자들이 솔로몬 왕처럼 현명하다고 해도 여전히 암담할 것이다. 그리고 현실은 그보다 더 끔찍할 것이다.

우리가 역사에서 얻은 교훈은 인구가 증가하면 노동력이 증가해서 지역 경제가 곤경에서 벗어날 수 있었던 세계관에 바탕을 두고 있었다. 그러나 인구증가율이 정점에 이르러 노동력이 감소하고 고령화 인구를 부양할 노동자가 줄어들면 경제는 어떻게 될까? 이 '미적립 채무(unfunded liability)'가 우리가 다음 장에서 분석할 초거대 위협이다.

3장

인구통계학적 시한폭탄

대공황 시기에 선진 세계는 심각한 곤경에 빠져 있었다. 모든 상업 활동이 거의 중지되었다. 청구서는 납부되지 않았고 사업은 실패하고 금융기관이 무너졌다. 실업률은 25퍼센트를 넘었고 파산한 농부와 주택 소유자들은 부동산에 '판매 중' 표지판을 내다 걸었다. 불확실성이 팽배하고 번영에 대한 믿음이 사라지자 독일과 이탈리아, 스페인, 독일에서 전체주의와 군국주의 정권이 자국의 위대함을 설파하며 사람들의 정치적 권리와 인권을 짓밟았다.

　이런 분위기에서 잔뜩 긴장한 미국 지도자들은 오랜 민주주의 원칙보다 안전을 더 중요시했다. 당시 공화당 소속 윌리엄 보라(William Borah) 아이다호주 상원의원은 프랭클린 루스벨트 대통령에게 "일정 기간 헌법이 허용하는 한도 내에서 독재적 권력을 부여"하자고 제안하기도 했다.[1]

대기업이 사업을 지속하기 위해 돈을 빌렸다면 정부는 경제 활동을 촉진하기 위해 돈을 빌렸다. 그 증거가 바로 뉴딜 정책이다. 정부는 끊임없는 프로젝트로 경제에 현금을 투입했다. 도로와 다리를 건설하고 은행을 활성화하고 배고픈 사람들을 먹이고 예술가들을 동원해 문화유산을 풍부하게 만들었다.

도시 곳곳에 무료 급식 줄이 길게 늘어섰던 시절이었지만 경제는 오히려 더 건전했다. 왜 그랬을까? 세계 경제가 흔들리기는 했지만 무너지지는 않았기 때문이다. 쉽게 간과되는 사실이지만 당시 폭락한 증시와 배고픈 사람들에겐 두 가지 중요한 이점이 있었다. 즉 그 시절의 선진 국가들은 부채가 적었고 아직 성장할 여지가 많았다. 미국은 돈을 빌리고 이를 증가하는 과세 수입으로 상환할 수 있었다. 사회보장제도(1965년에 통과)는 퇴직 노동자가 연금과 의료 서비스를 받을 수 있도록 보장해주었다. 노동력이 계속 증가하는 한 퇴직 노동자의 수가 증가하더라도 해당 프로그램의 기금도 함께 증가했다.

그러나 인구통계학적 추세가 역전되자 이 프로그램들은 곧장 함정으로 변했다. 성장을 달성하기 어려운 오늘날, 우리는 사회보장과 의료 서비스에 대한 미적립 청구서의 무게에 무참히 짓눌리는 중이다. 제2차 세계대전조차도 경제 생산량에 비해 이렇게까지 막대한 암묵적 부채를 창출하지는 않았다. 이제 부담은 그 어느 때보다도 방대하고, 우리는 거센 맞바람을 맞으며 오르막길을 오르는 중이다.

현재 40~50대인 X세대는 앞으로 수십 년은 더 일해야 할 것이다. 그들이 사회보장 혜택을 받을 여부는 노령 및 유족 연금(Old Age and Survivors Insurance, OASI) 신탁기금 상태에 달려 있다. 현 상태로는 2033년에 지급 불능(자금 고갈)이 예상되는데 이는 코로나19로 1년이 앞당겨진 것이다.[2] 그 후에 은퇴하는 이들은 원래 받아야 할 혜택의 약 76퍼센트만 수령할 수 있다.[3] 은퇴자들은 대부분 개인 저축에 의존해야 하는데 이는 그들의 노후에 안 좋은 신호다. 연준의 조사에 따르면 미국인 10명 중 약 4명이 주요 가전제품을 교체할 여력이 없다.[4] 미국인의 절반 이상이 5,000달러 이하의 저축을 보유하고 있으며 3분의 1은 심지어 1,000달러 이하로 보유하고 있다.

폭스 뉴스나 CNBC 같은 케이블방송 광고가 압도적인 비율로 노인 청중을 대상으로 한다는 사실을 알고 있는가? 비아그라, 진통제, 탈모 보조제 등을 홍보하는 광고들은 한 가지 분명한 사실을 알려준다. 우리 앞에 인구통계의 깊은 함정이 놓여 있다는 점이다.

경종은 이미 수십 년 전부터 울리고 있었지만 우리는 이를 계속 무시해왔다. 암울한 소식으로 사람들을 일깨우는 것은 힘든 일이지만 그게 내 직업임을 이해해주길 바란다. 사회적 격변을 주시하는 경제학자인 내겐 다른 대안이 없다. 그저 계속 증거를 수집하고 달갑지 않은 소식을 능력껏 외칠 뿐이다. 우리는 지금껏 위험한 상황 속에도 깊이 잠들어 있었다. 부디 많은 사람이 눈을 뜨고 깨어나 문제에 관심을 기울이고, 점들을 연결하고, 결과에 대비하길 바랄 뿐이다.

1장과 2장에서는 명시적(explicit) 부채, 즉 차입자와 대출자 사이의 계약에 대해 살펴봤다. 하지만 여기서 논할 또 다른 부채에 대해 알고 나면 자동차대출, 주택담보대출, 신용카드, 개인융자, 주택 자기자본

대출, 공공 부채 등은 사소한 문제처럼 보일 것이다. 앞에서 말한 공식적이고 명시적인 부채는 암묵적(implicit) 부채, 즉 우리의 미래에 예상되는 모든 재정적 의무에 비하면 실로 미약한 수준이다.

대부분의 암묵적 부채는 중년 및 고령 노동자에게 재정 안전망을 제공하는 것과 글로벌 기후 변화의 파괴적인 결과를 완화하는 것, 이 두 가지 주요 원인에서 비롯된다. 이 장에서는 전자에 초점을 맞추고 후자는 10장에서 다룰 것이다.

오늘날의 선진경제는 현직 노동자와 급증 중인 퇴직 노동자에 대한 재정 약속을 이행할 자금을 충분히 갖고 있지 않다. 심지어 중국과 러시아, 한국처럼 고령화되고 있는 일부 신흥시장도 마찬가지다. 그렇다면 우리는 어떻게 세계적인 이동의 흐름을 수용하는 동시에 이 막대한 비용을 지불할 수 있을까? 세금 인상으로는 불가능하다. 은퇴자와 곧 은퇴할 사람들의 연금과 의료 재원을 조달하려면 현 노동자의 급여세를 대폭 인상해야 하지만, 그래도 그들이 은퇴할 즈음엔 그들을 위한 의료 및 연금 기금은 보장할 수 없을 것이다. 돈을 찍어내면 인플레이션이나 어쩌면 초인플레이션이 발생할 것이다. 은퇴자와 은퇴를 앞둔 노동자에 대한 약속을 어기거나 정년을 연장하면 정치적인 불만을 초래할 것이다.

우리는 생활을 유지하기 위해, 현재 남아 있는 유일한 대안에 점점 더 심하게 매달리고 있다. 바로 절대로 갚을 수 없는 빚에 의존하는 것이다. 다만 명심해야 할 것은 그 결과가 결코 긍정적이지 않을 것이라는 점이다.

세계의 고령화 그리고 바닥난 연금

산업혁명 초기에 시인이자 사상가인 랠프 월도 에머슨(Ralph Waldo Emerson)은 "자연은 나이 든 것을 혐오한다"라고 쓴 적이 있다. 현대의 논평가들도 이《자기 신뢰》의 저자가 전혀 예측하지 못했던 이유로 같은 결론에 도달하고 있다.

선진경제, 특히 유럽과 일본뿐만 아니라 미국에서도 많은 노동자가 고령화 및 정년퇴직 연령에 가까워지고 있다. 인간이라면 누구도 이 숙명을 피할 수 없다. 그러나 성장이 정점에 이른 경제에서 고령화된 노동력은 문제를 악화시킬 수 있다. 새로운 기계에 대한 투자가 감소하면서 고령화는 노동력 공급을 줄이고 생산성을 둔화시킨다. 연금 및 의료 서비스 같은 재정 공약은 국민 소득 증가량의 상당 부분을 노령층에 지출한다. 일자리가 해외로 이전되고 로봇이 확산되면서 선진경제에서는 계속해서 늘어나는 은퇴자들을 부양해야 하는 젊은 노동자의 고용률이 점점 줄고 있다.

만일 이런 추세가 지속된다면(그렇게 되지 않을 이유가 보이지 않는다) 우리는 한 세대에서 다음 세대로 수 세대에 걸쳐 사회적 진보가 이뤄지는 미래를 잃을지도 모른다. 현역 노동자들의 급여는 새로운 가정을 이루고 상품을 구매하고 종잣돈을 마련하는 데 쓰이지 못하고 노인들의 안전망을 유지하는 데 쓰일 것이다. 젊은 세대의 낮은 지출과 저축률은 경제 성장에 제동을 걸 것이다.

노벨 경제학상 수상자 밀턴 프리드먼(Milton Friedman)은 정부의 개입에 격렬하게 반대하는 경제학자로, 최초로 이 문제에 경종을 울린 인물 중 한 명이다. 그래도 준비할 시간이 있던 1980년대에 그는 앞으로 다가올 위기와 관련해 맹렬한 비난을 퍼부었다.

현재의 시스템은 미래에 혜택받을 이들을 위해 지금 시대의 사람들에게 세금을 부과하는 것이다. 이제까지 수급 혜택을 받은 이들은 실제 그들이 지불한 것의 보험계리적 가치보다 훨씬 많은 혜택을 받았다. 그사이에 노동력이 늘어났고 임금도 증가했기 때문이다. 급여세는 크게 인상됐으나 수급자 수가 납부자보다 더 빠르게 늘고 있다. 그러니 사회보장제도가 재정적 어려움을 겪는 것이다. 이것이 예비금이 점점 줄고 있는 이유이며 의회에 사회보장제도가 재정적으로 책임질 수 있도록 조치해야 한다고 닦달해야 하는 이유다.[5]

문제는 이런 위협의 증거가 수십 년에 걸쳐 축적되고 있음에도 불구하고 아무것도 변하지 않았다는 점이다. 2012년 《세대충돌》의 저자 로런스 코틀리코프(Laurence Kotlikoff)와 스콧 번스(Scott Burns)는 미국의 '공식적' 공공 부채와 미적립 채무를 포함한 '실제' 부채액의 차이를 비교했다. 그들은 이 차이를 '재정 격차'라고 부른다. 당시 그들이 계산한 공식 부채는 11조 달러였다.[6] 한편 실질 부채는 무려 211조 달러였다. 이런 경보가 이미 울리고 있었음에도 정책입안자들은 아무것도 하지 않았다.

일반적으로 국가의 총부채가 연간 경제 생산량, 즉 국내총생산

(GDP)과 동등한 수준에 이르면 거시경제학자들의 걱정이 깊어진다. 《세대충돌》이 출간되고 10년이 지난 오늘날 미국의 재정 격차는 자그마치 GDP의 14배에 이른다. 더욱 놀라운 사실은 이런 재정 격차가 "현재 모두가 주목하고 있는 공식 부채의 22배"라는 점이다. 이는 결코 좋은 징조가 아니다. "만약 미국이 파산하고 경제적 혼란과 세대 갈등으로 추락하면 그 누구도 상상하지 못하고 원치 않는 방식으로 전 세계가 고통받을 것"이라고 저자들은 말한다.[7]

물론 재정 격차의 추정치는 다소 과장되어 있다. 시간이 지남에 따라 GDP가 성장한다는 사실을 고려하지 않았기 때문이다. 지금으로부터 수십 년 후에 갚아야 할 부채의 대부분은 증가한 생산량으로 충당될 것이다. 그러나 미래에 상승할 소득을 고려해 수치를 조정하더라도 정부의 공약과 청구서가 만료되었을 때 보유고에 있을 자원의 격차는 어떤 기준으로 고려해도 막대하다. 심지어 미국 경제는 다른 많은 국가에 비해 건전한 수준이다. 다른 국가들의 상황은 이보다 더 나쁘다.

막대한 재정 격차는 이제 세계 경제 지형의 일부로 고착되었다. 세계은행은 "고령화는 유럽 전역에서 나타나는 현상"이라고 경고했다. 폴란드의 경우를 생각해보자. 1950년에 폴란드 인구의 절반은 26세 미만으로 아주 젊었다. 그러나 오늘날 폴란드의 중위 연령은 40세에 근접하고 있으며 2050년에는 51세에 이를 것이다. 노령 인구도 함께 줄고 있다. 2050년에 폴란드 인구는 1995년에 비해 600만 명이나 감소한 3,200만 명이 될 것으로 추정된다.[8]

코로나19가 발발하기 오래전, 세계은행 연구진은 인구통계학적 변화로 폴란드의 1인당 GDP가 10년 안에 3분의 1 이상 감소할 것으로 추정했다. 이들은 10년 전에 역량 강화를 위해 전면적인 구조조정이 단행되었음에도 폴란드의 연기금 조달 능력에 경고를 보냈다. 또한 사회복지 서비스에 대한 수요가 계속 증가하면서 지출이 많이 늘어날 것으로 내다봤다. 이들은 "오늘날 폴란드에서 태어난 아동은 100세까지 살 가능성이 있다"라고 지적하면서 복지제도가 확대되면 그 비용을 어떻게 충당할 것인지 중대한 질문을 던졌지만 대답은 제시하지 못했다.

선진 세계 전반에서 매우 위험하고 불균형한 통계치가 드러나고 있다. 국민 소득 중 점점 더 큰 비율이 젊은 노동자가 아닌 은퇴자들의 삶을 유지하는 데 사용된다. 급여와 생산 가능 인구가 줄고 노령연금이 급증하면서 이 편향 현상은 매년 더 심화되고 있다. 만일 청년 노동자들이 은퇴자를 부양하기 위해 자신의 미래를 포기해야 할 수도 있는 이 문제에 아직 분개하지 않고 있다면, 머지않아 그렇게 될 것이다. 곧 청년층과 노년층의 세대 갈등에 관한 헤드라인이 뉴스에 등장할 것이다.[9]

우리는 전진하는 것이 아니라 후퇴하고 있다. 1960년대 미국에는 은퇴 및 장애인 노동자 1인당 5명의 현역 노동자가 있었다. 미 사회보장국(Social Security Administration)에 따르면 이 비율은 2009년에 3 대 1 이하로 떨어졌고 2030년에는 2 대 1까지 하락할 것이다.[10]

미국의 상황은 심각하지만 최근까지도 노동력 공급에 한몫한 이민

현상 덕분에 유럽만큼 심각하지는 않았다. 미국의 출생률이 여성 1인당 자녀 2.1명이라는 이른바 대체출생률을 밑돌고 있음에도 총인구는 아직 감소하지 않고 있다. 아시아와 중남미, 기타 지역에서 계속 유입된 이민자들이 미미하긴 해도 총인구 증가에 도움을 주고 있기 때문이다. 그래도 미국의 은퇴자 수는 계속 증가해서 사회보장 수혜자 명단은 7,300만 명까지 늘어날 것이다. 2010년에 비해 거의 두 배에 이르는 숫자다. 미래에 만기될 미적립 채무는 현재 5조 달러를 초과했다. 이는 바이든 정부가 2021년에 야심 차게 제안한 일자리 법안의 2.5배에 이르는 액수다.

일본은 세계에서 가장 노령화된 국가로 꼽힌다. 출생률은 매우 낮고 기대수명은 매우 높기 때문이다. 코로나19 이전에 일본 정부는 부과 방식 연금제도(pay-as-you-go pension system, 매년 지급하는 비용을 해당연도에 가입자로부터 거둬들인 보험료 수입으로 충당하는 방식의 연금제도-옮긴이)의 미적립 채무를 고려할 때 은퇴자의 소득이 은퇴 전 임금의 61.7퍼센트에 불과할 것으로 추정했다. 2040년대 후반에는 연금 대 임금 비율이 51퍼센트까지 떨어질 것으로 예상되며 일부 최악의 시나리오에서는 2050년에 40퍼센트 아래까지 하락할 수도 있다.[11]

포괄적 사회복지제도의 유산 덕분에 유럽과 일본은 가장 가파른 언덕을 오르게 되었다. 고령화는 미국보다 빠르게 진행되는 반면에 연금 보장은 전반적으로 미국보다 더 관대하다. 한 세대 전에 노동자들의 바람이었던 사회안전망은 현재와 미래 세대에게는 산더미 같은 부채가 되었다.

승리해봤자 영광을 차지할 수도 없는 이 경쟁에서 미국은 유럽과 일본을 바짝 뒤쫓고 있다. 연방 정부만 문제가 아니다. 암묵적 부채의 결정적인 척도는 50개 주가 연금제도에서 공동 보유하고 있는 자산과 빚진 금액 간의 격차에 있다. 퓨 자선신탁(Pew Charitable Trusts)에 따르면 현재 주 연기금의 총 부족액은 사상 최대인 1조 2,000억 달러에 이른다.[12]

주 정부의 공무원 연금은 공공 재원의 극히 일부분일 뿐이다. 교사를 포함해 연방과 주, 시 공무원 수십만 명의 은퇴 연금 및 의료비용까지 추가하면 미적립 채무는 급격히 증가한다. 거기에 민간 부문도 있다. 고정지급형 연금제도는 이제 많은 산업 분야에서 사라졌지만 여전히 쟁점이 되고 있고, 정부는 연금지급보증공사(Pension Benefits Guarantee Corporation, PBGC)를 통해 이를 지원하겠다고 약속했다. 현재로서는 민간 부문의 미적립 채무 때문에 납세자들이 1,850억 달러의 부담을 짊어질지도 모르는데, 그나마 그게 가장 바람직한 시나리오다.

국민 의료비 지출은 연금보다 훨씬 더 빠른 속도로 증가하는 중이다. 2020년에 메디케어, 메디케이드, 민간 보험, 병원, 의료 및 임상 서비스, 본인 부담 비용, 처방약에 대한 지출은 약 10퍼센트 증가한 5조 4,000억 달러를 기록했다. 1인당으로는 1만 2,530달러로 미국 국내총생산의 20퍼센트에 이르는 액수다. 연방 정부는 이 막대한 비용의 3분의 1 이상을 부담 중이고, 가계는 4분의 1을 부담하고 있다. 미국 보건복지부 산하 메디케어 및 메디케이드 서비스 센터(Centers for

Medicare and Medicaid Services)에 따르면 주 및 지방 정부는 14퍼센트가 조금 넘는 액수를 부담한다.[13]

이런 재정적 압박은 계속해서 가중될 것이다. 2028년까지 미국의 국민 의료비 지출은 연평균 5퍼센트 이상의 속도로 증가하고 있다. 가입자 또한 계속해서 늘어날 것이며 특히 메디케어는 다른 국민 의료비용을 빠른 속도로 앞지를 것이다.

2010년에 전미경제연구소(National Bureau of Economic Research)가 발표한 보고서는 폭발 직전에 있는 지뢰 하나를 폭로했다. 데이비드 오터(David Autor)와 마크 더건(Mark Duggan)의 〈사회보장 장애보험의 확대: 재정 위기의 시작(The Growth in the Social Security Disability Rolls: A Fiscal Crisis Unfolding)〉에 따르면 미국의 사회보장제도는 노령자가 아닌 성인의 80퍼센트 이상에게 장애로 인한 신체적 또는 정신적 질병의 위험을 보장하는데, 이는 과거에 비해 굉장히 높은 비율이다.[14]

저자들은 수급액의 급격한 증가를 세 가지 요인으로 설명한다. 새로운 입법으로 요통과 관절염, 정신질환을 앓는 노동자들의 복리후생 문턱이 낮아졌다. 그리고 장애인 소득에 대한 세제 혜택이 추가되어 노동자가 수급을 선택할 인센티브가 추가되었다. 마지막으로 여성 노동자의 급격한 증가로 보험에 가입하는 노동자 수가 늘어났다. 저자들은 사건이 항소로 갈수록 4분의 3이 원고에 유리한 판결이 내려졌다는 점도 지적했다.

즉 연금, 의료, 장애 수당 및 기타 서비스 같은 노령화 및 부과 방식 복지제도에 따른 미적립 채무는 이미 방대한 수준이며, 시간이 지날수록 특히 선진경제에서 폭발적으로 증가하고 있다. 하지만 지금은 일부 고령화된 신흥시장도 마찬가지다. 경제협력개발기구(OECD) 상위 20개 국가의 미적립 또는 과소 적립 국가 연금 부채가 약 78조 달러에 이른다는 추산도 있다. 의료비나 장애 수당이 포함된 것도 아니고 오직 연금에 대한 추정치만 이 정도다.[15] 암묵적 부채는 심각한 시한폭탄이자 초거대 위협이다.

고령화 시대의 딜레마

고령화 딜레마는 정치인과 정책입안자들의 골칫거리다. 모두를 만족시킬 방안도 없고 엄중한 해결 방안이 균형을 회복할 것이라는 보장도 없기 때문이다. 더구나 관련 의제들은 필연적으로 서로 충돌할 수밖에 없다.

암묵적 비용을 완화하기 위한 계획은 영향력 있는 이익집단과 한 약속에 어떤 형태로든 지장을 초래한다. 은퇴자들이 응당 받을 것이라고 믿는 수혜를 단순히 박탈할 수는 없다. 3,800만 회원을 거느린 미국은퇴자협회(American Association of Retired Persons, AARP)는 그런 계획에 망설임 없이 반대하고 나설 것이다. 정년 연장은 정치적으로 지뢰밭이나 다름없다.

정년을 조정하면 불평등을 심화할 수밖에 없다. 많은 데이터에 따르면 평균 20세 이전에 일을 시작해 70세 이전에 사망하는 블루칼라 노동자보다 화이트칼라 노동자가 더 오래 산다. 20대에 대학과 대학원을 졸업하고 사회보장 혜택을 20년 또는 그 이상 받을 가능성이 큰 화이트칼라 노동자에게 보조금을 지급할 이유가 무엇이란 말인가? 아니면 정부가 급여세를 인상할 수도 있다. 그러나 청년 직장인들은 손에 쥘 수 있는 실질 급여가 줄어들고 은퇴 후 텅 빈 잔고가 두려워 이런 정책을 꺼릴 것이다. 노동자가 가정에 가져가는 급여가 줄면 고용주에게 고용을 온전히 유지하라는 압박이 증가해 기업 부문 수익률이 악화될 수도 있다.

재원 문제를 해결하는 한 가지 방법은 유권자 수가 적은 집단에 세금을 부과하는 것이다. 그러나 부유층은 막대한 기부금으로 국회의원들에게 영향력을 행사한다. 억만장자에게 세금을 부과하면 일부 진보 집단에는 호소력이 있을지 몰라도 효과가 낮거나 자칫 역효과를 초래할 수 있다.

억만장자에게서 수천억 달러를 징수해봤자 수조에 이르는 암묵적 부채를 감당할 순 없다. 더욱이 그들에겐 무거운 세금을 회피할 방법을 찾아낼 유능한 회계사가 있다. 그리고 예산을 끌어올 줄 아는 정치인은 항상 인기가 높다. 그럼에도 모든 방법이 실패할 경우 세금 인상에 반대하는 억만장자와 그렇지 않은 일부 부자들은 더 많은 세금을 내기보다 세금을 피하려고 아예 새로운 관할권으로 옮겨 갈지도 모른다.

점점 더 많은 노동자가 사회안전망을 이용할 수 있게 되고 정치적 의지가 흔들릴수록 미적립 채무는 계속해서 쌓일 것이다. 흔히 정치권에서 '제3의 레일(the third rail, 전차를 부설할 때 두 개의 레일 옆에 설치하는 고압 전류가 흐르는 레일로, 건드리면 안 되는 정치적으로 민감한 사안을 뜻하는 표현이다-옮긴이)'이라고도 불리는 사회보장제도에 손을 대는 것은 너무 위험해서 어떤 정치인도 감히 감축하자고 말하지 못한다.

한때 선각자들의 꿈이었던 기대수명 연장과 새로운 의료 기술이 이제는 악몽으로 탈바꿈하고 있다. 선진경제의 사회안전망은 많은 노동자가 정년에 이르기도 전에 사망하던 시절에 형성된 것이다. 우리는 이 문제를 해결하기 위해 아무도 예상치 못한 대가를 치러야 했다. 65세에 은퇴하고 나면 그때까지 납부한 사회보장 세금을 훨씬 초과하는 수십 년간의 연금 혜택이 시작된다. 의료 부문에서 가장 많은 비용이 지출되는 부분도 바로 고령자의 건강 유지다. 여기서 또다시 문제가 발생한다. 이 모든 청구서를 어떻게 지불할 것인가? 계속 대답을 회피하다가 결국 곪아버린 문제는 향후 20년 안에 언제든 폭발할 수 있는 초거대 위협이 되고 말았다.

고령화가 모든 국가의 잠재 성장률을 낮춰 미적립 채무를 악화시킨다는 점도 잊으면 안 된다. 실제로 생산성 증가 추세(노동당 1인당 생산량)를 고려할 때 노동인구가 적을수록 잠재 성장률도 함께 감소한다. 더구나 고령화가 진행될수록 생산성 증가율 역시 둔화될 수 있다. 생산성 증가의 상당 부분이 새로운 생산 자본에 대한 투자에 달려 있지만 노동자가 적을수록 투자율도 떨어지기 때문이다. 따라서 투자가 적기 때문에 생산성 증가율도 시간이 지나면서 하락할 것이다. 선진경제 중에서도 고령화가 가장 심한 일본이 금세기의 대부분 동안 성장이 정체되었던 것도 그리 놀라운 일이 아니다.

그렇다면 어떻게 해야 잠재 성장률을 높일 수 있을까? 한 가지 부분적인 해결책은 청년 노동인구의 이민을 장려하는 것이다.

이민자 앞에 닫힌 문

실제로 성장률이 견고하고 일자리가 풍부하다면 이민은 선진경제를 괴롭히는 고령화 문제를 일부 해결할 수 있다. 급여를 받는 청년 노동자의 숫자가 늘면 사회보장 및 의료 서비스 재원에 기여할 수 있고, 더 많은 소비자가 수요를 촉진해 유동 부채 및 암묵적 부채의 부담을 완화하는 소득 성장에 박차를 가하게 된다.

과거 미국으로 쏟아져 들어온 이민자 집단은 근면하고 유능한 노동자가 필요한 공장과 서비스 산업 현장에 배치되었다. 미국의 경제 성장은 그들의 유입에 달려 있었다. 자유의 여신상은 자유를 갈망하는 전 세계 노동자들을 환영했다. 그런데 시대가 변했다. 오늘날 반(反)이민 정서는 자유의 여신상에 '빈방 없음'이라는 간판을 내걸었다.

미국의 이민자 중 한 명으로서, 나는 닫힌 문은 상상하는 것조차 싫다. 해외에서 태어나 자란 수많은 사람들처럼 나도 미국을 기회의 땅으로 여겼다. 대학원 공부를 하기 위해 1983년에 처음 미국에 발을 디뎠지만 이후 학자로서, 정책입안자로서, 그다음에는 경제 컨설팅 기업가로서 계속 머물며 일했다. 참고로 이 컨설팅 회사는 계속 성장해서 직원 50명 이상을 고용하게 되었고 그중 많은 사람이 나와 같은 이민자다. 이 새로운 노동자들은 부를 창출하는 놀라운 능력을 발휘했다. 2018년에 〈포브스〉는 '미국에서 10억 달러 이상 규모의 스타트업 설립자 55퍼센트가 이민자 출신(55% of America's Billion-Dollar Startups Have an Immigrant Founder)'이라는 헤드라인을 내놓은 적이 있다.[16]

경제학자 대니 로드릭(Dani Rodrik)은 선진국의 이민자 환영 정책을 옹호한다. 왜 그럴까? 연구 결과에 따르면 이민은 경제 성장률 상승과 연관성이 있기 때문이다. 숙련된 노동자는 성장률과 생산성이 확고하고 임금이 높은 지역으로 이동한다. 의욕에 넘치는 이민자는 새로운 사업을 시작하는 창업가가 되는데, 이는 특히 수익성이 높은 첨단기술 분야에서 두드러지게 나타나는 추세다. 한편 이민자는 고국에 돈을 송금해 경제 안정에 도움을 준다. 로드릭은 자유로운 이주가 무역과 자본 이동 또는 금융 서비스를 자유화하는 것보다 더 긍정적인 영향을 미친다고 결론 내렸다.

표준 경제 이론에 따르면 자유무역은 전 세계의 번영에 도움이 된다. 국경을 개방하고 이민 정책을 통한 사람의 자유무역 역시 마찬가지다. 두 국가가 있다고 가정해보자. 한쪽은 노동자가 많고 자본이 적기 때문에 임금이 낮다. 상대적으로 선진경제인 다른 쪽은 자본은 많고 노동자는 적기 때문에 임금이 높다. 노동력이 자유롭게 움직일 수 있을 때 임금은 균등해지는 경향이 있다. 가령 미국이나 유럽의 노동자는 방글라데시에 있는 동등한 지능과 잠재적 기술을 갖춘 노동자보다 4~5배 높은 소득을 올릴 수 있다. 문제는 원래 임금이 높았던 선진경제의 평균 임금이 하락한다는 점이다. 이는 사람들이 이민을 반대하는 이유 중 하나이기도 하다.

오스트리아 경제학파의 검소한 경제학자 세대와 많은 현대 보수 정치인에게 영감을 준 루트비히 폰 미제스는 이주를 막은 장벽 때문에 사람들이 경제적 곤궁을 견뎌야 했고 이로써 유럽에서 전쟁이 발발했다고 여겼다.

그러나 선진경제의 유권자들이 이민자 편에 서도록 설득하는 것은 쉬운 일이 아니다. 이유는 명확하다. 블루칼라와 서비스 노동자를 비롯한 저숙련 노동자의 임금이 정체되었고 이주 노동자의 유입은 이런 상황을 더욱 악화시키기 때문이다. 새로운 이민자들은 교육과 주택, 의료 서비스에 이르기까지 공공 서비스의 부담을 가중해 사람들의 큰 반발을 부른다. 또한 다른 언어를 사용하고 낯선 문화권에서 온 까닭에 사회적 반발도 초래하는데, 특히 배타적인 성향의 정치인이 당파적 목적으로 비방의 화살을 날릴 때는 반발이 더욱 거세진다.

과거에는 새 나라에서 일자리를 찾는 이주 노동자들이 본토 출신 노동자들과 일자리를 놓고 경쟁했다. 오늘날 이민자들은 알고리즘과 경쟁해야 한다. 인공지능은 이민자들에게 철저한 현대적 장벽을 세우고 있다. 로봇이 공장 및 사무직 노동자는 물론 전문 자격을 갖춘 많은 사람을 대체하면서, 숙련된 이민자들은 일자리를 찾지 못하거나 더욱 희소해진 일자리를 놓고 경쟁해야 하기에 점점 더 환영받지 못하고 있다. 실제로 선진경제의 기업들은 인구 고령화로 노동력이 줄면서 점점 더 로봇에 의존하는 실정이다.

선진국 중에서도 특히 일반 노동자의 연령이 높은 일본의 경우 고령화의 해결책은 이주 노동자가 아니다. 일본의 고용주들은 로봇과 자동화의 발전을 가속화하는 쪽을 선택했다. 앞으로는 전 세계 고용주들도 사람 대신 알고리즘을 선택할 가능성이 크다.

기술적 실업이 급증하면서 적은 일자리를 놓고 이민자와 경쟁해야 하는 이주 노동자들은 이민에 대한 반발이 더 심해질 것이다. 실제로 바이든 정부의 이민 정책은 이민자를 배척했던 트럼프 정부 때와 크게 다르지 않다. 바이든은 중미에서 경제, 기후, 정치 난민의 물결이 밀려오자 결국 입국을 제한하기에 이르렀다. 그러나 이 책 뒤쪽에서 논하겠지만 글로벌 기후 변화, 파탄 난 정부, 개인적 안전, 경제 저개발 및 빈곤이 급증하면서 앞으로는 가난한 국가에서 부유한 국가로 이민자의 유입이 계속 증가할 것이다. 그리고 안타깝게도 일본뿐만 아니라 미국과 유럽에서도 점점 더 많은 문과 국경이 그들의 코앞에서 닫히리라.

참으로 암울한 그림이 아닐 수 없다. 이런 전망을 내놓게 되어 유감이다. 설사 선진국에서 전례 없는 규모의 이민자를 흡수하더라도 가까운 미래에 정부는 고령 노동자에게 연금 및 의료 서비스를 제공하겠다는 약속을 지키지 못할 것이다. 공공과 민간 차입자들은 돈을 두고 경쟁을 벌일 것이다. 화폐를 발행할 수 있는 국가는 계속해서 인쇄기를 돌릴 것이며, 그럴 수 없는 국가들은 갑자기 채무불이행을 선언하거나 높은 인플레이션에 허덕이다 사회적 혼란에 휩싸여 갈등이 심화되고 이주가 가속화될 것이다.

그렇다면 이런 압력에 직면한 정부는 어떻게 해야 할까? 너무나 유혹적이어서 선택할 수밖에 없는 길이 하나 있다. 바로 돈을 쏟아붓는 것이다. 모든 문제에 돈을 투입하는 방법으로, 소비자들이 돈을 쉽게 빌릴 수 있도록 정책을 마련하고 정부가 더 많은 돈을 차입할 수 있도록 지출 법안을 통과시키는 것이다. 4장에서는 이 영원한 유혹에 대해 살펴보겠다. 높은 부채 수준과 인구통계적 문제에 떠밀려, 값싼 대출과 불황과 호황의 순환 주기로 이어지는 통화 발행 문제가 초거대 위협으로 떠오르고 있다.

4장

저금리의 함정 그리고 호황과 불황의 주기

금융 위기가 어디서 시작되었는지 알고 싶은가? 그렇다면 중앙은행의 고위 임원들이 어떤 실수를 했는지 폭로하는 헤드라인의 홍수 속에서 한 발짝 물러나야 한다. 이들에게 경제 안정의 책임이 있다거나 어떻게 해야 인플레이션을 억제하고 실업률을 완화할 수 있을지를 두고 열띤 토론을 벌여봐야 서글픈 진실을 놓칠 뿐이다. 바로 이런 격변을 불가피하게 만든 장본인이 바로 정책입안자들이라는 진실이다.

호황과 불황은 1951년 파커 브러더스(Parker Brothers)가 보드게임 '호황이냐 불황이냐(Boom or Bust)'를 출시했을 때 사람들의 머릿속에 깊이 각인되었다. 당시 세계 경제는 전설적인 전후 호황기에 접어들었고, 2년 뒤 다우존스 산업평균지수는 1929년 이전의 최고점을 회복했다. 보드게임 플레이어는 무작위로 뽑은 경제 뉴스의 가격에 따라 부동산을 사고팔았다. 주사위를 굴릴 때마다 호황이 순식간에 불황으

로 바뀌거나 그 반대가 될 수 있었다. 우승자는 마지막까지 파산하지 않은 사람이었다.[1]

보드게임은 호황과 불황이 순전히 주사위의 숫자에 달려 있기에 경제적인 상황을 읽을 수가 없다. 현실 세계는 그보다 훨씬 복잡하지만 적어도 호황과 불황 주기에 대해 많은 단서를 제공한다. 느슨한 통화 정책 때문에 돈이 너무 오랫동안 저렴해지면 결국 거품이 터져 심각한 위험이 발생한다는 사실은 셜록 홈스가 아니더라도 추리할 수 있다.

흔히 나타나는 단서들은 이렇다. 저금리의 유혹에 넘어간 주택 소유자들이 빚을 내어 빚을 갚는다. 개인과 기업 투자자는 원래대로라면 너무 비싸 감당할 수 없는 금융 자산을 손에 넣기 위해 막대한 자금을 빌린다. 정부는 거대한 예산 공백을 메우기 위해 돈을 차입한다. 중앙은행은 돈을 찍어내고 대출 규제를 완화하고, 규제기관에서 일하는 사람들은 아주 긴 점심 식사를 즐긴다. 이런 패턴들이 미래가 위험하다고 소리 높여 경고하는 게 아니라면 대체 어떤 단서를 더 봐야 깨달을지 모르겠다. 하지만 기록에 따르면 전문가들조차도 이런 패턴들을 무시하는 경우가 다반사다.

코로나19로 정체되고 부채의 늪에 빠진 경제를 소생시키기 위해 연준과 다른 중앙은행 및 재정 정책 입안자들은 신중함을 내던지기로 했다. 그들은 2008년 금융 위기 이후 시행했던 것보다도 더 느슨한 통화, 재정 및 신용 정책을 수용했다. 그러나 위험 성향이 높고 낭비벽이 있는 사람들에게 느슨한 자금 및 이전지출(移轉支出)을 통해 재정을 지원해주면 어떤 결과가 발생할까? 2008년에서 튀어나온 것 같은 포트폴리오 전략을 구사했던 전직 펀드 매니저 빌 황(Bill Hwang)을 떠올려보자. 황의 이름은 2021년 초반 그가 운영하는 아케고스 캐피털 매니지먼트(Archegos Capital Management)가 파산했을 때 언론사 헤드라인을 장식한 바 있다.

월스트리트에서 발생한 이 사태는 위험을 과소평가한 데서 시작되었다. 아케고스는 기초 자산에서 발생한 소득 및 자본이익에서 비롯된 총수익과 고정금리를 교환하는 계약인 총수익스와프(Total Return Swap, TRS)에 막대한 지분을 투자했다. 이 파생상품은 공격적인 투자자가 규제 문턱을 초과하는 높은 레버리지의 주식 포지션을 위장하는 데 도움이 된다. 기민한 마진콜은 큰 이익을 가져다줄 수 있지만 레버리지가 높은 대규모 포지션이 갑자기 터지면 시장이 흔들릴 수 있다.

2021년 4월, 아시아의 갑작스러운 기술주 폭락에 과도 노출된 아케고스는 현금을 확보하기 위해 분주하게 뛰어다녔다. 바이어컴 CBS(viacomCBS)의 레버리지 포지션을 청산하려는 시도가 주식 공모와 충돌했다. 주식이 시장에 넘쳐나니 가격이 하락했고 뉴스는 빠르게 퍼져나갔다. 월스트리트의 대출기관들은 마진콜을 발행해 거액의 대출금을 상환할 것을 요구했다. 아케고스는 그들의 요구를 들어줄 수 없었다. 골드만 삭스(Goldman Sachs)는 재빨리 자본을 확보했고 다른 기업들도 곧 뒤를 따랐다. CNN은 "이런 강제 청산이 유혈사태를 불러일으켰다"라고 보도했다.[2] 붐이 꺾이고 하강기류에 휘말린 아케고스는 파산했다. 대출기관들은 수십억 달러의 손실을 기록했다.

대공황과 대규모 구제금융이 가르쳐준 교훈도 더는 쓸모가 없었다. 〈파이낸셜 타임스〉는 아케고스의 붕괴를 "월스트리트에서 가장 화려한 실패 중 하나"라고 보도했다.[3] 글로벌 은행 다섯 곳이 거품을 지나치게 믿은 대가로 100억 달러가 넘는 손실을 입었다.

저렴한 차입 비용에 힘입어 지나친 위험에 매료된 회사는 아케고스뿐만이 아니다. 〈월스트리트 저널(Wall Street Journal)〉은 핵잠수함 제조사와 메카 순례에 사용되는 시설 등 위험 부담이 높은 신생 기업에 자금 융통을 제안하는 투자회사 그린실 캐피털(Greensill Capital)이 규제 당국의 조사가 시작된 지 몇 주일도 안 돼 무너졌다는 소식을 전했다. "렉스 그린실(Lex Greensill)의 투기적 발상 일부는 실현되지 못했지만 그가 거대한 야망과 위험한 투자를 선호하는 성향이 있음을 보여주었다"라고 보도했다.[4]

〈블룸버그(Bloomberg)〉의 한 보고서는 코로나19의 첫 번째 파도가 수그러들 무렵 들썩이기 시작한 분위기를 보여주었다. 보고서에는 거대한 거품이 형성되면서 홍콩의 한 암호화폐 거래자가 이 디지털 자산에 밀려드는 주문을 처리하기 위해 18시간 동안 빈백에서 쪽잠을 자는 모습이 묘사되어 있다. 뉴질랜드 웰링턴에서는 열띤 경매가 일어났고 주택 가격이 역사상 최고가를 기록했다. 뉴욕의 한 헤지펀드 매니저는 네 배의 투자수익을 올렸다고 주장하는 열세 살짜리 구직자의 이력서를 검토했다. 〈블룸버그〉는 "전 세계 주요 중앙은행에서 쏟아진 값싼 돈이 자산을 부풀려 저축과 투자, 지출 방식을 변화시켰다"라고 보고했다.[5]

공개 거래가 가능한 기업인수목적회사(Special Purpose Acquisition Company), 이른바 스팩(SPAC)의 새로운 유행도 거품에 풍미를 더했다. 이 회사들은 실제로 사업을 운영하는 게 아니라 상품이나 서비스를 판매하는 회사를 인수하거나 합병할 목적으로 설립된다.

2021년 5월 〈파이낸셜 타임스〉는 "한때 금융계에서 색다른 여흥으로만 여겨졌던 스팩이 지난 1년 동안 자본 시장과 거래 성립을 이끄는 원동력으로 작용했다"라고 보도했다. "월스트리트는 물론 유명 인사들과 스포츠 스타의 지원을 받은 '백지수표' 회사들은 엄청난 액수의 돈을 모았고 1,420억 달러의 자본을 조성해 합병 대상을 찾아 나섰다."[6]

우주운송 기업 모멘터스(Momentus)와 기업인수목적회사인 스테이블 로드 어퀴지션(Stable Road Acquisition Corp.)의 합병 시도는 그중에서도 유명한 사례다. 〈파이낸셜 타임스〉에 따르면 모멘터스는 "우주에 투자할 수 있는 독특하고 매력적인 기회"를 홍보하며 2027년이 되면 수익이 40억 달러를 초과할 것이라고 주장했다고 한다. 그들의 꿈은 대형 우주선에 서비스를 제공하는 대규모의 로봇 운송 수단을 구축하는 것이었다. 증권거래위원회(Security and Exchange Commission, SEC)는 회사의 재무보고서를 검토한 후 인수합병 거래를 보류하고 투자자들에게 모든 스팩을 더 면밀하게 검토하거나 다른 쪽을 살펴보라고 경고했다.

한 부문이 시들해지면 다른 분야가 그 자리를 대신하기 마련이다. 위험에 굶주린 투자자들은 끊임없이 폭식한다. 2021년 5월 〈파이낸셜 타임스〉는 "시장의 극심한 부침 속에서 스릴을 좇는 새로운 유형의 단타투자자가 다시금 거센 돌풍을 일으켜 암호화폐 가격이 시들해진 사이 인기주의 주가가 급등하고 있다"라고 보도했다. 개인 투자 흐름을 지켜본 한 투자 분석가는 "과거 단타투자가 특정 테마 종목에 집중하는 경향이 있었다면 이 새로운 세대는 세계 시장 전반에 걸쳐 '다양한 자산 거품 속에서 돌고 도는' 경향이 있다"라고 말했다.[7]

우리가 지나온 역사의 기록은 매우 명백하다. 카지노가 공짜에 가까운 돈으로 채워질 때마다 불안정한 거품이 생겨난다. 투자자들이 기대수익을 얻기 위해 지불하는 금액만큼 명확한 징후도 없다. 주가수익(P/E) 비율은 기업의 주식 가격을 주당 이익으로 나눈 것이다. 가령 주식이 주당 100달러에 거래되고 해당 회사가 주당 10달러의 수익을 벌 것으로 예상된다면 P/E 비율은 10 대 1이 된다. 회사의 성장에 따라 투자수익도 증가할 것이라 기대되기 때문에 빠른 속도로 성장하는 주식은 P/E 비율이 높지만 미래의 성장을 확신하는 것은 불가능한 일이다. 높은 P/E 비율은 더 큰 희망과 더 큰 위험을 의미한다. 부문(sector)별로 주가수익률이 천차만별인 이유도 여기에 있다.

1950년 이후부터 모든 주식 부문의 평균 P/E 비율은 일반적으로 10~20 사이에서 변동해왔다. 그러나 코로나19 이후의 들뜬 행복감 속에서 이 친숙한 기준은 심드렁하게 느껴졌다. S&P 500의 주가수익률이 1929년 대폭락 이전의 수준을 넘어 2000년 닷컴 거품 때와 어깨를 나란히 하는 30퍼센트대까지 상승했다. 차트가 새빨갛게 달궈진 기술 부문에서는 하늘 높은 줄 모르고 치솟아 50퍼센트를 넘어섰다. 또 다른 신호는 이색 투자 부문에서 켜졌다. 디지털아트 한 점이 6,500만 달러에 팔리는 사건이 발생한 것이다. 2021년에는 내재 가치가 없어 실질적으로 '쓰레기 코인'인 암호화폐의 가격이 주체할 수 없는 수준으로 폭등했다.

암호화폐, 탈중앙화 금융(Defi, 블록체인 기술을 활용해 정부나 은행 같은 중앙기관의 개입 없이 이뤄지는 금융 서비스–옮긴이) 및 대체불가토큰(NFT, 블록체인 상에서 유통되는 토큰의 한 종류로 각각 고유값을 지니고 있어 다른 토큰으로 대체가 불가능한 디지털 자산–옮긴이)의 유행은 호구 개미투자자들에게 뒤처지거나 소외되어 있는 것 같은 불안감을 주입해 이 무법지대에 익숙한 내부자들에게 홀랑 속아 넘어가게 했다. 자산이라고는 뉴저지에 있는 샌드위치 가게 하나에 수익도 희박했던 어떤 회사는 시장가치가 1억 달러까지 치솟기도 했다.[8] 아파트 거주자들이 도회적 분위기를 버리고 뒷마당이 있는 한적한 교외를 노리고 달려들면서 집값도 같은 경로를 따랐다.

비이성적 과열(irrational exuberance)과 과도한 위험 감수 같은 잘못된 판단은 대공황과 저축 및 대출 위기, 닷컴 거품 붕괴, 2008년 금융위기를 연결한다. 이는 우리가 결코 고칠 수 없는 결함이다. 투자자들이 자살 충동을 억제할 방법을 배울 기회는 벌써 세 번 이상 있었다. 그러나 흔히 말하듯 월스트리트에서 성공하려면 두 가지가 필요하다. 상승 시장과 짧은 기억력이다. 우리는 안정성을 위해 실질적인 조치를 하는 대신 또다시 호황과 불황의 순환 주기를 향해 돌진하고 있다. 그것도 예전보다 훨씬 무시무시한 속도로 말이다.

제로 금리 시대가 너무 오래 유지되자 금융시장은 공짜 돈으로 거대한 자산과 신용 거품을 먹여 살리는 카지노로 변모했다. 양적 및 신용 완화는 공공과 민간 부문이 돈을 빌리는 데 들어가는 비용을 줄여주었다. 과도한 재정 부양책은 좀비 회사들을 구제했고 주식(그중에서도 특히 성장주와 기술주)과 부동산, 사모펀드, 스팩, 암호화 자산, 밈 주식, 국채, 고수익 및 고등급 회사채, 대출채권담보부증권(Collateralized Loan Obligation, CLO)을 비롯한 이색 신용상품, 그림자 은행, 헤지펀드 투자 등을 뒷받침했다. 2020년 3월부터 시작된 연준의 구제금융은 모든 유형의 자산 가격을 높였다.

거품은 2021년 말에야 줄어들기 시작했다. 그동안 시행된 대규모 통화, 신용 및 재정 부양책은 인플레이션을 1980년대 초반 이후 처음 보는 수준으로 끌어올렸다. 연준을 시작으로 중앙은행들은 처음엔 인플레이션 상승이 일시적인 현상인 양 행동하다가 인플레이션이 지속될 게 확실해지자 그제야 양적 완화와 신용 완화를 중단하고 금리를 인상했다.

돈과 제로 금리 대출이 사라지자 2020~2021년의 비대해진 자산 거품이 여기저기서 터지기 시작했다. 2022년 5월에는 상장기업 증시가 20퍼센트 하락하면서 약세장에 들어섰다. 고공행진을 이어가고 있던 성장주와 나스닥 기술주들이 폭락했다. 추락세는 페이스북과 아마존, 애플, 넷플릭스와 구글로 구성된 강력한 'FAANG' 그룹까지 집어삼켰다. 유서 깊은 우량주들도 침몰했다.

나쁜 소식이 퍼져나갔다. 밈 주식은 애초에 터무니없었던 2021년

고점에서 3분의 2 이상 하락했다. 암호화폐 시장이 요동쳤다. 비트코인은 몇 달 전 기록한 사상 최고치에서 70퍼센트 급락했다. 비트코인보다 약한 암호화폐 중에는 80퍼센트 이상 떨어진 종목도 있었다. 거품이 끼어 있던 스팩들이 피식 꺼지고 거래는 흐지부지됐다. 미 국채 수익률은 3퍼센트로 세 배나 뛰었다. 투자등급 위아래 회사들의 신용 가산금리가 급격히 증가해 100조 달러가 넘는 세계 채권 시장이 불안정해졌다.

2022년 초, 연준과 다른 중앙은행들이 마침내 인플레이션 상승 때문에 엄격한 긴축 통화 정책이 필요하다는 신호를 보내왔다. 유동성을 줄이는 조치가 시작되었다. 인플레이션 억제를 위한 조치로 금리가 인상되어 자산 가격이 하락했다. 금융 긴축이 경기침체에 대한 두려움을 부채질하자 위험 자산 가격은 더욱 내려갔다.

호황과 불황의 주기는 게임이 아니다

거시경제학자는 게임 디자이너가 아니다. 하지만 그렇게 보일 수도 있다. 우리는 수요와 공급이라고도 부르는 생산과 소비를 유도하는 모든 요소가 집합된 가상의 개념을 사용해 대규모 모델을 구상한다. 가격과 세금, 임금과 환율 같은 여러 변수를 건드려보고 어떤 일이 일어나는지 관찰한다.

우리는 잘못된 판단과 불운에 따른 재앙을 피하는 한편, 성장을 촉진할 수 있는 조합에는 어떤 것이 있는지 모색한다. 통화의 과도한 공급에서 오는 인플레이션과 심각한 경기침체 및 신용경색으로 발생할 수 있는 디플레이션의 균형을 맞추기 위해 고민하고, 미래 금리를 예측하는 곡선을 따라 채권의 장단기 수익률을 추적한다. 또한 우리는 낮은 실업률이 앞으로 더 높은 인플레이션을 예고한다는 증거를 찾아 데이터를 주시한다. 보드게임과 마찬가지로, 이 모든 것에는 규칙이 적용된다. 다만 보드게임과 달리 규칙이 진화할 수 있으며 결과가 현실로 나타난다는 점이 다를 뿐이다.

호황과 불황은 아무 이유 없이 발생하는 게 아니다. 불행히도 많은 방면에서 사실로 취급되고 있는 경기순환에 대한 통념은 틀렸다. 가령 이런 이야기 말이다. 우리는 행복하고 만족스러운 성장 경제로 시작한다. 야성적 충동이 주가 상승을 촉진하고, 그러다 이 충동이 부정적인 것으로 변모한다. 경고도 거의 없이 갑자기 폭락이 뒤따른다. 비이성적 과열부터 공황에 이르기까지 군중의 광기가 폭발한다. 불안으로 수요가 마비되고 기업의 수익이 감소한다. 노동자들은 일자리를 잃고 경기침체와 디플레이션이 발생한다. 수요를 자극하기 위한 대규모 개입이 이뤄지지 않으면 경제는 죽음의 소용돌이에 빠진다.

이 이야기에는 현저하게 잘못된 두 가지 결함이 존재한다. 첫째, 거품과 불황의 주기를 조장하는 근시안적 통화 및 규제 정책을 간과하고 있다. 둘째, 정책입안자들의 최선의 의도를 꺾을 수 있는 세계 경제 발전의 영향을 무시하고 있다. 이 전통적인 서사는 앞으로 다가올 위기에 대한 책임을 회피한다. 군중의 광기에 대해 우리가 할 수 있는 일은 거의 없기 때문이다. 다만 이 과정은 실제로 부의 보전과 성장에 대한 우리의 모든 가정을 무너뜨릴 초거대 부채 슈퍼 사이클(10~20년 이상 상승이 지속되는 추세-옮긴이)이 형성되는 데 영향을 끼친다.

경기침체나 금융 위기가 발생하면 거시경제학자들은 어떻게든 대공황만은 피하기 위해 최선을 다한다. 1930년대가 또다시 반복되기를 바라는 사람은 아무도 없기 때문이다. 무료 급식을 받기 위해 길게 늘어선 줄부터 뱅크런(bank run, 대규모 예금 인출 사태-옮긴이), 파산을 겪고 월스트리트의 창문에서 뛰어내린 수많은 투자자들 등. 그 끔찍한 시대의 모습을 묘사하는 책과 영화는 또 얼마나 많은가. 경제학자의 언어로 말하면 대공황은 디플레이션이 가장 추악한 형태로 발현된 풍경이었다.

이미 시장이 불안정하긴 했어도 실질적으로 대공황의 시작을 알린 것은 '검은 목요일(Black Thursday)'이라고 불리는 1929년 10월 24일에 발생한 주가 대폭락이었다. 돈이 순식간에 허공으로 증발했다. 가장 확실하고 탄탄하다고 믿었던 우량주의 가파른 하락세가 일주일 동안 이어졌다. 놀란 투자자와 소비자들은 구매를 미루기 시작했고 상품과 서비스에 대한 총수요가 감소했다. 수익이 감소하자 기업들은 일자리를 삭감했다. 사람들의 수입이 줄자 수요가 더 떨어졌다. 더 많은 일자리가 사라졌다. 살아남을 수 있었던 회사들도 현금이 부족해지자 무너졌다. 증시 폭락은 결국 불황으로 번졌다.

시장 폭락이 이런 거대한 참사로 이어질 일은 아니었다. 긴축 정책을 선호한 당국의 잘못된 대응이 아니었다면 그저 주식시장에서 흔히 벌어지는 사건이 되어 경미한 경기침체로 끝날 수도 있었다. 다시 말해 경제가 스스로 회복되게 내버려뒀더라면 말이다. 후버 정부에서 그런 방책을 지지한 대표적인 인물은 당시의 재무부 장관이자 저명한 은행가였던 앤드루 멜런(Andrew Mellon)이었다. 그는 자금이 떨어진 소비자와 은행, 기업들이 파산하도록 내버려두고 디플레이션이 시스템의 취약한 부분을 알아서 청소하도록 하자고 주장했다. 멜런이 보기에 현금이 부족한 기관들은 도산해 마땅했다.

그러나 이때부터 정책입안자들은 경제 시스템이 시장 붕괴 및(또는) 경기침체로 위협받을 때 정부가 시장에 개입해 활성화하는 데 도움을 줄 수 있다는 사실을 깨달았다. 중앙은행은 돈을 투입할 수 있었고 의회는 지출을 늘릴 수 있었다.

제2차 세계대전 이후 선진국은 디플레이션에 발목을 잡힌 적이 거의 없었다. 미국과 유럽에서 짧은 기간 동안 표면 위로 드러난 적은 있었지만 말이다. 장기 디플레이션을 경험한 것은 일본이 유일했다. 1990년 이후로 일본은 '잃어버린 10년'을 넘어 무려 20년 넘게 지속된 정체기에 접어들었다. 성장은 둔화되고 소비는 부진했다. 한때 활력에 넘쳤던 경제에서 부가 빠져나갔다. 사람들의 생활 수준은 그야말로 납작해졌다.

건강한 경제의 시민들은 인플레이션에 익숙하다. 물가와 청구서에 적힌 숫자는 매년 상승한다. 하지만 우리는 임금과 소득, 저축과 투자가 그만큼 또는 그보다 더 빠르게 성장할 것으로 기대하며 그럴 때 인플레이션은 차입자에게 도움의 손길이 되어준다.

가령 연간 인플레이션율이 2퍼센트(대다수 중앙은행의 오랜 목표)라면 달러는 매년 실질 가치의 2퍼센트를 상실하게 된다. 즉 작년과 동일한 수준을 유지하려면 매년 달러당 2센트가 더 있어야 한다는 얘기다. 앞에서 예로 든 메가코퍼레이션이라는 회사가 새 장비를 들이기 위해 10만 달러를 차입했다면 연말에 부채의 실질 가치는 9만 8,000달러가 된다. 메가코퍼레이션이 인플레이션과 보조를 맞춰 성장하는 한 실질 부채 부담은 계속해서 줄어드는 셈이다. 10년 동안 2퍼센트 인플레이션이 유지된다면 원 대출액의 실질 구매력은 8만 1,000달러 이하로 감소한다.

이제 공급업체를 의미하는 메가코퍼레이션이 사업 자금을 빌리는 대가로 3퍼센트의 명목금리를 지불하기로 동의했다고 가정하자. 실질적으로 인플레이션은 명목금리를 상쇄한다. 금리가 실질 부채에 매년 3퍼센트를 더하지만 인플레이션이 2퍼센트를 빼주기 때문이다. 그에 따라 금리에서 인플레이션을 뺀, 차입의 실제 경제적 비용을 계산할 수 있다. 이 사례에서 차입 비용은 3퍼센트에서 2퍼센트를 제한 1퍼센트다.

물론 실제 인플레이션은 끊임없이 변동한다. 그러나 이 원리는 일관적이다. 탄탄한 실질소득 증가와 인플레이션이 수반된다면, 부채가 명목소득 증가율보다 더 빠르게 증가하지만 않으면 소득 대비 부채 부담은 줄어든다. 그러나 인플레이션은 급증하는 부채를 해결하는 만병통치약이 아니다. 급격한 인플레이션은 부채를 빠르게 덜어낼 수 있지만 새로운 차입자와 상환을 연기하는 차입자는 지속 불가능한 금리를 지불하는 대가를 치러야 한다.

디플레이션은 반대 방향으로 작용한다. 디플레이션이 발생하면 돈을 빌렸을 경우 미래에 상환 시 더 높은 실질 가치를 지닌다. '부채 디플레이션'이라고도 불리는 이 현상은 차입자에게 큰 타격을 주는데 부채의 실질 가치가 '더' 무거워지기 때문이다.

가령 메가코퍼레이션이 3퍼센트 금리로 대출을 받았는데 디플레이션율이 2퍼센트라고 하자. 인플레이션이 가져다준 횡재는 잊어라. 이번에는 실제 차입 비용을 계산하려면 금리에 디플레이션을 '더해야 한다.' 즉 메가코퍼레이션의 실질 차입 비용은 연 5퍼센트로, 인플레이션 때보다 다섯 배나 늘어난다. 물론 금리는 시간이 지나면 떨어질 것이다. 그러나 직장을 잃은 개인이나 현금 유동성이 부족한 기업체는 종종 낮은 이율로 재융자를 받을 수 있는 선택권이 부족한 경우가 많다. 대신 그들을 기다리고 있는 것은 채무불이행일 것이다. 대공황 당시 수백만 명이 이 시나리오를 거쳐야 했다.

1933년 미국의 대통령으로 당선되어 새로운 정부를 이끌게 된 프랭클린 루스벨트는 이렇게 선언했다. "내가 잘못 알고 있는 게 아니라면 이 나라에는 다년간의 대담한 실험이 필요하다. 방법을 채택하고 시도하는 것이 상식이다. 실패한다면 솔직히 인정하고 다른 방법을 시도해야 한다. 그러나 무엇보다 중요한 건 무언가를 시도해야 한다는 것이다."⁹

상품 및 서비스에 대한 수요가 거의 정체되자 마침내 '엉클 샘(Uncle Sam, 미국 정부를 부르는 말-옮긴이)'이 최후의 수단으로 개입을 시작했다. 루스벨트는 뉴딜 정책 아래 새로운 법안을 통과시키기 위해 로비를 벌였다. 그중에서 가장 과감한 것은 1933년의 전국산업부흥법(National Industrial Recovery Act, NIRA)이었다. 이 법안은 연방 규제 당국이 가격과 임금을 고정하고 생산 할당량을 지정하고 기업 간 가격 담합을 금지할 수 있게 해주었다. 모두 재정 회복을 촉진하려는 조치들이었다.

디플레이션의 소용돌이에서 벗어나려면 규제 조치 이상의 것이 필요했고, 그중 일부는 결국 대법원에서 위헌 판결을 받았다. 미국과 다른 선진국 정부는 통화 공급을 완화하거나 수월해지도록 조정해 더 많은 돈이 소비되게 했다. 시중에 유통되는 통화가 늘어나니 사람들은 더 많은 돈을 쓸 수 있었다. 소비와 지출이 늘어나 경제에 활력이 돌기 시작했다. 엉클 샘은 돈을 찍어내고 차입을 늘렸다. 정부가 발행하거나 빌린 모든 돈은 결국 누군가의 주머니나 은행 계좌로 들어갔다. 일부에서는 이런 통화 조치를 혐오하지만 대부분 경제학자는 1930년대의 통화 및 재정 부양책이 치명적인 디플레이션을 억제했다는 데 동의한다.

이 뼈아픈 교훈이 가르쳐주는 것은 명백하다. 존 메이너드 케인스는 디플레이션 및 불황에 대처하는 경제 전략을 저술한 걸출한 대작 《고용, 이자 및 화폐의 일반이론》에서 이를 설명한 바 있다. 그는 소비자의 손에 돈을 쥐어주는 대규모 통화 및 재정 부양책을 지지했다. 소비가 늘어나면 기업의 수익도 늘어나 더 많은 노동자를 고용할 수 있게 된다.

야성적 충동을 조장하는 느슨한 통화 정책

케인스 이론이 불후의 가치를 지닌 것은 분명하나 우리는 대공황이 우연히 찾아온 무고한 실수가 아니라는 점을 쉽게 간과한다. 사람들이 갑자기 아무 이유도 없이 미래에 대한 희망을 잃고 소비를 멈추고 야성적 충동을 잊어버려 나쁜 일이 생기는 게 아니다.

유례없는 수요 붕괴를 경험한 이유가 단순히 비관주의가 확산되었기 때문이 아니라면 어떨까? 그게 아니라면 사람들이 왜 갑자기 한꺼번에 비관적으로 변한 걸까? 그 이유는 자산과 신용 거품으로 필요조건이 무르익어 경제 붕괴로 이어졌기 때문이다.

1929년 우리의 경제라는 집에 불이 난 것은 우연이 아니다. 비유하자면 우리는 침대에서 담배를 피우고 있었고 지나친 자신감에 방심하고 있었다. 1918년 스페인 독감 대유행이 지나가고 광란의 1920년대가 찾아왔을 때 주식시장은 기록적인 상승세를 기록하고 있었다. 일부 지도자들은 이런 풍요가 영원히 이어지리라 전망했다. 〈뉴요커〉 '경제 연보(Annals of Finance)'에 오랫동안 칼럼을 써온 존 브룩스(John Brooks)는 '월스트리트의 진정한 드라마'를 그린 저서에서 월스트리트의 1920년대와 1930년대를 묘사하며 그곳을 '골콘다(Golconda)'라고 불렀다. 골콘다는 누구든 지나가기만 하면 부자가 된다는 인도의 전설적인 도시다.[10]

수요는 주가를 끌어올렸고 모두가 투자에 뛰어들고 싶어 했다. 신용 거품도 있었다. 사람들은 신용을 이용해 자동차와 집, 가전제품을 기록적인 수치로 구매했다. 이 거대한 투기 거품을 막을 방책은 거의 없었다. 파렴치한 내부자들은 돈을 모아 주가를 올렸다가 정보가 부족한 개미 투자자들이 몰려들면 재빨리 빠져나갔다. 유명한 은행가들은 예금자의 돈으로 주식 도박을 했고 그중 몇몇은 감옥에서 경력을 마감해야 했다.

돈이 정말 헤프게 돌아다니고 있었다. 주가 대폭락이 일어나기 전까지는 누구나 몇 달러의 저축과 마진, 즉 빌린 돈으로 100달러짜리 주식을 살 수 있었다. 마진 부채가 무시무시한 속도로 불어났다. 채무와 레버리지가 급증했다. 파티가 끝나고 거품이 터지자 투자자들은 텅 빈 은행 계좌와 엄청난 빚더미 앞에서 넋을 잃었다. 밑천은 사라지고 소비는 둔화되고 파산이 급증했다. 수요를 진작시킬 정부의 개입도 없었기에 그 영향은 눈덩이처럼 불어나 금융 위기로 이어졌다.

호황과 불황의 주기는 이 익숙한 패턴을 따르는 경향이 있다. 우리는 지난 40년 동안 거품 붕괴가 유발한 모든 충격과 위기에 언제나 똑같은 방식으로 대응해왔다. 더 쉽게 빌릴 수 있는 돈, 국가 재정 그리고 신용을 창조했다. 1999년에는 GDP의 2.2배였던 세계 부채 비율이 2019년에는 3.2배로 증가한 것도 이 때문이다. 이 막대한 부채는 계속해서 늘어나는 중이며 코로나19 위기 이후에는 GDP의 3.5배까지 도달했다. 선진경제는 2019년에 이미 부채가 GDP의 4.2배였고 지금도 계속해서 빠르게 상승 중이다.

현재 평시 회복기에 미국의 공공 및 민간 부채의 합은 대공황 당시의 최고치와 제2차 세계대전으로 인한 전쟁 부채마저 능가한다. 그러나 지금 우리는 대공황 속에 있는 것도 아니며 전쟁 중도 아니다. 불길하고도 전례 없는 흐름이다.

일반적인 거품 경제에서 느슨한 통화 및 신용 정책은 과도한 차입을 야기한다. 모든 현금은 금융 자산에 몰려들고 역사적 기준도 의미가 없어진다. 뒤처지는 것을 두려워하는 포모 증후군 앞에선 냉철한 이성조차 굴복한다. 가격은 내재 가치를 초월해 자산 효과를 부채질한다. 즉 자산 가치가 증대되면서 자산의 구매와 재화 및 서비스에 대한 지출이 증가하는 것이다.

부풀려진 수요는 같은 방식으로 가계에도 영향을 미친다. 사람들은 돈을 빌려 주택을 구매하고 더 많은 사람이 그 뒤를 따라 주택을 구매한다. 모두가 집값이 더 오르기 전에 집을 사고 싶어 하고 주택 가격이 폭등한다. 담보대출을 받을 수 있다면 더욱 좋다. 적은 자기자본으로도 위험한 담보인정비율(Loan To Value ratio, LTV)로 더 많은 돈을 빌릴 수 있다.

더 많은 소비, 더 많은 생산, 더 많은 건설 및 낭비되는 자본 지출이 수익과 세수를 증가시켜 낭비가 축적된다. 처음에는 모두가 행복했다. 그러나 카드로 만든 집은 결국 주체할 수 없이 흔들리고 결국은 무너진다. 시장 폭락과 붕괴를 촉발하는 방아쇠에는 여러 가지가 있다. 거품이 껴 있는 동안 아주 느슨한 통화 정책은 과열과 인플레이션을 유발해 중앙은행이 값싼 통화 정책을 중단하도록 만든다. 지정학적 움직임과 외국과의 전쟁 또는 세계적 유행병으로 공급망이 중단되면 도미노가 무너질 수 있다. 이런 공급 충격은 성장을 감소시키고 생산 비용을 증가시킨다. 아니면 아무 이유도, 설명도 없이 야성적 충동이 부풀었다가 꺼져서 2020~2021년의 거품에 이어 이후의 붕괴를 초래할 수도 있다.

금융 붕괴는 경제적 '실패'가 아닌 '인재'다

허술한 경제와 하자 있는 정책은 경제와 정치, 사회적 갈등으로 가득한 세상에서 발생하는 수요 및 공급 충격에 취약하다. 그런 파동은 거의 아무런 조짐도 없이 인플레이션이나 디플레이션으로 이어질 수 있다. 마치 교과서처럼 하룻밤 만에 수요와 공급을 추락시킨 코로나19 팬데믹이 바로 그런 사례에 해당한다. 반대로 긍정적 수요 충격은 소비 심리를 부추겨 더 높은 소비를 자극하고, 새로운 상품에 대한 수요를 급증시켜 시장에 파란을 일으킨다. 전기 자동차와 디지털 전화기가 좋은 예시다.

생산적인 측면에서 긍정적 공급 충격은 기술과 노동력 공급 또는 규제의 유리한 변화로 생산성이 급격히 향상할 때 발생한다. 인터넷이 직장 내 효율성에 미친 영향이 그 경우다. 반대로 갑작스러운 생산 감소는 부정적 총공급 충격을 일으키는데, 2021년 미국의 석유와 쇠고기 공급업체를 마비시킨 랜섬웨어 공격이나 다양한 원자재 가격을 급등시킨 러시아의 우크라이나 침공이 그런 경우다. 1970년대에 주유소에 늘어선 줄을 기억할 만큼 나이 많은 사람들은 글로벌 원유 공급에 발생한 충격이 어떤 영향을 주는지 알 것이다. 코로나19 위기 당시에도 바이러스 확산을 막기 위해 경제 활동이 중단되자 부정적 수요 및 공급 충격이 복합적으로 작용했다.

시장 폭락과 경기침체는 통제 불가능하다며 무작위적이고 예측 불가한 충격을 탓하다 보니 전문가와 정책입안자들은 이후 발생한 위기도 잘못된 렌즈를 통해 바라보게 되었다. 원래 인생에는 예측할 수 없는 일들이 자주 일어나기 마련이다. 하지만 언제 발생할지 모른다고 해서 충격에 대비할 수 없다는 의미는 아니다.

시티코프(Citicorp)의 전 회장 찰스 프린스(Charles Prince)와 무디스(Moody's Corporation) 주주 워런 버핏, 골드만 삭스 그룹의 CEO 로이드 블랭크파인(Lloyd Blankfein)처럼 주택 거품과 그 뒤에 이어진 거품 붕괴가 대부분의 미국인이 이해할 수 없는 '예상치 못한' 충격 또는 '허리케인'이라고 주장하는 것은 역사와 증거를 무시하는 일이다.

2008년 경기 대침체의 원인을 분석한 〈금융 위기 조사 보고서〉에서는 뭐라고 했는지 살펴보자.

실제로 경고를 알리는 신호들이 있었다. 시장이 붕괴하기 10년 전부터 주택 가격에 거품이 끼었다는 수많은 징후가 나타났다. 대출 관행은 통제 불능으로 치달았고 너무 많은 주택 소유자들이 감당 불가능한 수준의 주택담보대출과 부채를 떠안고 있었으며 금융 시스템의 위험은 아무런 제재 없이 증가하고 있었다. 미국의 금융기관, 규제 당국, 소비자 서비스 기관, 법 집행기관, 기업은 물론 전국의 지역사회에도 경종이 울리고 있었다. 문제를 미리 발견하고 사고를 피한 정보에 밝은 경영인들도 많았다. 수많은 미국인이 나라 전체를 장악한 경제적 도취감에 빠져 있는 동안 어떤 사람들은 워싱턴과 주 의회 정부 관리들에게 이 위기가 단순한 경제적 실패가 아닌 인재(人災)가 될 것이라고 외치고 있었다.[11]

우리는 적을 만났고 '그 적은 바로 우리였다.' 그 외에 다른 결론을 내린다면 또다시 잘못된 치료법으로 더 많은 위험을 초래할 수 있다. 주택 거품이 순수한 야성적 충동 탓에 갑자기 나타난 것이라고 믿는 사람이 있었다면 그 효과를 상쇄하기 위해 무엇이든, 정말로 무엇이든 해도 괜찮다고 생각했을지도 모른다. 중앙은행은 금리를 인하하고 돈을 찍어냈다. 재정 당국은 더 많이 지출하고 세금을 삭감하고 기업과 노동자에 대한 이전을 늘렸다. 중앙은행과 재정 당국이 현금이 부족한 가계와 은행, 기업을 구제하면서 통화 정책과 재정 정책 사이의 경계가 모호해졌다.

애초에 경제를 임종 직전으로 몰아넣은 대출 광풍 따위에는 신경 쓰지 마라. 곧 또 다른 대출과 지출 열풍이 그 뒤를 따를 테니 말이다. 이미 거대할 뿐만 아니라 계속해서 증가하고 있었던 민간 부채 위에 더 많은 공공 부채가 쌓여갔다. 시중에 도는 돈이 늘어나면서 신중한 차입과 무분별한 차입의 차이가 애매해졌다. 자산 가격이 상승하는 한 억제력은 약해질 수밖에 없다. 희망은 영원히 타오르고 위험은 덜 위험해 보인다.

어려운 문제다. 일단 위기가 터지고 나면 확실한 탈출구 같은 건 없다. 정책입안자와 규제 당국이 이렇게 해도 엉망이고 저렇게 해도 엉망이다. 개입하지 않으면 시스템이 무너져 새로운 공황이 올 것이고 개입한다면 경제 시스템에 돈과 신용, 재정 부양책이 넘쳐흘러 더 많은 공공 및 민간 부채가 쌓일 것이다. 상환 능력을 지닌 사업체가 혜택을 받지만 좀비 기업과 가계, 은행, 그림자 은행을 비롯해 건강하고 지속 가능한 회복을 가로막는 이들도 마찬가지다. 금단현상으로 괴로운 약물 중독자에게 더 많은 약물을 쥐어주면 당장 고통은 줄일 수 있을지 몰라도 장기적으로는 중독이 심해지거나 심지어 치명적인 상태에 이를 수도 있다.

저금리와 신용, 재정 부양책이라는 메커니즘을 통해 만들어진 값싼 돈은 결국 후속 자산과 신용에 또 다른 호황과 불황 주기의 씨앗을 뿌린다. 각각의 주기를 겪을 때마다 언제나 더 많은 부채가 쌓인 채로 변곡점에 도달하게 되고, 우리는 그제야 우리가 어디에 와 있는지— 그나마 눈으로 볼 수 있는 정도로만—깨닫게 되는 것이다.

이제 우리는 함정에 빠졌다. 고통 없는 해결책은 없다. 부채를 줄이면 차입자가 상품과 서비스에 지출할 돈이 줄어든다. 성장이 둔화되거나 심지어 멈출 수도 있다. 금리를 인상하면 기업과 은행, 노동자와 정부가 부채를 상환하느라 허덕일 것이다. 이자를 더 많이 지불하게 되면 성장 지향 투자에서 현금이 빠져나가 미래의 성과가 저조해질 수 있다. 많은 기업이 파산에 직면할 것이다. 무거운 부채 부담을 지고 있는 정부는 세금을 인상하거나 지출과 이전 비용을 줄여 민간 부문에 스트레스를 더한다. 심각한 성장 지연으로 부채 시장이 동요하고 주식시장이 불안해지는데, 이는 거품이 있을 때 시장 붕괴의 선행 조건이다.

우리는 선진 세계 전반에 느슨한 통화와 신용, 재정 정책으로 부채를 쌓아 올려 초거대 위협을 만들어냈다. 그렇다면 당국은 무엇을 할 수 있을까? 안타깝게도 그들은 어쩔 수 없이 차입자들을 부추길 수밖에 없다. 그렇지 않으면 모든 사람이 높은 비용으로 '부채의 함정'에 빠질 것이기 때문이다.

시장 붕괴의 위험에 처했으니 디플레이션과 불황을 피하려면 돈과 신용, 지출의 수도꼭지를 열어야 한다고 주장할 핑곗거리는 항상 존재한다. 하지만 그전에 우리는 왜 붕괴가 발생했는지를 물어야 한다. 그 대답은 별로 달갑지 않을 것이다. 시장 붕괴가 발생하는 까닭은 우리가 풍요로운 시기에 신중하고 현명하게 굴지 않았기 때문이다. 우리는 민간 및 공공 부문에서 저축을 충분히 장려하지 않았다. 도리어 돈을 미친 듯이 빌리고 빌려주도록 내버려두었다. 음악이 멈출 때까지 경기가 정신없이 돌아가게 놔두었다. 그러고 나니 어느새 잘못된 길에 들어섰다. 예상치 못한 충격처럼 보였던 건 사실 과잉 부채와 레버리지, 거품이 만들어낸 예측 가능한 결과였다.

좋은 디플레이션, 나쁜 디플레이션, 끔찍한 디플레이션

더 끔찍한 시장 붕괴를 피하고 싶다면 이 끊임없는 호황과 불황의 순환 주기에서 벗어나야 한다. 우리는 잘못된 타이밍에 위험을 심화시키는 성향을 타고났다. 인플레이션 상승은 우리를 막대한 부채에서 구해주지도, 강한 충격을 주어 경제 붕괴를 피할 올바른 행동을 하도록 만들지도 못한다. 적어도 이제까지는 그랬다.

현명한 전략은 디플레이션이나 로플레이션(lowflation, 목표치보다 낮은 인플레이션의 줄임말)을 재검토하는 것에서 시작된다. 규제 당국은 디플레이션이나 로플레이션을 보거나 상상하는 순간 상황이 나빠졌다고 여기지만 항상 그런 것만은 아니다. 나는 스위스에 있는 중앙은행 간 협력기구인 국제결제은행(Bank for International Settlements) 연구진의 의견에 동의한다. 그들은 2006년 〈역사적 관점의 디플레이션(Deflation in a Historical Perspective)〉이라는 논문에서 "우리의 역사 연구에 따르면 과거의 디플레이션은 크게 세 가지로 분류된다. 좋은 것, 나쁜 것, 끔찍한 것이다"라고 한 바 있다.

제1차 세계대전이 발발하기 전에 많은 국가의 물가 수준이 상승하는 만큼 자주 하락했으며, 물가 하락이 항상 경기침체와 관련이 있는 것은 아니었다. 실제로 많은 디플레이션이 생산성 주도의 경제 성장과 관련이 있다는 점에서 '좋은' 것이었다.[12]

정책입안자들은 인플레이션의 원인을 잘못 분석하는 경향이 있다. 그들은 총 수요가 예상 외로 감소했을 때 인플레이션에 '목표 미달'이라는 딱지를 붙인다(최근 수십 년 동안은 목표가 2퍼센트 미만이었다). 중앙은행가들은 나쁜 디플레이션이나 로플레이션은 항상 잘못되거나 위험한 것이라고 판단한다. 따라서 금리를 고집스럽게 낮게 유지하고 장기 자산 구매와 같은 비전통적인 정책을 지속한다. 로플레이션을 지속적인 경제 약세의 조짐으로 인식하고는 또다시 데자뷔처럼 대출과 지출을 부추기는 것이다.

하지만 여기 다른 시나리오가 있다. 지난 20년 동안 발생한 디플레이션이나 로플레이션이 전부 나쁜 디플레이션이었던 것은 아니다. 그중 대부분이 중국과 신흥시장이 세계 경제에 합류하면서 기술과 무역, 세계화, 이주와 전 세계적인 노동력 공급 증가 등의 발전이 반영된 것이었다. 이런 좋은 디플레이션은 오랫동안 물가에 하향 압력을 가했다. 팬데믹이 잦아든 2021년까지 인플레이션은 선진국 대다수 중앙은행의 목표치인 2퍼센트 아래를 맴돌았다.

잘못된 가정은 디플레이션의 영향을 가중시킨다. 잘못된 진단을 내리면 잘못된 목표와 도구를 적용하기 때문이다. 자, 디플레이션이 좋은 것이라고 가정해보자. 무역의 세계화, 진보한 기술, 풍부한 노동력 공급이 경제 건전성을 해치지 않으면서 물가를 완화한다. 실제 인플레이션율은 0에 가깝다. 그러나 중앙은행들은 2퍼센트가 인플레이션율의 적절한 명목 목표라는 신념을 고수한다.

경보음이 울린다. 중앙은행은 디플레이션과 로플레이션이 위험하다고 겁을 집어먹고, 금리를 0 이하로 낮추고 양적 완화 및 신용 완화라는 기치 아래 민간 부문의 금융 자산을 구매하고 여신규제를 완화하고 민간 부문 대출자들의 빚을 탕감해주는 등 전과 같이 비전통적인 대응책을 내놓는다. 이런 정책들은 한번 시행되면 되돌리기가 어렵다. 수년, 심지어는 수십 년 동안 만족스럽지 못한 수익률로 버텨야 할지도 모른다. 유럽중앙은행과 일본은행 관계자들이 그 증인이다.

중앙은행가들은 좋은 디플레이션이나 로플레이션을 뉴노멀(new normal, 시대의 변화에 따라 새롭게 떠오르는 기준-옮긴이)로 받아들이지 않고 해결책이 필요 없는 문제를 해결하려고 든다. 더 많은 차입자가 대출을 받기 위해 경쟁할수록 금리가 2퍼센트 목표치에 근접하기 때문에 사람들에게 돈을 빌리도록 부추긴다. 그렇게 그들의 소원은 이뤄질지 몰라도 그런 전략은 불필요할 뿐만 아니라 오히려 역효과를 낳는다. 과도한 신용이 거품을 부풀리기 시작한다.

지난 수십 년간 이런 조증과도 같은 패턴이 반복되었다. 다우지수는 1966년에 1,000선까지 상승했고, 1968년에 또다시 주식투자 광풍이 불면서 그해 12월에 다시금 1,000선에 도달했다. 투자자들은 가죽 부츠와 전자제품을 판매하는 회사들의 부티크 주식을 좋아했다. 수익을 극대화하기 위해 업종을 가리지 않고 다른 회사를 인수하는 대기업들도 관심을 끌었다. 그러나 이렇게 투자자들을 달아오르게 만든 뒤 다우존스 산업평균지수는 하락세로 돌아서 1970년 5월에는 36퍼센트 하락한 631포인트까지 떨어졌고 1972년이 될 때까지 1,000선을 넘어서지 못했다. 1969년에 시작된 경기침체는 상당히 가벼운 수준이었지만 연준은 성장을 촉진하기 위해 1970년에 통화 정책을 완화했다.[13]

1970년대 중후반 발생한 두 차례의 스태그플레이션 불황은 공식적으로 석유파동에서 시작되었다. 그러나 그 내막을 자세히 들여다보면 재정 및 통화 정책에 위기의 근원이 있었음을 알 수 있다. 전적으로 OPEC의 잘못은 아니었던 셈이다. 베트남 전쟁이 막대한 재정 적자 및 무역 적자를 초래했고 금에 대한 고정 환율로 미국은 외국 채권자들의 금 수요에 노출되었다. 미국은 금 보유고를 포기하기보다 1971년에 금본위제를 포기하는 편을 선택했다.

다른 국가들도 곧 그 뒤를 따랐다. 통화는 더 이상 귀금속 가격에 얽매이지 않게 되었고, 돈을 자유롭게 찍어낼 수 있는 국가의 경제력과 명성을 기반으로 가격이 변동하기 시작했다. 그래서 이미 통화 및 재정 정책이 너무 느슨하고 인플레이션이 빠르게 상승 중이었던 세계를 석유파동이 강타한 것이다. 그리고 이에 대한 정책적 대응이 금리를 인플레이션 상승률보다 낮게 올려 실질금리를 마이너스로 유지하는 것이었다. 중앙은행은 흐름을 따라잡지 못했고 그들의 대응은 스태그플레이션의 교과서적 특징인 높은 실업률을 완화하지 못한 채 오히려 기대 인플레이션을 혼란스럽게 만들었다.

주사위가 던져진 1974년 7월 〈뉴욕 타임스〉는 이렇게 보도했다.

월스트리트의 조급증을 어떻게 치료할 것인가? 민간 및 공공의 신뢰를 받는 치료사가 제공하는 구제책에는 전혀 부족함이 없다. 특히 이번 주 초 클리블랜드 중앙국립은행이 신용도가 높은 기업 차입자에 대한 우대금리를 12.25퍼센트까지 인상하고 대부분 주요 은행에 대해서는 12퍼센트까지 인상하면서 그 필요성이 절실해졌다. 한편 주식시장은 폭락했다.[14]

1980~1982년에는 폴 볼커 연준 의장이 인플레이션을 한 자릿수로 떨어뜨리기 위해 고안해낸 초긴축 통화 정책으로 끔찍한 더블딥(double dip, 침체되었던 경기가 잠시 회복되는 듯하다가 다시 침체되는 이중침체 현상-옮긴이)이 찾아왔다. 다행히도 그 뒤로는 그만큼 강경한 정책이 필요한 일이 없었다. 그러나 볼커의 구제책은 전 세계에 고통을 안겨주었다. 특히 고유가가 영원히 유지될 것처럼 보였던 시기에 돈을 차입한 아르헨티나와 다른 중남미 국가는 더욱 그랬다. 1982년에는 해당 지역의 대부분 국가가 도산하면서—흔히 중남미 채무 위기로 불리는—성장이 정체되었고 그 뒤로 '잃어버린 10년'이 찾아왔다.

인플레이션과의 전쟁에서 거둔 승리에는 오랫동안 부작용이 수반된다. 승리는 과신을 강화한다. 더블딥 침체로 인한 미국과 전 세계의 상처는 1982년 이후 쉬운 돈과 신용으로 이어졌다. 1984년 레이건 대통령이 재선에 출마했을 즈음에는 부동산 대출 규제가 느슨해지면서 다음번 신용 거품이 가열되고 있었다. 실제로 1990~1991년 경기침체 이후에도 부동산 거품이 뒤따랐고, 이는 부동산 대출 위험에 제대로 대처하지 못한 수백 개의 저축 및 대출 기관(Savings and Loan associations, S&Ls)을 무너뜨렸다.

의회는 월스트리트와의 경쟁을 부추기는 두 가지 법안을 통과시켜 저축 및 대출 기관이 스스로 목을 맬 밧줄을 건네주었다. 1980년 예금금융기관 규제완화법(Depository Institutions Deregulation)과 1982년 간-세인트저메인 예금금융기관법(Garn-St. Germain Depository Institutions Act)은 대공황 때 부과되었던 저축과 당좌예금계좌 이자의 상한선을 제한하는 규제로부터 저축은행을 해방시켰다.

주택담보대출을 발행, 보유하고 예금자에게 차입자가 지불하는 것보다 낮은 이자를 지급하는 데 익숙한 대부분의 저축 및 대출 기관은 상당수가 투기성인 상업저당대출과 주택담보대출을 사고팔고 거래하는 기민한 금융회사들의 상대가 되지 못했다.

저축금융 사업은 한 세기 전에 주택 구매자에게 서비스를 제공하는 금융기관의 필요성에서 탄생했다. 저축 및 대출 기관 또는 저축은행의 형태를 띤 대출기관은 주택담보대출을 판매하고 이를 만기가 될 때까지 보관했다. 이런 기업들이 조용히 유용한 서비스를 제공하는 동안 상업은행은 수익을 내는 기업들에 돈을 빌려주었다.

이후 월스트리트는 수천 개의 주택담보대출에서 얻은 수익을 기반으로 증권을 발행하고 거래하는 법을 배웠다. 저축은행들은 규제와 문화적 제약 때문에 경쟁이 불가능했다. 1970년대에 인플레이션이 치솟았을 때 그들은 시장금리보다 낮은 금리의 주택담보대출을 보유하고 있었고 날마다 돈을 잃었다. 금리가 제한되어 있었기에 신규 주택담보대출에 자금을 조달할 수 있는 신규 예금도 들어오지 않았다. 한편 월스트리트와 상업은행들은 담보대출을 잠깐만 보유하고 있다가 재빨리 투자자들에게 팔아넘기는 방식을 활용했다.

금리가 완화되고 부동산 호황이 일기 시작하자 저축은행은 치명적인 타격을 입었다. 그들은 가장 잘나가는 시장에 돈을 빌려주며 호황의 물결에 뛰어들었지만, 거품이 꺼지고 불황이 찾아왔을 때는 살아남은 이들마저 다시는 치유될 수 없는 상흔을 입은 뒤였다.

단기적인 경제적 피해는 지난 10년간의 스태그플레이션에 비하면 상대적으로 짧고 경미해 보였다. 규제 당국은 부실한 저축기관을 폐쇄하고 자산을 더 안정적인 기관으로 옮겼다. 대부분 예금자는 보호받았다. 그러나 장기적인 대학살이 다가오고 있었다. 다만 겉으로 드러나는 데 시간이 걸렸을 뿐이다. 부동산 침체로 연준은 1989년부터 1992년까지 정책금리를 8퍼센트에서 3퍼센트로 인하했는데 평소의 금리 변동 수준을 생각하면 엄청난 변화였다. 연준은 일자리 성장을 가속화하기 위해 낮은 금리를 유지했으나 변화는 빨리 오지 않았고, 결국 1992년 대통령 선거에서 빌 클린턴 후보가 조지 H. W. 부시 대통령을 누르고 승리를 거뒀다.

1990년대는 대안정기(Great Moderation)의 시작이었다. 주로 인터넷과 그로 인한 생산성 향상으로 '좋은 로플레이션'이 발생했고, 전반적으로 낮은 실업률과 안정적인 성장을 바탕으로 한 물가상승 억제가 지속되었다. 그러나 미국 밖에서 1990년대는 세계적인 금융 불안과 느슨한 통화 정책으로 위기의 시대가 시작되고 있었다. 은행의 힘찬 규제 완화에 이어 스웨덴과 다른 스칸디나비아 국가들이 앞으로 다가올 글로벌 금융 위기를 예고하는 혼란을 겪었다. 스웨덴 은행 위기에 관한 보고서에서 저자인 페테르 엥글룬드(Peter Englund)는 "은행, 담보대출기관, 금융 기업과 그 외 기업들은 이제 국내 신용 시장에서 자유롭게 경쟁할 수 있는 새로운 환경에 진입했다"라고 썼다.

규제 완화의 영향은 즉각적으로 나타났다. 금융기관의 신규 대출 증가율은 1980년대 상반기 연 11~17퍼센트에서 1986년에는 20퍼센트로 뛰었다. 1986년부터 1990년까지 5년 동안 대출은 136퍼센트(실질적으로는 73퍼센트) 증가했다.[15]

미국과 마찬가지로 스웨덴 입법부와 정책입안자들은 기록적인 낮은 실업률과 다른 국가들보다 빠른 물가상승에도 불구하고 한 발짝 뒤로 물러나 아무것도 하지 않았다. 스웨덴 증시는 1989년 한 해 동안 42퍼센트의 상승률을 기록했다. 며칠 뒤 부동산에 광범위하게 노출된 스웨덴의 한 주요 금융회사는 일일 현금흐름에 필수적인 단기융자 만기를 연장할 수가 없었다. 2008년에 월스트리트 기업들을 쓰러뜨린 것과 똑같은 흐름이었다. 엥글룬드에 따르면 "위기가 시장 전체로 퍼져나갔고 며칠 만에 시장이 말라붙었다."

1990년에는 스웨덴 금융기관 다섯 곳이 단기융자를 상환하지 못했다. 6대 은행 두 곳은 결국 자본 요건을 충족하지 못해 구제금융을 받았다. 세 번째 은행은 도산했다.

다음으로 유럽환율제도(ERM)에 격변이 발생했다. 이 제도는 영국 파운드와 독일 마르크, 프랑스 프랑, 이탈리아 리라, 그 외 유럽 통화를 유로화로 변환하기 전에 상대적 가치를 조정하는 장치다. "스칸디나비아는 ERM 위기를 알리는 리허설이었다." 프린스턴대학교 경제학과에서 낸 보고서는 이렇게 결론지었다.[16] 이번에도 사태를 초래한 것은 영국과 유럽 전역에서 고평가된 통화와 느슨한 통화 및 재정 정책으로 발생한 대규모 무역 적자였다.

또 다른 문제도 있었다. 1994년 말과 1995년에는 멕시코에서 준고정 통화가 무너졌고, 얼마 지나지 않아 1997년에 대규모 민간 외채로 동아시아 통화가 수직으로 낙하했다. 이후 통화 위기 및 다른 국제수지와 부채 위기가 에콰도르와 브라질, 러시아, 아르헨티나, 튀르키예, 파키스탄, 우크라이나를 비롯해 신흥시장 경제를 광범위하게 강타했다.

프린스턴대학교의 보고서는 이렇게 평가했다. "각 시장의 역학과 근본적인 원인에는 명백한 차이가 있음에도 불구하고, 1990년대의 통화 위기는 위험이 시작된 국가 또는 국가 집단에서 비슷한 거시경제적 특성이 있는(또는 그렇게 여겨지는) 지역 전체로 투기 물결이 마치 '전염병처럼' 빠르게 전파되었다는 점에서 서로 유사하다."[17] 이 보고서는 1998년에 발표되었다. 글로벌 금융 위기가 일어나기 10년 전이니 분명 시기적으로 넉넉한 경고였다.

1996년에 이르러서는 인터넷이라는 신기술이 첨단기술주를 중심으로 하는 나스닥 시장의 급격한 상승과 경제적 붐을 불러일으켰다. 닷컴 거품의 시작이었다. 이때 연준은 통화 및 신용 정책을 강화해 거품을 부풀리는 차입을 억제할 수도 있었다. 그러나 그들은 그렇게 하지 않았다. 호시절이 영원히 끝나지 않길 바라는 주주들은 흥분해서 날뛰기 시작했다. 축제를 끝낸 것은 지구 반대편에서 일어난 사건들이었다. 아시아 통화 위기와 예기치 못한 러시아의 채무불이행이 세계 시장을 뒤흔들었다. 자본이 말라붙었다.

레버리지가 높은 헤지펀드들은 자금을 융통하는 데 필수적인 유동성이 희박해지자 압박감을 느꼈다. 그들을 대표하는 롱텀 캐피털 매니지먼트는 순자산의 거의 100배에 이르는 투자를 하고 있었는데, 이는 100만 달러짜리 주택을 소유하고 있지만 그중 99만 달러가 담보 대출인 것과 같다. 금융 자산의 가치가 떨어지면 헤지펀드는 손실을 메워야 한다. 롱텀 캐피털 매니지먼트의 손실은 치명적이었을 뿐만 아니라 전염성까지 있었다. 이 헤지펀드의 파산은 미국 금융 시스템 전체를 붕괴와 경기침체로 몰고 갔다. 미국의 주요 은행 및 외국 은행들로 이뤄진 채권단은 연준이 구제금융에 나서도록 필사적으로 압박했다. 가뜩이나 닷컴 주식에 얽매여 경기가 과열되고 있는 상황에서 연준은 롱텀 캐피털 매니지먼트 때문에 휘청거리는 금융시장을 안정시키기 위해 금리를 인하했다.

그러나 해결책이어야 했던 통화 완화는 오히려 거품을 부채질했다. 나스닥은 엄청난 수익을 올린 투자자들의 성원을 받으며 하늘 높이 치솟았다. 신용 접근 조건을 강화해 돈 잔치를 멈출 때가 훨씬 지났는데도 연준은 이를 거부했다.

이즈음에는 디지털 미래를 외치는 회사들의 주식이 전부 새빨갛게 달아올랐다. 펫츠닷컴(pets.com)과 웹밴(Webvan), 월드컴(WorldCom), 글로벌 크로싱(Global Crossing)을 기억하는가? 너무도 많은 기업의 명목상 가치가 하늘 높은지 모르고 치솟자 경제학자 로버트 실러(Robert Shiller)는 이를 두고 '비이성적 과열'이라고 표현했다. 그리고 2000년, 닷컴 거품이 붕괴하자 나스닥에 상장된 기술주 시가총액의 4분의 3이 증발했다. 세계무역센터 대참사가 일어난 시기를 포함해 2002년까지 다우존스 산업평균지수는 43퍼센트나 폭락했다.

닷컴 불황은 기술 기업을 비롯해 부채를 안고 있던 다른 많은 기업의 몰락으로 이어졌다. 더불어 압박감으로 인해 법규를 위반하거나 법망을 교묘히 피해 갔던 조잡한 관리 행태나 기만행위가 수면 위로 드러났다. 기업 스캔들은 엔론(Enron)과 월드컴, 타이코(Tyco)처럼 레버리지를 최상한도로 이용한 회사들이 잇달아 무너지는 계기가 되었다.

그러나 연준은 이번에도 액셀을 밟았다. 연준이 회원 은행들에 매일 돈을 빌려줄 때 부과하는 금리는 시장에 즉각적인 영향을 끼친다. 이 연준 기준금리가 불과 1년 만에 6.5퍼센트에서 1퍼센트로 떨어져 사상 최저치를 기록했다. GDP가 8분기 동안 성장해 경기침체가 공식적으로 끝날 때까지 기준금리는 2년 동안 1퍼센트에 머물렀다.

결과적으로 금리는 다시 오르기 시작했지만 급격했던 하락에 비하면 굼벵이나 다름없는 속도였다. 연준 기준금리가 2006년 5.25퍼센트에 도달하기까지 3년이 걸렸다. 한편 차입자들은 새로운 자산 부문에 몰려들었다. 주택담보대출과 서브프라임 융자의 인기가 급증했다. 낮은 금리와 게으른 규제기관은 공격적인 대출기관의 주도에 끌려가며 분위기를 조성했다.

저금리와 느슨한 감독이 무모한 행동을 낳는다는 사실은 놀라울 게 없다. 신용도가 의심스러운 주택저당증권의 대규모 마케팅을 생각해보라. 내 책《위기 경제학》을 비롯해 여러 글에서 2007~2009년에 수백만 명의 주택 소유자가 대출금을 갚지 못해 수백 개의 은행이 도산하고 월스트리트의 유명 기업들이 문을 닫은 과정을 설명하지 않았던가.

하지만 연준은 글로벌 금융 위기로부터 경제를 구하기 위해 무엇을 했는가? 금리를 0으로 낮췄다. 다시 말해 타 은행들의 대출 포트폴리오를 위해 보유하고 있는 준비금에 대해 이자를 지불하지 않는다는 의미다. 또 연준은 장기 채권과 주택저당증권을 매입해 신용 및 양적 완화를 강화하기 시작했다. 연준은 은행이 그런 증권을 소유하고 있다고 가정함으로써 현금을 제공해 저금리 대출을 확대했다. 경주가 시작되었다. 슬로건은 단순했다. '더 많이 빌려주고 더 많이 빌려라. 뒤처진 자는 악마에게 잡혀 갈 것이다.'

1차 양적 완화가 토대를 닦고 나자 2차, 3차가 뒤따랐다. 잇따른 정책들은 점점 더 느슨해졌다. 끝이 보이지 않는 흐름에 투자자들은 '무제한 양적 완화'라며 우스갯소리를 하기도 했지만 실제로 절반쯤은 농담이 아니었다. 중앙은행이 포기한 자산으로 자본이 몰리면서 대규모 구제금융이 눈앞으로 다가오고 있었다. 불황과 호황의 주기를 더 많이 즐기고 싶은가? 그렇다면 브라보!

글로벌 금융 위기의 여파가 아직 가라앉지도 않았건만 가계와 기업, 정부는 저금리를 활용해 이미 쌓인 부채를 더 높이 쌓아 올리기 시작했다. 2017년에는 트럼프 정부의 1조 5,000억 달러에 이르는 대규모 감세 때문에 상당한 경제 성장 속에서도 한 해에 1조 달러가 넘는 연방 정부 적자를 기록했다. 은행이 세심하게 규제되는 동안 그림자 은행이 급증해 규제기관이 손쓸 수 없는 수준으로 위험을 부풀리고 기업의 부채 거품을 부채질하는 금융 처리 방식을 고안해냈다. 기업 부채는 2014년부터 급격히 증가했다. 특히 위험하고 레버리지가 높은 기업과 높은 부채 때문에 신용등급이 투자등급에서 정크본드 수준으로 추락한 이른바 '폴른 앤젤(fallen angel)'들이 그랬다.

비은행 금융기관들은 새로운 형태의 위험한 대출을 발명했다. 이른바 약식대출(covenant-lite loan)의 경우에는 채무불이행이 발생해도 채권자에 대한 보호 장치가 미약했다. 기업의 대출 채권을 묶어 증권화한 대출채권담보부증권(CLO)은 서브프라임 위기 때 악명 높았던 부채담보부증권(Collateralized Debt Obligation, CDO)과 흡사했다. 이런 유해한 계획은 단기적으로 위험한 부채를 유행시키고 곧 혼란을 초래한다. 코로나19 위기 직전인 2019년까지 연준과 IMF도 기업 차입의 위험한 행태가 늘어나는 것에 대해 경고를 보내고 있었다.

이제 또다시 시작이다. 다음번 경제 붕괴와 불황을 촉발할 거품이 형성되기 시작했다. 탈출구는 봉쇄됐다. 팬데믹이 발발하기 몇 년 전부터 중앙은행들은 인플레이션이 너무 낮다고 여겨 느슨한 통화 정책을 이어갔다. 그들은 글로벌 금융 위기 이후에 무슨 일이 있었는지 벌써 잊은 걸까? 2019년에 연준은 사실상의 3차 양적 완화 조치 아래 시중의 유통 통화량을 늘리고 금리를 인하했다. 미중 간 무역 분쟁 때문에 성장이 둔화되고 있었기 때문이다.

글로벌 금융 위기 이후 다른 선진경제국들도 시류에 편승했다. 그들 또한 그들만의 변칙적인 통화 정책을 내세웠다. 유럽과 일본에서는 정책 금리가 마이너스로 인하됐다. 이는 중앙은행이 예치하는 현금 준비금에 대해 은행들에 이자를 지불하는 게 아니라 도리어 돈을 받는다는 것을 의미한다.

정책의 한계가 계속해서 확장되었다. 유럽과 일본의 통화 정책은 중앙은행에 공채 매입을 허용하는 것을 넘어 회사채까지 매입할 수 있도록 허가하고 있다. 일본에서는 심지어 주식과 부동산 자산까지도 가능하다. 세상에 너무 많은 현금이 넘쳐나고 있다는 사실이 아직도 믿기지 않는다면 2019년까지 명목수익률이 마이너스인 최대 10년 만기 국채와 민간 채권의 규모가 17조 달러 상당에 이른다는 사실을 생각해보라. 이는 차입자가 채권자에게 지불하기로 약속한 수익률이 마이너스라는 뜻이다. 채권자들이 차입자에게 돈을 빌려주고 이자를 받는 게 아니라 반대로 돈을 내고 있다는 얘기다.

연준은 2017년 중반이 되어서야 금리를 조금씩 인상하기 시작했다. 원래 계획은 2019년까지 3.25퍼센트까지 올리는 것이었지만 민간 및 공공 차입자가 부채를 너무 많이 보유하고 있다 보니 이자율이 아주 약간만 상승해도 그들에게는 큰 타격이 되었다. 채무불이행 위험이 없는 재무부 채권(미국 국채) 금리와, 만기는 동일하나 채무불이행 위험이 있는 채권 사이에 격차가 벌어지기 시작했다. 이는 대출기관들이 불안감을 느끼고 있음을 의미한다. 그 결과 기업 차입자의 신용 가산금리가 급등했다. 2018년 4분기에는 증시가 20퍼센트 하락했다. 이것이 바로 연준이 양적 완화를 늘리기 위해 금리 인상을 중단한 이유다. 그들은 함정에 빠졌다. 이제 그들은 짐승에게 먹이를 주는 것을 멈출 수가 없었다.

실제로 2019년 1월이 되자 연준은 다시 방향을 수정했다. 제롬 파월(Jerome Pawell) 연준 의장이 금리 인상과 양적 긴축을 중단할 것이라고 발표했다. 몇 달이 지나자 시장은 회복의 기운을 잃기 시작했다. RP라고도 부르는 환매조건부채권(Repurchase Agreements) 같은 이색 금융상품들이 자본 시장에서 차단되었다. 연준은 통상적인 방식으로 경기침체에 대비했다. 금리를 2퍼센트 밑으로 낮추고 양적 완화를 재개한 것이다. 코로나 위기가 모든 것을 바꾸기 약 1년 전부터 연준은 약간의 긴축 정책도 버티지 못했다. 그들은 부채의 함정에 빠졌다.

코로나19는 누구도 정확하게 예측할 수 없었던 충격이었다. 비록 의료 전문가들은 어떤 종류가 됐든 팬데믹이 발생할 위험이 있다고 경고했지만 말이다. 2020년 3월, 증시가 폭락했다. 수백만 미국인이 일자리를 잃었고, 모든 대출자가 현금을 비축하고 경제를 순환시킬 돈이 돌지 않자 경제가 마비될 위기에 놓였다. 규제 당국은 드디어 과도한 부채에 대해 걱정하기 시작했지만 할 수 있는 일은 없었다. 은행과 그림자 은행, 헤지펀드, 사모펀드, 브로커 딜러, 중소기업 및 주택담보대출 보유자들은 높은 채무 부담 때문에 돈을 갚을 수가 없었다. 부채 시장이 흔들리기 시작했다. 연준이 택할 수 있는 유일한 해법은 그 어느 때보다도, 심지어 2008년 금융 위기 때보다도 더 빠르고 큰 규모로 현금을 쏟아붓는 것이었다.

2020년 후반 그리고 2021년 즈음이 되자 팬데믹의 약세와 함께 엄청난 부채와 급증하는 재정 적자, 역사상 그 어느 때보다도 느슨한 통화 정책이 우리 앞에 과제로 놓였다. 이번에는 정책입안자들도 교훈을 얻었을까? 그렇다. 그리고 아니다. 그들은 부채를 발행하는 대신 돈을 찍어내 막대한 적자를 충당하려는 새로운 경향을 보여주었다.

아무래도 정책입안자들은 양적 완화와 제로 금리뿐만 아니라 부채의 화폐화를 중앙은행의 영구적 역할로 만들고 싶어 하는 것 같다.

이런 접근 방식은 무엇을 불러올까? 거품으로 부푼 모든 분야의 붕괴다. 주식, 암호화폐, 위험에 열광하는 헤지펀드, 아무 정보도 없이 게임스톱 주식을 공매도하는 투자자, 빈약한 저축과 재정 이전을 통해 주식 도박을 벌이는 수백만 명의 Z세대와 X세대 단타투자자들이다. 사모펀드와 기업들은 전에 없던 방식으로 돈을 빌리고 있고 설상가상으로 집값은 천정부지로 치솟고 있다. 2020년 3월부터 2021년 말 사이에 주가는 약 100퍼센트 상승했으며 P/E 비율은 역사적 평균을 훨씬 웃돌았다.

쉬운 돈과 느슨한 정책의 함정에 빠진 중앙은행들

거품의 비대화를 막기 위해 노력하고 있는 사람이 아무도 없다는 게 아니다. 반대로 아주 많은 똑똑한 이들이 그런 사태를 방지하기 위해 전념하고 있다. 문제는 부주의함이나 악의, 태만이 아니다. 거시경제 영역에서 이뤄지는 모든 결정에 막대한 이해관계가 얽혀 있다는 게 가장 큰 문제다. 잘못된 판단 하나가 어마어마한 피해를 줄 수 있기 때문이다.

글로벌 금융 위기 이후 피해를 완화하기 위해 다양한 규칙과 규제가 등장했다. 전통적인 관점에서는 개별적인 금융기관을 건전하게 유지하는 데 중점을 두었다면 이제는 필요에 따라 더 큰 영역으로 시선을 돌리게 되었다. IMF는 "개별적인 금융기관을 건전하게 유지하는 것만으로는 충분하지 않다"라고 경고했다. "정책입안자들은 금융 시스템 전체를 보호하기 위해 더욱 폭넓은 접근 방안이 필요하다. 이런 목표를 위해 '거시건전성' 정책을 사용할 수 있을 것이다." 작동하는 부분뿐만 아니라 전체적인 그림을 생각하라는 말을 멋들어지게 표현한 셈이다.

연준이 생각하는 거시건전성 개입에는 두 가지 유형이 있다. 하나는 영구적인 방법이다. 자본의 벽을 쌓아 거품이 터져도 은행이 살아남을 수 있게 하는 것이다. 문제 자체에 대비하는 방안이며 거시건전성 정책에 대한 구조적인 접근이라 할 수 있다.

다른 하나는 주기적으로 개입하는 것이다. 민간 부문의 부채가 축적되어 거품이 형성되면 차입에 더 큰 제약을 부과해 위험한 신용 주기를 차단한다. 즉 주기적 접근 방식은 거품이 터지기 전에 그 크기를 줄이는 것이다. 관건은 정확한 타이밍인데, 이 문제는 항상 격렬한 논쟁을 부른다. 거품이 절정에 도달하기까지 일주일이 남았는지, 한 달이 남았는지, 아니면 1년이 남았는지 누가 알 수 있단 말인가? 따라서 규제 당국은 개입을 꺼리게 된다. 경제 성장에 제동을 걸고 싶은 당국은 없다. 심지어 파티가 너무 과열되기 전에 말리는 것이 임무인 연준조차도 그렇다.

호황과 불황 주기는 아무래도 구조적 해결이 효과적이다. 거시건전성 규제는 수문보다 배수 시스템을 선호한다고도 표현할 수 있겠다. 전자의 경우는 근시안적이고 지속 가능하지 않기 때문이다.

더구나 지난 역사를 보면 통화 정책이 너무 오랫동안 느슨하게 유지될 때는 거시건전성 정책으로도 거품을 멈출 수 없었다. 당국은 초기에 금리를 인상해 거품이 형성되는 것을 애초에 틀어막아야 한다. 그러나 모든 주요 중앙은행은 통화 정책을 사용해 거품을 찔러 터트리는 것을 거부한다. 대신에 그들은 효과적이지도 않고 입증된 적도 없는 거시건전성 정책에 의존하는데 이런 정책은 시도해봐야 잘 통하지도 않는다. 그래서 우리는 지금도 계속해서 거대한 부채 주기를 겪는 것이다. 느슨한 통화 정책은 단기적으로는 자산 거품을 발생시키는 한편 중기적으로는 다음 장에서 보듯이 상품과 서비스의 인플레이션을 유발한다.

케인스 학파와 오스트리아 학파의 경제학자들은 호황과 불황의 드라마에 대해 상반된 해결책을 제시한다. 케인스 학파는 당국의 개입을 선호하고, 오스트리아 학파는 구제금융보다는 긴축과 부채 구조조정 또는 삭감을 주장한다. 만일 정책입안자가 오스트리아 학파이고 시장이 거품이 터지기 시작해 총수요 붕괴가 나타나는 단계에 있다면, 역사가 보여주는 것처럼 또 다른 대공황이 촉발될 수도 있다.

나는 그 중간을 선호한다. 유동성이 부족한 경제 주기가 시작되는 시점에서는 모든 정책입안자가 케인스주의자가 되어야 한다고 생각한다. 그러나 쉬운 돈, 쉬운 신용, 완화된 재정은 결국 불황 주기를 촉발하기 때문에 영원히 케인스 이론에만 머물러서는 안 된다. 쉬운 돈에 중독되기 전에 반드시 거기서 빠져나와야 한다.

새 세대의 중앙은행 총재들을 보라. 몇 년 전 우리에게는 벤 버냉키와 재닛 옐런 연준 의장, 마리오 드라기(Mario Draghi) 유럽중앙은행 총재, 마크 카니(Mark Carney) 영란은행 총재 같은 뛰어난 경제학자들이 있었다. 그들은 드높은 명성과 저명한 경제학 학위를 보유하고 있었지만 부채의 함정에 빠지고 말았다. 앨런 그린스펀(Alan Greenspan) 다음에는 버냉키가, 그다음에는 옐런이, 이번에는 파월이 그랬다. 전술은 다양했을지 몰라도 결과는 전부 똑같았다. 부채와 주식시장이 흔들릴 때마다 중앙은행이 그들을 구제하러 달려가는 것이다.

경제학과 호황과 불황 주기에 대해 잘 알고 있는 중앙은행가들마저 부채의 함정에 빠졌는데, 지휘봉을 쥔 자가 노련한 경제학자가 아니라면 미래에 대해 낙천적으로 생각하기는 더 어려울 것이다. 감시자가 바뀌었다. 2021년 유럽중앙은행과 연방준비제도의 수장은 각각 변호사 출신인 크리스틴 라가르드(Christine Lagarde)와 제롬 파월이다. 영란은행의 마틴 베일리(Martin Bailey)는 은행 경영인 출신으로 통화정책에는 정통하지 않다.

그렇다면 부채가 늘고, 치부를 가린 독립성이라는 무화과나무 잎까지 떨어진 지금 중앙은행은 어떻게 되었을까? 그들은 더 이상 장기적인 큰 그림에 초점을 맞추지 않는다. 대신에 모든 변화의 바람에 영합하는 정치인과 레버리지 투자자들로부터 강한 영향을 받고 있다. 단기 목표를 바탕으로 정책의 방향을 결정하면 쉬운 돈과 신용에 크게 의존하게 된다. 그것이야말로 유권자들이 원하는 것이고 레버리지 시장이 붕괴를 피하는 데 필요한 것이기 때문이다.

거시경제는 게임이 아니며 전문가라면 절대로 그런 시각을 가져서는 안 된다. 그러나 한편으로 잘못된 진단이 해로운 영향을 끼친 것은 사실이다. 우리는 잘못된 방식으로 규칙을 따랐기 때문에 난관에 봉착했다. 쉬운 돈과 신용, 느슨한 재정 정책은 호황과 불황의 끝없는 순환으로부터 우리를 구해주지 못할 것이며 도리어 끝이 보이지 않는 부채의 늪에 빠트릴 것이다. 우리는 이런 부채의 함정을 막기 위해서라도 규칙을 수정해야 한다. 그러지 못한다면 아무도 이기지 못할 뿐 아니라 다음에 찾아올 초거대 위협에 모두가 무너지고 말 것이다.

지금까지 심각한 단기 시장 혼란과 침체를 유발할 수 있는 거시경제 위협의 패턴에 대해 알아봤다. 우리는 이미 이와 비슷한 것을 경험한 적이 있다. 그리고 이제는 갖은 위험이 수렴되는 미지의 영역으로 들어서고 있다. 그곳에서 우리를 기다리고 있는 것은 훨씬 더 두려운 결과, 즉 이제껏 목격한 것 중에서도 최악의 스태그플레이션이다.

5장

거대 스태그플레이션의 도래

많은 미국인이 경제적 고통이라고 하면 대부분 1929년의 대공황을 떠올린다. 지금 우리는 그때와는 다른 벼랑 끝에 와 있다. 우리를 기다리는 건 공황이 아니라 스태그플레이션이다. 1970년대를 생각해보라. 거품과 불황, 금본위제의 종료, 달러화의 평가절하, 증가하는 부채, 위험한 금융 혁신, 통화 및 재정 실험, 지정학적 충격으로 발생한 원유 공급 파동 등 이 모든 사건은 결국 두 자릿수 인플레이션과 높은 실업률 그리고 지속적인 경기침체로 귀결되었다. 이것이 바로 경제를 좀먹는 스태그플레이션, 즉 인플레이션이 수반된 장기적인 경기침체(stagnation)다.

경제적 어려움이 지속되면서 1970년대는 이 모든 터널을 거쳤다. 그러나 우리가 경험한 모든 격변을 기억하는 사람이 누가 있을까? 1970년대 이후 세계는 매우 다른 모습이 되었다. 적어도 2008년 대침체가 발발하기 전까지는 그랬다. 지난 30년 동안 우리는 기껏해야 짧고 온화한 경기침체와 비교적 빠른 반동을 겪는 데 그쳤으며, 심지어 대침체를 고려하더라도 40년간 견고한 고용 및 낮은 인플레이션과 더불어 대부분 긍정적인 성장을 누렸다. 혁신과 세계화, 이주, 힘없는 노동 세력과 노동조합, 중국과 인도를 비롯한 신흥시장의 수십억 노동자는 생산성을 높이고 물가를 억제하는 데 큰 도움이 되었다.

이 풍요롭고 쾌적한 시대에는 이름도 있었다. 바로 '대안정기'였다. 1980년대 초 스태그플레이션이 진정되고 나자 대부분 전문가는 대안정기가 지속될 것으로 예측했다. 연준은 언제든 통화 공급 꼭지를 열거나 잠가서 원하는 결과를 낼 수 있었다. 낮은 금리와 느슨한 신용으로 성장에 박차를 가하고 디플레이션을 피해 갈 수 있었으며, 높은 금리와 엄격한 신용으로 과열과 과도한 성장 및 인플레이션 상승을 가라앉혔다.

2004년 2월에는 벤 버냉키 전 연준 의장이 이렇게 선언했다. "지난 20년 동안 우리의 경제 지형에서 가장 두드러지게 나타난 특성은 거시경제의 변동성이 크게 줄어들었다는 것이다."[1] 그는 그 원인으로 금융 경제 구조를 변화시킨 여러 가지 요인을 꼽았으며 대안정기가 계속 이어질 것이라고도 했다. 모두가 아는 경제 격변이 발생하기 불과 3년여 전의 일이었다.

2007~2009년의 글로벌 금융 위기는 모든 것이 적절한 통제 아래 있다는 사람들의 인식을 깨부쉈다. 하지만 그 후 중앙은행가와 정책입안자들의 접근 방식에 근본적인 변화가 일어났을까? 그런 경제적

혼돈을 초래한 원인은 탐욕스러운 대출기관과 그림자 은행, 무모한 주택 구매자, 느슨한 규제기관과 신용평가기관, 위험에 대한 잘못된 가격 책정 그리고 주택 소유 증진을 목표로 한 근시안적인 정부 의제 등이었다. 그렇다면 몇 가지 허점을 보완하고, 은행에 자본 평가를 시행하고, 새로운 구제금융을 통과시켜 계속 즐겁고 행복한 길을 갈 수도 있지 않았을까?

일부 비평가들은 더욱 심각한 문제를 지적했다. 캔자스대학교의 거시경제학 교수이자 뉴욕 금융안정센터(Center for Financial Stability) 소장 윌리엄 A. 바넷(William A. Barnett)은 저서 《잘못되기: 잘못된 통화 통계가 연준과 금융 시스템 및 경제를 어떻게 위태롭게 하는가(Getting It Wrong: How Faulty Monetary Statistics Undermine the Fed, the Financial System, and the Economy)》에서 규제 당국이 이용하는 데이터를 노골적으로 평가했다. 연준이 할 일을 제대로 하고 있다는 의견에 대해 그는 다음과 같이 평했다.

그것은 사실이 아니었다. 그건 신화에 불과하다. 그들의 통화 정책은 기본적으로 반세기 이상 사용해온 것과 똑같은 접근 방식을 기반으로 했고 실질적으로 큰 개선이 없었다. 개선점처럼 보이는 것마저도 연준 외부에서 개발한 것이었다. 연준의 행동에서 주목할 만한 변화가 있다면 바로 데이터의 품질 저하였다. 금융 상품의 복잡성이 증가하면서 민간 부문에서 양질의 데이터가 많이 필요해졌을 때 연준이 제공하는 데이터의 양과 질은 오히려 떨어졌다.[2]

특히 주택담보대출 및 시장에서 투명성이 낮고 복잡하며 가격 책정이 어려운 신생 금융 파생상품이 성장하면서 위험을 측정하거나 평가하기 어려운 유해한 금융 상품이 급증했다. 그러나 글로벌 금융 위기의 원인은 양질의 거시 데이터가 부족한 것보다 훨씬 다양한 요인에 있다. 전문가들은 사건이 이미 지나간 뒤에 문제를 분석하는 걸 좋아할 뿐, 문제가 눈앞에 놓여 있을 때는 대개 망설이곤 한다. 2006년에 내가 거대한 주택 및 신용 거품이 전 세계 금융 시스템을 위험에 빠트릴 것이라 경고했을 때 그들은 내 말을 무시했다. 데이터를 보여줘도 아무 소용이 없었다. 앞으로 닥칠 초거대 위협에 대해 경고하는 지금도 그들은 똑같이 반발하고 있다.

다른 이들이 인플레이션의 지속 여부를 논하는 동안 나는 이렇게 경고하고자 한다. 경기침체와 높은 실업률 그리고 고용 성장을 억제하는 높은 인플레이션이 결합된 스태그플레이션에 대비하라.

여건이 무르익었다. 쉬운 돈이 자산과 상품 가격을 부풀리고 신용 성장을 촉진하고 있으며 막대한 부채는 인플레이션을 억제하는 정책적 대응을 불가능하게 할 것이다. 40년 전에 연준은 정책금리를 약 20퍼센트까지 인상했다. 1980~1982년에 심각한 더블딥 침체를 불러온 이 해법은 가혹하다는 말로도 부족하다. 우리가 지금 빠져 있는 부채의 함정을 생각하면 치명적이기 그지없다. 인플레이션이 무섭게 솟구치는 상황에서 성장을 줄이고 인플레이션에 맞서 싸울 비용을 늘리는 지속적인 정책금리 변화는 다른 부정적 공급 충격이 발생하면 스태그플레이션과 부채 위기를 초래할 수 있다.

2021년부터 내가 꾸준한 기고를 통해[3] 스태그플레이션의 발생 위험을 경고할 때마다 사람들은 내가 정신 나간 사람이라도 되는 듯이 쳐다보곤 했다. 2006년에 IMF에서 강연했을 때도 그랬다. 그들은 고개만 끄덕였을 뿐 아무것도 바뀌지 않았다. 눈앞에 있는 점들을 연결하기는커녕 "독한 술이 필요하겠군요" 같은 농담으로 넘길 뿐이었다. 그들에게 필요한 것은 술이 아니라 철학자 조지 산타야나(Geroge Santayana)의 말이다. "과거를 기억하지 못하는 자들은 과거를 반복하게 되어 있다."

우리는 지금 부채 슈퍼 사이클의 티핑 포인트에 와 있다. 느슨한 통화 및 재정 정책은 이제 곧 재앙을 불러올 것이다. 경기침체와 고금리는 가장 튼튼하고 견고한 기관과 은행, 글로벌 기업과 국가를 제외한 모든 것의 발목을 붙잡을 것이며 고삐 풀린 인플레이션은 신흥시장뿐만 아니라 선진경제까지 강타할 것이다. 구조적 결함은 실존적 위험이 될 것이며, 이탈리아가 또다시 무너지고 독일이 이탈리아를 구제하지 않기로 한다면 유로존의 영광도 사라질 것이다.

전 세계 소비자와 투자자들은 인플레이션이 잠잠했던 40년 동안 세계 시장이 계속 성장할 것이라 가정하는 데 익숙해졌다. 그런 그들이 장기 스태그플레이션을 감당할 수 있을까? 나로서는 회의적이다. 수익이 폭락하고 급여는 삭감될 것이다. 자산은 실종되고 성장은 멈출 것이다. 우리는 전 영란은행 부총재인 조너선 스티븐 쿤리프 경(Sir Jonathan Stephen Cunliffe)의 말을 들어야 한다. "돈은 스트레스를 받으면 쉽게 무너지는 사회적 관습이다."[4]

1970년대는 이 연약한 사회적 관습이 시험에 든 시기였다. 경제학자 아서 오쿤(Arthur Okun)은 이 스트레스를 측정하기 위해 인플레이션율에 실업률을 더한 간단한 경제고통지수(economic misery index)를 고안했다. 인기 칼럼니스트 실비아 포터(Sylvia Porter)는 이렇게 말했다. "실업과 치솟는 생활비의 동반 상승이라는 무시무시한 압박만큼 우리의 경제적 고통을 가늠할 방법이 어디 있겠는가?"[5]

인플레이션율이 2퍼센트이고 실업률이 4퍼센트면 경제고통지수는 6이다. 경제고통지수(당시 두 자릿수를 기록한)는 지미 카터 대통령 후보가 제럴드 포드 대통령을 밀어내는 데도 도움을 주었다. 경제고통지수가 그보다 더욱 상승한 4년 후에는 로널드 레이건이 유권자들에게 카터를 버리고 자신을 찍어달라고 설득하는 데 성공했다.

1970년대를 다시 경험할 각오를 해야 한다. 경제고통지수도 다시 옷장에서 꺼내라. 2022년에는 인플레이션율이 8퍼센트를 넘어서면서 낮은 실업률에도 불구하고 경제고통지수가 두 자릿수를 기록했다. 곧 우리는 기나긴 혼란을 맞이할 것이다.

1970년대 스태그플레이션의 악몽

과거를 기억하면 미래를 예측하는 데 도움이 된다. 1970년대는 제2차 세계대전 이후 지속된 경제 성장과 함께 시작했지만 이후 두 번의 값비싼 결정, 즉 베트남 전쟁과 복지국가로서의 확장을 수반한 빈곤과의 전쟁으로 부진해졌다. 1970년대가 지난 20년과 비슷할 것이라 기대했던 투자자들은 곧 실망했다. 경제학자 찰스 굿하트(Charles Goodhart)와 마노즈 프라단(Manoj Pradhan)은 한국전쟁이 끝난 후부터 1973년까지의 기간을 '거시경제의 황금기'라고 불렀다. 통화 및 재정 정책은 예상했던 결과를 가져왔다. "1970년대에는 모든 것이 전부 끔찍하게 잘못되었다."[6]

베트남전과 린든 존슨 대통령의 '위대한 사회' 프로그램의 재정이 대규모 재정 적자를 통해 충당되면서 모든 것이 산산조각 났다. 과잉 지출은 경제 과열로 이어졌고 인플레이션은 상승세로 돌아섰다. 그러나 연준은 그에 대한 대응으로 금리를 소폭 인상하는 데 그쳤다. 뒤이어 찾아온 1970년의 경기침체에서 생산량 감소는 1퍼센트에 불과했다. 이 가벼운 침체는 1970년 11월에 끝났지만 그 영향은 이후에도 지속되었다.

주식시장의 경우 1968년에 1,000선 이상으로 마감한 다우존스 산업지수가 1970년 11월에는 800선을 밑돌았다.[7] 시장과 경제가 그리 찬란했던 시절은 아니었다.

단결한 노동계는 강력했고, 언제든 달려들 준비가 되어 있었다. 파업과 작업 중단 때문에 주요 산업이 마비되었다. 미 노동통계국(Bureau of Labor Statistics)은 1970년에만 5,716곳에서 파업이 발생해 300만 명의 노동자가 참여했다고 집계했다.

그러나 이 같은 요인들은 일자리가 아니라 인플레이션을 만들어냈다. 일반적으로 실업률이 낮으면 경제가 활기를 띠고 있음을 의미한다. 하지만 뭔가 이상했다. 상품과 자본, 노동자에 대한 수요는 인플레이선을 촉진하는 경향이 있다. 반대로 실업률이 높으면 노동계의 임금 교섭력이 떨어지고 기업도 약한 수요 때문에 가격결정력이 크지 않아 인플레이션율이 하락한다. 1971년 5월에 〈뉴욕 타임스〉는 "지난 11월 이후 실업률이 6퍼센트대로 지속되고 있음에도 여전히 인플레이션이 미국 경제를 괴롭히고 있다"라고 보도했다.[8] 당시 인플레이션율은 4퍼센트를 초과하고 있었다.

리처드 닉슨 대통령은 재선 운동을 할 시기가 다가오자 경제 정책 패키지를 발표했다. 1971년 8월 〈아이오와 시티 프레스 시티즌(Iowa City Press Citizen)〉 기사에 따르면 그 정책은 "더 많은 일자리를 창출하고 위협적인 실업률을 낮출 것이라는 희망으로" 미국 산업계를 자극하기 위해 설계되었다.[9]

미국은 금 가격에 고정된 달러의 전후 지배력으로 거들먹거릴 수 있었지만 해외에서 경쟁하는 미국 기업들은 불리한 입지에 있었다. 한편 통화가 약하고 생산성 증가율이 높은 국가에 기반을 둔 기업들, 특히 독일과 일본의 기업들은 경쟁력 있는 제품을 더 저렴하게 판매할 수 있었다. 이는 오늘날 중국이 누리는 이점이기도 하다. 수입이 증가하면서 수출의 성장은 약해졌다. 지출이 국가 소득을 초과하자 그 결과 무역 적자가 급증했다.

미국은 무역 적자를 운영하게 되면 국제수지 격차를 메우기 위해 해외에서 돈을 차입한다. 이때 외국인은 채권을 달러로 축적한다. 채무가 미국에서 발생하든, 해외에서 발생하든 상관없다. 궁극적으로 이것은 미국의 거주자들이 외국인 채권자에게 진 빚이다.

미국 달러는 1945년부터 금으로 뒷받침되고 있었다. 그러나 실제적인 절차라기보다는 신뢰를 구축하는 수단에 가까웠다. 실제로 미국은 시중에 유통 중인 달러를 전부 태환할 수 있는 양의 금을 보유하고 있지 않았다. 따라서 프랑스 정부가 미국의 허세에 맞서 온스당 35달러 고정 환율로 금과 달러 자산의 교환을 요구하자 미국은 망설일 수밖에 없었다.

미국의 최고자문단은 닉슨 대통령에게 고정 환율을 포기해야 한다고 경고했다. 미국의 지속적인 무역 적자를 고려할 때 금환본위제는 더 이상 지속될 수 없었다. 닉슨 대통령은 먼저 금 태환을 중단했다. 그리고 1971년에는 극단적인 선택을 감행했다. 가식적인 행동을 포기하고 아예 금환본위제에서 탈퇴한 것이다. 이제 달러는 외환 시장에 따라 통화 가치가 결정되는 변동 통화가 되었다.

통화 공급을 제한할 금본위제가 사라지자 미국은 정책적 대응에서 새로운 옵션을 갖게 되었다. 돈을 찍어내고, 금리를 인하해 대출을 장려하고, 시간이 지날수록 달러가 약화되도록 내버려두는 것이다. 고정환율제도에서 변동환율제도로 전환하자 외국 통화 대비 달러의 가치가 하락했다. 안 그래도 급등 중이던 수입품의 가격이 더 비싸졌고 물가 상승은 인플레이션을 부추겼다.

이 새로운 분위기 속에서 일단의 주식들이 번창하기 시작했다. 투자자들은 높은 P/E 비율과 회복력 있는 수익을 지닌 이른바 원 디시전(one-decision) 우량주에 신뢰를 퍼부었다. 원 디시전 우량주란 한번 매수를 결정하고 나면 팔 필요가 없는 주식들을 뜻한다. 제너럴 모터스(General Motors), 엑손(Exxon), 코카콜라, IBM, 제록스(Zerox), 화이자(Pfizer), 폴라로이드(Polaroid)처럼 어떤 시대에도 변함없이 견고한 회사들 말이다. 〈포브스〉는 "이들 회사는 너무 훌륭했기 때문에 얼마를 지불하든 상관없으며 거침없는 성장으로 모두를 구제할 것이라는 환상이 팽배했다"라고 말했다.[10]

정확한 명단이 있다기보다는 흔히 '니프티50(Nifty Fifty)'라고 불리는 이 종목들의 주가수익률은 역사적으로 보증된 수준보다도 훨씬 높이 치솟았다.[11] 나중에 〈USA 투데이〉는 "이런 주식은 기관 및 개인 투자자들 사이에서 단순한 '가치' 투자에서 '어떤 가격에서도 계속 성장'할 것이라는 인식의 대전환을 촉발했고, 이는 사반세기 후 기술주 거품이라는 또 다른 형태로 부활했다"라고 회고했다.[12]

1973년 1월에 증시는 물가 상승과 고질적인 실업률, 금리 상승, 전후(戰後) 통화협정의 종료와 1974년 8월에 결국 닉슨을 사임하게 만든 워터게이트 사건에 굴복하고 말았다. 1974년 9월에는 다우존스 산업 평균지수가 608포인트로 마감해 1년 만에 36퍼센트 하락을 기록했다. 1962년 7월 종가에 비해 불과 10포인트 높은 수준이었다.[13] 다우뿐만 아니라 시장 전체가 폭락했다.

그리고 곧 세계 지형을 뒤바꾸고 오늘날까지도 그 반향을 남긴 거대한 충격이 들이닥쳤다. 1973년 10월, 이스라엘과 주변 아랍국들 사이에 발발한 욤키푸르 전쟁에 OPEC이 끼어든 것이다. OPEC의 12개 아랍 국가들은 미국과 이스라엘과 우호적 관계를 맺고 있는 서방 국가들에 석유 금수조치(embargo, 특정 국가와 직간접 교역, 투자, 금융 거래 등 모든 부문에서 경제 교류를 중단하는 조치-옮긴이)를 취했고, 이로써 몇 달 만에 유가가 세 배로 폭등했다. 이미 상승 중이던 인플레이션이 급격히 치솟았고, 1974~1975년에는 심각한 경기침체가 발생했다. 세계 각국이 크게 흔들렸다. 소비자는 공황에 빠졌고 기업은 채무불이행 위기에 처했다.

1970년대를 기억하는 미국인이라면 주유소 앞에 길게 늘어서 있던 줄을 생생하게 떠올릴 것이다. 나는 1974년 겨울에 아버지와 함께 런던에 간 적이 있다. 크리스마스 시즌이었다. 피카딜리 서커스(Piccadilly Circus, 런던에서 가장 번화한 광장-옮긴이)는 무척 어두웠다. 크리스마스트리를 포함해 모든 조명이 꺼져 있거나 침침했다.

석유에 의존하는 국가들은 사방에서 포위 공격을 받고 있었다. 연료 가격이 솟구치고 그 뒤로 다른 물가와 임금의 인상이 뒤따랐다. 법무부와 임금안정위원회(Council on Wage Stability)는 치솟는 물가, 특히 모든 식료품 가격의 인상률을 능가하는 설탕 가격의 급등을 파헤치기 시작했다.[14] 심지어 무설탕 음료 가격도 올랐다. 1974년에는 수십 년 만에 처음으로 인플레이션이 두 자릿수인 11.4퍼센트를 기록했다.

칼럼니스트 실비아 포터에 따르면 그 시기는 무척이나 가혹했고 어떤 면에서는 대공황 때보다도 더 지독했다. 그는 인플레이션을 탓했다. "어떤 의미에서 이는 최악의 슬럼프다. 1929~1932년에는 적어도 소득과 물가가 함께 떨어졌다. 하지만 이번에는 소득은 감소하는데 물가는 급격히 오르고 18개월이 지난 지금까지도 도저히 버틸 수 없는 속도로 오르고 있다."[15]

1974년 7월 〈뉴욕 타임스〉에는 급격한 금리 상승에 관한 소식이 보도되었다. "이번 주 초 클리블랜드 중앙국립은행이 높은 신용도를 지닌 기업 차입자에 대한 우대금리를 12.25퍼센트까지 인상하고 대부분 주요 은행에 대해서는 12퍼센트까지 인상하면서 그 필요성이 절실해졌다. 주식시장은 폭락했다."[16]

인플레이션을 억제하려는 시도는 역사적으로 효과를 거둔 적이 거의 없다. 인플레이션이 아직 온화한 수준이었던 1971년 당시, 닉슨 대통령은 TV 연설을 통해 90일 동안 모든 물가와 임금을 동결하겠다고 발표했다. 그는 임금사정위원회와 물가조정위원회를 소집해 각종 지표의 인상 효과를 따져봤다. 인플레이션이 일시적으로 억눌리자 공급 부족이 급증했다. 닉슨은 재선에 출마하는 동안 인플레이션이 억제되길 바랐다. 그러나 인플레이션은 그의 바람을 거스르고 1973년 초에 또다시 치솟았다. 닉슨은 6월에 다시금 물가와 임금 통제를 시행했지만 이번에도 실패했다.

이 시대에 대한 고전인 《시장 대 국가》에서 저자 다니엘 예르긴(Daniel Yergin)과 조지프 스타니슬로(Joseph Stanislaw)는 이렇게 설명한다. "목장주들은 소를 시장으로 실어 나르기를 중단했고 농부들은 닭을 물에 빠뜨렸으며 소비자들은 슈퍼마켓 선반을 비웠다."[17]

1973년에는 석유파동과 금수조치로 더 심각한 경기침체가 이어졌다. 1974년 9월에는 닉슨 대통령이 사임하면서 워터게이트 사건이 종식되었다. 10월에는 제럴드 포드 대통령이 WIN(Whip Inflation Now, '당장 인플레이션을 잡자'라는 뜻으로 포드 대통령이 벌인 캠페인의 문구였다-옮긴이)

글자가 들어간 배지까지 만들어 인플레이션과의 전쟁을 선포했다.

그러나 대통령도, 전쟁에 참여한 미국 국민들도 경제를 다시 회복시킬 수는 없었다. WIN은 실패했다. 인플레이션을 잡고자 했던 정부는 오히려 지지율 하락으로 내몰렸다. 경제고통지수는 거듭해서 최고치를 경신했고 얼마 지나지 않아 포드 행정부를 끝장냈다.

다음은 지미 카터였다. 경제고통지수의 급등과 워터게이트 사건에 힘입어 정권을 잡았지만 그에게도 딱히 이렇다 할 해결책은 없었다. 1974~1975년의 심각한 경기침체 때문에 인플레이션이 약간 완화되자 임금 인상 요구가 일시적으로 중지되었다. 1976년에는 다시 성장이 시작되었다. 그러나 인플레이션율과 실업률은 여전히 높은 수준을 유지했다. 물가는 계속 상승했지만 소득은 그 속도를 따라잡지 못했다. 1977년 6월에 논평가 폴 하비(Paul Harvey)는 이렇게 썼다. "수 세대 동안 절대로 깨질 리 없다고 인식되던 규칙이 더는 작동하지 않는다. 우리는 너무 높은 인플레이션과 너무 높은 실업률에 동시에 시달리고 있다."[18]

'스태그플레이션'은 이제 모르는 사람이 거의 없는 흔한 단어가 되었다. 컬럼비아대학교의 사회학 교수 아미타이 에치오니(Amitai Etzioni)는 〈비즈니스 위크〉에 기고한 칼럼에서 "경제학자들에게 스태그플레이션은 물리학자로 따지자면 어떤 물체가 중력의 법칙을 위반해 공중에 떠 있는 것과도 같은, 과학적으로 난잡하고 외설적인 현상이다"라고 썼다. "스태그플레이션 자체를 이해할 수 없기 때문에 당연히 이를 해결할 방도를 찾는 일도 어려울 수밖에 없다."[19]

에치오니는 경제학자들에게 수요와 공급 이외의 요소들도 살펴봐야 한다고 충고했다. "스태그플레이션을 미스터리로 간주하는 것은 경제적 요소를 넘어 보다 넓은 사회적, 정치적 측면으로 세상을 살피기보다 협소한 계량경제학적 관점에서만 보기로 선택한 것이다." 그러면서 이렇게 덧붙였다. "바로 그게 문제다. 만일 이해 못 할 미스터리가 있다면 그건 보는 사람의 눈에 있는 것이지, 현실 세계에 있는 게 아니다."

1979년 초에 발생한 이란의 이슬람 혁명은 두 번째 석유파동과 또 한 번의 석유 금수조치, 다시금 반복된 유가 급등 그리고 이전보다 더 심각한 인플레이션과 완전한 스태그플레이션을 불러왔다. 1차 석유파동 이후 느슨하게 풀린 재정 및 통화 정책은 물가 상승을 부추겼고, 인플레이션은 1979년 13.3퍼센트로 두 배 가까이 치솟았다. 그리고 마침내 결정적인 개입이 이뤄졌다. 비판 여론에 몰린 카터가 인플레이션 매파인 폴 볼커를 연준 의장으로 지명한 것이다.

볼커는 지시받은 대로 무자비하고 집요하게 인플레이션을 공격했다. 연준은 대출 수요를 늦추기 위해 기준금리를 20퍼센트까지 인상했다. 그 금리로 돈을 빌리면 4년 후면 이자가 원금을 초과한다. 그런 걸 버틸 수 있는 사업체나 주택 소유자는 없다. 석유파동과 함께 가혹한 통화 긴축이 인플레이션에 제동을 걸었다. 그러나 값비싼 대가도 따랐다. 1980년과 1982년에 더블딥 침체가 발생했고 그중 첫 번째 경기침체는 (테헤란 인질 사태와 더불어) 지미 카터를 실업자로 만들었다.

1981년 6월 〈뉴욕 타임스〉는 '레이건은 인플레이션을 해결할 수 있을 것인가?'라는 헤드라인을 내보냈다. 새 대통령은 두 자릿수 인플레이션, 두 자릿수 금리, 느린 저축과 투자, 생산성 부진, 만성적으로 높은 실업률과 세계 시장에서의 경쟁력 약화 등 골치 아픈 문제들을 물려받았다. 〈타임스〉는 "이 문제들은 적절한 용어가 없어 스태그플레이션이라고 불리는 복잡한 경제 혼란을 가중시키고 있다"라고 말했다. "레이건 대통령의 선거운동은 주로 미국 경제의 스태그플레이션을 누그러뜨리겠다는 공약을 기반으로 하고 있었다."[20]

공약을 실현하려면 엄청난 담력이 필요했다. 〈타임스〉는 "올해는 국가 경제 위기를 해결하기 위해 거의 반세기 전의 뉴딜 정책에 버금가는 실험이 시작되는 해"라고 말하며 스태그플레이션을 "여러 가지 면에서 대공황보다 더 골치 아픈 문제"라고 평가했다.[21] 과거 루스벨트 대통령은 한 가지 일만 하면 됐다. 어떤 대가를 치러서라도 미국인들을 일터로 돌려보내는 것이다. 하지만 레이건은 높은 실업률과 성장 둔화가 결합된 만성적인 인플레이션을 해결해야 했다.

고통스럽게도 이 질문에 대한 대답은 금리를 과다출혈 수준으로 유지하는 것이었고 이는 두 번째 더블딥 침체를 불러왔다. 항공교통 관제사들이 파업에 들어갔을 때 레이건은 그들에게 해고장을 날렸다. 이 행동으로 그는 대체가 불가능한 노조원은 없다는 메시지를 날렸고, 결국 노동자들의 목소리를 낮출 수 있었다. 그러나 성층권까지 치솟은 인플레이션을 다시 지상으로 떨어뜨린 것은 결국 폴 볼커가 내놓은 터무니없는 금리 수준이었다. 그리고 1983년에 마침내 레이건은 스태그플레이션에 대한 승리를 선언했다.

미국과 다른 선진경제국들이 1970년대에 경험한 스태그플레이션의 본질적 원인은 무엇일까? 간단히 대답하자면 바로 석유파동과 기대 인플레이션에 대한 억제책을 풀어준 잘못된 정책의 결합이었다.

석유파동은 모든 부정적인 총공급 충격과 마찬가지로 잠재 성장률을 낮추고 생산 비용을 늘린다. 기업들은 임금을 삭감하거나 제품 가격을 인상해야 한다. 느슨한 통화 정책은 자본 비용을 맞춰 수요가 살아날 때까지 기업이 직원들을 유지할 수 있게 돕는다. 그러나 이는 결국 더 높은 비용과 가격 상승을 불러온다.

1960년대 후반에는 필립스 곡선이 목표 인플레이션 및 실업률의 균형을 맞출 방법을 제시했다. 인플레이션과 실업률은 역의 상관관계를 지닌다. 즉 실업률이 높을 때 임금과 물가의 인플레이션은 낮게 유지되는데, 노동자는 임금 인상을 협상할 힘이 없고 기업은 가격을 인상할 힘이 없기 때문이다. 따라서 이 곡선은 인플레이션과 실업률이 서로 반대쪽으로 움직이는 길을 따라 형성된다. 이론적으로, 통화 및 재정 정책을 수요에 영향을 미치도록 수립할 경우 인플레이션과 실업률은 필립스 곡선을 따라 바람직한 방향으로 이동한다. 높은 인플레이션은 낮은 실업률로 이어지고, 낮은 인플레이션은 높은 실업률로 이어진다.

단순하고 깔끔한 이론이다. 그러나 현실은 그보다 훨씬 까다롭다. 아무리 의도가 좋은들 느슨한 통화 정책은 역효과를 낳을 수 있다. 특히 실업률이 경제 및 기술 변화로 일부 구직자들이 항상 일자리를 찾지 못하는 구조적 기본 수준[물가안정실업률(Non-Accelerating Inflation Rate of Unemployment), 줄여서 NAIRU라고도 한다. 통화주의 경제학에서 밀턴 프리드먼이 제기한 것으로 인플레이션이 발생하지 않고 안정적일 때의 실업률을 가리킨다-옮긴이]을 초과할 때는 더욱 그렇다. 이 구조적 수준은 대체로 좁은 범위 내에서 변동하는데 미국의 경우는 5퍼센트 미만이다. 그러나 부정적인 공급 충격이 발생하면 그 수치가 증가하고, 고용 수준을 충격이 발생하기 전으로 유지하려는 시도는 기대 인플레이션을 증가시켜 인플레이션을 높일 뿐이다.

밀턴 프리드먼은 필립스 곡선의 변화 양상을 밝혀낸 공로로 노벨 경제학상을 수상했다. 만일 느슨한 통화 정책이 실업률을 정상적인 구조 수준 아래로 밀어내려고 한다면 기대 인플레이션은 상승한다. 노동자와 기업은 임금과 가격 인상을 추구하고 이로써 수요가 억제된다. 수요가 줄어든다는 것은 일자리가 줄어든다는 의미다. 실업률은 개선되지 않지만 인플레이션은 상승한다. 따라서 필립스 곡선은 단기적으로는 성립할지 모르나 장기적으로는 수직을 그리게 된다. 실업률은 구조적 수준에만 머물러야 하며, 그 이하로 낮추려는 시도는 인플레이션을 계속 상승시킬 것이다.

OPEC은 두 번의 커다란 공급 충격을 안겨 필립스 곡선을 변화시켰고 정책상의 실수로 그 부작용이 더 심각해졌다. 전통적인 경제 이론의 경우 일시적 충격이 발생하면 통화 공급을 늘리고, 금리를 낮추고, 부채를 이용한 재정 부양책을 제공해 자금을 투입하고, 영구적인 충격에 대해서는 행동을 조정할 것을 권고한다. 예를 들어 내가 직장을 잃었는데 몇 달 뒤에 다른 일자리를 구할 가능성이 있다면 재기할 때까지 자금을 빌리고 정상적인 소비를 지속하는 것이 합리적이다. 그러나 실직 상태가 그 이상 이어지고 기존의 소득을 대체할 방법이 별로 없다면(가령 생산성을 떨어뜨리는 건강 문제 때문에 금방 일자리를 구할 수 없다면) 새로운 상황에 맞춰 생활 방식을 바꾸고 지출을 줄여야 한다. 그렇지 않으면 파산할 것이다.

석유파동은 '영구적인' 사건이었다. OPEC은 앞으로도 계속 하나의 연합으로 활동할 새로운 세력이었다. 그들은 석유의 실질 가격을 영구적으로 인상해 석유 수입국의 성장 가능성을 막았다. 또한 실업의 구조적 수준도 높였다. 이에 대한 올바른 정책적 대응은 달갑지 않은 현실을 인정하고 받아들이는 것이었다. 즉 인플레이션 폭주를 막을 수 있는 것은 느슨한 통화 및 재정 정책보다 긴축 정책이었다. 긴축 정책이 주로 시행됐다면 석유파동 때도 임금과 물가가 전반적으로 급등하지 않았을 것이다. 성장이 흔들리고 실업률은 증가했을지 모르나 적어도 그 뒤로 몇 년간 지속된 부식성 인플레이션은 피할 수 있었을 것이다.

그러나 미국과 다른 선진경제국들은 석유파동이 마치 일시적인 사건인 양 대응했다. 그들은 인플레이션을 억제하기에는 역부족인 수준으로 금리를 인상하고 느슨한 재정 정책으로 자금을 투입했다. 앞으로 생활 수준을 낮춰야 한다고 기대치를 조정하지 않고 도리어 영구적인 충격에 자금을 투입해 문제를 더 크게 만들었다. 느슨한 통화 및 재정 정책은 고용과 소비를 유지하기 위해 차입을 장려했고, 결과는 프리드먼이 예측한 대로 스태그플레이션의 근원인 더 높은 인플레이션과 고질적인 높은 실업률이었다.

눈앞에 다가온 스태그플레이션의 징조들

지금 우리는 정말로 더 극심한 인플레이션과 스태그플레이션을 향해 가고 있는가? 2021년이 되자 그 증거들이 금융 뉴스를 보는 모든 사람의 눈앞에 나타나기 시작했다. 수요와 공급에 부정적 영향을 미친 코로나19 충격으로 스태그플레이션의 전조인 인플레이션이 맹렬히 타오르기 시작했다. 코로나19 경기침체는 2020~2021년의 대규모 통화 및 재정 부양책을 초래했고 이는 글로벌 공급망의 병목현상, 원자재 가격 급등, 노동력 공급 감소와 함께 1980년대 이후 처음 보는 수준으로 인플레이션을 끌어올렸다.

2022년에는 상황이 더욱 악화되었다. 일부 논평가들은 코로나19가 잠잠해지면 인플레이션을 유발하는 공급망 병목현상이 누그러들 것이라 기대했지만, 러시아가 우크라이나를 침공하면서 두 국가가 공급하는 석유와 천연가스, 공업용 금속, 비료와 농산물 가격이 급격히 올랐다. 그다음에는 코로나19의 오미크론 변종이 중국을 강타했다. 중국의 엄격한 제로코로나 정책으로 비즈니스와 무역, 운송의 주요 허브 도시들이 통째로 폐쇄됐다. 글로벌 공급망은 더욱 틀어막혔다.

상품이 부족하면 가격이 오르기 마련이다. 선진경제와 신흥시장 양쪽 모두에서 인플레이션율이 상승했다. 극심한 가뭄이 식량에 대한 우려를 고조시켰다. 이는 가격변동에 대한 예고나 다름없었다. 러시아와 우크라이나의 흉작과 중동 일부 지역의 가뭄은 2010년 아랍의 봄을 촉발했던 식량 폭동에 불을 붙였다.

2021년 〈블룸버그〉 칼럼은 '연준이 전면적인 경기침체가 일어날 위험을 무릅쓰고 있다(The Fed Is Risking a Full-Blown Recession)'라고 선언했다.[22] 세계 최대 자산운용사인 블랙록(BlackRock)도 경고의 북소리를 뚜렷하게 인식하고 있었다. 블랙록의 CEO는 인플레이션에 대해 경종을 울리는 한편 직원들에게는 8퍼센트의 급여 인상으로 보상해주었다. 미국 최대의 적극적 운용 채권펀드인 핌코(Pimco)의 최고투자책임자에게 임대료 상승은 확실한 경고의 깃발로 보였다.[23] 한편 금리가 상승할 경우 투자자를 보호하기 위해 설계된 인플레이션 보호 채권펀드에는 기록적인 투자가 유입되었다.

CNBC는 농산물 가격이 40퍼센트 급등했으며 세계 식량 가격이 10년 만에 가장 큰 폭으로 상승했다고 보도했다. 도이체방크(Deutsche Bank)는 인플레이션의 상승을 두고 '글로벌 시한폭탄'이라고 불렀는데 이에 CNBC는 이렇게 보도했다. "정책입안자들과 월스트리트가 내놓은 전망과 달리, 도이체방크는 인플레이션에 대한 우려를 일축하고 경기부양에만 집중한다면 가까운 시일 내에 또는 2023년이나 그 후에 큰 실수로 판명될 것이라고 심각하게 경고했다. 이 실수는 특히 사회적으로 취약한 계층에 치명적인 영향을 끼칠 것이다."[24]

경제학자인 래리 서머스 전 재무부 장관은 바이든 행정부의 공격적인 경기부양 정책의 핵심 정책에는 박수갈채를 보냈지만 동시에 과도한 경기부양책을 비판하며 부디 주의하라고 당부했다. 〈워싱턴 포스트〉에 기고한 글에서 그는 "정상적인 경기침체 때보다 제2차 세계 대전 수준에 더 가까운 이 대규모의 거시경제 부양책은 우리가 한 세 대가 넘도록 보지 못한 유형의 인플레이션으로 달러 가치와 재정 안정 성에 영향을 미칠 수 있다"라고 경고했다.[25]

일부 보고서는 지속 가능한 조정에 대한 희망을 부추겼다. 2021년 7월 말에 〈월스트리트 저널〉은 "미래 인플레이션의 핵심 지표가 완화 되고 있다"라고 보도했다. 기사는 미시간대학교의 설문 조사를 인용 했는데 그에 따르면 7월에 향후 1년의 기대 인플레이션이 13년 만에 최고치를 기록했다. "그보다 더 안도감을 주는 신호는 5~10년 후의 기대치다. 7월 초의 기대치는 2.9퍼센트로 5월의 3퍼센트보다 소폭 하락했으며 2000~2019년의 조사 평균인 2.8퍼센트에 근접한다."[26] 그러나 2021년 하반기와 2022년까지 원자재 가격이 더 상승하고 인 플레이션율이 5월까지 8.6퍼센트 수준에 이르자 인플레이션 기대치 는 다시금 상승했다.

참고로 나는 이런 기대 인플레이션 수준을 봐도 별로 안도감이 느 껴지지 않는다. 기대 인플레이션은 대개 틀리기 마련이다. 우리가 가 는 길 앞에서 기다리고 있는 총공급 충격을 고려하지 않기 때문이다.

경고 신호는 정확한 해석을 방해한다. 심지어 전문가들조차 방향 을 수정한다. 전 IMF 수석 경제학자인 케네스 로고프(Kenneth Rogoff) 하버드대학교 교수는 〈파이낸셜 타임스〉에 기고한 '당황하지 마라, 약간의 인플레이션은 나쁘지 않다(Don't panic: a little inflation is no bad thing)'라는 제목의 사설에서 사람들의 우려를 진정시키려 했다. 그는 인플레이션이 과거 10년간 기대치보다 낮게 유지되다가 드디어 다른 방향으로 흔들리는 것은 도리어 반가운 일일 수 있다고 말했다. "오늘날 미국의 인플레이션은 나쁜 소식보다 좋은 소식에 가깝다. 물가가 상승한다는 것은 미국 경제가 대체로 1년 전에 예상한 것보다 더 잘 돌아가고 있다는 의미이기 때문이다."[27] 그러나 그런 그도 몇 달 후에는 새로운 칼럼을 내놓으면서 스태그플레이션의 위험이 증가하고 있다고 토로했다.

2021년 봄, 인플레이션이 상승세를 타자 연준의 랜달 퀼스(Randall Quarles) 부의장이 저성장과 치솟는 인플레이션에 대처할 수 있는 경제 체제의 탄력성을 강조했다. "나는 1970년대로 돌아가는 것이 두렵지 않다." 연방준비제도의 재무제표가 사상 최대의 증가세를 기록하고 있는 와중에 그는 이렇게 선언했다.[28]

6월에는 〈파이낸셜 타임스〉가 "브리지워터의 프린스는 1970년대가 도래할 가능성을 거부한다"라고 보도했다. 세계에서 세 번째로 큰 헤지펀드 회사인 브리지워터 어소시에이츠(Bridgewater Associates)의 공동 최고투자책임자 밥 프린스(Bob Prince)는 확고한 디플레이션 추세가 물가 상승 움직임을 조정하리라 예측했다.[29]

그러나 2022년 초, 분석가들이 코로나19에 따른 스태그플레이션 발생 가능성이 점차 수그러들기를 바라고 있을 때 러시아가 우크라이나를 침공했고, 코로나19 변종이 전파되면서 중국에서 생산 활동이 중단되었다. 스태그플레이션을 부르는 이런 충격에 대한 초기 반응—연준, 유럽중앙은행 그리고 다른 주요 중앙은행들의 온건한 정책 정상화—은 충격과 그에 따른 인플레이션이 일시적일 수 있고 어차피 통화 정책은 공급 충격에 대해 아무것도 할 수 없다며 1970년대의 잘못된 정책을 반복하는 것이었다. 인플레이션과 기대 인플레이션이 더욱 증가했다. 중앙은행들은 2021년 한 해 내내 인플레이션과의 싸움에서 뒤처질 위험을 감수했고, 2022년이 돼서야 뒤늦게 이 인플레이션이 지속되리라는 현실을 깨달았다.

나를 반대주의자라고 불러도 좋다. 하지만 저명한 전문가들이 "그렇지 않을 거야"라고 말하는 걸 들으니 더더욱 걱정스러울 뿐이다. 누구보다 똑똑한 사람들이 왜 눈앞에 닥친 문제에서 부정적인 면을 무시하려 하는지 궁금하다. 2020~2021년에 우리는 이미 현금과 신용이 넘쳐나는 금융 및 경제 시스템에 막대한 양의 돈과 재정 부양책을 쏟아붓고 있었다. 자산 가격이 하늘 높이 치솟고 있는데 막상 가장 많은 것을 잃을 투자자들은 전혀 두려워하지 않았다. 내가 앞으로 다가올 재앙을 본다면 그들은 테이블 위에 놓여 있는 돈을 본다.

내가 잘 아는 한 자산관리사의 경우 그에게 값싼 돈은 무더운 여름날의 아이스크림이다. 녹기 전에 빨리 먹어치워야 하는 것이다. 돈을 싸게 빌릴 수 있는 한 그는 미친 듯이 투자할 것이다. 그런데 그러다 일이 잘못된다면? 정부가 양적 완화와 신용 완화라는 기치 아래 든든한 버팀목이 되어줄 텐데 실패할 위험이 무슨 걱정거리란 말인가.

세계 최대 사모펀드 그룹 블랙스톤(Blackstone)의 CEO 스티븐 슈워츠먼(Stephen Schwarzman)은 파티가 끝날 거라고 걱정하기는커녕 민간의 투자 기회가 눈사태처럼 불어날 것이라고 내다봤다. 그는 〈블룸버

그〉 인터뷰에서 기업 소유주들이 대규모 경기부양 비용을 지불하기 위한 세금을 납부하기에 앞서 구제금융부터 받을 것이라고 말했다. 이런 상황에서 블랙스톤과 두 파트너는 3,000억 달러라는 사상 최대 수준의 레버리지를 이용해 인수 계약을 체결했다.[30]

미국과 선진경제에서 주택 가격과 주가가 급등하자 소비자들도 경계심을 던져버렸다. 코로나19로 인한 저축과 억눌린 수요의 급증으로 차입과 지출이 치솟았다. 위험이 증가하고 공공 및 민간 부문 부채가 계속 누적되고 있는데도 모두가 더 많이 달라고 아우성친다. 돈은 중독적이다.

"인플레이션은 알코올 중독과 비슷하다." 밀턴 프리드먼은 이렇게 경고했다. "술을 마실 때나 돈을 너무 많이 찍어낼 때나 좋은 영향이 먼저 발생하고 나쁜 영향은 나중에 나타난다. 그래서 두 경우 모두 과용하고 싶은 강력한 유혹을 느끼게 된다. 술을 너무 많이 마시고 돈을 너무 많이 찍어내는 것이다. 그러나 치료법은 그 반대다. 술을 끊거나 화폐 발행을 중단하면 나쁜 영향이 먼저 나타나고 좋은 영향은 나중에 온다. 그래서 치료를 지속하기가 그토록 어려운 것이다."[31] 유동성에 중독된 경제 및 금융 시스템의 숙취로 인한 나쁜 사례가 지금 우리 눈앞에 있다. 연준은 파티를 중단시키기는커녕 오히려 계속해서 파티에 술을 공급했다.

2021년의 대부분 기간에, 그해 말 7퍼센트까지 상승한 인플레이션 급등이 일시적 현상인지 지속적인 현상인지를 놓고 열띤 토론이 벌어졌다. 연준과 월스트리트의 많은 경제학자가 일시적인 현상이라고 주장했다. 래리 서머스, 올리비에 블랑샤르(Olivier Blanchard), 모하메드 엘-에리언(Mohamed El-Erian) 같은 경제학자들은 경제가 과열되고 있으며 인플레이션이 지속될 것이라는 진영에 속했다. 나 또한 후자였는데, 여러 기고문을 통해 단순히 경제 과열로 인한 인플레이션뿐만 아니라 스태그플레이션이 목전으로 다가오고 있다고 주장했다.[32]

2022년 초에는 결국 연준마저 패배를 인정하고 인플레이션이 일시적이 아니라는 데 동의했다. 그러나 그 시점에서는 이미 인플레이션과 기대 인플레이션이 목표점에서 이탈해 있었고, 연준은 뒤늦게 꽁무니에서 현실을 쫓아오고 있었다. 그러다 러시아의 우크라이나 침공이 발발해 인플레이션이 더욱 올라갔다. 2022년 5월에 미국의 인플레이션율은 연준을 비롯한 주요 중앙은행의 목표치인 2퍼센트를 훨씬 웃도는 8.6퍼센트까지 상승했다. 기대 인플레이션은 꾸준히 높은 수치를 유지했다.

2021년에 경제 분야의 핵심 논쟁은 '일시' 팀과 '지속' 팀 간의 대결이었다. 그들은 선진경제의 인플레이션 상승을 놓고 열띤 논의를 벌였다. 일시적인가, 아니면 영구적인가? 시간이 지날수록 지속 팀의 의견이 우세해졌다. 2022년이 되자 연준과 다른 중앙은행들조차 인플레이션이 일시적이라는 잘못된 견해를 포기했다.

이 논쟁은 이내 새로운 차원으로 발전했다. 드디어 선진경제의 통화 당국이 인플레이션 불안이 더 많은 인플레이션, 즉 기대 인플레이션의 이탈을 초래하는 것을 막기 위해 분주하게 움직이기 시작한 것이다. 인플레이션이 항상 낮게 유지되던 일본을 제외하고 세계 각국의 중앙은행이 양적 완화 및 신용 완화를 단계적으로 중단하고 금리를 인상했다. 그들은 긴축 재정이 경기침체를 일으키지 않고도 인플레이션을 2퍼센트 목표치로 회복시킬 수 있다고 주장했는데 이는 경기연착륙에 대한 모범적인 설명이다.

그러나 정책입안자들은 진퇴양난에 빠져 있다. 스태그플레이션 충격이 발생하면 인플레이션 상승과 성장 둔화가 연착륙 가능성을 방해한다. 중앙은행들이 성장보다 인플레이션을 더 중요하게 여긴다면 금리를 인상하고 금융 조건을 빠르게 강화해야 한다. 그러나 지나치게 급작스러운 긴축 정책은 실업과 불황이라는 경착륙을 초래할 수도 있다. 인플레이션을 우려하기보다 성장을 선호할 때는 정반대의 딜레마가 발생한다. 따라서 어느 쪽으로든 일단 지켜보자는 분위기가 조성되고, 당국은 인플레이션도 억제하고 경기침체도 피할 요량으로 제때 반응하지 않게 된다.

따라서 2022년의 주요 논쟁은 마침내 지속적인 인플레이션과 맞서 싸우기로 한 중앙은행이 연착륙을 달성할 수 있을지, 아니면 그들의 조치 때문에 경착륙이 발생할지 하는 것이었다. 나는 경착륙 진영에 속해 있었다. 당국의 정책 대응이 너무 늦었기 때문이다. 내가 보기에 선진경제가 2024년까지 경기침체에 빠질 가능성은 65퍼센트 정도였다.

평상시에는 글로벌 공급망이 성장을 뒷받침한다. 그러나 불안정한 시기에 부정적인 공급 충격은 많은 폐해를 끼친다. 컨설팅 회사 액센츄어(Accenture)의 보고에 따르면 〈포춘〉 선정 1,000대 기업의 94퍼센트가 팬데믹 때문에 공급망 장애를 겪었으며[33] 지금도 계속해서 공급 지연이 발생 중이다.

1970년대의 스태그플레이션은 석유와 에너지라는 단 한 부문에서 발생한 공급 충격에서 비롯되었다. 1973년 10월에는 12개 아랍 국가가 이스라엘 동맹국들을 벌주기 위해 첫 번째 석유 금수조치를 취했다. 1979년 석유파동은 이란의 이슬람 혁명에 뒤이어 발생했다.

세계를 불황에 빠트릴 11가지 충격

오늘날 나는 중기적으로 한 개도 아닌 자그마치 11개의 부정적 공급 충격이 전 세계를 강타할 수 있다고 보고 있다. 또한 각각의 사건들은 서로에게 영향을 끼칠 것이다. 이 모든 부정적 충격들은 잠재 성장률을 떨어뜨리고 잠재 경제생산량을 감소시키며, 생산 비용을 늘려 인플레이션을 초래한다. 이들은 전부 잠재적인 초거대 위협이다. 앞으로 10년 안에 여러 개의 충격이 닥쳐온다고 해도 나는 절대 놀라지 않을 것이다. 이 초거대 위협들은 느슨한 통화 및 재정 정책 그리고 충격적 수준의 부채와 더불어 1970년대가 단순한 준비운동으로 보일 정도로 거대한 스태그플레이션을 불러올지 모른다. 스태그플레이션을 초래할 이런 부정적 총공급 충격으로는 다음과 같은 것들이 있다.

1. 급격한 인구 고령화로 선진시장과 신흥시장이 모두 붕괴된다. 청년 노동자가 감소하면 고용주는 일자리를 채우기 위해 임금을 인상

해야 한다. 또한 현역 노동자는 저축하고 생산하는 반면 은퇴자들은 저축을 사용해 생활비를 충당한다. 따라서 인구 고령화는 생산 대비 지출 비율을 왜곡하고 인플레이션을 유발한다. 비용 상승과 성장 둔화는 스태그플레이션을 초래한다.

2. 지난 수십 년간 이뤄진 가난한 남반구에서 부유한 북반구로의 이주는 고용주가 임금에 대한 큰 압박을 느끼지 않고도 일자리를 채우는 데 도움을 주었다. 현재의 글로벌 정치 환경에서 이주에 대한 엄격한 제한은 노동자가 임금 인상을 요구할 때 고용주의 선택권을 박탈할 것이며 따라서 임금 인플레이션이 가속화될 것이다.

3. 노동자와 기업을 보호한다는 명목으로 시행되는 탈세계화와 보호무역주의, 내부 지향적 정책이 경제를 부양하기보다 오히려 해를 끼친다. 상품과 서비스, 자본, 기술, 데이터 및 투자의 세계 무역을 제한하면 수입 가격이 증가하고 생산 비용이 상승하며 성장이 저해될 것이다.

4. 제조업의 자국 이전(reshoring)은 공급망 안전성을 높일 수 있다. 하지만 중국과 같은 저비용 신흥시장에서 우호적이지만 비용이 큰 선진시장으로 이전할 경우[이른바 '프렌드쇼어링(friendshoirng)'] 비용 및 가격 인상에 박차를 가하게 된다. 효율적인 자본 배분보다 안전이 우선일 때 생산 비용은 상승한다. 편협한 민족주의 정치가들이 세계화

를 거스르는 순간 경제는 가격 인상과 공급 병목현상을 비롯해 의도치 않은 결과를 맞이할 것이다.

5. 중국과 미국의 치열한 대립이 냉전에 가까워지고 있다. 쌍방 간 무역 제한 및 관세 부과는 특히 기술과 상품 및 서비스 무역, 투자, 데이터 및 정보 분야에서 더욱 심각한 결과를 불러올 수 있다. 대체 이것과 스태그플레이션이 무슨 상관일까?

가령 5G 네트워크 부문만 봐도 서구 시스템은 중국보다 50퍼센트나 더 비싸다. 우리는 국가 안보에 대한 우려 때문에 중국 제품을 기피하지만 이는 분명히 많은 비용이 들어가는 결정이기도 하다. 아니면 마이크로칩의 경우를 생각해보자. 중국의 수요는 가격을 급등시켰고 칩이 필요한 자동차 공장에서는 가동 중단 사태가 빚어졌다. 중국이 대만에 대한 영유권을 주장하며 주요 마이크로칩 제조업체를 손에 넣으면 그로 인한 공급 충격은 1970년대 석유파동보다 더 큰 혼란을 초래할 것이다. 심지어 대만과 관련해 미중 간 무력 충돌이라도 발생한다면 공급 충격 따위는 문제도 아닐 것이다.

6. 중국과 실질적인 동맹국들(러시아, 이란, 북한)과 서방 세계의 새로운 냉전에서 비롯된 다른 지정학적 충격이 스태그플레이션을 불러온다. 러시아의 우크라이나 침공은 글로벌 공급망과 소비 및 생산 과정의 핵심 요소인 에너지와 식량, 원자재 가격을 급등시켰다. 만일 이란이 다시 핵을 보유하게 된다면—2024년 미국에 공화당 행정부가 들

어서고 협상이 또다시 무산되면 그렇게 될지도 모른다—이스라엘은 이란을 공격할 것이다. 이스라엘은 핵을 보유한 이란을 심각한 실존적 위협으로 간주하기 때문이다. 이런 충돌은 1970년대에 발생한 두 번의 석유파동 못지않은 심각한 석유파동을 초래할 것이다.

항상 불안하고 제재 조치를 받는 북한은 주기적으로 무력을 과시하며 한국과 일본 사이에 있는 해역에 탄도 미사일을 발사하고 있다. 만일 이 갈등이 고조된다면—네 개의 수정주의 세력과 서방 및 아시아 동맹국 사이의 새로운 냉전을 고려할 때 언젠가는 그렇게 될 것이다—한국과 일본 및 다른 아시아 국가들이 아시아의 산업 핵심 허브를 이용해 운용 중인 글로벌 공급망이 무너질 것이다. 우리가 1970년대에 그렇게 어렵게 배우고도 너무도 쉽게 잊어버린 지정학적 충격이 스태그플레이션의 계기가 될 수 있다. 그리고 지금 우리는 러시아의 우크라이나 침공을 시작으로 지정학적 공황에 접어들고 있다.

7. 기후 변화는 적어도 세 가지 방식으로 스태그플레이션이 발생하도록 압박할 것이다.

첫째, 광대한 지역이 극심한 가뭄 때문에 물이 부족한 사막으로 변한다. 중동, 북아프리카 및 사하라 이남 아프리카 외에도 많은 지역이 이런 미래에 취약하다. 물 부족은 현재 캘리포니아와 미국 남서부, 그 외 많은 지역에서 농업 및 축산업에 지장을 주고 있다.

둘째, 탈탄소화를 향한 움직임은 청정에너지 공급이 충분히 증가하지 않은 상태에서 화석연료 개발에 대한 투자를 감소시켰다. 이런 불균형이 지속되는 한 에너지 가격은 계속 상승할 것이다. 10년 안에 이 격차를 줄이려면 빠른 속도로 청정에너지를 추구해야 하지만 이는 실현될 가능성이 거의 없다고 봐야 할 것이다.

셋째, 자연재해와 그로 인한 인명 피해가 필수품의 공급 및 생산을 방해할 것이다. 많은 공장이 홍수와 화재, 가뭄 같은 기상 이변이 발생하면 생산을 중단한다.

8. 한층 심각하고 치명적인 팬데믹이 더 자주 발생한다. 글로벌 기후 변화로 생태계가 파괴되면서 병원체를 옮기는 동물들과 인간이 가까이 거주하게 되고, 시베리아 툰드라의 영구동토층이 녹아 수천 년간 얼음 속에 갇혀 있던 박테리아와 바이러스가 대기 중에 노출되면 코로나19 같은 사태가 일상이 될 수도 있다. 현재 우리의 공급망은 상품과 서비스의 배달에서 건강한 사람들에게 의존하고 있고 이들은 국경을 넘나드는 무역에 의존한다. 특히 상품이 시간에 민감한 운송에 의존할 경우 사람과 물류의 이동이 제한되거나 둔화되면 생산의 모든 단계가 위험에 빠질 수 있다. 또한 코로나19와 우크라이나 전쟁으로 각 국가는 의약품과 개인보호장비, 식량 및 농산물을 자급자족하게 되어 필수품 수출이 제한되었다.

9. 소득과 부의 불평등에 대한 반발이 점점 더 늘어나 친노동, 친임금, 친노조 입법 및 재정 정책에 유리한 분위기가 조성되고 있다. 그러나 이런 정책은 1970년대에 그랬던 것처럼 역효과를 불러올 수 있다. 재

정 부양책이 노동자와 실업자, 소외 계층을 보호하는 데 집중할수록 임금 상승이 가속화되어 물가와 임금의 악순환적 상승이라는 높은 인플레이션이 야기될 수 있다.

10. 2021년에 몇몇 송유관 회사와 육류가공 공장이 경험한 것 같은 사이버공격이 더욱 치명적이고 빈번하게 일어나 공급망을 혼란에 빠뜨릴 것이다. 주요 기반 시설도 이런 공격에 취약하다. 특히 전력망과 금융 관련 시설들이 그렇다. 2021년 8월에는 연방기관인 NASA와 HUD(Department of Housing and Urban Development, 주택도시개발부)가 디지털 보안 평가를 통과하지 못할 뻔한 적도 있다.

사이버 보안에 대한 대규모 투자가 수백만 고객들을 유치하고 있는 대부분 산업을 안전하게 보호할지는 두고 봐야 할 것이다. 최선의 시나리오는 방대한 시스템을 업그레이드 및 보호하는 데 수천억 달러가 소요되어 생산 비용이 증가하는 것이고, 최악의 경우는 빈번한 사이버공격 때문에 성장이 점점 더 저해되는 것이다.

11. 무역 및 금융 제재를 통한 미국 달러—그리고 러시아와 우크라이나 전쟁 이후 미국과 동맹을 맺은 국가들의 주요 통화—의 무기화가 준비통화로서 미국 달러의 역할을 약화하고 가격 하락을 촉진해 인플레이션과 같은 무질서를 불러온다. 1970년대의 인플레이션 충격은 금환본위제가 종료되면서 촉발되었다. 역사는 미국과 그 동맹국들이 러시아의 주요 외환보유고를 동결시키는 것을 시작으로 러시아

에 부과한 무역 및 금융 제재를 기억할 것이다. 그리고 이는 러시아와 중국, 서구 경쟁국들이 준비통화로서 미국 달러를 버리고 회계, 지불, 자금 조달, 가치 축적을 위해 달러에 의존하지 않고 대체 수단을 구하는 계기가 될 것이다.

수 세기 동안 지정학적 충격과 힘의 변화에 따른 금융 전쟁은 특정한 준비통화의 쇠락과 다른 통화의 부상을 불러왔다. 미국 달러의 추락과 그에 따른 평가절하는 심각한 인플레이션과 스태그플레이션을 초래할 것이다. 상품 대부분이 달러로 가격이 책정되는 상황에서 달러 가치가 하락하면 그런 상품들의 달러 가격이 상승하기 때문이다.

그뿐만 아니라 지정학적 사건에서 비롯된 무역 및 금융 제재는 (2022년에 그런 것처럼) 국제 무역 및 금융 거래를 위한 SWIFT(Society for Worldwide Interbank Financial Telecommunication, 국제은행간통신협회)를 시작으로 달러 융자 및 지불에 의존하는 글로벌 공급망과 금융시장의 원활한 운영에 막대한 지장을 초래한다. 금융 전쟁은 스태그플레이션을 초래하는 금융 혼란 그리고 결과적으로 6장에서 논의할 궁극적인 혁신으로 이어진다.

2부에서는 앞으로 스태그플레이션을 초래할 부정적인 공급 충격의 여러 면모를 더욱 상세히 분석할 것이다. 향후 10년 안에 발생할 스태그플레이션은 1970년대보다 훨씬 심각한 경제적 혼란과 피해를 가져올 수 있다. 1970년대에는 인플레이션 문제는 있었어도 부채 문제는 없었다. GDP에서 민간 및 공공 부채가 차지하는 비율도 지금에 비하면 건전한 수준이었다. 2008년 글로벌 금융 위기 때도 운이 좋았다. 막대한 공공 및 민간 부채 때문에 금융 위기가 발생했지만 성장에 대한 충격이 신용경색에 이은 수요 붕괴에서 비롯되었기에 인플레이션 문제를 겪지 않았기 때문이다.

우리는 두 번의 위기를 모두 비교적 쉽게 극복할 수 있었다. 그러나 이 두 가지 문제가 결합되고 거품까지 꺼지면 우리는 10년 안에 전혀 새로운 영역에 들어설 것이다. 세계 금융 및 부채 위기와 스태그플레이션이 한꺼번에 일어난다고 상상해보라. 너무나 끔찍할 것이다. 이는 과장이 아니다. 실제로 그런 일이 일어날 가능성이 크다.

낙관주의자들은 아직도 기술 혁신을 통해 긍정적인 총공급 충격을 촉발하고, 시간이 지남에 따라 인플레이션 완화 압력을 행사할 수 있다고 주장한다. 가능한 일이긴 하지만 선진경제에 관한 데이터에서 기술 변화가 총 생산성 성장에 미치는 영향은 아직 불분명하다. 데이터에 따르면 생산성 성장이 정체되고 있기 때문이다. 어쨌든 인공지능과 자동화, 로봇공학은 본질적으로 순수한 상품이 아니다. 만약 이들 분야가 인플레이션을 유의미하게 완화할 수 있는 수준까지 발전한다면, 그전에 일자리 및 산업 전체에 파괴적 혁신이 일어나 소득 및 부의 격차가 더욱 크게 벌어질 것이다. 그리고 이는 그 어느 때보다도 강력하며 스태그플레이션 결과를 동반하는 정치적 반발을 초래할 것이다.

지금 우리는 일련의 총공급 충격의 시발점에 와 있다. 시간이 지남에 따라 이런 충격들은 대규모 부채 위기뿐만 아니라 스태그플레이션 위험을 부채질할 것이다. 스태그플레이션 위험이 고조되고 있다고 해서 내일 당장 또는 내년에 발생할 것이라는 이야기는 아니다. 코로나19와 우크라이나 전쟁에서 비롯된 혼란이 이 완만한 추세의 첫 공격이라고 해도, 모든 것은 천천히 진행될 것이다.

그러나 우리는 이미 곤경에 처해 있다. 부채 수준이 너무 높기에 금리를 정상화하려는 시도는 채권과 신용 시장, 주식시장, 나아가 결국에는 경제 전체를 붕괴시킬 수 있다. 4장에서 봤듯이 중앙은행은 부채의 함정에 빠져 있다. 그리고 그들의 목표와 정책 도구는 전형적인 임무 변경 과정을 거치며 점점 더 파격적으로 변해가고 있다.

그나마 정치적으로 저항이 가장 적은 길은 대규모 재정 적자와 화폐 발행으로, 결과적으로 부채를 화폐화하는 것이다. 이런 접근 방식에는 새로운 돈이 아주 많이 필요하다. 이런 헬리콥터 머니는 시간이 지남에 따라 인플레이션이 고정금리로 명목 부채의 실질 가치를 상쇄시킬 것이다. 하지만 한 가지 문제가 있다. 대부분 부채는 고정금리로 유지되지 '않는다.' 따라서 시간이 지날수록 인플레이션은 시장금리의 상승을 초래할 것이다. 부채 상환 부담이 극심해지면 공공 및 민간 부채 부문에 대규모 위기가 발생한다. 오늘날 우리가 갇혀 있는 이 부채의 함정은 내일의 인플레이션을 불러올 것이다. 다가오는 위기에 이름을 붙여야 한다면 아마 '거대 스태그플레이션 부채 위기' 정도가 적당하리라.[34]

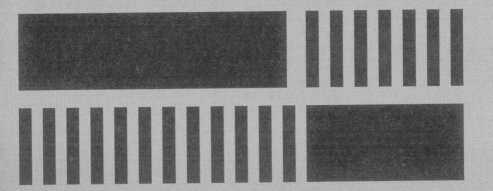

MEGATHREATS

2부

금융, 무역, 지정학,
첨단기술, 환경의 위기

6장

통화 붕괴와 금융 불안

효율적인 통화 및 금융 시스템은 의도한 대로 작동만 한다면 물가와 금융 안정에 도움이 된다. 거대한 거래망이 전 세계에서 원활하게 작동하며 자원과 완제품, 결제와 자본을 최소한의 마찰로 이동시킨다. 구매자와 판매자, 차입자와 투자자 및 대출자는 중앙은행이 변화하는 경제 환경과 경기 순환을 통해 인플레이션을 억제하고 통화를 안정적으로 유지할 것이라고 신뢰할 것이다. 안정적인 통화—지난 세기에는 미국 달러—는 국제 통화와 금융 시스템을 견고하게 유지할 수 있다. 상품과 서비스, 자본, 노동, 기술 및 데이터의 거래에는 국제 무역과 세계화에 윤활유를 공급해줄 안정적이고 승인된 세계 준비통화가 필요하다.

어쨌든 적어도 이론상으로는 그렇다. 그러나 실제로 수십 년에 걸친 금융 실험과 혁신은 매우 다른 현실을 만들어냈다. 글로벌 금융 위기와 코로나19 팬데믹으로 자극받은 중앙은행의 목표와 정책은 선진 경제에 전례 없는 수준의 유동성을 초래했다. 신속하고 극적인 조치로 경기침체를 피할 수는 있었지만 앞으로 우리는 어떤 대가를 치러야 할까? 더구나 현재의 경제 전쟁은 국제 통화와 금융 안정의 닻으로 작용하던 미국 달러의 준비통화 기능마저 훼손될지 모르는 위험한 상황을 초래했다. 앞에서 우리는 인플레이션과 스태그플레이션 그리고 값싼 돈이 유발한 자산 거품에 대해 이야기했다. 이 장에서는 금융 불안과 혼돈이라는 더욱 교묘하고 은밀한 위협에 대해 살펴보자.

지난 몇 년 동안 세계의 중앙은행들은 실험적인 정책을 자제하고 적절한 주의를 기울이는 대신, 그들의 직무 범위를 점점 더 다른 쪽으로 확장해가고 있다. 연준과 중앙은행의 역할은 정확히 무엇인가? 옛날 옛적에 그들의 관심은 물가 안정에만 맞춰져 있었다. 그러더니 나중에는 성장과 실업을 목표로 삼았다. 글로벌 금융 위기 이후에는 금융 안정에도 관심을 두기 시작하더니 이제는 평균물가목표제(average inflation targeting, 장기간에 걸쳐 평균 2퍼센트의 물가상승률을 목표로 하는 미 연준의 통화 정책-옮긴이)를 내세우며 인플레이션율이 평균 2퍼센트에 그치도록 멋대로 도구를 휘둘러 일시적으로 목표를 초과 달성하기까지 했다.

과연 이 모든 목표를 동시에 달성하는 게 가능하기는 한가? 그들의 의제에는 또 어떤 것들이 있을까? 최근에 중앙은행 총재들은 연설할 때마다 기후 변화와 소득 및 부의 불평등에 대해 심심찮게 언급한다. 정상적인 사고를 하는 사람이라면 그 위협이 세계 경제를 뒤흔들 수 있다는 데 이의를 제기하지 않겠지만, 중앙은행더러 정치적 격전이 일어나고 있는 전장에 나가 싸우라고 해봤자 무슨 쓸모가 있단 말인가. 그저 판도라의 상자를 열어 그들이 해결해야 할 우선적인 문제에서 한눈을 팔게 할 뿐이다.

그뿐만 아니라 지금은 달러 같은 주요 통화도 무기화되어 2022년에 러시아의 외환보유고를 동결하는 등 외교 정책과 국가 안보 목표를 달성하는 데 이용되고 있다. 과거 이란과 북한에도 비슷한 금융 제재가 부과된 적이 있고, 만일 중국과의 갈등이 심화된다면 중국에도 이런 조치가 이뤄질지 모른다. 중앙은행과 재무부는 외교 및 국가 안보 정책의 수행에 점점 더 깊이 관여하고 있다. 만일 중앙은행이 상충하는 의제와 목표들 때문에 권위를 잃는다면 우리의 통화 가치 또한 위태로워질 것이다.

"연준은 어째서 그들의 권한이 기후 문제까지 미친다고 생각하는가?" 알렉산더 윌리엄 솔터(Alexander William Salter)와 대니얼 J. 스미스(Daniel J. Smith)는 2021년 3월 〈월스트리트 저널〉에 기고한 '연준의 직무 확대 행보를 멈춰라(End the Fed's Mission Creep)'라는 제목의 글에서 이런 질문을 던졌다.[1] 그들은 기후 변화와 금융 산업의 제도적 위험을 합친 도드-프랭크 법안(Dodd-Frank Act)이 월권이라고 비난했다. 수조 달러의 기후 관련 비용이 어떻게 경제를 탈선시키는지, 중앙은행가들이 왜 이를 우려하는지는 이해할 수 있지만 그들이 이 문제에 대해 무엇을 할 수 있는지는 이해하기 어렵다.

비판에 대한 답변으로, 중앙은행가들은 기후 변화를 무시할 수 없

는 힘으로 규정했다. 메리 데일리(Mary Daly) 샌프란시스코 연방준비
은행 총재는 미국 기업연구소(American Enterprise Institute) 행사에서
"기후 변화는 우리가 통화 정책으로 대응하는 일상적인 주요 문제는
아니다"라고 말했다. "중앙은행은 일반 은행들이 혹독한 기후와 새로
운 에너지원 전환에서 발생할 직접적 위험을 대비하는 데 중요한 역
할을 한다."[2]

불평등은 사회 구조에 균열을 낼 수 있는 또 다른 심각한 문제로,
정치적 포퓰리즘과 경제 민족주의를 야기한다. 더구나 인플레이션율
이 높을수록 가진 자와 못 가진 자의 격차는 더 벌어지기 마련이다.
그런 이유로 소득 불평등 완화도 연준을 비롯한 중앙은행의 또 다른
우선순위 문제가 되었다. 이제 연준은 '광범위하고 포괄적인 최대 고
용'이라는 목표를 추구한다. 여기서 '포괄적'이라는 건 여성과 소수
자, 빈곤층처럼 불황 속에서 소외 계층이 된 사람들의 일자리와 불평
등을 해결한다는 의미를 담고 있다. 그러나 다시 말하지만 이 모든 우
선순위가 충돌하지는 않는가? 무언가는 틈새에 빠져 잊히지 않을까?

이제 러시아의 우크라이나 침공은 중앙은행들이 또다시 목표를 확
장해서 금융 제재를 통해 미국과 서방 국가들의 국가 안보 목표를 지
원하도록 만들 것이다. 미국 달러를 무기화함으로써 서구권의 중앙은
행 및 금융기관에 보관된 러시아 중앙은행의 외환보유고 대부분을 동
결하고 해외 결제를 위한 SWFT 시스템을 사용하지 못하게 하는 것
이다. 이렇게 국가 안보를 위한 통화 무기화는 연준을 필두로 한 여러
중앙은행의 최신 개척지다.

연준의 임무 변경은 그들이 직면한 심각한 문제이자 초거대 위협이기도 하다. 미국 달러는 지금껏 수십 년 동안 세계 금융 시스템의 명목화폐로 기능해왔다. 달러는 전 세계 모든 통화 중에서도 가장 신뢰할 수 있는 통화이며 대부분 국가가 외환보유고에 비축하고자 하는 통화다. 이 사실은 미국에 커다란 이점이다. 준비통화인 달러에 대한 수요는 미국이 팽창 일로에 있는 재정 및 무역 적자를 메울 자금을 더욱 오랫동안 저렴하게 빌릴 수 있음을 의미한다.

그러나 미국의 재정 및 무역수지 적자가 점점 불어나고 있고 미국 달러가 점점 더 외교 정책과 국가 안보를 위한 무기로 사용되는 상황에서 세계가 달러에 대한 신뢰를 잃는다면 어떻게 될까? 현재와 같은 달러의 국제 준비통화 역할을 박탈할 수 있는, 완전히 새롭고 혁신적인 다른 대안이 있다면 어떨까? 2022년 3월, 러시아 제재 직후 한 민첩한 논평가가 〈월스트리트 저널〉에서 이렇게 지적했다. "금융 제재는 중앙은행이 축적해둔 외환보유고를 하루아침에 잃을 수도 있다는 사실을 보여주었다. 중국이 이 사실을 주목하고 있으며 이는 지정학적 역학과 경제 관리, 심지어 미국 달러의 국제적인 역할까지 재편할 수 있다."[3]

민간 부문의 경우는 혁신이 금융 분야에 새로운 질서를 가져왔다. 민간 디지털 결제 시스템이 은행과 중앙은행 그리고 그들이 생산하는 화폐의 생명력에 도전장을 내민 것이다. 디지털 화폐가 정부 발행 법정 화폐를 대체한다면 은행의 앞날은 더욱 어두워질 것이다.

암호화폐 시장은 아직 상대적으로는 작아도 빠르게 성장 중이다.

2021년 말 디지털 화폐의 가치는 2조 5,000억 달러를 넘어섰고 1년 만에 거의 100퍼센트나 증가했다. 다만 일월 단위로 변동이 심하고 실제로 2022년 6월에는 가격이 급락해 시장가치가 1조 달러로 떨어지기도 했다. 이 통화는 2008년에는 존재하지도 않았다. 이 사실을 인지한 모든 주요 중앙은행은 중대한 기회가 될 수도, 함정이 될 수도 있는 중앙은행 디지털 화폐(Central Bank Digital Currency, CBDC, 각국 중앙은행이 직접 발행하는 디지털 화폐로, 액면가격이 정해져 있고 기존 법정통화와 일대일 교환도 가능하다-옮긴이)의 잠재력을 탐구하기 시작했다.

이런 금융 혁신과 금융시장의 변화들은 초거대 위협에 직면한 금융 시스템의 안정성에 대한 진지한 질문으로 이어진다. 통화 정책은 얼마나 더 변칙적으로 변할 것인가? 이런 실험이 가져올 수 있는 끔찍한 결과에는 어떤 것들이 있는가? 명목화폐는 굳건한 가치저장 수단과 회계 단위, 교환 매체로서 살아남을 수 있을까? 아니면 정책 조치로 가치가 하락하고 금융 혁신이 이를 대신할까? 금융 위기는 더욱 빈번해지고 치명적인 수준으로 발전할까?

유로존과 같은 통화동맹은 번영을 촉진할 것인가, 아니면 결국 붕괴할 것인가? 달러가 점점 더 무기화되는 상황에서 미국 달러는 세계 준비통화로서 지위를 유지할 수 있을까, 아니면 중국의 인민폐(RMB)나 다른 통화로 대체될까? 암호화폐가 모든 전통적인 화폐를 대신하게 될까? 아니면 중앙은행 디지털 화폐가 주도권을 잡고 암호화폐를 대체하게 될까? 높은 비용과 비효율성 때문에 유서 깊은 금융제도가 몰락하고 블록체인 기술로 구축된 탈중앙화 금융(DeFi)의 시대가 도래할까? 아니면 중앙집권식 핀테크가 전통적인 은행과 금융기관에 도전장을 던질까? 수많은 질문이 합리적인 답변을 구하고 있다.

데이터는 아직도 계속해서 쌓이는 중이다. 지금 잠정적인 결론을 내릴 수도 있지만 우리는 반드시 통화와 금융, 준비통화의 미래를 알아야 한다. 그 미래가 안정적이든 아니든 상관없다. 두세 번의 비틀거림이 순식간에 걷잡을 수 없는 경제 충격으로 번질 수도 있다. 통화와 금융 혁신이 더 안정적인 통화와 금융 시스템이 아닌 혼란과 불안정으로 이어진다면 우리는 정말로 초거대 위협의 영역에 들어설 것이다.

달러의 무기화, 중국의 탈동조화

미 재무부와 뉴욕 연방준비은행의 전 고위임원인 피터 R. 피셔(Peter R. Fisher) 같은 노련한 전문가가 봐도 지금처럼 살얼음판 같은 상황은 없었다. 2021년 11월 피셔는 '프런트라인(Frontline)' 팟캐스트에서 "금융계에 대해 이제껏 경험해본 적 없는 불안을 느낀다"라고 말했다.[4] "연준은 착각을 일으키는 방식으로 자산 가격을 끌어올리고 있다. 나는 이것이 아주 커다란 실수이자 역사상 가장 큰 금융 재앙 중 하나가 될 가능성이 아주, 아주 높다고 생각한다. 한 3분의 1 정도로."

세계 최대의 헤지펀드 회사 브리지워터의 창립자인 레이 달리오는 2021년에 "명목화폐는 결국 돈의 가치 하락으로 이어진다"라고 주장했다.[5] 실제로도 전례 없는 규모의 화폐 발행과 재정 부양책에 뒤따라 나타난 2021~2022년의 인플레이션은 그의 견해를 뒷받침하는 듯 보인다. 2022년 미국과 그 동맹국들이 러시아에 부과한 금융 제재는 전 세계적으로 더욱 심각한 통화 및 금융 불안을 초래했다. 연준을 비롯한 중앙은행들의 온건한 긴축통화 정책도 2022년 상반기 금융시장에 상당한 혼란을 불러왔다.

우리는 어쩌다 여기까지 왔을까? 경제사학자들은 대부분 중앙은행의 실험적 조치와 잘못된 임무 변경, 준비통화의 무기화 그리고 독립성의 상실이 이런 결과를 초래했다는 데 동의한다.

연준은 처음 탄생한 이후 아주 먼 길을 지나왔다. 1913년에 제63차 의회는 3년간의 입법 논의 끝에 공법(公法) 63조 43항 '탄력적 통화를 공급하고, 상업 어음 수단을 제공하고, 미국 은행에 대해 보다 효과적인 감독 및 기타 목적을 수행하기 위한 연방준비은행 설립을 위한 법률'[6]을 통과시켰다. 그해 12월에 윌슨 대통령이 이 법안에 서명함으로써 미국은 중앙은행을 설립한 마지막 주요 경제 선진국이 되었다. 1908년 발생한 뱅크런으로 중앙은행이 부재하는 시스템의 약점과 불안정성이 드러난 이후, 이제 연준은 금융가 J. P. 모건을 대신해 국가의 경제력과 금융 안정의 기둥이 되었다.

초기 연준의 임무는 단순히 미국의 은행 시스템을 안정적으로 유지하는 것이었다. 반복적이고 경제 파괴적인 뱅크런을 방지하는 방법에는 두 가지가 있었다. 하나는 모든 은행 고객에게 예금보험을 제공하는 것이고, 다른 하나는 통화 공급과 안정적인 가치를 유지하기 위해 최후의 보루가 될 수 있는 대출기관을 만드는 것이다. 처음에 연준은 두 가지 기능을 모두 수행했다. 그러다 1933년에 의회가 연방예금

보험공사(Federal Deposit Insurance Corporation, FDIC)를 창설해 전자의 역할을 하도록 했고, 경제력이 민간에 과도하게 집중되는 것을 우려한 논평가들은 더는 J. P. 모건 같은 개인이 국가 재정에서 중대한 역할을 맡지 않을 거라는 생각에 안도했다.

연준은 제1차 세계대전 동안 안전성을 높였지만 대공황을 막지는 못했으며, 은행을 구하기 위한 개입을 거부하고 통화 공급을 엄격히 통제함으로써 대공황을 더 악화시켰다. 이 정책적인 실수는 연준의 임무를 위반하는 것이었다. 연준이 그렇게 행동한 이유는 유동성은 부족하지만 상환 능력을 지닌 은행과 기타 민간기관을 구제하는 것이 도덕적 해이를 조장할 것이라는 잘못된 인식 때문이었다. 후버 대통령은 회고록에서 재무부 장관 앤드루 멜러이 "노동자를 청산하고, 주식을 청산하고, 농민을 청산하고, 부동산을 청산하십시오. 부패한 시스템을 깨끗이 정화하십시오"라고 조언했다고 회상했다. 그 결과는 참혹한 대공황이었다.[7]

경기침체의 늪에서 벗어날 방법을 알아내기 위해서는 천재적인 경제학자 존 메이너드 케인스의 도움이 필요했다. 그는 수요가 낮은 경제 불황 및 공황기에는 중앙은행과 재정 당국이 통화 및 재정 완화 정책을 통해 침체를 끝낼 수 있게 도와야 한다고 주장했다. 따라서 사실상 연준과 중앙은행들은 공식적인 권한을 갖기 전부터 금융 안정 외에도 경제적 안정에 관심을 갖기 시작했다고 볼 수 있다. 제2차 세계대전과 연방 차원의 대대적인 경제 개입은 미국을 다시 높은 성장세로 올려놓았다.

시간이 지나면서 연준의 권한은 우선권을 다투는 여러 개의 목표 사이에서 방황하기 시작했다. 공공정책의 목표가 최대한 지속 가능한 고용을 유지하는 것이기에 의회는 연준에 물가 안정에 더해 실업을 억제하는 임무를 부여했다.[8]

1970년대에 인플레이션과 실업률이 모두 치솟자 각국 정부의 고위층은 이렇게 생각하기 시작했다. '아주 느슨한 통화 정책은 높은 인플레이션을 유발한다. 우리는 인플레이션의 대가로 무엇을 치러야 하는지 봤다. 그렇다면 중앙은행을 독립시켜 그들에게 물가 안정이라는 하나의 핵심 목표를 부여하기로 하자. 안정적인 물가는 인플레이션을 둔화시키고 명목화폐 가치가 하락하는 부정적 결과를 줄여줄 테니까.'

스태그플레이션을 안정시키기 어렵다는 사실을 깨달은 많은 중앙은행(연준만 빼고)이 물가 안정에만 초점을 맞추기 시작했다. 그들은 물가 수준을 위태롭게 하지 않고도 대출을 장려할 수 있는 인플레이션 목표를 설정하자고 제안했다. 연방준비제도, 영란은행, 최근에 설립된 유럽중앙은행은 2퍼센트가 적절해 보인다는 판단을 내렸다. 제롬 파월 연준 의장은 2020년 10월 캔자스시티 연준 은행이 후원한 정책 심포지엄에서 "물가안정목표제의 세부 특성은 국가마다 달라도 핵심은 항상 목표 인플레이션을 통화 정책의 주요 목표로 명시하는 것"이라고 말했다.[9] 그러나 다른 중앙은행과 달리 연준은 물가 안정 외에도 최대 고용 추구를 목표로 하는 이중적인 권한을 보유했다.

물가안정목표제는 20년이 넘는 기간 동안 제 역할을 톡톡히 해냈다. 1980년대 중반부터 2000년대 중후반까지 경제적 안정이 유지된 대안정기가 찾아왔다. 2000~2001년에 경미한 경기침체와 닷컴 거품이 일긴 했지만 지속적인 혼란 없이 사라졌다. 2008년 글로벌 금융위기가 오기까지 하나의 지렛대가 통화 정책 전반을 지배했다. 바로 은행들이 서로 돈을 빌리거나 연준을 통해 돈을 빌릴 때 지불하는 연방 기준금리였다. 그것이 바로 연준이 관리하고 세계가 주시하는 가장 중요한 숫자였다. 연준은 기준금리를 소폭 인상할 계획인가? 아니면 낮출 예정인가? 시장이 기대를 조정할 수 있게 몇 달 전에 미리 신호를 보내줄까? 이는 연준을 지켜보는 이들에게 유일하게 중요한 질문이었다.

2008년에 시작된 심각한 경기침체는 중앙은행이 목표 인플레이션 2퍼센트와 통화 정책 두구를 재고하도록 만들었다. 모두 주요 경제국가에서 금리는 0에 가깝거나 심지어 마이너스로 책정되었고, 수년 동안 유지되었다. 이런 초저금리에도 불구하고 주요 경제국들은 저성장과 목표 이하의 인플레이션 때문에 부진의 수렁에 빠져 있었다. 그렇다면 중앙은행은 그때 무엇을 해야 했을까?

처음에 그들은 제로 금리 정책(ZIRP)을 생각해냈다. 공짜 돈과 멋들어지게 보이는 두문자어에도 불구하고 ZIRP는 침체된 시장과 경제를 되살리는 데 실패했다. 유럽과 일본의 일부 중앙은행은 마이너스 금리 정책(NIRP)을 시험했다. 상업은행은 중앙은행 금고에 있는 현금준비금에 대해 이자를 받는 대신 오히려 중앙은행에 이자를 지불했다. 이런 추가 비용을 부과하는 것은 은행들이 준비금을 비축하기보다 더 많은 대출을 생성하도록 장려하는 조치였다. 하지만 이것만으로는 역시 부족했다.

　이후 미국 연준과 중앙은행들은 '사전 정책 방향 제시'를 도입해 금리를 마이너스로 조정하는 대신 기준금리를 오랫동안 0으로 유지하겠다고 약속했다. 향후 정책에 대한 암시는 연준이 기대금리를 조정해 장기 채권 수익률을 조절할 수 있게 해주었다. 연준이 제로 금리를 예상보다 훨씬 오랫동안 유지한 데는 이런 이유가 있었다. 2000년대 초반에 연준이 처음 적용한 사전 정책 방향 제시는 개인과 기업이 경제적 결정을 내릴 때 참고할 수 있는 정보를 제공한다. 2008년 12월, 유명한 월스트리트 기업 두 곳이 파산하면서 증시가 자유낙하 곡선을 그리자 연준은 "얼마간 이례적으로 낮은 수준의 기준금리를 보증할 것" 같다는 시나리오를 내놓은 바 있다.[10]

　그러나 이런 조치만으로도 충분하지 않자 연준과 중앙은행들은 도구의 범위를 더욱 넓히기 시작했다. '양적 완화'와 '신용 완화'가 언론의 헤드라인을 장식했다. 그 응용 방식과 영향만으로 책을 한 권 쓸수도 있겠지만, 간단히 말하면 중앙은행은 공공 및 민간 부문의 장기차입 비용을 줄이기 위해 장기 국채와 민간 자산을 매입하기 시작했다. 그들은 막대한 양의 국채(여러 국가에서 주택저당증권 및 기타 사모증권을 비롯해)를 매입해서 채권 가격을 낮췄다.

　왜 그랬을까? 정부와 민간 기업과 가계가 주택 및 기타 상품을 구매하기 위해 빌리는 장기 차입 비용을 줄이고, 경제 활력이 필요한 나라에서 자금 순환을 가속화하기 위해서였다. 1990년대에 경제 추락을 겪은 일본이 침체에서 벗어날 목적으로 처음 사용한 양적 완화는(흔히

'QE'라고 불리는) 금융 위기 때 서구권에도 생명줄을 제공했다. 일본 중앙은행은 돈의 가격(금리-옮긴이)을 조정하는 대신 장기 국채를 사들여 수익률을 낮추는 방식으로 통화량을 조정했다.

양적 완화는 서구 세계가 대침체에서 회복하는 데 도움이 되었지만 회복 속도가 매우 느렸고 의회와 다른 입법부의 연방 지출이라는 또 다른 도움이 필요했다. 진짜 문제는 이 모든 연방 지출이 강력한 성장으로 이어질 단기 해결책인지, 아니면 부채의 증가 때문에 경제를 지속 가능한 수준으로 되돌릴 수 없는 장기적인 목발에 불과한지 하는 것이었다. 대침체의 회복은 너무 느렸고 오래 걸렸기 때문에 이 질문에 대한 명확한 대답은 얻지 못했다.

그런 다음 팬데믹이 찾아왔다. 2020~2021년 2년 동안 연준은 최저금리, 양적 완화 그리고 새롭게 발명한 신용 완화 및 대출 도구를 통해 금융기관과 미국의 중산층을 보호하기 위해 대차대조표를 기존의 4조 3,100억 달러에서 4조 달러 이상 증가한 8조 6,600억 달러로 확대했다.[11] 위험 감수 성향은 한층 늘었다. 2021년에 연준은 재무부 증권 한 부문만으로 '매월 800억 달러'를 빨아들였다. 코로나19 팬데믹 기간에 전 세계 중앙은행들은 '하루 약 150억 달러'에 이르는 유동성을 창출했다.

〈이코노미스트(Economist)〉의 경제란 편집자 헨리 커(Henry Curr)는 이렇게 말했다. "이제 QE(양적 완화)는 중앙은행에 거의 필수적인 도구가 되었지만 여전히 중앙은행이 대중에게 알려주는 것보다 더 실험적이며, 지금까지 역사적으로 사용된 다른 통화 도구보다 이해하기도 더 어렵다. 그런데 이제는 QE가 변곡점에 이르렀다."[12]

전문가들에게도 QE는 블랙박스와 같다. "우리는 중앙은행이 한쪽에서 무엇을 하고 있는지 안다"라고 커는 말한다. "그들은 채권을 사들이고 있다. 또한 우리는 다른 쪽에서 무슨 일이 벌어지고 있는지도 안다. 장기 금리가 하락하고 있다. 증거는 상당히 명확하고 모두의 의견 또한 같다. 그러나 우리는 그게 정확히 어떻게 작동하는지, 왜 장기 금리가 떨어지는지 이해하지 못한다." 벤 버냉키 전 연준 의장은 꽤 인상적인 표현으로 QE에 대한 조직 내부의 의견을 요약한 바 있다. "QE의 문제는 현실에서는 작동하는데 이론적으로는 작동하지 않는다는 것이다."[13]

나아가 그들의 실험은 민간 부문의 차입 비용을 줄이기 위한 신용 완화에 중점을 두게 되었다. 이제 중앙은행은 국채를 넘어 민간 발행 채권까지 손을 뻗기 시작했다. 연준은 주택담보대출 금리를 완화하기 위해 매월 400억 달러의 주택저당증권을 매입하고 기업 차입자를 돕기 위해 회사채를 매입한다. 다른 주요 중앙은행들도 마찬가지다. 일본 은행은 아예 공개 주식을 매수하기까지 했다.

팬데믹 기간에 경기침체를 막기 위해 정부가 분주히 움직이면서 비전통적인 도구들이 확산되었다. 구제금융과 안전장치는 은행과 비은행 그림자 은행, 브로커 딜러, 단기금융펀드(MMF), 상업어음 시장, 가계 및 기업을 구제했다. 어떤 점에서 이런 전례 없는 결정은 아주 훌륭하게 쓰였다. 2020년 3월 경제가 얼어붙을 위기에 처했을 때— 대재앙과도 같은 현금 쏠림 현상 때문에 모든 은행이 준비금에 의존하며 주요 기업에 대출금 회수를 요청한—연준의 대응은 모두가 공황에서 벗어나 경제의 기본 연료인 정상적인 대출을 계속할 수 있도록 만들었다. 그런 의미에서 제롬 파월은 밴 버냉키와 재닛 옐런의 가르침을 이어나갔다. 아무리 어려운 상황이라도, 필요하다면 스테로이드를 주입해서라도 연준이 결코 경제를 포기하지 않을 것이라는 의지를 보여주어야 한다는 가르침 말이다.

그러나 과거의 경제 붕괴는 몇 가지 의도치 않은 결과를 낳았다. 하나는 통화 정책과 재정 정책이 더욱 긴밀하게 연결되었다는 것이다. 많은 주류 학자가 현대 통화 이론(MMT)의 기치 아래 예산 부족을 메우기 위한 일환으로 화폐를 발행하자는 주장을 하기 시작하자 둘 사이의 경계는 더욱 모호해졌다. MMT에 관한 논의에는 흔히 헬리콥터 머니가 도마에 오른다. 제롬 파월은 공석에서나 사석에서나 의회의 행동이 필요하다고 분명히 밝혀왔다. 연준의 대출만으로는 충분하지 않았다. 연방정부의 지출이 필수적이었다.

트럼프와 바이든 정부 아래서 의회는 대규모 지출로 대응했다. 트럼프 정부 때는 2020년 각각 2조 달러와 9,000억 달러 규모의 경기부양법이 승인되었고, 바이든 정부 아래서는 1조 9,000억 달러의 경기부양책과 이후 1조 달러에 이르는 기반 시설 프로젝트 그리고 아직 법제화되지 않은 수조 달러의 사회 기반 시설에 대한 지출 계획이 뒤따랐다. 이런 지출 대부분은 연준이 MMT의 실질적 형태인 QE 정책을 통해 효과적으로 조달했다.

재정 및 통화 목표의 수렴은 의도치 않게 중앙은행의 독립성을 떨어뜨리는 결과를 초래했다. 우리의 역사는 정치가 통화 정책에 관여하지 못하도록 하는 것이 얼마나 중요한지를 가르쳐준다. 그러나 코로나19 위기 동안 재정 적자와 부채의 직접적인 화폐화는 사실상의 표준이 되고 말았다.

1998년에 물가 안정의 임무를 띠고 출범한 유럽중앙은행은 생소한 환경에서 그들의 목표를 재정립하기 위해 분투했다. 장클로드 트리셰가 유럽중앙은행 총재를 역임 중이던 2010년 〈뉴욕 타임스〉는 "위기 관리를 위해 중앙은행은 엄격하게 합의된 권한을 넘어서는 행위를 하게 되었다"라고 보도했다.[14] "이제 트리셰 총재는 더 이상 '우리의 나침반에는 바늘이 하나뿐이며 그것은 물가 안정이다'라는 말로 중앙은행의 역할을 요약할 수 없다."

〈타임스〉는 유럽중앙은행이 "유로존 경제와 금융 시스템을 안정시킬 다른 유럽 연방기관이 부재하기에 그런 책임을 떠맡는, 이른바 미국이 '임무 변경'이라고 부르는 것을 경험 중이다"라고 보도했다. 애틀랜틱 카운슬(Atlantic Council)의 글로벌 QE 자료에 따르면 2014년부터 2020년까지 유럽중앙은행의 대차대조표는 GDP의 60퍼센트로, 기존보다 세 배나 증가했다.[15]

이처럼 임무와 도구의 끊임없는 확장은 경제를 보호하는 것이 아니라 도리어 위험에 빠트릴 수 있다. 단기적으로는 위기를 미연에 방지하는 혁신이 결국에는 자산과 신용 거품을 부채질하는 것이다. 우리는 과거에 비해 더 취약해졌다. 선진경제에도, 신흥시장에도 더 치명적이고 값비싼 금융 위기가 더 빈번히 발생하고 있다. 어쩌면 우리는 티핑 포인트에 도달했음을 너무 늦게 깨달을 수도 있다.

창의적인 통화와 재정, 신용 정책의 시대에 부정적 공급 충격은 인플레이션을 유발하고 나아가 명목화폐를 평가절하하는 스태그플레이션까지 초래할 수 있다. 코로나19 위기 때 과잉 형성된 유동성은 자산 인플레이션으로 이어졌고 이제는 상품과 서비스에까지 영향을 미치고 있다. 이 거대한 자산 거품이 붕괴하는 건 확률의 문제가 아니라 시간문제다. 실제로 2021~2022년에 인플레이션은 1980년대 이후로는 듣도 보도 못한 수준으로 치솟았다.

통화의 평가절하(debasement)는 원래 주화의 귀금속 함량을 줄이는 것을 의미했다. 로마의 네로 황제 시대에 정부는 10개의 주화를 녹여 11개로 재발행하는 수법으로 부가 증가한 것처럼 보이게 만들었지만, 그에 상응해 물가가 상승하면서 환상은 사라졌다. 역사는 통화의 평가절하에 대한 두려움이 돈의 실질 가치를 급격히 떨어뜨릴 수 있음을 증명한다.

중세 유럽, 특히 프랑스에서는 값싼 비금속 주화가 금화와 은화를 대체했다. 〈통화의 대타락과 그 여파(The Great Debasement and Its Aftermath)〉에서 저자 스티븐 덩(Stephen Deng)에 따르면 "헨리 8세와 에드워드 6세는 16세기 중반 수도원에서 들어오는 수입이 바닥나자 영국 주화의 가치를 체계적으로 하락시켰다." 지금은 '대악화(大惡貨, The Great Debasement)'라고 불리는 당시에 테스통(Teston)이라는 은화는 쉽게 벗겨지는 얇은 은도금을 한 구리 동화로 바뀌었고, 심지어 붉은색이 비쳐 보이기까지 했다. 이 동전은 시인이자 극작가인 존 헤이 우드(John Heywood)가 짧고 냉소적인 시적 대화를 쓰는 데도 영감을 주었다.

이 테스통은 불그스름한데, 왜 당신 얼굴도 그렇죠?
이건 고귀함의 징표거든요. 수치심 때문에 얼굴이 붉어진 거죠.

그 뒤로 약 400년 동안 영국 파운드 주화의 순도는 75퍼센트에서 50퍼센트로 떨어졌고 그다음에는 33퍼센트, 25퍼센트까지 떨어졌다. 1551년에 발행된 주화의 은 함유량은 10년 전 발행된 은화의 17퍼센트에 불과했다.[16] 그래서 모두가 알다시피 아이작 뉴턴 경이 조폐국 국장이 되어 영국 주화의 건전성을 회복하기 위해 노력하기도 했다.

요즘에는 더 많은 돈을 만들기 위해 동전을 녹이거나 '깎지' 않는다. 그럴 필요가 없기 때문이다. 엄청난 속도로 새 돈을 찍어내는 것은 훨씬 간단하며, 더 많은 폐해를 가져온다. 명목화폐의 평가절하는 언제나 유혹적이다. 그리고 어느 시점이 되면 경제 성장과 번영에 필수적인 '신뢰'를 잠식하기 시작한다.

강력한 위력을 지닌 미국 달러는 쉽게 쇠락하지 않는다. 달러는 제2차 세계대전 이후 브레튼우즈 회의(Bretton Woods Conference)에서 세계 준비통화로 채택된 후 다른 모든 통화를 지배해왔다. 그리고 75년이 지난 지금, 대부분 국가가 자국 통화의 건전성을 달러와 비교하는 상황에서 현대적 형태의 평가절하가 달러의 지위를 끌어내릴 수 있을까? 최소한 5년 동안은 그럴 일이 없을 것이다. 그러나 앞으로 수십 년이 흐르고, 달러가 국가 안보 목적으로 점점 더 무기화된다면 평판과 가치가 떨어질 가능성이 크다. 계속해서 늘어나고 있는 공공과 민간, 해외 부채는 성장을 저해한다. 성장이 이뤄지지 않으면 경제가 흔들린다. 부채는 부채 계약 같은 분명한 부분뿐 아니라 미적립 사회보장, 의료 및 기후 변화와 관련된 막대한 비용 같은 드러나지 않은 부분에서도 계속 증가할 것이다.

미국은 현재 재정 및 경상수지 분야에서 매우 큰 적자를 내고 있다. 다시 말해 미국 경제에 유입되는 달러보다 빠져나가는 달러가 더 많다는 의미다. 우리는 수출보다 수입을 훨씬 더 많이 하고 있는데, 이는 미국 국내보다 해외에 존재하는 달러가 더 많다는 얘기다.[17] 이와 대조적으로 다른 주요 경제국들은 경상수지 흑자를 운영한다. 미국은 해외에서 차입할 때 더 저렴하게 자금을 조달할 수 있는 특별한 지위를 누리고 있지만 달러 자산에 대한 수요를 고려하면 공공 부채와 대외 부채의 지속 불가능한 수준을 향해 질주하고 있다. 미국은 계속 쌓여가는 경상수지 적자를 메우기 위해 매년 대외 적자와 맞먹는 액수의 외채를 밀어 넣고 있다. 미국은 이미 13조 달러, 즉 국가 GDP의 50퍼센트 이상에 이르는 외채를 보유한 세계 최대의 채무국이다.

미국의 외국 채권자들은 언제쯤 미국이 아주 낮은 금리로 돈을 빌릴 수 없다고 결정할까? 시간이 지날수록 달러는 점점 더 위태로워질 것이다. 더구나 미국은 달러를 점점 더 외교와 국가 안보 정책의 도구로 사용하고 있다. 무역과 금융 제재를 활용해 전략적 경쟁국인 중국과 러시아, 북한, 이란을 응징하고 미국의 목표에 협조하지 않는 국가에는 2차 제재를 가한다. 하지만 그런 조치는 경쟁국들이 달러 자금 조달 체제에 덜 의존하거나 전혀 의존하지 않도록 동기를 부여할 뿐이다.

실제로 미국의 전략적 경쟁국들은 달러 자금 조달 체제에 대한 의존을 덜고자 외환보유고를 다각화하기 위해 노력 중이다. 미국이 우크라이나를 침공한 러시아를 응징할 목적으로 부과한 금융 제재는 미국의 4대 전략적 경쟁국이 달러 기반의 세계 금융 시스템에서 벗어나고자 하는 욕구를 강화할 것이다. 심지어 중동 산유국 같은 미국의 우방국들조차 그들의 외교 정책이 미국과 일치하지 않을 때 이런 제재의 희생양이 되지 않을까 의심하기 시작했다. UAE는 러시아의 우크라이나 침공을 규탄하는 UN 안전보장이사회 결의안에 기권했다. 사우디아라비아는 에너지 비용 상승을 억제하기 위해 원유 생산과 수출을 늘려달라는 바이든 정부의 요청에 반발했다.

달러의 무기화가 강화될수록 적도, 우방도 달러를 기반으로 하는 국제 금융 시스템에서 벗어나고 싶을 것이다. 러시아의 몇몇 주요 금융기관들은 현재 전 세계 1만 1,000개 이상의 금융기관을 연결하는 국제 금융 SWIFT 시스템에 접근할 수가 없다. SWIFT 시스템에서 러시아를 완전히 축출해야 한다는 요구와 함께, 미국과 유럽에서는 이런 조치의 예기치 못한 결과 러시아와 중국이 세계 준비통화인 미국 달러를 포기할 계획을 앞당길지도 모른다는 목소리가 흘러나오는 중이다. 그들은 미국 달러에 의존하지 않고 루블과 위안으로 상품과 서비스 및 금융 자산을 거래하기 시작할 것이다. 금융 전쟁은 금융 대응

전쟁으로 이어진다.

보통은 세계를 이끄는 초강대국이 발행하는 통화가 세계 준비통화가 된다. 19세기에 영국이 파도를 지배했을 때는 파운드 스털링이 우세했다. 20세기에 두 차례의 세계대전으로 유럽의 국고가 고갈되었을 때는 그 권한이 자연스레 미국 달러로 넘어갔다. 그렇다면 앞으로는 어떨까?

21세기는 중국에 유리할 것으로 보인다. 만일 중국이 강력한 지배국이 된다면 중국의 무역 및 금융 파트너는 중국 위안을 주요 회계 단위로 채택해 그들의 상품과 서비스 가치를 평가할 것이다. 시간이 지날수록 중국 위안은 세계 무역에서 지불 수단이자 중앙은행의 준비통화, 개인 투자자의 투자 수단으로 자리 잡을 것이다. 세계 준비통화로서 미국 달러의 역할은 차츰 잠식되고 미중의 냉전이 고조되면 그보다 더 빠른 속도로 줄어들 수도 있다. 우크라이나 전쟁 기간에 달러와 유로, 파운드, 엔으로 구성되어 있던 러시아 외환보유고의 대부분이 동결된 것을 목격한 중국은 달러 기반 국제 금융 시스템에서의 탈동조화에 속도를 낼 것이다.

중국은 이미 사우디아라비아에 원유 가격을 위안으로 책정할 것을 제안한 바 있다. 이는 중국 위안을 무역 거래의 지불 수단으로 만드는 한편 사우디아라비아의 외환보유고에서 위안화의 비중을 높일 것이다. 물론 중국도 시간이 지남에 따라 자본계정을 개방하고 무역 적자를 운영해 외국인이 상당량의 위안 자산을 축적할 수 있도록 해야 할지도 모른다. 그러나 중국은 성장을 유지하는 수단으로 수출보다는 내수에 의존하고 있어 적절한 때가 되어야 그런 변화가 발생할 것이다.

실제로 중국인민은행(中國人民銀行)은 중앙은행 디지털 화폐의 개발에 앞서 달러를 자국 통화로 대체할 준비가 되어 있는 듯 보인다. 달러 약세에 대한 두려움이 글로벌 투자자들을 휩쓸면 느릿한 변화에 속도가 붙을 수 있다. 부채의 함정에 빠진 연준이 인플레이션 상승에 직면해 긴축통화 정책을 시행할 수 없거나 꺼리게 되면 미국 달러의 약세가 뒤따를 것이며, 미국 및 달러 연동 경제에서 인플레이션이 더욱 증가할 것이다. 달러의 가치가 약해지면서 통화 당국의 지지부진한 대응은 달러 또는 달러 표시 자산 보유자들을 급격히 가난하게 만들 것이다.

미국 달러가 단기적으로는 세계 준비통화 지위를 유지하더라도 앞으로 20년 안에는 그 역할이 상당히 줄어들 가능성이 크다. 중국은 자체 디지털 화폐인 전자인민폐를 만드는 데 더 적극적으로 나설 것이며, 아시아 및 다른 신흥시장에서 중국의 경제력과 영향력은 더욱 커질 것이다. 중국이 AI를 시작으로 미래 기술 및 산업의 리더가 될 경우 많은 신흥시장에 거부하기 힘든 거래를 제안할 수도 있다. 예를 들면 전자상거래 플랫폼, 디지털 결제 플랫폼, 지불 수단과 회계 단위 및 가치저장 수단으로서의 통화, 독재자가 불안한 대중을 통제하는 감시 시스템, 5G 네트워크와 빅데이터, 신기술에 광범위하게 적용할 수 있는 사물인터넷 솔루션 등이다. 중국이 경쟁력 있는 경제, 무역, 투자, 기술, 통화, 금융, 사회, 정치 모델을 제공한다면 달러의 역할은 크게 줄어들 것이다.

만약 그렇게 된다면 끔찍한 결과가 뒤따를 것이다. 영국의 사이버 안보 기관을 이끄는 제러미 플레밍 경(Sir Jeremy Fleming)은 〈파이낸셜 타임스〉 인터뷰에서 전자인민폐가 지배적인 영향력을 행사하게 되면 중국에 막대한 권력이 이양될 것이라고 경고했다. "잘못 구현될 경우 적대 국가의 거래를 조사할 수 있는 권한을 부여하게 된다. 중국이 디지털 화폐로 처리되는 일에 대해 통제권을 행사할 수 있도록 해주는 것이다."[18]

글로벌 통화의 재조정은 역내 통화의 변화에서부터 시작될 것이다. 하나의 최적통화지역(optimal currency area, 독자적인 여러 통화보다 통합된 단일 통화를 사용하는 것이 경제적으로 가장 효율적인 지역-옮긴이)을 추구하는 국가 집단이 있다면 그들은 성취하기 힘든 꿈을 좇는 셈이다. 국가마다 문화와 우선순위가 다르기 때문에 그런 통화지역의 중앙은행은 약해질 수밖에 없다. 유럽통화동맹(EMU)이 그런 사례 중 하나다. 그렇다면 과연 EMU는 계속 생존할 것인가? 아니면 방위력의 한계로 동부 국경의 새로운 안보 위협을 비롯해 무수한 압력을 받고 결국 분열될 것인가? 실험이 시작된 지 20년이 지났지만 결과는 아직도 나오지 않고 있다.

EMU는 1999년 유럽 국가들이 자국 통화를 포기하기로 했을 때 탄생했다. 하룻밤 사이에 유로가 독일 마르크, 프랑스 프랑, 이탈리아 리라 및 여러 유럽 국가의 통화를 대체하게 되었다(다만 영국 파운드는 예외였는데, 이는 영국의 EU 탈퇴를 예언한 징조라 할 수 있다). 유로화는 지금껏 몇 번의 경제 붕괴에도 살아남았고 EU 경제는 구매력 평가에서 미국과 중국에 이어 세계 3위를 차지하고 있다.

면밀히 살펴보면 EMU는 강력한 최적통화지역에 필수적인 특성을 갖추지 못했다. 그 탄생부터 경제적 동기보다는 정치적 동기에 있기 때문이다. 통일 독일을 유럽에 잡아매는 것이 경제적 세부 사항과 통화동맹의 최적성을 해결하는 것보다 더 중요했다. 통화지역이 성공하려면 구성 국가들의 경기 순환, 전반적인 성장률 및 생산율이 동기화되어야 한다. 또한 국지적인 충격이 발생했을 때 국가들이 적응할 수 있도록 자본과 노동력이 통화지역 내에서 자유롭게 이동할 수 있어야 하며 재정 및 금융 위험을 함께 공유할 방법이 있어야 한다.

나아가 통화동맹이 성공하려면 중앙은행의 정책이 필요할 때 반론 없이, 민주적 절차를 위반하지 않고도 국가 당국을 압도할 수 있는 정치적 공동 시스템이 있어야 한다. 그러나 강력한 자유민주주의를 표방하는 국가에서도 이런 조건을 충족하는 것은 어려운 일이다.

강대국들은 어떤 형태가 됐든 위험 공유 체제나 재정 연합이 결국 위험을 이전하는 이전 연합(transfer union)으로 끝날지도 모른다고 우려한다. 이전 연합은 부유한 회원국이 가난하고 생산성이 낮은 이웃 국가에 영구적으로 보조금을 지급하는 시스템을 의미한다. EMU는 각국의 재정 정책과 예산 적자, 공공 부채 수준의 격차를 고려하지 않은 까닭에 처음 발기했을 때부터 부유한 국가와 가난한 국가 간의 성장률과 생산성 차이를 감내해야 했다.

첫 20년 동안 EMU는 독일이 이끄는 부유한 북유럽 국가들과 가난하고 부채 수준이 높은 남유럽 회원국들 사이에서 반복적인 분쟁을 겪었다. 2015년에 그리스가 구제금융을 받았을 때는 회원국들끼리 심각한 갈등을 겪은 후에야 그렉시트와 EMU의 붕괴를 피할 수 있었다. 그러나 그리스의 구제금융은 비교적 비용이 적게 든 편이었다. EMU는 큰 피해 없이 다시 이륙할 수 있었다. 그럼에도 구제금융이 결정되기 전에 그리스가 동맹을 탈퇴할지도 모른다는 가능성은 유럽과 세계 금융시장에 큰 동요를 불러일으켰다.

사실 유럽은 더 심각한 걱정거리가 있다. 이탈리아가 낮은 성장, 낮은 생산성, 극심한 두뇌유출(brain drain, 고도의 교육을 받은 고급 인적자원이 국외로 유출되는 현상-옮긴이), 높은 적자 및 막대한 공공 부채 등으로 동맹에서 가장 약한 고리가 되었기 때문이다. 반 EU와 반 유로 정서가 EU 전체로 확산되고 있다. 유럽연합에서 세 번째로 큰 경제 대국인 이탈리아는 포기하기엔 너무 크고 구제하기에도 너무 크다.

EU, IMF, 유럽중앙은행이 최선의 노력을 기울여도 2조 6,000억 유로를 초과하는 어마어마한 부채 때문에 이탈리아가 채무불이행이라도 하게 되면 충분한 규모의 구제금융을 마련할 수가 없다. 채권단에게 상환 불가능할 경우 이탈리아는 EMU에서 쫓겨나거나 이탈렉시트를 하게 될 것이다. 이런 치욕적인 이탈은 다른 국가들이 아직 선택의 여지가 있을 때 자발적으로 탈퇴하도록 부추길지도 모른다. 도미노효과는 결국 EMU를 초라하게 무너뜨릴 것이다. 만일 EMU가 붕괴한다면 세계는 전율하리라.

또한 유럽은 또 다른 심각한 재정 문제를 마주하고 있다. 러시아의 새로운 안보 위협에 직면했고, 미국이 NATO 유럽 회원국에 GDP의 2퍼센트를 국방에 지출하기로 한 약속을 이행하라고 요구하고 있기 때문이다. 그들에겐 방위비 지출을 충당할 만한 수입과 재정 자원이 없다. 유럽 방위군에 대한 논의는 그저 말뿐이고 유럽은 점점 커지고 있는 러시아의 위협을 막는 데 NATO의 미군 우산에 의존하고 있다. 유럽에 주둔 중인 미군이 없다면 러시아가 발트해 연안국이나 다른 유럽 국가를 침공할 경우 2021년에 미국이 아프가니스탄에서 철수했을 때보다도 더 빨리 유럽을 장악할 수도 있다.

암호화폐 그리고 탈중앙화 금융에 대한 그릇된 맹신

과거에 명목화폐는 세계 준비통화의 지위를 오직 다른 주권화폐에만 양도할 수 있었다. 가령 미국 달러가 영국 파운드를 대체했을 때처럼 말이다. 그러나 오늘날 새로운 경쟁자들은 새로운 불확실성을 야기하고 있다. 중앙권력의 명령에 종속되지 않는 화폐를 추구하는 혁신이 민간 부문을 휩쓴 것이다.

여러 서버에 걸쳐 공유되는 데이터베이스 시스템인 블록체인 기술을 사용하면 단일 기관의 소유권 검증 없이도 암호화 기술을 사용해 데이터(예를 들면 디지털 화폐 단위) 각각의 요소의 소유권을 정의할 수 있다. 이 기술은 정부나 중앙은행에 대해 어떤 의무도 없는 이른바 암호화폐의 폭발을 초래했다.

투명성을 확보하기 위해 설계된 이 시스템은 아이러니하게도 그 기원이 불확실하다. 2008년에 발표된 논문의 저자인 나카모토 사토시(中本哲史)는 실존하거나 실존하지 않을 수도 있는 사람 또는 집단이다. 이 논문의 저자 또는 저자들은 비트코인을 "신뢰가 아닌 암호학적 증명에 기반하는" P2P "전자결제 시스템"으로 정의하고 있다. 전자 코인을 생성하고 거래를 검증하는 것은 디지털 서명 체인이다. 암호화폐를 전송할 때 후속 소유자들은 영구개방형 블록체인에 각각 두 번씩 디지털 서명을 남겨 기존의 거래와 새로운 거래를 기록한다.

암호화폐 시장은 급격한 가치 변동에도 불구하고 급속도로 성장했다. 프랜시스 X. 수아레스(Francis X. Suarez) 마이애미 시장은 암호화폐로 급여를 받겠다고 선언해 큰 주목을 받았다. 2021년 말에 에릭 애덤스(Eric Adams) 뉴욕 시장 당선인도 처음 세 번의 급여를 암호화폐로 수령하겠다고 했는데, 당시 뉴욕이 달러 이외의 화폐로는 급여를 지급하지 않는다는 곤란한 사실에 대해서는 그다지 개의치 않는 것 같았다.[19]

2021년에는 엘살바도르 정부가 비트코인을 주권화폐로 채택하겠다고 공식적으로 선언했는데 IMF를 비롯한 많은 기관이 이에 진지하게 반대 권고를 내놓았다. 당시 엘살바도르의 지속 불가능한 부채 수준을 생각하면 그들에게 필요한 것은 구제금융이었기 때문이다.

이 세 선언은 모두 같은 것을 강조하고 있다. 이 정치가들은 모두 암호화폐와 탈중앙화 금융(DeFi)이라는 급성장하는 비즈니스를 그들 도시와 국가에 유치하길 원했다.

낙관적인 옹호론자들은 암호화폐와 탈중앙화 금융의 미래가 밝다고 주장한다. 그들이 보기에 암호화폐는 달러와 유로, 파운드나 엔이 할 수 없는 모든 것을 할 수 있다. 수수료를 받는 중개인 없이도 금융 자산을 관리할 수 있다. 식료품과 자동차를 구입하고 투자비용을 지불할 수도 있다. 산더미 같은 서류를 채우지 않아도 대출을 받을 수 있다. 론스냅(LoanSnap)의 창립자 칼 제이컵(Karl Jacob)은 "자금 출처가 유연하기 때문에 이 신세계에서는 임대, 주택담보대출 등 모든 개념이 시험받을 것"이라고 말했다.

베이컨코인(BaconCoin)을 이용하는 론스냅은 거래 첫날부터 모든 것을 영구 기록할 수 있는 블록체인을 통해 주택담보대출을 공유함으로써 주택구매 시스템에 혁명을 일으키고자 하는 기업이다.[20] 2021년에는 이렇게 만들어진 첫 번째 주택담보대출의 주인이 바뀌기도 했다. 모든 사용자가 볼 수 있는 블록체인에 거래 기록이 저장되면 새 거래가 성사될 때마다 상태가 업데이트되며 원칙적으로 한번 새겨진 과거 기록은 아무도 변경하거나 해킹할 수 없다.

그러나 탈중앙화 금융을 향한 급격한 움직임은 시기상조이며 근본적으로 잘못되어 있다. 2010년 이후 비트코인과 이더리움, 도지코인(Dogecoin) 및 수천 개의 신생 암호화폐의 급격한 부상은 명목화폐를 뒷받침하는 정부의 능력에 대한 우리의 믿음이 희미해지고 있음을 의미한다. 하지만 그렇다고 해서 암호화폐를 법정통화로 격상시킨다면 비참한 실패의 선례가 될 수도 있다.

2021년 유럽중앙은행 집행이사회의 파비오 패네타(Fabio Panetta)는 이에 대해 냉철하게 평한 바 있다. "상당한 액수가 연루되어 있음에도 불구하고 암호화 자산이 사회적 또는 경제적으로 유용한 기능을 수행했거나 수행하고 있다는 징후는 없다. 암호화폐는 일반적으로 소매나 도매 거래에 사용되지 않으며, 소비 또는 투자 자금을 조달하지도 않고 기후 변화에 대처하는 데 아무 역할도 하지 않는다."[21]

'암호화폐'라는 말 자체도 사실 잘못된 것이다. 블록체인에 기반한 대안 화폐는 실용적인 통화가 갖춰야 할 다섯 가지 기능을 갖추지 못했다. 진짜 통화는 '회계 단위'로 기능해야 한다. 즉 판매자가 이를 사용해 모든 종류의 상품과 서비스, 자산의 가격을 책정할 수 있어야 한다. 그러나 암호화폐는 가치 변동이 극심해서 그럴 수가 없다. 심지어 주제가 암호화폐인 컨퍼런스조차도 하룻밤 사이에 가치가 추락해 후원자들이 손해를 볼 수도 있어 암호화폐로 참가비를 받지 않는 실정이다. 부채 계약에도 안정적인 회계 단위가 필요하다. 누군가 주택담보대출의 원금과 이자를 비트코인으로 갚을 경우 비트코인 가치가 급증하면 대출금의 실질 가치 또한 치솟을 것이다. 그러다 상환이 불가능해지면 대출기관은 돈을 잃고 차입자는 집을 잃는다.

또한 진짜 통화는 '확장이 가능하고 널리 이용되는 지불 수단'이어야 한다. 비트코인과 이더리움은 상당한 컴퓨팅 리소스를 잡아먹기 때문에 초당 처리할 수 있는 트랜잭션이 12개 미만에 불과하다. 반면에 비자(Visa)의 네트워크는 초당 5만 건의 트랜잭션을 처리할 수 있다. 모든 블록체인 트랜잭션에 새겨지는 작업증명(Proof-of-Work, PoW)은 신뢰를 높일 수는 있어도 속도가 매우 느리다.

돈의 또 다른 중요한 특성은 '시장가치의 급격한 변동에 노출되지 않는 안정적인 가치 저장 수단'이라는 것이다. 은행에 예치된 저축금은 인출할 때까지 이자가 발생해야 하며 매일같이 극심한 가격변동성 때문에 영향을 받아서는 안 된다. 그러나 가격변동이 극심한 암호화폐는 그 기준을 전혀 충족시키지 못한다.

또 통화는 '상품 및 서비스 가격지수에서 안정적인 가치'를 지녀야 한다. 그렇지 않으면 해당 '통화'의 구매력이 굉장히 불안정해지고, 따라서 가치 저장 수단으로서 신뢰할 수 없기 때문이다. 비트코인은 며칠 사이에 가치가 10~20퍼센트씩 오르내리는 불안정성 때문에 상품 및 서비스 교환에 유용한 통화로서 배제될 수밖에 없다.

최초의 통화가 다른 사람의 손에 넘어가 소유권이 바뀐 순간부터, 가치란 경제학자들이 '단일 기본재(single numeraire)'라고 부르는 것, 즉 모든 상품과 서비스의 상대적 가치를 일관되고 통일된 방식으로 비교하는 기준을 제공하는 데 달려 있다. 〈고인돌 가족 플린스톤(The Flintstones)〉의 세계에서 기준재를 제공하는 건 조개껍데기다. 신발, 모자, 발로 움직이는 자동차의 상대적 가치에는 모두 의미가 있다. 20세기 현실 세계에서 브레튼우즈 회의는 달러를 세계 기준으로 삼았고 1달러의 가치는 금 1온스의 35분의 1이었다. 다른 통화들의 가치는 달러의 일부 또는 배수로 매겨졌다.

달러가 단일 기준재로 사용되는 한 소비자는 피오리아나 프리토리아 또는 쿠알라룸푸르에서 설탕 1파운드가 얼마인지 어떤 통화를 사용하든 투명하게 알 수 있다. 고유한 법정통화를 보유하고 있는 각각의 국가에서 통화는 모든 상품과 서비스 및 거래에 대한 회계 단위이자 단일 기준재다. 그러나 '토큰화'의 암호화 세계에서는 펩시콜라를 사려면 펩시코인이 필요하고 코카콜라를 사려면 코크코인이 필요하며 상대적 가치를 계산할 수 없다.

그러니 통화의 의미에서 볼 때 조개껍데기를 기준재로 사용하고 있는 석기시대 고인돌 가족 쪽이 암호화폐보다도 훨씬 정교한 통화 체계를 갖추고 있는 셈이다. 암호화폐 세계에서는 달러가 반드시 기준으로 작용한다. 그 기준이 없다면 상품 및 서비스의 가격을 책정하는 것은 물론이요, 비트코인과 이더리움, 도지코인 또는 다른 암호화폐의 가치를 서로 비교하는 것도 불가능하기 때문이다.

암호화폐에 열광하는 사람들이 주장하는 암호화폐의 장점 중 하나는 아무도 화폐 공급 체제에 장난을 칠 수 없다는 점이다. 예를 들면 비트코인은 발행량에 절대적인 제한이 있다. 공급 총량이 정해져 있어 2,100만 개의 코인을 생성, 아니 '채굴'하고 나면 공급이 완전히 중단된다. 어떤 정부도 미친 듯이 돈을 찍어낼 수 없다는 이유 하나만으로 인플레이션에 대한 방지책이 된단 말인가?

아직 선례가 없기에 비트코인이 총공급량에 도달했을 때 무슨 일이 일어날지는 예측하기 어렵다. 제한 조치는 누가 시행하는가? 알고리즘에 전적으로 의존해야 하는가? 한편 다른 암호화폐들은 그렇게 절대적인 공급 중단을 장담하지 않았다. 많은 암호화폐가 코인 공급에 상한선을 두지 않는 임시 규칙을 따르고 있으며, 어떤 명목화폐보다도 빠르고 나쁜 방식으로 평가절하 위험에 노출되어 있다. 완전한 믿음과 신용도 결국엔 허울밖에 남지 않을지도 모른다. 암호화폐 투자자들의 경우 일부 거래소에서는 레버리지를 최대 100배까지 사용할 수 있기 때문에 아주 작은 변동만 있어도 포지션이 날아갈 수 있다. 이런 투자 관행이 확대되면 새로운 종류의 부채가 시스템의 위험을 증가시킬 것이다.

암호화폐 채굴을 제한하지 않으면 부수적인 사회적 비용이 쌓일 수 있다. 암호화폐 채굴에는 너무 많은 에너지가 소모되기 때문에 테슬라의 일론 머스크(Elon Musk)는 짧은 기간이나마 자사 전기차의 지불 수단으로 비트코인을 허용했다가 정책을 번복한 바 있다. 비트코인 채굴에 따른 높은 환경 비용이 화석연료 사용을 중단하려는 자동차 회사의 사명과 맞지 않기 때문이다. 암호화 자산은 네덜란드나 아르헨티나만큼이나 많은 에너지를 사용한다. 암호화폐 채굴이 가속화된다면 지구 온난화를 늦추기 위한 기후 변화 정책의 의의는 희미해질 것이다.

또한 암호화폐는 시스템 전체에 영향을 줄 수 있는 다른 위험에 노출되어 있다. 파비오 패네타는 암호화폐가 "범죄 및 테러 활동이나 세무 당국의 눈을 피해 소득을 숨기는 데 널리 사용된다"라고 경고했다. 그는 이를 설명하기 위해 과거 명암이 교차하던 역사를 소환한다. "주권화폐가 없고 다양한 형태의 민간 화폐가 난무하던 시절, 예를 들면 지난 시기의 자유 은행 시대(free banking era)에는 위기가 반복적으로 발생했었다."[22]

잭슨 대통령의 포퓰리즘으로 1836년 미합중국 제2은행(Second Bank of the United States)의 문이 닫힌 후 찾아온 자유 은행 시대에는 은행들이 거의 아무 제약도 없이 자체적으로 화폐를 발행할 수 있었다. 이 자유 은행들은 의회가 은행 규제 권한을 주창한 1864년까지 번성했다.

2016년에 필라델피아 연방준비은행의 한 경제 전문가는 뛰어난 통찰력으로 이렇게 회상하기도 했다. "국가은행법(National Banking Act)에 관한 논의 중에 이 법안의 지지자들은 자유 은행이 있는 주에서 주 정부의 승인을 받은 은행들의 실패 사례가 많다는 점과 전국적으로 통일된 통화 시스템을 구축해야 할 필요성을 언급했다."[23] 간단히 말해 19세기에 수천 종류의 민간 발생 화폐가 시도되었지만 비참하게 실패했고, 통화 혼란과 금융 시스템의 위기로 이어져 심각한 경제 침체를 야기했다는 것이다. 그러니 암호화폐로 자유 은행 시대를 부활시킬 생각을 하고 있었다면 여기까지만 하자.

지금 암호화폐 시장은 미국 서부 시대와도 같은 무법지대다. 한 연구에 따르면 암호화폐 공개(ICO)의 80퍼센트가 애초에 증권법을 무시하는 사기에 불과하다고 한다. 블록체인 및 암호화폐 투자회사인 블록타워 캐피털 어드바이저스 LP(Blocktower Capital Advisors LP)의 공동 창립자이자 최고투자책임자인 아리 폴(Ari Paul)은 "상위 10대 암호화폐에 사기 코인들이 일상적으로 포함되곤 한다"라고 말했다. "상위 10개 암호화폐 바스켓을 사는 것은 장담하건대 언젠가는 0이 될 자산을 사는 것이다. 이는 명백한 사기다." 이 말은 그가 '모던 파이낸스(Modern Finance)' 팟캐스트에 출연했을 때 진행자 케빈 로즈(Kevin Rose)에게 한 말이다.[24]

공개된 암호화폐 10개 중 한 개는 가치를 대부분 상실하는 것으로 종말을 맞는다. 폭넓게 퍼져 있는 시장 조작을 보여주는 증거들은 일부 월스트리트 기업들이 사용하던 가장 방종한 관행과 꼭 닮아 있다. 주가를 조작해 크게 부풀렸다가 재빨리 처분해 개미 호구들에게 막대한 소실을 떠넘기는 펌프 앤드 덤프(pump and dump), 주목받기 위해 거래량을 늘릴 목적으로 동시에 사고파는 불법 위시 트레이드(wash trade), 고객보다 먼저 매도 및 매수 주문을 입력해 바가지를 씌우는 선행 매매(front running) 등이 그렇다.

요즘에는 탈중앙화 금융의 전문가를 찾아다닐 필요도 없다. 수많은 사람이 날마다 케이블 채널의 비즈니스 방송, 뉴스레터 소식지, 인터넷이나 팟캐스트를 통해 자신의 의견과 식견을 공유하기 때문이다. 유튜브에는 암호화 금융의 신비를 알려주겠다는 동영상들이 줄지어 올라온다.

시장 보고서는 가파른 가격변동을 주시한다. 과감한 혁신을 기반으로 구축된 이 1조 달러 규모의 시장에는 확실히 주의를 기울일 필요가 있다. 오늘날의 금융용어 사전에는 암호화폐부터 (고유한 데다 다른 투자자들이 가치 있다고 말하기 때문에 가격이 천정부지로 치솟는) 대체 불가능한 토큰(NFT)에 이르기까지 머리를 핑핑 돌게 만드는 신조어로 가득하다. 2021년 초 한 주말 온라인 경매에서 그래픽 아티스트 맷 윙켈만(Matt Winkelmann)의 NFT 21개가 거의 400만 달러에 낙찰되었을 때는 화제 뉴스로 보도되기도 했다.[25] 그러나 지금은 이런 유사 자산의 시장가치가 붕괴되면서 NFT 거품도 터지고 있다.

팬, 사기꾼, 호객꾼들이 탈중앙화 금융에 대해 뭐라고 말하든 이 과열된 금융 혁신은 엄청난 위험을 내포하고 있다. 신중한 투자자들은 마치 그리스 신화 속 괴물들인 스킬라(Skylla)와 카립디스(Charybdis) 사이를 항해하듯이 무자비한 알고리즘과 변덕스러운 투자자들을 피해 조심스럽게 지나가야 한다. 만일 빠른 성장이 계속 지속된다면 안 그래도 큰 가격변동성은 더욱 심해질 것이다.

2021년 초에 비트코인의 개당 가격은 겨우 몇 주 만에 절반에 해당하는 3만 달러의 가치를 잃었다. 2022년 6월에는 더 큰 하락세를 그리며 1만 8,000달러 아래로 떨어졌는데, 사상 최고치였던 2021년 6만 9,000달러에 비하면 75퍼센트 하락한 수치다. 다른 '쓰레기 코인'은 그보다도 더 급락해 2021년 고점보다 거의 80퍼센트나 하락했다.

포트폴리오에 대한 이해가 약한 고객을 대상으로 하는 규제 은행과 달리, 암호화폐 공급자들은 보호 장치를 거의 제공하지 않는다. 만에 하나 개인 키를 잊어버리거나 분실하거나 해킹당하거나 도난당할 경우 암호화 자산은 복구할 방법도 없이 그대로 사라질 수 있다. 탈중앙화 거래는 감시를 피할 수 있기 때문에 돈세탁과 탈세, 인신매매, 테러, 범죄 자금 지원, 랜섬웨어 공격 같은 불미스러운 움직임이 몰려들기도 한다.

달러나 다른 명목화폐와 일대일 가치로 고정되는 스테이블 코인(stable coin)도 상당히 미심쩍다. 위험한 자산으로 뒷받침되고 있다면 시장가치 하락이 코인런을 촉발해 암호화 자산 시장과 그 너머까지도 뒤흔들 수 있기 때문이다. 2008년에는 순자산가치가 화폐와 일대일로 동등하게 고정된 단기금융시장 증권보다 더 안전한 자산은 거의 없었다. 그러나 글로벌 금융 위기 때 안전하지 않은 '안전' 자산에 대한 인출 요구 쇄도는 이른바 '1달러 선이 깨지는(break a buck)' 혼란을 일으켰다. 이는 단기금융시장에서 순자산가치가 주당 1달러 미만으로 떨어진 것을 의미한다.

신중한 관측통들은 스테이블 코인도 이와 유사하게 시스템에서 인출 요구가 쇄도할지 모른다고 말한다. 그들은 2022년 5월에 다른 암호화폐 루나(Luna)의 알고리즘으로 뒷받침되는 스테이블 코인 테라 UST(TerraUST)가 1달러 선을 깨트리고 거의 모든 가치를 상실한 사건을 잊지 못할 것이다. 그런 걸 과연 안정적인 코인이라고 부를 수 있을까? 당국의 규제를 받지 않는 또 다른 스테이블 코인인 테더(Tether)도 더 큰 시장 압력을 받았다. 이 그늘진 신세계에는 규제가 거의 존재하지 않으며 있다 하더라도 미미한 수준에 불과하다. 게리 겐슬러(Gery Gensler) 증권거래위원회 위원장은 암호화폐 및 탈중앙화 금융의 심각한 위험이 서부 시대를 떠올리게 한다고 경고했다.

2021년 10월 IMF의 글로벌 금융 안정성 보고서에도 심각한 우려가 드러난다. "이 중 많은 기업체가 강력한 운영과 거버넌스 및 위험 실무 관리가 부족하다. 예를 들어 암호화폐 거래소는 시장이 요동칠 때 상당한 혼란에 직면했다." 또한 보고서는 해킹과 고객 자금 절도 사례를 예로 들면서 "암호화 자산이 주류가 되면서 보다 넓은 경제에 대한 잠재적 영향이라는 측면에서 암호화 자산의 중요성은 더욱 증가할 것이다"[26]라는 경고도 잊지 않았다.

IMF의 경제학자들은 불충분한 소비자 보호와 부적절한 감독에 대해 의심의 눈초리를 던진다. 각종 암호화폐 거래소에 상장된 1만 6,000개 토큰의 약 절반이 모든 가치를 잃고 증발해버렸다. 더 이상 거래가 없거나 개발자가 프로젝트를 버리고 떠난 것도 상당수다. "일부는 투기나 명백한 사기를 목적으로 발행되었을 가능성이 크다. 또한 암호화 자산의 (유사) 익명성은 규제 당국에 데이터 격차를 만들고 돈세탁이나 테러 자금 조달과 같은 달갑지 않은 문을 활짝 열어젖힐 수 있다."[27]

암호화폐 지지자들은 대출과 차입을 포함한 모든 금융 거래가 중개자 없이 처리되는 금융 시스템을 꿈꾼다. 블록체인과 연결된 알고리즘이 은행을 대체하고 스마트 계약을 수행하며, 자산은 제3자로 인한 마찰을 겪을 필요 없이 문자메시지처럼 원활하게 전달되는 세상 말이다. 하지만 몽상가들은 이런 이상적인 세상이 실은 법질서가 없는 혼돈의 서부 시대가 아니라, 탈중앙화 회사들이 은행과 똑같이 이윤을 추구하고 규제와 감독이 보장된 관행을 사용하는 개발자와 후원자가 있는 곳이라는 사실을 잊어버리곤 한다.

탈중앙화 금융은 무임승차를 하면서도 전통적인 금융기관이 규제 차익을 할 때면 거쳐야 하는 규제 및 감독 관행을 공공연히 무시한다. 그러나 은행은 적절한 자금세탁방지(Anti Money Laundering, AML) 규정과 고객확인절차(KYC)를 준수해야 하고 이는 모두 상당한 규제준수 비용을 부과한다. 이는 불공정한 경쟁으로 불법 자금 조달에 악용될 수 있다. 탈중앙화 금융이 적절한 규제를 받고 기존의 금융기관과 같은 수준의 규제준수 비용을 적용받는다면 과연 그들은 살아남을 수 있을까? 생각해봐야 할 문제가 아닐 수 없다.

금융을 비롯한 모든 분야에서 혁신은 근사한 일이다. 지난 수십 년 동안 혁신가들은 민간 분야에서 눈부시게 다양한 금융 상품들을 발명해왔다. 그러나 특정한 혁신이 안정성을 높이는지 해치는지는 개개의 장점에 따라 판단되어야 한다. 암호화폐는 아직 걸음마 단계에 있다. 항상 당연한 것처럼 여겨지던 지식이 도전받고 있다. 이제 돈은 과거와 다른 것이 되었다. 〈이코노미스트〉는 '세상에 아직도 은행이 필요한가?(Does the World Still Need Banks?)'라는 진지한 질문을 던졌다. 하지만 아직 안전벨트를 풀지는 마라. 아무리 평탄한 길이라도 급격히 굴곡진 커브가 있기 마련이니까.[28]

2021년 미국 상품선물거래위원회(Commodity Futures Trading Commission, CFTC)의 댄 버코비츠(Dan Berkovitz)는 탈중앙화 금융의 단점을 지적했다. 우선 이 탈중앙화 금융은 증권법을 무시하기 때문에 불법이다. 투자자를 보호하는 측면도 부족하다. 그들은 규제기관의 규정준수 및 규제 비용을 지불하지 않기 때문에 구제금융기관에 대한 규제차익 거래를 노린다. 그리고 금융중개인이 제공하는 필수 서비스도 없다. "사기 및 조작을 방지하기 위해 시장을 감시하고, 돈세탁을 예방하고, 예치된 자금을 보호하고, 거래 상대의 위험 행위를 책임지거나 절차가 실패했을 때 고객에게 보상해줄 중개자도 없다."[29]

탈중앙화는 암호화폐 세계의 현실이라기보다는 신화에 가깝다. 채굴을 과점하고 있는 소규모 채굴자들이—대다수가 벨라루스와 중국,

러시아 같은 미국 법 집행기관의 손이 닿지 않는 국가에 있는—중앙화된 거래소에서 대부분의 거래를 검증한다. 개발자는 중앙화되어 있고 암호화폐 설계자들은 일이 잘못되었을 때 검찰, 검사와 판사의 역할을 수행한다. 부의 축적 또한 불공평하다. 불평등에 관한 비트코인의 지니계수(Gini Coefficient, 빈부격차와 계층 간 소득의 불균형 정도를 나타내는 수치로, 대표적인 소득분배지표-옮긴이)는 김정은과 그의 측근들이 대부분 부와 소득을 독차지하는 북한보다도 나쁠 정도다.

암호화폐 광신도들은 은행 계좌가 없는 사람들도 은행 서비스를 이용하고, 난민들이 생존에 필요한 디지털 신분과 돈을 지급받으며, 가난한 이들이 금융 서비스에 더 저렴한 가격으로 접근할 수 있는 탈중앙화 세계를 이야기한다. 그러나 대부분의 암호화폐 세계는 내부자와 '고래', 즉 많은 양의 암호화폐를 보유한 개인 투자자들로 구성된 탐욕스러운 집단으로 보인다.

처음에는 패러디로 시작했으나 한동안 내부적으로 성공을 거둔 암호화폐 도지코인의 공동 창안자 잭슨 파머(Jackson Palmer)는 2021년에 이렇게 비꼬기도 했다. "'탈중앙화'라는 주장에도 불구하고 암호화폐 산업은 부유한 이들로 구성된 강력한 카르텔에 의해 통제되고 있으며 시간이 지나면서 기존의 중앙집중식 금융 시스템과 연결된, 그들이 대체해야 할 바로 그 기관들과 통합되고 있다. 암호화폐 사업은 수상한 비즈니스 네트워크를 활용하고 인플루언서와 유료 플레이 미디어 매체들을 매수해 가난하고 순진한 사람들로부터 새로운 돈을 쭉쭉 빨아들이기 위해 설계된, 광적인 추종 집단을 거느린 '빨리 부자되기' 깔때기를 영속시킬 뿐이다."[30]

실제로 도지코인의 가격은 2021년에 놀라운 수준까지 상승했다가 결국 90퍼센트의 가치를 잃었다. 많은 암호화폐가 대부분 조작적인 폰지 사기(Ponzi Scheme, 실제로는 이윤을 거의 창출하지 않으면서 신규 투자자들의 투자금으로 기존 투자자에게 수익금을 지급하는 다단계 금융 사기-옮긴이)로 구성되어 있다.

보호 장치와 감독 기능을 갖춘 중앙집중식 금융 시스템을 개혁하고 싶다면 암호화폐나 블록체인이 필요한 게 아니다. 인공지능과 기계학습, 빅데이터, 5G 및 사물인터넷은 거래 속도를 높이고 비용을 낮추며 신뢰성을 높일 수 있다. 이런 중앙집중식 핀테크 도구와 기업은 블록체인을 사용하지 않고도 엄청난 속도로 상세한 금융 데이터를 수집하고 처리한다.

전 세계 수백 개 기업이 날마다 수십억 건의 소비자 및 기업 간 거래를 처리하는 결제 시스템을 사용해 경쟁에 뛰어들고 있다. 이 업계는 주로 미국과 중국 기업이 지배하지만 시장은 다른 선진국과 신흥 시장에서 생겨났다. 모바일 애플리케이션들은 알리페이(Alipay), 위챗페이(WeChatPay), 엠페사(M-Pesa), 벤모(Venmo), 페이팔(Paypal), 스퀘어(Square) 및 기타 디지털 제공 업체를 통해 돈을 송금하고 대금을 지불한다. 나이지리아의 핀테크 스타트업 페이스택(Paystack)은 2020년 12월 미국 핀테크 기업에 2억 달러에 매각됐다.[31]

널리 수용되는 통화 체제 내에서 활동하는 이런 발 빠른 기업들은 신용 할당, 보험, 자본시장 서비스, 심지어 자산 관리까지도 현대화하고 있다. 이들은 정부의 손이 닿지 않는 탈중앙화 금융이라는 자유지상주의의 꿈을 실현하지는 못해도 사용자 친화적인 제품과 서비스를 제공해 소비자를 만족시킨다. 투자자들의 열의는 핀테크에 집중된 투자 목록을 낳았고, 낙관적인 관측통들은 현금 없는 결제에서 높은 성장 잠재력을 예상하고 있다.

모두가 신참을 환영하는 것은 아니다. 구식 기술에 갇혀 있는 은행들은 기존 시스템을 전환하려면 막대한 비용을 들여야 한다. 고객이 핀테크로 몰려간다면 기존 은행에서 자금이 빠져나가 대출을 뒷받침할 예금이 고갈될 것이다. 탈중개화(disintermediation)는 돈이 빠져나가게 해서 은행을 무너뜨릴 수 있다. 그런 사태가 확대되면 글로벌 금융위기에서 간신히 살아남은 금융 시스템에 무리가 갈 것이다.

은행과 관련해 더 심각한 위험은 은행의 기능과 역량 그 자체에서 비롯될지도 모른다. 암호화폐나 핀테크 때문에 자본이 빠져나가기 시작했다는 사실을 알게 된 중앙은행은 대단히 인상적인 혁신을 고려 중이다.

2021년 5월 〈이코노미스트〉는 이렇게 보도했다. "기술과 금융 사이에 있는 최첨단 영역에서 가장 눈에 띄지 않는 파괴적 혼란이 어쩌면 가장 혁신적인 것이 될지도 모른다. 바로 정부 발행 디지털 화폐다. 이것은 일반적으로 사람들이 기존의 대출기관을 거치지 않고 중앙은행에 직접 자금을 예치하는 것을 목적으로 한다."[32] 그리고 〈이코노미스트〉는 이런 질문을 던졌다. "은행은 새로운 통화 시스템으로의 전환 과정에서 살아남을 수 있을까?"[33]

오늘날 중앙은행과 직접 거래할 수 있는 객체는 은행뿐이다. 개인과 비금융 기업은 수표와 예금, 전신송금 등 기타 지불을 하려면 상업은행을 거쳐야 한다. 모든 개인과 기업이 중앙은행과 직접 거래할 수 있는 중앙은행 디지털 화폐를 사용한다고 상상해보라. 이는 결제 및 지불 시스템을 완전히 변화시킬 것이다.

핀테크 기업보다 훨씬 큰 규모의 위험에 직면한 상업은행은 비즈니스 모델이 크게 흔들릴 수밖에 없을 것이다. 은행은 개인과 기업을 위해 현금과 현금성 예금을 보유한다. 그리고 이런 예금 중 일부 소량만을 유동자산으로 보유하고 예금자가 자산의 일정 부분 이상을 인출하지 않을 것이라는 가정 아래 나머지를 다른 이들에게 빌려준다. 부분지급준비제도를 뒷받침하는 것은 바로 이런 관행이다. 요구불예금(demand deposit)은 장기 대출이 되고, 은행은 이를 자산으로 기록한다.

이런 시나리오에서 중앙은행 디지털 화폐는 재무 안정성에 두 가지 위험을 초래한다. 하나는 예금자가 상업은행에서 중앙은행으로 자금을 이전하면서 발생하는 탈중개화다. 여기서 생존할 방법이 있다면 기존의 저비용 예금을 시장금리 장기 차입으로 대체해 장기 대출과 주택담보대출을 조달하는 금융기관으로 전환하는 것으로, 그래봤자 약간의 이익을 간신히 쥐어짜거나 아니면 아무것도 얻지 못할 것이다. 나머지 은행들은 오늘날과 완전히 다른 모습으로 변모할 것이다. 금융계에 미칠 영향을 가늠해보자면 2021년 11월에 미국에서 가장 큰 5대 은행의 시가총액만 1조 4,000만 달러에 이른다. 만일 중앙은행이 은행의 역할에 변화를 주게 된다면 금융권 투자자들은 혹독한 대가를 치러야 할 것이다. 서비스 은행을 토대로 구축된 산업계에 미칠 후폭풍은 말할 것도 없다.

두 번째 위험은 평상시 예금을 유치하는 은행의 경우 금융 공황으로 재앙이 발생할 수 있다는 것이다. 안전을 선호하는 예금자들이 은행에 넣어둔 예금을 중앙은행으로 옮기기 위해 앞다퉈 달려온다면 뱅크런이 발생할 것이다.

이보다 눈에 잘 띄지 않는 함정도 빼놓을 수 없다. 조금 이상하게 들릴지도 모르겠지만 재정적으로 급격한 결과가 초래될 수도 있다. 심각한 경기침체 때문에 실질금리가 0 이하로 인하된다고 가정해보자. 은행이 예금에 대해 이자를 지불하는 대신 이자를 부과한다면 소비자들은 아주 감사해 마지않을 것이다. 은행에 현금을 예치하고 이자를 내느니 차라리 매트리스에 보관하지 않을까? 이와 비슷한 논리가 상업은행이 중앙은행에 예치한 거액의 준비금에도 적용된다. 유연성은 금융 억압에 한계를 부여한다.

그러나 지배적인 중앙은행 디지털 화폐가 등장하고, 현금과 동전이 단계적으로 사라지고, 명목금리가 마이너스가 된다고 가정해보자. 중앙은행은 어쩌면 수십억 달러의 초과 예치금에 이자비용(사실상 금융억압세)을 부과할지 모른다. 현재 상업은행은 준비금을 최소한 마이너스 수익을 피할 수 있는 현금으로 전환해 어디든 보관할 수 있다. 그러나 중앙은행 디지털 화폐는 중앙은행을 벗어날 수 없기에 금융 억압에 대한 브레이크를 제거할 것이다. 언제가 될지 정확히 예측할 수는 없어도, 극심한 마이너스 금리는 경기침체를 완화하는 것이 아니라 오히려 고착시킬 수 있다. 은행은 대출 활동을 줄이고, 사업체는 굶주리고, 일자리는 사라질 것이다.

'가격'을 아는 것과 '가치'를 아는 것은 다르다

통화 및 금융 혁신은 장점과 단점을 모두 갖추고 있다. 과감한 조치는 위기가 발생했을 때 경제를 지탱한다. 새로운 결제 시스템은 마찰을 줄여 자본의 이동을 가속화한다. 이런 혁신은 과거의 낡아빠진 관행에 활력을 불어넣고 혁신가와 정책입안자들이 적극적으로 나서 상황을 개선할 수 있도록 북돋는다. 그러나 자칫 잘하는 것을 넘어 미친듯이 날뛰게 될 수도 있다. 우리는 중앙은행의 임무 변경과 숨겨진 위험을 초래할 수 있는 탈중앙화 금융 및 암호화폐의 움직임에 늘 주의를 기울이고 경계해야 한다.

극작가이자 소설가인 오스카 와일드(Oscar Wilde)는 속물이란 모든 것의 가격을 알되 그 가치는 모르는 사람이라고 했다. 이런 묘사는 정치적, 이념적으로 어디에 속하든 탈중앙화 금융과 연준의 임무 변경을 열렬히 지지하는 이들에게도 딱 들어맞는다. 그들은 양적 완화를 계량화할 수는 있지만 작동 원리를 설명하거나 그 영향을 예측하지는 못한다. 마찬가지로 암호화폐 지지자들도 비트코인의 가격은 정확히 짚어낼 수 있어도 그 본질적 가치를 측정하지는 못한다. 암호화폐는 내재적 가치가 없기 때문이다. 이는 부채의 급증을 초래하는 원인이 될 것이다.

중앙은행의 도구 및 임무 변경이 자산과 신용 거품을 부채질하고 있다. 인플레이션이 급등하면 명목화폐의 평가절하와 함께 경제 파탄과 붕괴가 따를 것이다. 미국 달러의 세계 준비통화 역할에 대한 중국과 러시아의 도전도 점점 심각해지고 있다. 세계에서 세 번째 주요 통화인 유로화는 유럽통화동맹의 분열 때문에 완전히 붕괴하지는 않아도 위태로워지고 있다. 명목화폐가 쇠퇴하면서 암호화폐의 급격한 부상은 투기적 폰지 사기가 될 위험이 있다. 이는 시스템 전반에 심각하고 불안정한 영향을 끼칠 것이다.

내부적 혁신만큼 현 은행 시스템에 명백하고 실존적인 위험을 초래하는 것도 없을 것이다. 중앙은행 디지털 화폐는 기존의 은행들을 그들의 존속을 지탱하는 결제 시스템에서 몰아낼지 모른다. 은행은 약점, 혹은 약점이 존재한다는 인식만으로도 굴복할 수 있다. 종합하자면 이런 금융 및 통화 혁신의 일부 또는 전부는 역효과를 초래해 비참한 결과를 낳을 수 있으며, 안정성을 촉진하기보다 시스템 전반을 전례 없는 위험과 혼란에 빠트릴 수 있다.

거대한 충돌이 발생할 것이다. 기술 전문가들은 스마트폰이나 노트북만 있으면 누구나 즉시 접속할 수 있고 즉시 결과를 얻을 수 있는 그들 제품의 세계적인 영향력을 소리 높여 홍보하리라. 반면에 정치 지도자들은 국경을 닫고, 관세를 부과하고, 미국 또는 러시아 아니면 자국의 입장을 우선해 국제문제를 도외시하고 민족주의적 의제를 내세우느라 바쁠 것이다. 명목화폐의 가치가 하락하고 유럽통화동맹은 결국 붕괴할 것이다. 세계 준비통화로서 미국 달러는 입지가 불안해질 것이다. 암호화폐는 사실 통화도 자산도 아니며 명목화폐와 달러에 대한 명확한 대안이 될 수 없기에 결국 혼돈과 금융 불안이 찾아올 것이다. 이 모든 것이 통화 시스템의 혼란과 금융 불안을 만드는 레시피다. 이 장에서는 국경을 넘나드는 핀테크의 위험에 대해 살펴봤다. 7장에서는 이와 반대되는 위협에 대해 알아볼 것이다. 만일 국경이 닫히면 무슨 일이 일어날까?

7장

세계화의 종말

유명한 미디어들에서 볼 수 있는 무역과 세계화에 대한 기명 칼럼은 종종 독자들을 화나게 한다. 칼럼니스트가 자유무역의 영광에 관해 이야기하면 독자들은 문 닫은 공장과 사라진 일자리, 생산 시설이 북미와 유럽에서 임금이 훨씬 낮은 중국과 아시아로 이전하면서 활력을 잃고 절망한 지역사회를 묘사하는 절박한 편지로 응답한다.

제정신이 박힌 경제학자라면 그런 일이 일어나고 있다는 사실에 이의를 제기하지 않을 것이다. 버려진 부동산 그리고 얼마 전까지 안정적인 급여와 복지후생을 누리던 노동자들이 구직을 위해 줄 선 것만 봐도 이런 현실을 부인할 수는 없다. 〈뉴욕 타임스〉의 한 독자는 이런 착잡한 현실의 본질을 간단하게 설명한 바 있다.

나는 공대를 졸업하고 제조업계에서 일했다. 내 또래 공장 노동자들은 주니어 엔지니어보다 20퍼센트 높은 급여를 받았다. 그러다 공장이 해외로 이전했고 나는 새로운 직장을 찾아 옮겼다. 20년이 지난 지금, 나는 그때보다 5~10배는 더 많이 번다. 그러나 공장 노동자들은 비슷한 일자리를 찾지 못했고 예전 임금의 절반을 받으며 소매업계에서 일하고 있다. 그들은 경제 사다리에서 쫓겨났다.[1]

경제학자 고든 핸슨(Gordon Hanson), 데이비드 오터, 데이비드 돈(David Dorn)의 연구에 따르면 2000~2011년 사이에 미국에서 60만~100만 개에 이르는 제조업 일자리가 '차이나 쇼크'로 사라졌다.[2] 또 다른 연구들에 따르면 그 10년 동안 글로벌 무역으로 약 200만 명의 노동자가 실직했다. 이렇게 들으면 엄청난 숫자인 것 같지만 10년 동안 200만 개의 일자리는 연간 20만 개를 뜻한다. 이는 기술, 기업과 산업의 평범한 상승 및 하락 그리고 경기 순환으로 인한 일반적인 연간 이탈률의 일부일 뿐이다.

심지어 폴 크루그먼(Paul Krugman)과 같은 일부 좌파 경제학자들마저 한때는 자유무역을 열렬히 옹호하며 국내 고용에 미치는 부정적 영향력을 경시했지만 그들의 낙관주의는 시기상조였다. 최근의 연구들은 무역의 파괴적 측면을 더욱 강조하고 있다. 차이나 쇼크가 초래한 일자리 감소는 애초의 예상치를 훨씬 초과했다. 더욱 괴로운 사실은 이런 일자리 감소가 더 이상은 비슷한 일자리가 존재하지 않는, 무너져가는 산업 중심지에 집중되어 있다는 것이다. 세계화를 비판하는 이들은 노동자와 지역사회의 경제적 활력보다도 낮은 비용과 높은 생산성을 더 중시하는 무역 정책이 얼마나 쓰라린 열매를 맺을 수 있는지 목격했다. 간단히 말해 우리는 높은 임금을 받는 좋은 일자리를 창고형 마트에 쌓여 있는 값싼 수입품과 교환했다.

정치적 반발이 일어나는 것은 당연한 수순이었다. 2019년 〈파이낸셜 타임스〉의 서평란은 이렇게 표현했다. "세계화가 흔들리고 있다. 한때는 멈추지 않을 것처럼 여겨졌던, 수십 년 동안 국경 간 무역의 원동력이 되었던 자유화의 바람이 잦아들고 있다."[3]

2020년 5월 〈파이낸셜 타임스〉의 편집진은 "세계화 시대가 위험에 처해 있다"라고 경고하며 세계화가 성공을 통해 스스로의 희생양이 되었다고 말했다. "제조업 일자리를 부유한 국가에서 가난한 국가로 이전시킨 국제적 노동 분업은 개발도상국의 빈곤을 줄이고 부유한 국가의 물가를 낮췄다. 그러나 정책입안자들은 이 과정에서 일자리를 잃은 이들에게 거의 아무 보상도 하지 않았고, 한때 번창했던 지역사회 사람들이 느끼던 자부심과 주인의식을 무시했다."[4]

세계화에 반대하는 시류에 편승하는 건 쉽다. 도널드 트럼프가 백악관에 입성할 수 있었던 원인 중 하나도 그런 경제 민족주의였다. 하지만 지금 우리는 기로에 서 있다. 한쪽 길은 효율적인 세계 시장의 통합을 지속하는 한편 뒤처진 노동자에게 보상하거나 재교육하는 방침을 선호한다. 전 세계 소비자들은 여전히 저렴한 가격을 누릴 수 있고 신흥시장의 고용은 수백만 세계 시민을 빈곤에서 벗어나게 해줄 것이다.

한편 반대쪽에 있는 '탈세계화'의 길은 잃어버린 일자리를 국내로 다시 복귀시키고[이른바 '자국 이전(reshoring)'] 일자리가 해외로 누출되지 않게 막는 것을 목적으로 하는 보호무역주의 정책을 선호한다. 보호무역주의가 매력적으로 보일 수는 있지만 과거에 이를 시도했을 때는 거의 모든 사람의 경제 사다리가 무너졌다. 탈세계화가 초거대 위협인 이유다.

20세기의 제조업 일자리를 보존하기 위한 탈세계화는 역효과를 초래해 더욱 거대한 서비스와 기술, 데이터, 정보, 자본, 투자 및 노동 시장의 필수 무역에 심각한 피해를 줄 것이다. 탈세계화는 경제 성장을 저해하고, 막대한 부채에 대처할 수단을 무력화하며, 심각한 인플레이션과 스태그플레이션으로 향하는 길을 닦을 것이다.

일자리를 지키기 위한 탈세계화의 역효과

세계화에 대해 굳은 신념을 지닌 이들은 앞으로 고된 길을 가야 한다. 2009년 7월 〈파이낸셜 타임스〉는 "2008년 9월 글로벌 금융 위기 이후 미국을 비롯한 수많은 국가가 무역에 대해 다양한 직간접적 장벽을 세우고 있다. 이제 보호무역주의는 세계의 성장 산업이 되었다"라고 보도했다.[5] 여기저기서 세계화에 대한 반발이 터져 나왔다. 시작은 일자리에서 밀려난 선진경제의 공장 및 저숙련 서비스 노동자들과, 그들과 동맹을 맺은 일반 노동자 집단이었다.

고삐 풀린 세계화 또는 '초세계화'에 맞서 포퓰리즘 운동이 등장했다. 유권자들은 2016년에 도널드 트럼프를 선출했고 이로써 공화당과 자유무역의 오랜 유대 관계가 느슨해졌다. 중국에 대한 혐오 그리고 미국인의 일자리를 '훔쳐 가는' 이민자들(트럼프의 표현에 따르면 멕시코와 중미에서 온 '나쁜 놈들')에 대한 맹렬한 비난에 힘입어 세계화는 과시적인 애국자 집단의 손쉬운 목표가 되었다.

마찬가지로, 영국 유권자들도 잘못된 정보에서 촉발된 유사한 불안감에 밀려 유럽연합 탈퇴를 선택했다. 상대적으로 숙련되지 못한 블루칼라, 하류층, 농촌 인구는 브렉시트라는 기치 아래 자유로운 이주 노동을 허용하는 유럽의 동반자 관계 및 협정에 반대했고, 결국 브렉시트는 팬데믹 기간이었던 2021년에 공식적으로 확정되었다. 그리고 얼마 지나지 않아 코로나19 규제가 완화되고 소비자 수요가 급증하자 영국은 까다로운 비자 요건 때문에 비(非)영국인 트럭 운전사가 부족해졌다는 사실을 알게 되었다.

유럽국제정치경제센터(European Center for International Political Economy)의 무역 정책 전문가 데이비드 헤니그(David Henig)는 〈뉴욕 타임스〉에서 "우리는 다른 국가에서 온 노동자를 고용하는 능력에 바탕을 둔 비즈니스 모델을 갖고 있었다"라고 말했다. "그러다 갑자기 노동 시장이 기존의 8분의 1로 줄어들었다. 브렉시트에 대처할 시간이 없었던 비즈니스 모델에 그 영향이 나타나고 있다."[6] 2021~2022년에 영국에서 인플레이션이 급등하기 시작했고 경기침체의 유령이 등장한 것도 별로 놀랄 일이 아니다.

유럽 전역에서 포퓰리즘 정당이 자유무역과 이주를 맹렬하게 반대하고 있다. 무역 축소와 이주자 추방을 외치는 프랑스의 극우 지도자

마린 르 펜(Marine Le Pen)은 좌익과 우익 양쪽 모두에서 인기를 끌고 있다. 신생 민주주의 국가 헝가리에서 2010년에 처음 선출된 독재자 빅토르 오르반(Viktor Orban)은 배척주의적인 성향을 전혀 숨기지 않는다. 그는 라디오 인터뷰에서 유럽연합의 난민할당제에 따른 유럽연합 외부의 난민이나 망명 신청자 수용을 거부하는 건 자국에 대한 '도덕적 의무'라고 선언했다.[7] 그는 최소 2030년까지 정권을 유지할 수 있도록 헌법을 개정하기도 했다.

세계화는 신흥시장 경제(Emerging Market Economies, EME)에 커다란 이득을 주었지만 그렇다고 점점 목소리를 높이고 있는 반대자들까지 만족시키지는 못했다. EME의 자본가와 산업노동자들이 가시적인 이득을 얻은 것은 분명하나 노동자는 자본가에 비해 그리 큰 이익을 얻지 못했다. 또한 농촌 노동자를 비롯한 다른 이들은 오히려 소외되는 결과를 맞이했다.

국제결제은행에서 발행한 논문 〈세계화는 신흥시장 경제에 어떤 영향을 미쳤는가(How Has Globalization Affected Emerging Market Economies)〉의 저자 야부즈 아슬란(Yavuz Arslan), 후안 콘트레라스(Juan Contreras), 니킬 파텔(Nikhil Patel), 장 슈(Chang Shu)는 "일부 EME에서 소득 불평등이 현저하게 악화됐다. 더 중요한 것은 이런 소득 불평등의 심화가 세계화와 양의 상관관계에 있다는 점이다"라고 지적했다.[8]

어떤 이들은 IMF와 세계은행, 미국 재무부(모두 워싱턴에 소재한다)가 1980년대 후반부터 중남미 신흥시장을 위한 해법으로 제시한 워싱턴 합의(Washington Consensus)를 그 원인으로 지목한다. 이에 따르면 경제 발전의 성공 여부는 자본 규제 및 수입 제한 완화, 국유기업의 민영화, 지역경제 자유화, 낮은 인플레이션을 목표로 하는 재정 규율과 통화 정책 시행에 달려 있다. 선진경제 정부, 특히 G7 정부들은 이를 풍요의 비법으로 선전했고 많은 개발도상국 국민의 마음을 사로잡았다. 2013년 킹스컬리지 런던(King's College London)이 의뢰한 여론 조사는 전 세계 6,000명 이상을 대상으로 이렇게 물었다. "(만일 있다면) 당신 국가의 지도자가 모방해야 할 나라, 경제와 일자리에 대해 올바른 생각을 하는 나라가 어디라고 생각하십니까?"[9]

압도적인 승리를 거둔 것은 미국이었다. 〈파이낸셜 타임스〉는 "브라질 국민의 3분의 1 이상, … 인도와 멕시코 국민의 5분의 2 이상이 미국을 모방해야 한다고 응답했다. 많은 한국인과 남아프리카공화국 국민도 비슷한 의견이었다." 그러나 워싱턴 합의가 내놓은 정책들은 현실에서 제대로 작동하지 않았다. 자본의 자유로운 이동은 경제와 금융 부문에서 아찔하게 돌아가는 호황과 불황 주기를 야기했다. 호시절에는 EME로 돈이 흘러 들어갔다가도 힘든 시기가 되면 자금이 국외로 유출되어 심각한 금융 위기와 경기침체가 발생했다.

세계화는 기껏해야 매우 복합적인 축복이다. "세계화로 인해 많은 사람의 기대수명이 늘고 생활 수준은 훨씬 향상되었다." 경제학자 조지프 E. 스티글리츠(Joseph E. Stiglitz)는 저서 《인간의 얼굴을 한 세계화》에서 이렇게 말했다. "서구인들은 나이키의 저임금 일자리를 착취로 여길지 몰라도 개발도상국의 많은 사람에게 공장에서 일하는 건 농사를 짓는 것보다 훨씬 나은 선택이다."[10]

스티글리츠는 세계화의 여러 이점에 대해 상세히 설명했지만 그렇다고 결점을 숨기지도 않았다. "모든 사람이 뭔가 끔찍하게 잘못되었다는 사실을 깨달았다." 그는 이렇게 쓰고 있다. 자기본위적 의제는 역효과를 냈다. "세계화를 비판하는 사람들은 서방 국가들이 위선적이라고 비난한다. 그들의 말이 옳다. 서방 국가들은 가난한 국가에 무역 장벽을 없애도록 압박했지만 자국의 장벽은 그대로 유지해 개발도상국의 농산물 수출을 막았고, 그렇게 그들에게 절실한 수출 소득을 얻지 못하게 했다."[11]

상품의 자유무역은 초반에 선진경제의 저숙련 및 중숙련 제조업 노동자들의 반발을 불러일으켰다. 예를 들어 자동차 제조업 노동자들은 공장이 멕시코를 비롯해 노동력이 저렴한 다른 국가로 빠져나가자 일자리를 잃었다. 규모가 훨씬 큰 서비스 부문에도 불만이 퍼져나갔다. 가장 아래쪽에서는 저임금 국가의 노동자들이 콜센터를 채우기 시작했다. 점점 더 많은 법률회사가 서류 검토를 외주로 내보냈다. 폴란드의 회계사들은 미국인 회계사들보다 훨씬 적은 비용으로 미국 세금 신고를 처리해줄 수 있으며, 의료기사들은 어디에 살든 의료용 화상을 읽고 분석할 수 있다. 전 세계 곳곳에 있는 컴퓨터 프로그래머는 실리콘밸리에 서비스를 제공할 수 있다.

이런 경제 및 사회문화적 이탈은 글로벌 인구 이주에 대한 반발을 드높였다. '우리'는 국경 너머로 일자리를 내보내고 있고 '그들'은 여기 남은 일자리마저 빼앗기 위해 이주해오고 있다. 역사를 살펴보면 이민자 집단은 삶에 필수적이지만 현지인이 하지 않는 하찮은 직업을 선택하고, 이들이 천천히 사다리를 올라가면 그 빈자리를 또 다른 이민자 집단이 채우는 선례로 가득하다. 그러나 이런 분명한 사실도 화려한 수사학의 힘에는 필적할 수가 없다. 현지의 원주민 집단은 (얼마나 최근에 이주해왔든 상관없이) 항상 자신의 등 뒤에서 문을 닫고 싶어 한다. 이민자들이 주택과 의료, 교육 및 기타 공공 서비스를 고갈시킨다며, 그들의 경제적 기여가 공공 재정 부담 수준을 크게 능가한다는 증거는 무시한다. 갈등과 마찰은 주로 기존의 주류와 잘 맞지 않는 문화적, 인종적, 종교적 차이에서 비롯된다.

자본은 국경을 넘나들 때 사람이나 상품, 서비스보다 마찰이 적다. 경제학자들은 이 점에 찬사를 보낸다. 신흥시장 경제에 대한 외국인 직접투자는 새 회사를 세우고, 공장을 짓고, 경영 인재를 유치하고, 현지 기술을 발전시키고, 소득과 일자리를 늘리는 데 도움이 된다. 자본이 국경을 쉽게 넘나들 수 있다는 사실은 이런 점에서 매우 유익하다.

한편 반세계화 운동가들은 자본주의적 동기를 비난한다. 그들은 어떤 방향으로든 자본이 이동하는 것을 반대한다. 그들의 관점에서 볼 때 외국인 직접투자는 득보다 실이 훨씬 많다. 선진국에서는 공장과 사업체가 문을 닫고 인건비가 싼 지역으로 이전한다. 신흥경제의 회의론자들은 다국적기업이 노동자를 학대하고 천연자원을 장기적 영향을 고려하지 않고 훼손하는 등 착취를 우려한다. 그들에게 주권과 자존심은 아주 중요하다. 오래가지 못할 저급 일자리와 재생 불가능한 자원에서 얻는 수익 그리고 빠르게 사라지고 있고 종종 금융 위기까지 초래할 수 있는 투자 자본보다 훨씬 더 말이다.

자원 민족주의는 지금과 같은 반발이 미국과 유럽을 휩쓸기 전부터 대두하고 있었다. 10년 전 미국 당국은 비공식 동맹국인 아랍에미리트의 두바이 항구가 미국의 주요 화물터미널을 인수하려고 하자 반대를 표명했다. 2005년에는 중국해양석유총공사(中國海洋石油總公司, CNOOC)가 자국 에너지기업인 유노칼(UNOCAL)을 인수하려는 것을 가로막았다. 캐나다 정부는 중요한 칼륨 생산회사가 외국 입찰자에게 넘어가는 것을 금지했으며, 프랑스는 더 나아가 국가 안보에 대한 우려 때문에 프랑스의 상징적인 낙농 대기업 다논(Danone)에 대한 한 유럽 회사의 입찰을 중단시켰다.

오늘날 심화되는 미중 간 경제 및 지정학적 경쟁 역시 세계화에 관한 모든 논의에 그늘을 드리우고 있다. 이 양대 경제 대국은 상품 및 서비스 무역에 전반적인 장벽을 세움으로써 세계의 다른 무역 파트너들에게도 파급 효과를 끼치고 있다. 기술과 데이터 및 정보 무역을 둘러싼 분쟁은 반세계화의 국경을 점차 확대하고 있다. 미국과 중국이 인공지능과 기타 미래 산업에 대한 패권을 놓고 다투는 사이 기술적 탈동조화가 임박하고 있다. 중국은 이제 AI 분야에서도 우위를 누릴지 모르며 로봇공학과 자동화에도 막대한 투자를 아끼지 않고 있다. 미국은 화웨이 등 중국의 기술기업에 대해 기술 및 반도체 수출을 제재 중이다.

트럼프 행정부 시절로 거슬러 올라가는 몇몇 제재 조치는 지금도 유지되고 있다. 바이든 정부는 중국 기업이 베이징으로부터 받는 보조금을 상쇄하기 위해 다른 기업들에 보조금을 제시했다. 중국은 이에 대해 보복 조치로 응답할 것이고, 부분적으로는 미국 증권거래소에 상장하는 중국 기업에 불이익을 주는 방식을 이용할 것이다.

미국과 동맹국 그리고 중국과 그 동맹국—러시아, 이란, 북한—사이의 전략적 경쟁이 고조되는 상황에서 탈세계화를 격화시키는 무역 및 금융 제재의 위험도 증가하고 있다. 북한과 이란은 이미 미국과 서방 세계의 광범위한 제재 때문에 중국과 러시아 및 기타 불량국가(rogue state, 냉전 이후 새로운 적을 규정한다는 명목으로 미국이 만들어낸 용어로, 주로 국제 질서를 따르지 않고 미사일이나 테러 등 미국에 위협이 되는 국가를 총칭한다-옮긴이) 등의 비공식 동맹국과만 무역할 수 있다. 그리고 이제는 러시아의 우크라이나 침공으로 세계 경제와 러시아의 경제적 탈동조화—2014년 크림반도와 우크라이나 돈바스 지역의 점령으로 시작된 현상—역시 급격히 가속화되고 있다.

실제로 러시아의 우크라이나 침공은 미국과 EU, 러시아의 급속한 탈동조화로 이어지고 있다. NATO 회원국들은 러시아에 대해 엄격한 무역 및 금융 제재를 시행했다. 심지어 EU는 석유와 천연가스 수입을 러시아에 크게 의존하고 있음에도 불구하고, 에너지 공급의 상당 부분을 러시아에 의존하는 데 따른 안보 위협을 인식하면서 에너지 무역조차 점차 감축하는 중이다.

그러나 향후 20년 동안 중국(및 동맹국)과 미국(그리고 대부분의 서방국가) 사이의 신냉전이 가속화되면 우리는 세계 경제의 심각한 분열과 탈동조화를 겪을 것이다. 현재의 지정학적 불황이 심각해지면 세계 경제는 점차 여러 개의 세력으로 계속 분열될 것이다.

실제로 2022년 4월에 재닛 옐런 미국 재무부 장관은 자유무역과 글로벌 공급망의 이점에 대한 과거의 일반적인 견해를 수정해야 한다고 말하며 생산 시설을 미국의 전략적 경쟁국으로 이전하기보다 '안전한 무역'과 '프렌드쇼어링(동맹 이전)'으로 대체해야 한다고 주장했다.

우리는 다른 국가들이 주요 원자재, 기술 또는 제품에 대한 시장 지위를 이용해 우리 경제를 교란하거나 달갑지 않은 지정학적 영향력을 행사하도록 허용할 수 없다. 미국의 노동자들에게 더 알맞은 방식으로 경제를 통합하고 그로 인한 효율성을 구축하고 심화하자. 그리고 우리가 믿을 수 있는 국가들과 함께하자. 신뢰할 수 있는 국가들로 프렌드쇼어링 공급망을 구축해 시장 접근을 더욱 안전하게 확장할 수 있다면 우리 경제는 물론 신뢰할 수 있는 무역 파트너들의 위험도 낮출 수 있다.[12]

이는 세계화의 새로운 전환이다. 대부분의 무역과 투자를 친구와 동맹국에 집중하고 전략적 경쟁국과는 거리를 두는 것이다. 이런 제의는 미국(및 동맹국)과 중국, 러시아와 그 동맹국 사이에 신냉전의 긴장감이 팽배해졌음을 반영한다.

유럽에서는 개인정보보호에 대한 우려가 세계화에 또 다른 제동을 걸고 있다. EU 국가들은 자국 국민의 데이터를 EU에 위치한 서버에만 보관하도록 요구한다. 개인정보보호를 내세운 이런 조치 밑에는 진짜 의도가 숨어 있다. 순수한 보호무역주의를 바탕으로 강력한 미국 기술기업의 영향력을 억제하는 것이다. 유럽은 그들만의 첨단 클라우드를 개발할 공간을 원한다. 이런 종류의 행동은 세계 기술 무역의 핵심 요소를 위태롭게 만든다. 내가 보기에 이는 탈세계화로 가는 지름길이다.

세계화는 임금 보상과 노동 기준이 미흡한 곳에서도 공격받고 있다. 가난한 국가들에 선진국과 동일한 임금이나 규제를 기대하는 것은 비현실적이다. 노동 생산성이 낮은 곳에서 임금이 낮은 것은 당연하다. 미국과 유럽의 이런 불만은 보호무역주의의 또 다른 형태에 불과하다.

환경 기준 또한 보호무역에 대한 시급한 요구를 자극한다. 미국과 유럽은 신흥시장과 체결하는 무역 협정을 통해 점점 더 기후 변화에 대한 강력한 조처를 요구하고 있다. 이들의 야심에 찬 온실가스 감축 목표는 신흥시장과 충돌할 수밖에 없다. 중국과 인도를 비롯한 개발도상국은 경제 성장과 더불어 점점 더 많은 이산화탄소를 배출할 것이다. 따라서 이들 국가는 그에 관한 비용이 추가되는 것을 원치 않는다. 반면에 EU는 유럽 기업들이 신흥시장 경쟁자들과 공정하게 경쟁할 수 있도록 탄소국경세 도입을 제안했고 미국 의회도 비슷한 제안을 내놓았다.

이런 보호 조치는 세계화를 총체적으로 방해한다. 그 결과는 저세계화(low-balization), 약세계화(slow-balization, 세계화가 둔화되거나 쇠퇴하는 현상-옮긴이) 그리고 종국에는 탈세계화(deglobalization)를 불러올 것이다. 이 같은 보호 조치의 이면에 있는 동기는 부분적으로 자본 소유자와 대다수 세계 시민 사이에 점차 확대되고 있는 부의 격차에 대한 분노에서 비롯된 것으로, 확실히 이해할 만하다. 그리고 항상 그렇듯이 경제적 불안은 희생양을 요구한다. 세계화를 반대하는 이들은 이미 하나를 발견했다. 앞으로의 추세를 볼 때 결국은 그들이 우위를 점할 것이다.

세계 경제의 파이를 키운 자유무역

세계화의 개념은 한 마을의 소비자와 다른 마을에 있는 생산자 사이에 이뤄진 최초의 물물교환까지 거슬러 올라간다. 앵글로색슨인은 중세 암흑시대에도 영국 해협을 건너 무역을 했다. 이 같은 사실은 영국의 아마추어 고고학자가 7세기의 바이킹 묘지에서 서튼 후(Sutton Hoo) 배무덤을 발견했을 때 밝혀진 것이다. 대영박물관에 따르면 "서펙의 외딴 지역에 묻혀 있는 이 무덤은 놀라운 예술적 성취와 복잡한 신념 체계 그리고 광범위한 국제 교류를 담고 있다."[13]

마르코 폴로는 13세기에 이탈리아와 중국을 연결해 세계화에 기여했다. 영국과 네덜란드의 동인도 상선은 17세기와 18세기에 대양을 건너 무역을 했다. 그러나 진정한 현대적 의미의 세계화는 1820년경에 시작되었다. 영토 문제를 둘러싼 나폴레옹 전쟁으로 지친 유럽인들은 무역을 부(富)를 생산하는 문명화된 방식으로 인식했다. 애덤 스미스(Adam Smith)와 데이비드 리카도(David Ricardo)가 등장했고, 제한 없는 경제발전과 자유무역을 옹호하는 이들의 격려를 받아 '팍스 브리태니카(Pax Britannica)'가 도래했다. 리카도는 유리한 비교우위를 지닌 곳에서 상품을 생산하는 자유무역의 이점에 대해 처음으로 형식적 논증을 제시한 경제학자다.

제2차 세계대전은 활발한 무역과 세계화의 첫 번째 시대를 끝낸 사건이었다. 유럽인들은 국제적 불만을 해결하는 오랜 방식인 무력 충돌로 돌아갔다. 본질적으로는 쇠퇴해가는 귀족들의 토지 분쟁에 불과한 문제 때문에 수백만 명이 목숨을 잃었다. 휴전 협정으로 적대 행위가 종식된 뒤에는 유행성 독감(스페인 독감)이 전 세계 수천만 명의 목숨을 앗아갔다. 독감과 전쟁으로 피폐해진 경제와 러시아 볼셰비즘으로 공포에 떨던 국가들은 새로운 기술 혁신이 도래해 자동차부터 라디오까지 수많은 발명품이 등장하는 시대가 되었음에도 보호주의 정책을 채택했다. 미국 경제는 이런 발전에 힘입어 매년 4퍼센트 이상씩 성장했고 역사는 여기에 '광란의 20년대'라는 이름을 붙였다.

그럼에도 미국의 입법자들은 관세를 지지하며 글로벌 무역에 반대했다. 1921년 긴급관세법(The Emergency Tariff Act)은 윌슨 행정부의 느긋한 정책을 뒤집었고, 1년 후 포드니-매컴버 관세법(Fordney-McCumber Tariff Act)은 국경 간 상품 교환을 더욱 엄격하게 단속했다. 프랑스와 스페인, 캐나다 및 다른 국가들도 보복에 나섰다. 미국이 거부한 국제 연맹(The League of Nations)은 1927년 스위스 제네바에서 세계경제회의(World Economic Conference)를 개최해 국가 간 긴장을 완화하려 했으나 실패했다. 세계 각국은 각자의 입장을 고수했다. 관세는 인상됐다.[14]

결국에는 공화당 소속의 유타주 상원의원인 리드 오웬 스무트(Reed Owen Smoot)와 오리건주 하원의원 윌리스 채트먼 홀리(Willis Chatman Hawley)가 로비를 통해 관세를 더욱 인상하기에 이르렀다. 미국 시민들은 곧 이런 조치를 후회하게 될 터였다. 1929년 월스트리트 폭락으로 불안감이 만연하던 시기에 통과된 1930년 미국 관세법, 일명 스무트-홀리 관세법(Smoot-Hawley Tariff Act)은 수입 농산물에 대해 관세 장벽을 세웠다. 제조 부문 역시 유사한 법안을 요구하며 아우성치기 시작했다.

부작용은 빠르게 찾아왔다. 수입품에 더 높은 비용을 부담하게 된 소비자들이 성토하기 시작했다. 여성 비당파 공정관세위원회(Women's Non-partisan Fair Tariff Committee) 위원장인 거트루드 M. 덩컨(Gertrude M. Duncan)은 여성들에게 스무트-홀리 관세법 때문에 비싸진 의류 및 가정용품에 대한 관세 철폐를 요구할 것을 촉구했다. 한편 미국의 수출업자들은 다른 국가들의 보복과 대공황이 시작되면서 고된 시기를 맞이했다. 1931년 6월 〈엘파소 타임스(El Paso Times)〉는 "스무트-홀리 법 관세율이 적용되면서 올해 4월까지 대외 무역이 5억 달러 이상 감소했다. 1년 전 관세법이 제정된 이래 수출은 몇 차례의 상승세를 제외하고 꾸준히 하락 중이다"라고 보도했다.[15]

그로부터 90년이 지난 2018년 3월, 캘리포니아주 공화당 하원의원인 토머스 맥클린톡(Thomas McClintock)이 동료 의원들에게 그 재앙 같았던 실수를 잊어버리지 말라고 상기시켰다. 그는 "우리를 포함해 보호무역주의를 주창한 모든 나라가 극심한 고통을 겪었다"라고 말했다. "토머스 제퍼슨은 높은 관세로 정부 재원을 마련하고 내수를 촉진할 수 있다고 믿었다. 그러나 그 조치는 우리의 신생 경제를 파괴할 정도로 어마어마한 경기침체를 불러왔다. 허버트 후버는 1929년 불황에 스무트-홀리 관세법으로 대응했고 결과는 그리 좋지 않았다."[16] 이후 의회는 무역 정책에서 끔찍한 실수를 되풀이하지 않도록 공식적인 통상조약에 상원의 지지 표결이 필요할 때도 대부분의 무역협상권을 대통령에게 부여했다.

무역 규제는 주로 상품 이동에 영향을 미쳤지만 이주와 자본의 이동도 함께 둔화되었다. 일부 논평가들은 무역 전쟁이 대공황의 주요 원인이라고 주장한다. 나는 그렇게까지 말하지는 않겠다. 제조업 생산량은 20퍼센트 감소했고 국가 간 무역은 60퍼센트 감소했다. 그러나 대공황 때는 적절한 통화 및 재정 부양책을 시행하지 못하고 수천 개의 금융기관이 파산하는 등 다른 원인이 있었다. 따라서 무역 규제가 유일한 원인은 아니었지만 대공황을 필요 이상 길고 심각하게 만든 것은 사실이다.

제2차 세계대전 중 대규모로 이뤄진 군사 물자의 이동은 평화 시기에 새로운 세계화의 문을 열었다. 1945년 이후 세계 무역은 점진적으로 자유화되었다. 국가 간 상품 이동에 대한 규제가 완화되었다. 관세 및 무역에 관한 일반협정(General Agreement on Tariff and Trade, GATT)이 잇달아 체결되는 동안 글로벌 무역 제한이 풀리고 무역이 꾸준히 증가했다. 세계무역기구(WTO)의 창설과 지역무역협정은 유럽이 통합을 시작할 수 있는 규정을 마련하는 데 도움을 주었다. 시장은 점차 개방

되었다. 1979년 중국이 개방되고 1989년에 소련과 철의 장막이 무너지자 공급망이 전 세계로 급속히 뻗어나갔다. 수 세기 동안 정체되었던 신생 경제는 부분적으로 국제 무역에 힘입어 성장하기 시작했다. 기본 무역 이론이 자유무역의 이점을 예측했듯이 세계 경제라는 파이가 덩치를 불려나갔다.

1989년부터는 초세계화의 시대였다. 대부분의 신흥시장 경제가 더욱 자유로운 무역과 자본 흐름을 받아들였다. 상품과 서비스, 자본, 투자, 노동, 기술, 데이터와 정보가 국경을 자유롭게 넘나들었다. 그러나 사람들이 이런 초세계화의 비용을 인지하게 되면서 반발하기 시작했고, 글로벌 금융 위기 이후에는 더욱 가속화되었다. 경제학자 대니 로드릭과 다른 이들은 초세계화와 민주주의 그리고 국가주권이 '서로 모순된 3중 딜레마'를 이루고 있다고 주장한다. 민주주의와 주권을 유지하려면 초세계화를 축소해야 한다.

최근에는 코로나19 위기로 글로벌 공급망과 물류 및 운송망에 차질이 생겨 제조업의 자국 이전이나 동맹국 이전을 요구하는 목소리가 점점 더 커지고 있다. 실제로 팬데믹이 빨리 확산된 데는 세계화의 영향이 있었고, 가장 먼저 취해진 조치 또한 사람들의 이동을 엄격하게 제한하는 것이었다. 코로나19가 정점에 이르렀을 때는 해외여행이 거의 불가능했으며 지금도 부분적으로 제한되어 있다. 그리고 이제는 각 국가에서 중요하거나 필수적인 상품을 국내에서 자급자족한다는 불가능한 과제를 성취하려고 시도하면서 상품 이동에 대한 제한도 증가 중이다.

사라지는 일자리에 분노하는 사람들

자유무역이 모든 사람에게 평등한 세상을 가져올 것처럼 말해서는 안 된다. 무역으로 얻은 부는 결코 균등하게 분배되지 않는다. 신흥시장의 빈곤층은 어느 정도 이득을 얻겠지만 빈부격차가 가속화되면 객관적인 기준으로는 전보다 더 부유해져도 체감상으로는 더 어려워졌다고 느낄 수도 있다. 다국적기업을 비롯한 기업들은 이익과 힘을 이용해, 때때로 반경쟁적인 방식으로 규칙을 그들에게 유리하게 만들 것이다. 그리하여 항상 승자와 패자가 존재할 것이다.

그렇다면 승자는 누가 될까? 중국과 아시아 등 신흥시장이 세계 경제에 합류하고 수출이 성장하면 그곳 제조업 노동자들의 소득도 증가한다. 디지털로 연결되어 있다면 세계 어디에나 서비스를 제공할 수 있는 신흥시장의 숙련 노동자들도 마찬가지다. 고부가가치와 첨단기술 제조업, 서비스 분야에서 교육과 전문화된 경험을 바탕으로 하는 선진경제의 고숙련 노동자들도 그렇다. 자본 소유주들은 특히 선진경제와 신흥시장의 수출 부문에서 이익을 얻을 것이다.

세계화의 승자에는 범세계주의적 관점을 지닌 도회적이고 고도로 숙련된 개인들도 포함된다. 국경이 사라지면 이들의 이동성과 유연성은 높은 가치를 인정받을 것이다. 무역이 경제 전체의 파이를 늘려 상위 1퍼센트 금융 자산 소유자인 엘리트 세계주의자들이 전보다 훨씬 부유해진다. 소비자들도 승자에 포함된다. 우리는 모두 상품과 서비스에 대해 전보다 더 적은 돈을 지불할 것이다.

금융계 노동자들은 불균형적으로 높은 재정적 혜택을 얻을 것이다. 자본의 이동과 금융의 세계화는 은행과 다른 금융기관 및 투자자에게 풍성한 이익을 제공한다. 최상층에 주어지는 보상은 놀랍다 못해 호화로운 수준일 테지만 아래쪽은 그저 약간의 보상만을 줄 것이다.

그렇다면 세계화가 보급되었을 때 피해를 볼 이들은 누구일까? 먼저 선진경제의 제조업 및 산업 분야에서 일하는 저숙련 종사자들이 있다. 다른 곳에서 값싼 제품이 생산되면 그들의 임금은 하락할 것이다. 많은 제조업 일자리가 영원히 사라질 것이며 버림받은 노동자는 상품 가격이 떨어진 후에도 고통을 겪을 것이다. 그들은 과도기적 실업에 놓이고 고임금 일자리에서 저부가가치 서비스 부문의 저임금 일자리(일명 '햄버거 뒤집기' 직장)로 이동하는 소득 하향의 소용돌이에 직면한다.

한편 세계화는 자신의 국가와 민족, 문화, 종교적 정체성이 약화되는 것을 우려하는 모든 사람에게 위협이 될 수 있다. 시골의 저숙련 노동자들은 특히 그런 입지를 잃는 것을 가장 두려워한다.

세계화와 무역은 선진경제의 저숙련 블루칼라 노동자들에게 피해를 주었다. 가상 접속이 물리적 존재를 대신하면서 저숙련 및 반숙련(semi-skilled) 화이트칼라 서비스 노동자들도 점점 더 큰 타격을 입을 것이다. 몇 달만 교육받으면 언어 장벽을 걱정할 필요가 없는 신흥시장의 경쟁 업체들은 많은 서비스 일자리를 원격으로 채울 수 있다. 안정적인 중산층이라고 해서 경쟁에서 예외가 될 순 없다. 가장 먼저 대체될 직장으로 콜센터가 떠오를 수도 있지만 언젠가는 회계사와 변호사, 심지어는 의사마저 가상 경쟁에 뛰어들 것이다. 중국과 아시아에서 경쟁자가 급증하고 있다.

아무리 일자리가 안전하다 한들 구직자가 늘어나면 고용주가 받는 임금 인상 압력은 완화된다. 실제로 중국과 인도의 25억 시민['찬디안 (Chandian)'이라고 부르는]과 신흥시장의 다른 많은 사람이 세계 노동력에 합류하고 있기 때문에 선진경제의 노동자들은 이를 경계해야 한다. 그들의 임금과 복리후생은 위험에 처해 있다.

때때로 입법자들은 자유무역 때문에 실직한 노동자들을 위해 조치를 내놓았다. 미국 의회는 1962년에 무역조정지원제도(Trade Adjustment Assistance, TAA)를 도입했다. 이는 2015년 무역조정지원 재승인법(TAA Reauthorization Act)을 비롯한 일련의 프로그램 중 첫 번째 조치다. 무역의 영향으로 실직한 비숙련 및 저숙련 노동자를 대상으로 한 TAA 프로그램은 회의론자들로부터 높은 평가를 받지는 못했다. 냉소주의자들은 이를 '무역묘지지원'이라 부르며 비아냥댔다. 무역으로 잃은 일자리를 채울 쉬운 방법은 없다.

기본 무역 이론의 지지자들은 이 논쟁에 대해 순진한 대답으로 응한다. 그들은 부유한 국가와 가난한 국가가 자유롭게 교역한다면 각자가 비교우위를 추구할 것이라고 주장한다. 가난한 국가는 제조업 거물이 되고 부유한 국가는 서비스 거물이 될 것이다. 가난한 국가에서는 임금이 상승하고 부유한 국가에서는 숙련 노동자의 임금은 오르지만 비숙련 노동자의 임금은 일자리와 더불어 하락할 것이다.

실제로 데이터는 수입과 수출 경제 전반에 걸쳐 전체 생산량이 순

증가했음을 보여준다. 소득은 전반적으로 증가하고 경쟁으로 가격은 낮아진다. 소비자는 수입품을 더 싸게 살 수 있어 구매력이 상승한다. 이는 소득 수준이 어떻든 대부분의 사람이 반가워할 세액공제의 효과와도 비슷하다. 그러나 부유한 국가에서 일자리를 잃고 비슷한 급여를 주는 새 직장을 찾지 못해 고전하고 있는 사람들에게도 그렇게 말할 수 있을까?

원칙적으로 이 문제에 대한 대답이 무역 제한이 되어서는 안 된다. 해답은 고통받는 이들에게 더 관대한 정책을 마련하는 것이다. 자유로운 무역으로 모든 사람이 더 잘살 수 있게 하려면 뒤처진 소외 계층에 보상을 제공해야 한다. 하지만 우리는 그렇게 하는 대신 승자에게 부를 몰아주어 불평등을 전례 없는 수준으로 악화시켰다.

세계화는 부의 방향을 바꿀 수 있지만 정치적이고 사회적인 장애물이 형평성을 가로막고 있다. 결국 점점 커지고 있는 경제 파이에서 어떻게 이익을 뜯어내 재분배해야 하는가의 문제라 할 수 있다. 그리고 비판하는 이들이 두려워하는 것과 달리 이는 사회주의가 아니다. 오히려 생산 자산의 소유주에게 최대한의 수익을 돌려주는 것을 목표로 하는 자본주의다. 우리는 세계화로 소외된 노동자들을 지원함으로써 스스로 발전할 수 있다. 당파적 선입견으로 소외된 이들에게 소득과 복지 안전망, 기술 훈련, 필수 재화와 서비스를 제공하는 것을 가로막아서는 안 된다.

노동력과 자본의 갈등은 공장에서 대량생산이 이뤄진 초창기부터 지속되어온 문제다. 제1차 산업혁명 이후 혁명가들은 최저 임금과 노동조합, 연금, 의료보험을 요구했다. 칼 마르크스(Karl Marx)와 프리드리히 엥겔스(Friedrich Engels)는 노동자들이 봉기해 그들 자신의 노동으로 창출된 부를 요구해야 한다고 주장했다. 당국은 노동 계층의 압박을 버티다가 혼란과 내란을 방지해야 할 때가 되었을 때 그들의 요구에 따랐다.

서구 시장경제에서 이 같은 과정은 민주주의와 자유 시장의 발전을 뒷받침했다. 계몽된 부르주아 계급이 깨달았듯이, 노동자를 위한 사회안전망과 복지국가 건설은 혁명과 격변을 예방한다. 그러나 노동자에 대한 탄압이 지속된 나라에서는 사회주의 혁명이 발발했다. 중국과 러시아는 20세기의 상당 부분 동안 공산주의를 실험했지만 공산주의는 누구도 더 잘살게 하지 못했고 결국 실패했다.

공산주의자들이 경제를 개방하고 글로벌 자유 시장을 수용하자 모든 것이 바뀌었다. 중국은 러시아보다도 더 대대적인 변화를 겪었다. "하룻밤 새에 중국은 세계의 공장이 되었다. 1990~2015년 사이에 세계 제조업 수출에서 중국의 점유율은 2.8퍼센트에서 18.5퍼센트로 뛰었다." 고든 핸슨이 〈무역이 노동자에게 도움이 될까?(Can Trade Work for Workers?)〉에서 말한 내용이다.[17]

중국이 노동집약적인 경공업 부문에서 비교우위를 성공적으로 발전시키자 차이나 쇼크가 덮쳐왔다. 중국은 한 세대도 되지 않아 가난한 제3세계 국가에서 세계 제2의 경제 대국으로 도약했다. 이 급격한 발전 뒤에는 기민한 계획과 근면한 노력 외에도 불공정한 무역 관행이 있었고, 이는 결국 반감으로 이어져 무역 제재를 초래했다.

트럼프 정부는 중국의 무역협정 위반 혐의에 대해 긴 목록을 나열한 바 있다. 그중에는 통화 약세를 이용한 환율 조작도 포함되어 있었는데, 이는 수출에 대한 경쟁우위를 부여해 무역 흑자를 늘리는 수법 중 하나다. "중국은 수년 동안 덤핑, 차별적 비관세 장벽, 강제 기술이전, 과잉 생산, 산업 보조금 지급 등 불공정한 무역 관행을 시행해왔다. 이는 중국 기업들을 옹호하고 많은 미국 기업이 공정한 경쟁의 장에서 경쟁하는 것을 불가능하게 했다."[18]

전반적으로 세계 무역은 1945년부터 금세기 초까지 매우 활발히 이뤄졌으며 비교적 평화와 번영이 넘치는 세계를 조성했다. 자유무역을 환영한 나라들은 번창했다. 상대적으로 고립된 상태를 유지한 국가들은 정체되었다. 예를 들어 북한과 남한을 비교해보자. 1953년 한국 전쟁이 끝났을 때 두 나라는 모두 가난했지만 당시만 해도 북한은 남한보다 더 큰 산업기반과 풍부한 천연자원을 보유하고 있었다. 그러나 한국은 무역을 시작했고 현재 한국 경제는 튼튼하고 풍요가 흘러넘친다. 반면에 북한 주민들은 빈곤의 늪에 빠져 식량 부족과 기근에 시달리고 있다.

데이터를 자세히 검토해보면 중국과 인도 또는 베트남 노동자들이 선진국의 대부분 일자리를 훔쳐 갔다는 주장이 모순된다는 것을 알 수 있다. 널리 퍼져 있는 이런 믿음과 달리 실제로 사라진 일자리 대부분은 세계화가 아닌 첨단기술의 희생양이다. 맥킨지 글로벌 연구소(McKinsey Global Institute, MGI)는 무역이 제조업 일자리 대부분의 손실을 초래했다는 주장이 신화에 불과하다는 사실을 밝혀냈다.

현실은 이렇다. 성숙한 경제에서 그런 일자리의 수가 감소하는 주요 원인은 수요 구성의 변화와 지속적인 생산성 증가다. 우리의 분석에 따르면 이들 국가의 전체 고용에서 제조업이 차지하는 비중은 현재 12퍼센트에서 2030년에는 10퍼센트 미만으로 더욱 감소할 것이다. MGI는 2000~2010년 사이에 사라진 580만 개의 미국 제조업 일자리 약 20퍼센트가 무역 또는 국외 이전에 따른 것임을 발견했다.[19]

많은 제조업 일자리가 높은 임금과 복리후생을 제공하던 목가적 시대로 돌아가자는 주장은 확실히 매혹적이다. 그러나 그런 일은 다시는 일어나지 않을 것이다.

그보다 현실적인 설명은 무역을 기술에 비유하는 것이다. 새로운 발명 덕분에 기존의 5분의 1밖에 안 되는 노동력과 비용으로 새로운 토스터나 전자레인지, 커피머신을 생산할 수 있게 되었다고 가정해보자. 이 새로운 기기들의 가격은 기존의 50달러보다 훨씬 싼 10달러다. 즉 소비자는 상품 하나를 살 때마다 40달러의 이득을 볼 수 있다. 자, 이제 무슨 일이 일어날까? 토스터와 전자레인지, 커피머신을 생산하는 업계 노동자 중 5분의 4가 일자리를 잃는다. 집집마다 필요한 토스터는 한 개뿐이라 가격이 아무리 낮아져도 수요가 두 배, 다섯 배로 증가하지는 않는다. 수요는 상대적으로 고정되어 있다. 따라서 이제 이런 직업들은 적어도 사람들이 기억하는 옛 방식으로는 돌아가지 않을 것이다.

제조공장은 한때 미국 노동력의 약 25퍼센트를 고용했다. 지금은

10퍼센트를 밑돈다. 19세기 초에 일자리를 지키기 위해 기계 베틀을 부순 영국의 러다이트 운동(Luddite Movement)을 제외하면 신기술이 격렬한 반발을 불러오는 경우는 사실상 거의 없다. 사람들은 "캘리포니아에서 더 좋은 토스터를 생산하면 안 돼! 일자리가 줄어든단 말이야"라고 말하지 않는다. 신기술로 인한 변화는 늘 긍정적인 진보로 여겨진다. 하지만 무역으로 인한 변화는 다르다.

경제학자들은 종종 위의 토스터 같은 새 상품을 훨씬 저렴한 비용으로 세상에 내놓는 기업가의 이야기를 조금 변형해 들려주곤 한다. 그 사업가는 이렇게 낮은 가격으로 상품을 만들 수 있는 것이 모두 신기술 덕분이라고 말한다. 행복한 소비자들이 그의 토스터에 몰려든다. 더는 비싼 값을 주고 토스터를 살 필요가 없다면서 그를 구매력을 높인 천재라고 부른다. 그러다 그가 사실은 새로운 생산 공정을 발명한 것이 아니라 중국에서 값싼 토스터를 들여온 것이라고 밝힌다. 그것이 그가 일으킨 위대한 혁명이었던 것이다. 하지만 사람들은 그게 가짜 기적이라고 말한다. 중국인들이 일자리를 훔쳐 갔기 때문이다. 이제 그에게는 비난이 쏟아진다.

두 행위의 결과는 실질적으로 똑같지만 사람들은 그렇게 인식하지 않는다. 신기술 때문에 일자리를 잃었을 때 기술 도입을 늦추기 위해 애쓰는 사람도 있겠지만 실제로 진보를 막을 수는 없다. 우리는 기술을 탓하지 않으며 대개는 박수갈채를 보낸다. 컴퓨터의 속도와 용량이 매년 두 배씩 증가한다는 무어의 법칙(Moore's law)을 찬양한다.

그러나 우리 인간은 2년마다 능력치를 두 배로 늘릴 수가 없다. 컴퓨터 알고리즘은 슈퍼마켓 계산대 직원과 고속도로 요금 징수원, 여행사 직원과 은행원에 이르기까지 수많은 직업을 대체했다. 그다음은 어떤 직업의 차례가 될까? 언젠가는 다른 사람들도 똑같은 처지가 될 것이다.

그러나 과거에는 기술이 노동자를 대체하더라도 새로운 기회를 창출했다. 마차와 관련된 일을 하던 사람들은 자동차 업계 노동자가 되었다. 200년 전 산업혁명이 발발했을 때부터 사람들은 기술이 일자리를 빼앗아갈지 모른다고 끊임없이 걱정했다. 기술은 지난 두 세기 동안 급속도로 발전했고 실제로 많은 일자리가 사라졌다. 그러나 경제대공황이나 코로나19 팬데믹 같은 위기에도 고용률은 여전히 높은 수준을 유지하고 있다.

우리는 무역을 마치 승자와 패자가 있는 제로섬 게임처럼 생각하는 경향이 있다. 우리는 종종 생산을 능률화하고 생산량을 극대화하고 비용을 절감하는 공정에 박수를 보내기보다 일자리 대체에만 눈을 부릅뜨며 반발한다. 불안한 벼랑 끝, 그곳이 바로 지금 우리가 서 있는 곳이다. 많은 국가가 사회안전망을 개선하는 게 아니라 국경을 폐쇄하고 관세를 부과하고 있다.

세계화에는 분명 결함이 있다. 반대자들이 WTO를 규탄하고 미국이 환태평양 경제동반자협정(Trans-Pacific Partnership, TPP)이라는 이름으로 아시아에서 중요한 상업 동맹을 구축하는 것을 막는 동안에도 부유하고 강력한 기업들은 영향력을 행사하고 종종 그들이 원하는 이익을 얻어낸다.

하버드대학교의 경제학 교수 대니 로드릭은 시카고대학교 부스 경영대학원(Booth School of Business)의 온라인 간행물인 〈프로마켓(Promarket)〉에 "이 엘리트들은 노골적으로 '우린 더 이상 당신들한테 관심이 없어'라고 말하지 않을 것이다"라고 썼다. "그들은 이렇게 말할 것이다. '이봐, 우린 글로벌 경쟁을 하고 있으니까 더는 당신들한테 신경 쓸 여력이 없어. 그래서 우린 이런 선택을 해야 하고, 아웃소싱을 해야 하고, 계속해서 움직여야 하고, 여유가 없기 때문에 세금을 적게 낼 환경을 찾아야 해.' 그들은 선택의 여지가 없다고 불평할 것이다."[20]

실제로 로드릭을 비롯한 세계화 비판론자들이 주장했듯이 무역 협정에는 정치적으로 연결된 금융회사, 다국적기업, 제약회사의 지장이 찍혀 있다. 그들은 글로벌 투자와 재산권을 관리하는 국제 규정을 교묘하게 피해간다. 회계 조정을 이용해 세금을 가장 적게 부과하는 조세관할권에 소득을 신고하며 글로벌 무역을 좋은 것이라고 칭송한다. 그들의 행동은 경쟁을 억압하고 주로 자본 소유자의 이익을 위해 권력과 이윤을 비축하며 실직을 늘리고 불평등을 심화시킨다.

일자리의 이동과 대체, 불평등의 증가에 대한 정책입안자들의 관심이 시급히 필요하다. 다른 고귀한 이유보다도 일단 그들 자신을 보호하기 위해서다. 그러나 탈세계화의 원인을 증가시키는 충동에 굴복하기 전에 그에 따른 경제와 정치, 사회적 결과를 신중하게 저울질해야 한다.

관세는 별로 심각한 문제처럼 들리지 않지만 실은 저소득 소비자에게 불균형적인 피해를 입힌다. 국내 생산자를 보호하기 위해 소비재에 대한 관세를 인상하면 구매자에게 세금을 부과하게 되어 물건을 살 때 더 많은 돈을 지불해야 한다. 게다가 중국에는 다른 무역 경쟁국들 역시 비슷한 방식으로 대응할 것이다. 보호주의 정책은 결국 모든 소비자의 주머니를 고갈시키는 것으로 끝난다. 가난한 사람들이 더 가난해지는 동안 부자들은 아무 타격도 받지 않는다.

불평등의 심화에 무역은 부분적인 영향을 끼칠 뿐이다. 8장에서 논의하겠지만 더 강력한 힘이 있기 때문이다. 탈세계화는 전 세계의 생활 수준을 양호한 수준으로 높일 기회의 문을 닫는다. 무역을 규제하면 세계 생산량이 줄어 실직 노동자가 채울 수 있는 일자리의 수도 줄어들고 그렇게 세계 경제의 파이가 작아질 것이다.

30년이 넘는 세월 동안 구축된 글로벌 공급망의 물리적 체계는 사람들을 현혹시킬 수도 있다. 이런 공급망은 높은 효율성을 자랑하는 전 세계의 생산 시설과 수백만 명의 최종 사용자를 연결하는 강력하고 복잡한 네트워크를 형성한다. 탈세계화는 이런 네트워크를 혼란에 빠트려 효율성을 떨어뜨리고, 일자리 수요를 충족하는 대신 비대해진 비용 구조로 세계 시장 경쟁에서 취약해질 것이다.

지구상의 두 경제 대국이 충돌할 때는 지정학적 원인이 큰 비중을 차지한다. 2019년 7월에 〈사우스 차이나 모닝 포스트(South China Morning Post)〉는 '미중 불화가 냉전 시대 이후 가장 큰 무역 변화를 가속화해 세계화와 멀어지고 있다'라는 헤드라인을 냈다.[21] "세계화가 막을 수 없는 물결처럼 느껴지던 시절이 지나고 수십 년 뒤, 무역 전쟁은 보다 파편화된 모델을 향해 세계 무역의 완전한 전환을 가속화하고 있다."

파편화도 한때 전성기를 누린 적이 있었다. 산업혁명이 효율적인 생산 시스템이 지닌 결정적인 이점을 입증하기 전의 일이었다. 그러나 미국과 중국의 탈동조화가 진행되면 양측 모두 상당한 경제적 피해를 입을 것이다. 러시아와 서방 세계와의 탈동조화 역시 러시아가 우크라이나를 침공하면서 걷잡을 수 없게 되었다. 지정학적 원인에서 비롯된 글로벌 경제의 발칸화(balkanization, 서로 적대하는 작은 세력으로 분열되는 현상-옮긴이)가 목전으로 다가와 세계화의 관에 더 많은 못을 때려 박고 있다.

탈세계화는 다른 위험한 흐름을 야기한다. 대부분 사람은 무역 하면 해양 화물선에 쌓여 있는 거대한 컨테이너를 상상한다. 그러나 상품 무역에만 초점을 맞춘다면 그보다 더 큰 문제를 놓친다. 유형재는 디지털 세계에서 발생하는 경제 활동의 아주 작은 일부에 불과하다. 서비스와 노동력, 데이터, 기술과 정보를 생각해보라. 이 모두가 경제 성장에 필수적인 요소로 오늘날 가장 큰 가치가 존재하는 곳이다. 만일 상품 무역에 대한 정책이 발칸화로 이어진다면 무형재에 대한 무역 제한이 발생할 경우 우리는 어떤 대가를 치르게 될까?

상품의 영역을 넘어선 탈세계화에 대한 욕구는 《이상한 나라의 앨리스》에서 말하는 것처럼 모든 것을 점점 더 이상하고 이상하게 만들 것이다. 기술이 적절한 예가 될 수 있으리라. 우리는 틱톡(TikTok)이 십 대 청소년에 대한 데이터를 수집하고 있고 중국이 이런 데이터를 어떻게 악용할지 걱정한다. 또 중국 미디어 회사가 소유한 동성애자 데이트앱 그라인더(Grindr)가 사용자 협박이라는 대문을 활짝 열지도 모른다고 우려한다. 어느 정도는 일리가 있는 걱정이다.

하지만 중국인들은 테슬라를 소유한 중국인들이 지금 어디에 가고 무엇을 하는지에 대한 정보를 자신도 모르게 미국 회사에 제공하고 있다고 불평한다. 이 데이터가 NASA의 손에 들어갈까? 나도 아니라고 대답하고 싶지만, 중국이 주위의 영향에 취약한 청소년에게 영향을 미치거나 개인 데이터에 접근해 일부 사람들을 협박할 일은 없다고 자신 있게 말할 수 없는 것만큼이나 중국인의 데이터가 미국에 넘어갈 가능성 또한 배제할 수 없다. 데이터가 전통적인 상품이나 서비스보다 더 비싸지는 않을망정 적어도 가치 있는 자산이 되는 세상에서 데이터 보호주의의 가능성은 언제든 존재한다. 만일 규제가 급속히 늘어난다면 상품과 서비스의 거래도 막힐 것이다.

무역 규제의 시작과 끝은 어디일까? 실제로 이는 세계화를 향한 가장 큰 위협 중 하나다. 기술 무역을 규제하면 결국 모든 종류의 무역이 영향을 받는다. 오늘날 미국 정부는 중국 정부가 미국인을 감시할 수 있게 백 도어를 만들어놓았기 때문에 통신 시스템에 화웨이의 5G 기술을 사용하지 말라고 말한다. 그뿐만 아니라 유럽과 다른 동맹국에도 화웨이의 5G를 피하라고 권고한다. 하지만 미래를 생각해보라. 언젠가는 모든 소비자 제품에 5G 칩이 탑재될 것이다. 생산 시스템에서 제품을 추적하고 사물인터넷을 사용하려면 5G 칩이 필수다. 시작은 스마트폰이겠지만 언젠가는 토스터와 전자레인지, 커피머신 같은 모든 가전제품에 5G 칩이 탑재될 것이고, 잠재적인 도청 장치가 되어 (무슨 목적일지 짐작도 안 가지만) 우리의 정보를 제공할 것이다. 유비쿼터스 기술이 그 정도로 발전하면 결국 모든 것을 규제해야 할까?

만약 서비스를 거래할 수 없는 것이라고 생각한다면 시대에 뒤떨어진 사고에 갇혀 있는 것이다. 이제 우리는 서비스를 받기 위해 굳이 물리적으로 이동할 필요가 없는 세상에 살고 있으니 그런 생각은 빨리 갖다 버리길 바란다! 경제학자 리처드 볼드윈(Richard Baldwin)이 유명한 TV 시리즈 〈스타 트렉〉에 나온 표현으로 비유한 적이 있다. 바르샤바나 방콕에 거주하는 회계사는 미국에 거주하는 회계사보다 수입이 적다. 만약에 이 외국인 회계사를 딱 하루만 맨해튼으로 전송할 수 있다면 어떨까? 디지털 기술은 이것이 가능하다.

볼드윈은 이를 세계화와 로봇공학을 결합한 '글로보틱스 혁신(globotics revolution)'이라고 부른다. 기술의 진보로 점점 더 많은 서비스가 거래 가능해졌다. 임금이 낮은 국가의 통신이주민(telemigrant)은 선진국의 수백만 고임금 서비스 노동자와 동일한 작업을 할 수 있다. 미국의 회계사들이 일자리가 해외로 빠져나가는 것을 지켜본 공장 노동자들의 대열에 합류할 때, 우리는 외국인 회계사에게 무역 제한을 가해야 할까? 보험대리점은? 자산관리사와 변호사는? 컴퓨터 프로그래머와 콜센터 서비스 직원들은 어떤가?

처음에 가난한 경제의 노동자들은 선진경제의 서비스 노동자와 경쟁할 것이다. 시간이 지나면 로봇이나 글로봇(globot)이 모든 곳에서 서비스 종사자를 대체할지도 모른다. 이들은 점심시간도 휴식 시간도 휴가도 필요 없고, 적어도 가까운 장래에는 임금 인상을 요구하지도 않을 것이다. 따라서 볼드윈은 인간과 그들의 일자리를 대체하는 기계 사이의 격렬한 갈등으로 이어질 '글로보틱스 격변(globotics upheaval)'을 예견한다.

글로벌 무역은 제로섬 게임이 아니다

글로벌 무역과 기술이 가져온 결과는 상대적인 경제력을 변화시킬 것이다. 분열과 혼란은 반세계화의 옹호자들을 집결시킬 것이다. 그러나 너무 성급하게 굴지는 말자. 설사 중국이 관련된 문제라도 말이다. 헨리 폴슨(Henry Paulson) 전 미국 재무부 장관은 〈파이낸셜 타임스〉에 기고한 칼럼에서 "국가 공급망에서 서로의 기술을 배제하려는 노력은 글로벌 혁신 생태계를 무너뜨릴 것"이라고 경고했다.[22]

올바른 해결책은 수 세기에 걸쳐 전 세계적 진보를 이끌어온 힘을 멈추는 것이 아니라 무역과 자동화와 사람들의 평화로운 공존을 구축하고 소외되고 뒤처진 이들을 지원하는 정책을 펼치는 것이다. 그러나 어떤 정책입안자라도 입증할 수 있듯이, 최적의 결과를 창출하는 것은 말로는 쉬울지 몰라도 실천하기는 어렵다.

아무리 좋은 의도라 한들 탈세계화는 잘못된 전투를 하고 있다. 내 동료인 고든 핸슨이 이를 단순명료하게 표현한 바 있다. "일자리 자국 이전에 대한 낙관론을 부추겨봤자 더 많은 실망만을 초래할 뿐이며 자유무역과 세계화에 대한 반발을 더욱 부채질할 수 있다."[23]

무역과 세계화에 대한 과도한 반발은 우리의 첨단기술 사회에 대한 초거대 위협이다. 30년간 초세계화를 겪은 뒤 급진적인 탈세계화에 빠지지 않는다면 그것만으로도 운이 좋은 것이다. 이상적이지도 않고 비용도 여전히 많이 들 테지만 가장 바람직한 결과는 '약세계화'로 보인다. 약세계화 세상에서 미국과 중국은 서로 경쟁적인 무역 및 투자 시스템을 운영할 것이다. 대부분 국가는 두 국가 중 한쪽에 설 것이고 일부는 두 국가와 모두 좋은 관계를 유지할 수도 있다.

기술과 데이터, 정보와 일부 민감한 서비스(예를 들면 민감한 정보를 수집하는 앱)와 상품(마이크로칩 등)의 탈동조화는 상당히 두드러지는 반면, 저가의 일반상품 무역은 계속 유지될 것이다. 제약으로 인해 기술과 민감한 부문에 대한 투자는 어려울지 몰라도 외국인 직접 투자도 지속될 것이다. 노동력의 이동은 심지어 학계에서조차 새로운 장애물에 직면할 테지만 전면적으로 금지되지는 않을 것이다. 완전한 자국 생산(on-shoring)을 버리고 자국 이전과 동맹 이전이 시작된다. 자원 민족주의가 표면화되겠지만 급진적일 정도는 아니다. 남겨진 노동자들은 경제적으로 쓸모없어진 일자리를 보호하는 대신 사회복지 프로그램과 재교육에 의존하고, 지역무역협정이 글로벌 협정을 대체할 것이다. 약세계화는 경쟁과 생산성을 억제하고 스태그플레이션 압력을 가하겠지만 대공황에 버금가는 재앙적인 결과는 피할 수 있을 것이다.

8장에서 보겠지만 우리가 가장 두려워해야 할 요인은 무역이 아니다. 세계화뿐만 아니라 호모사피엔스마저도 퇴화시켜 우리의 공동 번영을 위협할 요인은 인공지능과 자동화다.

8장

AI와 사라진 일자리

앞에서 말했지만 종합적으로 볼 때 기술의 진보가 일자리를 없애는 것은 아니다. 그러나 만일 그 기술이 지능을 갖추고 있다면 어떨까? 인공지능, 머신 러닝(기계학습), 로봇공학 및 자동화의 영역에서 공상과학이 현실로 실현되고 있다. 최초의 '기계 보조장치'가 등장한 이래 마침내 발명가들의 꿈과 희망에도 잔혹한 반전이 일어날지 모른다. 당신이 어떤 일을 하든 인공지능은 그보다 더 잘할 수 있다. 최초의 러다이트 운동 이후 드디어 현대의 러다이트들이 옳다는 것이 밝혀질 것인가? 사람들이 직업과 소득, 존엄성을 잃는 동안 소수의 최상위층만 승리를 거두는 미래 또한 매우 현실적이다. 이런 초거대 위협에 비하면 영국의 소설가 메리 셸리(Mary Shelley)가 만들어낸 프랑켄슈타인은 귀여운 수준이다.

아주 최근까지도 인공지능, 즉 AI의 변혁 능력을 열렬히 믿는 신봉자들은 이를 증명해야 한다는 무거운 부담감에 좌절하고 있었다. 1980년대와 1990년대는 AI에겐 힘든 시기였다. 기술의 진전은 고통스러울 정도로 더뎠고 컴퓨터가 인간 지성을 능가하기는커녕 감히 필적할 수도 없다는 회의주의자들의 주장에 일리가 있는 것처럼 보였기 때문이다. 기계는 반복 작업에는 상당한 향상을 보였지만 심오한 사고는 여전히 인간의 영역인 듯 보였다.

논쟁은 지금도 계속되고 있으나 유기지능과 인공지능의 격차는 확실히 좁혀졌다. 요즘 알고리즘은 종종 민감한 웹사이트에 대한 접속을 허용하기 전에 우리에게 로봇이 아닌지 묻는다. 어떤 이들은 그 차이마저 곧 사라질 것이라고 말한다. 이런 압력이 심해지면서 회의주의자들은 벽돌쌓기부터 신경외과 진료에 이르기까지 컴퓨터가 '절대로' 할 수 없는 작업들을 나열하기 시작했다. 하지만 벽돌쌓기를 생각해보자. 이미 AI와 3D 기술을 사용해 그 어떤 벽돌공보다 더 빠르게 벽을 쌓아 올려 조립식 주택을 만들 수 있는데 도대체 왜 로봇이 그런 일을 할 수 없다고 생각하는가?

컴퓨터의 연산 속도와 용량이 향상되면서 기존의 불가능 목록은 점차 줄어들고 있다. 가장 극단적인 시나리오는 엄청나게 똑똑한 인간과 인간의 지능을 능가하는 컴퓨터 또는 인간을 훨씬 넘어서는 기계 능력을 지닌 로봇이 결합되는 것이다. 이 시점을 넘어서면 세상은 그야말로 알아볼 수도 없을 만큼 달라질 것이다. 호모 사피엔스가 네안데르탈인을 밀어냈듯이 우수한 두뇌와 힘을 지닌 새로운 하이브리드 인간 종이 호모 사피엔스를 대체할 것이다.

그런데도 여전히 당신의 직업이 안전하다고 생각한다면 다시 생각해보기 바란다. AI는 생산성의 바람직한 향상과 더불어 우리가 원치 않는 개인적인 혼란과 시스템 혼란을 초래할 것이다. 기계가 인간보다 더 똑똑해져 기술의 중요 부분을 효과적으로 제어하고 기술의 성장이 걷잡을 수도 없고 되돌릴 수도 없는 수준에 도달하기 전에, 다시 말해 전문가들이 '특이점(singularity)'이라고 부르는 순간에 도달하기 전부터 일자리의 증발은 소비자 수요를 압박할 것이다.

과거와 마찬가지로 새로운 일자리가 나타나 이 문제를 상쇄할 수 있을지도 모르지만, 맞춤형 알고리즘이 그런 일자리를 채우게 되면 그조차 불가능하다. 생산성 증가는 곧 경제 파이의 성장이기에 처음에는 좋은 소식으로 들릴지도 모른다. 그러나 불평등이 심화되고 소비자 수요가 줄면 생각이 바뀔 것이다. 추락이 가속화되고 경제는 어려움을 맞는다.

지금은 인공지능을 무제한으로 배치하기 위한 경쟁이 진행 중이다. "이 기술은 유전자에서 이미지, 언어에 이르기까지 데이터가 존재하는 거의 모든 산업에 적용될 것이다." 2016년 〈이코노미스트〉 인터뷰에서 메타마인드(MetaMind)를 설립한 AI 기업가 리처드 소셔(Richard Socher)가 한 말이다. "AI는 어디에나 있을 것이다." 기업들이 고객들에게 다가갈 수 있게 돕는 상장 기업인 세일즈포스(Salesforce)는 이 메시지에서 영감을 얻어 메타마인드를 인수했다.[1]

AI와 관련해 비용을 절감하고 일자리를 없애는 첨단기술의 최근 사례를 하나 소개한다. 2021년 초 〈뉴욕 포스트〉는 뉴욕 캘버튼에 부지 4분의 1에이커와 현관 앞 포치와 흰색 장식이 있는 130제곱미터 면적의 회색 주택이 매물로 나왔다고 보도했다. 롱아일랜드에서 3D 인쇄 주택 최초로 매매 승인을 받은 이 집은 꽤 떠들썩한 뉴스거리였다.[2] 주택이나 사무실 건물을 '프린트'하는 장비는 거대한 기계 팔에 글루건이 달린 것과 비슷하게 생겼다. 글루건은 컴퓨터의 지시에 따라 시멘트 액체를 분사해 벽을 만들고 창문과 문을 설치할 공간을 남긴다. 건물 뼈대가 완성되는 데는 9일이 걸렸고, 필요한 인력이라고는 장비를 모니터링할 두 명의 작업자뿐이었다. 건축비는 일반 주택의 절반에 불과했다.

2021년 7월에는 네덜란드의 막시마 소레기에타 세루티(Maxima Zorreguieta Cerruti) 왕비가 암스테르담 중심부에 있는 운하를 가로지르는 보행자 전용 교량의 개통식에 참가했다. 3D 프린터로 건설된 이 다리의 완공을 축하하는 리본을 자른 것은 다름 아닌 로봇이었다.

대변인은 이 교량의 심미적인 매력을 강조하며 앞으로도 이런 다리가 더 많이 건설될 것이라고 예견했다. MX3D의 CTO인 팀 게우르트 옌스(Tim Geurtjens)는 "이건 단순히 더 저렴하고 효율적인 방식이 아니다"라고 말했다. "이는 건축가와 디자이너가 건축물의 설계나 디자인 방식을 달리 생각할 수 있는 새로운 도구, 그것도 아주 멋진 도구를 제공한다."[3]

자, 그렇다면 이제 이런 규모의 3D 인쇄를 가능케 하는 AI의 힘을 생각해보자. 컴퓨터는 언제쯤 설계자 없이 혼자서 다리를 설계할 수 있을까? 건축가는 여러 해 동안 공학과 디자인을 배우며 실력을 갈고

닦는다. 컴퓨터는 하루도 안 돼 대량의 구조적 지식을 습득할 수 있다.

창의성이 인간의 전유물이라고 여기지 마라. 아직도 정확히 무엇이라고 규정하기 힘든 인간의 창의성은 이제 디지털과의 경쟁에 직면해 있다. 1997년 IBM의 딥블루(Deep Blue)는 독창적인 전략을 고안해 세계 체스 챔피언 가리 카스파로프(Garry Kasparov)를 상대로 여러 차례 승리를 거뒀다. 2016년에 딥마인드(Deep Mind)의 컴퓨터 알파고(Alphago)는 우주에 존재하는 원자보다도 더 많은 수(手)를 지닌 게임을 정복했다. 〈와이어드(Wired)〉의 편집장 니콜라스 톰슨(Nicholas Thompson)은 PBS 프런트라인에 이렇게 말했다. "그것은 인간이 플레이한 게임을 연구하고, 규칙을 익히고, 그런 다음 창의적인 수를 생각해낸다."[4] 세계의 이목이 집중된 대결에서 알파고는 세계 바둑 챔피언인 이세돌을 5판 4승으로 이겼다.

두 번째로 치러진 제2국이야말로 AI의 분수령이라 할 수 있었다. 프런트라인에서 AI 과학자인 리카이푸(李開復)는 바둑판에 놓인 37번째 수가 "인간이 상상하기 힘든 수지만 매우 훌륭한 움직임"이라고 했다. "사람들은 '와, 우리 인간은 수천 년이나 바둑을 뒀지만 이런 수는 생각도 못 했어'라고 했다." 다른 전문 논평가는 AI의 승리는 컴퓨터가 인간을 이긴 것이 아니라 새로운 형태의 지성이 다른 지성을 이긴 것이라고 냉철하게 덧붙였다. 이 두뇌 싸움에서는 어느 쪽도 특별한 지위를 누리지 않는다.

팟캐스트 '아이 온 AI(Eye On AI)'를 진행하는 〈뉴욕 타임스〉의 기자 크레이그 스미스(Craig Smith)는 "사유(思惟)가 무엇을 의미하는지 의미

론적으로 분석할 수도 있겠지만 어쨌든 이 시점에서 AI 시스템은 사유하고 있다"라고 말했다.[5]

1년 뒤 알파고 제로(AlphaGo Zero)는 바둑 규칙을 배우고 단 사흘 만에 수십억 개의 데이터포인트를 생성해 알파고를 능가했다. 딥러닝은 무시무시한 속도로 발전했다. 2020년 딥마인드의 알파폴드2(AlphaFold2)는 지난 50년 동안 의학 연구자들을 괴롭혔던 '단백질 접힘 문제(protein-folding problem)'를 해결해 생물학 분야에 혁명을 일으켰다. 알파폴드는 단백질 구조에 대한 방대한 양의 분자 데이터를 분석하는 것 외에도 구글 브레인(Google Brain) 과학자들이 2017년 논문에서 공개한 혁신적인 신경망인 '트랜스포머(Transformer)'를 도입했다. 단백질 접힘 문제를 해결하면 생체의학 분야에서 새롭고 중요한 돌파구를 열 수 있다.

인공지능이 만들어낸 예술 운동도 박수갈채를 받았다. 소프트웨어 컨설턴트이자 피아니스트인 구스타보 디아스헤레스(Gustavo Diaz-Jerez)는 2017년 BBC에서 "우리는 컴퓨터에 음악을 작곡하는 법을 가르쳤다"라고 말했다. "이제 우리는 버튼 하나만 누르면 현대 클래식 음악을 만들 수 있다." 작곡에는 음악을 연주할 때 열 개의 손가락이 필요하다는 규칙만 제외하면 어떤 모범 답안도, 가이드도 없다. 이렇게 작곡된 곡들을 런던 심포니 오케스트라가 연주한 적도 있다.[6] AI가 작곡한 노래가 빌보드 핫100 차트 1위에 오르거나 AI가 쓴 소설이 〈뉴욕 타임스〉 베스트셀러가 되는 일도 시간문제일지 모른다.

기술은 이미 파블로 피카소를 되살려낸 바 있다. 100여 년 전 그는 예전에 그린 그림 위에 새 그림을 그렸는데, 지금까지 아무도 알지 못했던 사실이었다. 2021년 10월 NBC 뉴스는 "웅크린 여성의 누드 초상화가 이 전설적인 화가처럼 그림을 그리도록 훈련된 인공지능 소프트웨어에 의해 되살아났다"라고 보도했다.[7]

감정 교류를 하는 기계도 빠트릴 수 없다. 2021년 9월 〈사우스 차이나 모닝 포스트〉는 "샤오펑이 어린이용 스마트로봇 조랑말을 공개해 모빌리티의 미래 비전에 한층 다가갔다"라고 보도했다. "'리틀 드래곤 화이트'라고 불리는 이 스마트 조랑말은 파워 모듈과 동작 제어 기능, 지능형 감정 상호작용 기능 등을 탑재하고 있다."[8]

〈포브스〉의 도서 평론가 컬럼 체이스(Calum Chace)는 대니얼 서스킨드(Daniel Susskind)의 《노동의 시대는 끝났다》에서 로봇과의 교감을 봤다. 체이스는 이렇게 썼다. "우리는 확신할 수 없다. 정서적 능력이 필요한 직업이 언제까지고 인간의 전유물로 남아 있을 수 있을까? 기계는 이미 당신이 행복한지, 놀랐는지 아니면 우울한지 알 수 있다. 심지어 동성애자도 구분할 수 있다. 어떤 AI 시스템은 당신의 표정을 통해, 어떤 시스템은 당신이 걷고 춤추고 자판을 치는 방식을 통해 이를 파악한다."[9] 예전에는 사람만 할 수 있다고 여겨졌던 노인을 돌보는 간호직도 머지않아 감성 지능형 간호 로봇으로 대체될지 모른다.

중산층 화이트칼라들의 직업도 다르지 않다. 이들의 업무는 경력 과정에서 배우고 익힌 기술과 정보에 적절한 순간에 무작위로 접근하는 능력에 달려 있다. 2016년 글로벌 경영 컨설팅 회사의 연구기관인 맥킨지 연구소는 AI가 산업혁명보다 "속도는 10배 이상 빠르고 규모

는 300배 이상이며 사회를 변화시키는 영향력은 거의 3,000배에 이른다"라고 결론지었다.[10]

옥스퍼드대학교 연구진인 칼 베네딕트 프레이(Carl Benedikt Frey)와 마이클 오즈번(Michael Osborn)은 702개 직종을 대상으로 컴퓨터가 불러올 직업 파괴에 관해 조사했다. 2013년에 발표된 그들의 조사 연구에 따르면 미국 일자리의 47퍼센트가 가까운 미래에 컴퓨터 자본으로 대체될 가능성이 매우 크다. 대공황 때 미국인의 실직률은 25퍼센트였다.[11]

TV 게임쇼인 〈제퍼디!(Jeopardy!)〉는 언어유희와 속어, 함정, 방언, 말장난 그리고 모호한 연관성 등을 제시해 대중문화부터 극소수 사람들만 아는 희귀한 지식에 이르기까지 다양한 주제에 관한 지식을 겨룬다. 이제껏 컴퓨터 프로그래머이자 퀴즈 박사인 켄 제닝스(Ken Jennings)만큼 이 게임에 뛰어난 사람은 없었다. 제닝스는 〈제퍼디!〉에서 74번이나 우승해 전설적인 기록을 남겼다. 그는 극심한 압박감 속에서도 미 대륙에서 최초로 사망한 유럽인으로 추정되는 인물의 남자 형제이기도 한 정치 지도자의 이름과, 미국의 보건 총감 월터 와이먼(Walter Whyman)이 1901년 하와이에 병원을 설립한 계기가 된 질병의 이름을 거의 구글 검색엔진에 필적하는 속도로 맞혔다(답은 '레이프 에리크손'과 '나병'이다).

그러나 제닝스는 AI의 상대가 되지 못했다. 2013년 그의 TED 강연에 따르면 IBM의 왓슨(Watson)은 그를 손쉽게 이겼다. 그는 로봇에게 일자리를 빼앗겨 쓸모없어진 디트로이트의 공장 노동자들에게 위로를 보냈다. 제닝스는 "나는 경제학자가 아니다"라며 운을 뗐다. "내가 아는 것이라곤 직장에서 해고된 기분이 어떤지, 그게 사람의 기를 얼마나 죽이는지 하는 것이다. 정말 끔찍한 기분이었다."

그는 이렇게 회상했다. "내가 잘하는 게 딱 하나 있었는데, IBM이 수천만 달러와 회사에서 가장 똑똑한 사람들을 쏟아부어 만든 수천 개의 병렬 프로세서가 졸지에 나와 똑같은 일을 할 수 있게 되었다. 그 컴퓨터는 나보다 조금 더 빠르고 조금 더 잘할 수 있었고 그래서 그 즉시 나는 '미안합니다, 켄. 더 이상 당신은 필요 없어요'라는 말을 듣게 된 것이다."

그는 일자리의 디지털 아웃소싱이 어디서 멈출지 궁금해했다. "나는 퀴즈쇼 참가자라는 직업이 생각하는 컴퓨터가 지배하는 이 새로운 세상에서 쓸모없어지는 첫 번째 직업이 된 것 같다는 느낌이 들었다. 그리고 절대로 마지막 직업도 아닐 것이다."[12]

철학자 프리드리히 니체는 개인용 컴퓨터가 발명되기 1세기 전에 격변이 발발할 것을 내다봤다. 그는 《도덕의 계보》에서 이렇게 경고했다. "앞으로 나아가는 모든 단계는 누군가의 정신적, 육체적 고통을 대가로 이뤄진다."

AI의 위협

2021년 3월 〈워싱턴 포스트〉의 보도에 따르면 로봇공학 및 AI 기업들은 TV 애니메이션 〈우주 가족 젯슨(The Jetsons)〉에 나오는 로봇 로지와 조금이라도 유사한 것을 소유하려면 앞으로 상당한 시간을 기다려야 할 것이라고 말한다. 로지는 만화영화 속 미래에 사는 가족들을 위해 일하는 가정용 로봇인데, 하늘을 나는 자동차와 구름 속에 떠 있는 집과 더불어 이 만화의 독특한 상징과도 같은 존재다. "로지는 요리를 한다. 청소도 한다. 그러고도 엘로이와 공놀이를 할 시간도 있다. 로지는 이상적인 하녀다. 공손하고 항상 침착하다. 자신이 받은 명령을 정확하게 수행한다. 로지는 컴퓨터로 움직이는 척척박사다." 게다가 로지는 딱 맞는 상황에서 건방지게 굴 줄도 안다. "알루미늄 합금 코어 아래 배터리로 작동하는 순수한 심장을 지녔다."[13]

언젠가 우리는 그와 같은 미래에 도달할 것이다. 마크 라이버트(Marc Raibert) 전 보스턴 다이내믹스(Boston Dynamics) 회장은 〈더 포스트〉 인터뷰에서 가장 큰 문제는 '안전'이라고 말했다. 보스턴 다이내믹스는 동물과 비슷한 외관을 가진 민첩한 로봇을 개발한다. "로봇이 복잡해질수록 안전에 대한 우려도 커진다. 사람 옆에 로봇이 있는데 어딘가 잘못되기라도 한다면 사람에게는 위험이 된다."[14]

수십 년 전 실제로 로봇이 존재하기 훨씬 전에 과학소설가 아이작 아시모프(Issac Asimov)가 우리가 만든 기계로부터 우리를 안전하게 보호하기 위해 세 가지 원칙을 제시한 적이 있다. 이후 여러 곳에서 차용된 그의 로봇 3원칙은 1942년 작 단편인 《술래잡기 로봇(Runaround)》에 처음 등장했다. 첫째, 로봇은 인간에게 위해를 끼쳐서는 안 되며 행동하지 않음으로써 인간이 해를 입게 해서도 안 된다. 둘째, 로봇은 인간의 명령이 제1 원칙에 위배되지 않는 한 명령에 복종해야 한다. 셋째, 로봇은 제1 원칙이나 제2 원칙에 위배되지 않는한 자신의 존재를 보호해야 한다.

그러나 이런 원칙으로도 충분하지 않을 수 있다. 매슈 슈어러(Matthew Scherer)는 2016년 〈하버드 법률 기술 저널(Harvard Journal of Law and Technology)〉 봄 호에 기고한 글에서 로봇이 임무 완수와 안전을 저울질할 때 겪는 내적 갈등을 다뤘다. "AI와 관련해 파국적인 위험을 다루는 현대 학문의 대부분은 효용성을 최대화하려는 시스템에 초점을 맞추고 있다. 그런 효용의 최대화가 인류에게 실존적 위험을 초래할 수 있는 경우에도 말이다."[15] 즉 로봇은 그들이 해야 할 일을 함으로써 우리에게 위협이 될 수도 있다.

인터에서는 어떤 것들이 잘못될 수 있을까? 아주 많은 것이 잘못될 수 있다. 2015년에 독일 폭스바겐 공장에서는 22세의 노동자가 고정된 로봇을 설치하다가 금속판에 깔려 숨졌다. 같은 해 미시간의 자동차 공장에서는 한 여성이 산업용 로봇팔 때문에 사망했다. 2018년에는 자율주행 우버 차량에 탄 인간 보조운전자가 〈더 보이스(The Voice)〉 에피소드를 시청하다가 그의 차가 한 여성을 치어 목숨을 앗아갔다.[16] 당국은 자율주행차인 우버를 방치한 보조운전자를 과실치사 혐의로 기소했다.

살인 로봇만 문제가 아니다. 몇몇 직업에서는 아직도 인간이 더 유용하다. 〈워싱턴 포스트〉에 따르면 월마트는 2020년에 재고관리 로봇을 해고했다. "덩치 큰 1.8미터 높이의 기계보다 사람이 더 간단하고 효율적으로 제품을 스캔할 수 있다"라는 이유에서였다.[17]

또한 고용주는 컴퓨터에게 아무리 힘들어도 참고 열심히 일하라고 강요할 수 없다. 〈USA 투데이〉는 "요리사의 일자리를 위협하던 햄버거 뒤집기 로봇 플리피가 처음으로 장기 휴식을 가졌다"라고 보도했다.[18] 세계 최초의 주방 도우미 자율로봇인 플리피에게는 아무 잘못도 없다. 그저 2018년 캘리포니아 패서디나 매장에 설치된 플리피에 대한 열렬한 홍보가 수요를 너무 많이 발생시켰는지 도저히 업무를 다 소화할 수 없었을 뿐이다. 결국 캘리버거(CaliBurger)는 플리피 1.0을 퇴사시키고 더 많은 사람 직원을 고용했다.

이후 캘리버거는 플로리다주 포트마이어스에 플리피 2.0을 설치했다.[19] 직원 이직률이 연 50퍼센트가 넘고 채용 및 훈련 비용으로 연 34억 달러가 소요되는 패스트푸드 산업계에서는 플리피를 더 광범위하게 이용하고자 하는 열망이 뜨겁다.

이처럼 몇 가지 커다란 장애물에도 불구하고 스마트머니는 인공지능이 승리할 것이라는 데 걸고 있다. 2017년 퓨 리서치 센터(Pew Research Center)의 연구에 따르면, 미국인의 4분의 3이 로봇과 컴퓨터가 결국 사람들이 하는 대부분의 일을 처리할 것이라는 예측을 '어느 정도 현실적'이라고 여긴다.

일본의 경우 편의점 운영업체인 패밀리마트가 인력 부족에 대처하기 위해 AI를 활용 중이다. 패밀리마트는 2024년 말까지 1,000개의 완전 자동화된 매장을 개점할 계획이다. 무인 패밀리마트 매장에는 사람 직원이 응대하는 일반 매장과 마찬가지로 약 3,000여 개의 물품이 비치될 것으로 보인다. 일반 매장의 약 3분의 1 크기인 테스트 매

장의 경우 50대의 카메라를 설치해 내부를 모니터링하고 결제를 처리하도록 되어 있다.[20]

알고리즘은 영업과 판매의 기술을 새로 쓰고 있다. 2021년 〈월스트리트 저널〉은 "AI 지출에서 소매업이 은행업을 추월할 것"이라고 보도했다. 웹사이트 핀터레스트(Pinterest)는 소매업자들이 사이트를 이용해 상품을 판매할 수 있도록 지원하는데, 핀터레스트의 엔지니어링 전무이사 제러미 킹(Jeremy King)은 〈월스트리트 저널〉에 "소매업의 거의 모든 부분에서 당신이 떠올릴 수 있는 거의 모든 것이 AI로 작동되고 있다"라고 말했다. 킹은 월마트의 전 부사장이자 최고기술책임자로도 근무했는데, 현재는 온라인으로 가구와 가정용품을 판매하는 웨이페어(Wayfair)의 임원이다. 웨이페어는 AI를 사용해 고객들이 원하는 상품을 찾아주는 회사다.[21]

〈이코노미스트〉는 독일의 전자상거래업체 오토(Otto)가 CERN 연구소에서 입자물리학 실험에 사용되는 AI 기술을 2017년부터 도입했다고 보도했다. "약 30억 건의 거래 내역과 200개의 변수(지난 구매 내역, 오토 사이트 검색, 날씨 정보) 등을 분석해 고객이 실제로 주문하기 일주일 전에 무엇을 구매할지 예측한다."[22]

오프라인 소매업체인 홈디포(Home Depot)는 머신 러닝을 사용해 선반에 진열하는 상품을 결정한다. 전문가들은 AI에 대한 소매업체의 지출이 2025년에는 전 세계적으로 2,000억 달러를 초과할 것으로 전망 중이며 이는 2021년의 850억 달러에 비해 엄청나게 증가한 수치다.[23] 웨이페어의 고객 및 공급업체 기술책임자인 피오나 탄(Fiona

Tan)은 〈월스트리트 저널〉에 "머신 러닝에 대한 막대한 투자 없이는 더 이상 운영할 수가 없다"라고 말했다.

기술적 실업의 시대가 도래하다

간단한 자동 기계장치는 고대 그리스와 로마가 세계를 지배한 이래 늘 존재했었다. 가장 초기에 만들어진 것은 스프링과 코일을 이용해 사람이나 동물의 움직임을 모방하는 기계장치였다.[24]

그러다 19세기 후반, 산업혁명과 함께 인간의 노동에 도움이 되는 의미 있는 장치들이 확산되기 시작했다. 기계가 사람 대신 일할 것이라는 예측은 사회적 갈등을 불러왔고 그중 가장 유명한 것이 베틀을 파괴한 러다이트 운동이었다. 당시 제분소 주인인 윌리엄 호스폴(William Horsfall)은 일터를 자동화한 데 대한 대가를 치러야 했다. 1812년의 어느 날 그는 허더즈필드 시내에서 집으로 돌아가던 중 총에 맞아 사망했다.[25]

1821년이 되자 경제학자 데이비드 리카도는 불길한 조짐을 포착하고 "기계가 다양한 사회계층의 이해관계에 미치는 영향"에 대해 진지하게 탐구하기 시작했다. 1839년에는 경제를 "음울한 과학"이라고 부른 토머스 칼라일(Thomas Carlyle)이 "기계주의의 악마성"을 언급하며 그 때문에 "일반 노동자 다수가 혼란에 빠질 것"이라고 전망하면서 불안감을 드러냈다.[26] 비슷한 시기에 칼 마르크스는 구체적인 대상을 저격했다. 그는 "자본주의 생산은 오로지 모든 부의 원천인 토지와

노동자를 파괴함으로써만 기술과 다양한 사회적 생산의 결합을 발전시킨다"라고 경고했다.[27]

1930년에 존 메이너드 케인스는 〈우리 손자 세대가 경험할 경제적 가능성(Economic Possibilities for Our Grandchildren)〉에 대해 고찰했다.

> 우리는 일부 독자들은 아직 그 이름을 들은 적이 없을지 몰라도 앞으로 모두가 자주 들을 새로운 질병, 즉 '기술적 실업'에 시달리고 있다. 이는 노동의 새로운 용도를 발견하는 속도보다 노동의 사용을 절약할 수단을 더 빨리 발견하면서 생기는 실업을 의미한다.[28]

케인스는 단지 "일시적인 부적응 단계"만을 예견했을 뿐이다. 하지만 적어도 지금까지 그는 대체로 옳았다. "이 모든 것은 장기적으로 인류가 경제적 문제를 해결하고 있음을 의미한다. 100년 후 선진국의 생활 수준은 지금보다 4~8배 정도 향상될 것이다. 우리의 현 지식에 비춰 보더라도 이는 그리 놀라운 예측이 아니다. 이보다 훨씬 크게 발전한다고 해도 터무니없는 관측은 아닐 것이다." 그는 또한 기술 혁신으로 노동시간이 현저히 감소해 노동자들이 대부분 시간에 여가와 예술 및 창의적인 활동을 즐길 수 있으리라 예견했다.

제2차 세계대전은 자동화의 속도를 가속화했다. 조립라인은 군수품과 최신식 레이더 추적 항공기를 생산했고, 영국 블레츨리 파크의 연구원들은 고등수학을 활용해서 독일 해군의 비밀암호를 해독해 적군 잠수함의 행방을 밝혀냈다. 당시 이 암호해독 계획을 이끈 영국의 수학자 앨런 튜링(Alan Turing)은 뛰어난 능력에도 불구하고 비극적 운명을 맞았다. 그러나 그의 에니그마 기계(Enigma machine)는 전쟁을 단축하고 무수한 목숨을 구했다.

전쟁이 끝난 뒤 튜링은 〈계산 기계와 지능(Computing Machinery and Intelligence)〉이라는 논문을 썼다. 그는 기계가 생각을 할 수 있는지 의문을 품기보다 컴퓨터가 인간 사고 과정의 외적 표현을 모방해 인간처럼 보이게 응답할 수 있는지에 대해 더 궁금해했다. 〈하버드 법률 기술 저널〉 2016년 봄 호에 실린 매슈 슈어러의 글에 따르면 "이는 튜링의 '모방 게임'의 전제로, 이 게임에서 컴퓨터는 인간 질문자에게 자신이 실은 기계가 아니라 인간이라고 설득하기 위해 시도한다."[29]

튜링은 인공지능이라는 용어가 만들어지기 20년 전부터 인공지능이 어디에 사용될지 상상했다. 그의 전기 작가 앤드루 호지스(Andrew Hodges)에 따르면 "[튜링은] 기계에 '텔레비전 카메라, 마이크, 확성기, 바퀴와 서보(servo) 메커니즘뿐만 아니라 일종의 전자두뇌'를 장착하는 것이 가능하다고 여겼다." 또한 튜링은 더 나아가 "그것이 '스스로 뭔가를 발견할 기회를 가질' 수 있도록 '시골을 돌아다니게 해야' 한다고 제안했다."[30] 이제 곧 튜링 테스트에 성공할 기계가 나올 것이다. 우리는 대화하는 상대가 인간인지 기계인지 구분할 수 없을 것이다.

가장 빨리 행동에 돌입한 기관은 펜타곤이다. 1958년 7월 〈뉴욕 타임스〉는 '새로운 해군 장비는 행동으로 배운다(New Navy Device Learns by Doing)'라는 제목의 기사를 게재했다. "해군은 퍼셉트론(perceptron)이 '인간의 훈련이나 통제 없이도 주변 환경을 수신, 인식 및 식별할 수 있는' 최초의 무생물 메커니즘이 될 것이라 밝혔다."1962년에는 최초의 상업용 로봇이 자동차 조립라인에 설치되었다.[31] 존 F. 케네디 대통령은 로봇과 노동에 관한 기자회견을 거부하고 연방자동화위원회(Federal Automation Commission)를 구성하기 위한 어떤 조치도 취하지 않았지만, 자동화로 발생하는 문제들을 다룰 필요성에 관한 연설을 했다.

의인화된 컴퓨터는 1968년 스탠리 큐브릭(Stanely Kubrick) 감독의 영화 〈2001 스페이스 오디세이〉에서 HAL 9000이 목성에 대한 임무를 맡았을 때 상당히 섬뜩한 설득력을 얻었다. 돌연 인간이 컴퓨터를 지배하는 게 아니라 컴퓨터가 인간을 지배하게 된 것이다. HAL은 무미건조한 목소리로 우주비행사들에게 고백한다. "최근에 제가 매우 부적절한 결정을 내렸다는 것을 압니다. 하지만 곧 정상적으로 돌아올 것이라고 완벽하게 확신합니다. 저는 아직도 제 임무에 대해 큰 열정과 확신이 있습니다. 그리고 당신들을 돕고 싶습니다." 그러고는 굉장히 심각한 경고를 덧붙인다. "이 임무는 제게 너무 중요하기 때문에 당신들이 망치게 둘 수는 없습니다." 모든 인공지능에게 임무를 완수하는 것은 가장 중요한 일이다.

영화가 개봉된 후 일터에 로봇이 늘어나면서 컴퓨터가 일의 본질을 변화시키기 시작했다. 1980년 〈뉴욕 타임스〉는 노동운동가 할리 샤이켄(Harley Shaiken)의 기고문을 실었다. 제목은 '로봇이 당신의 일자리를 노리고 있다(A Robot Is After Your Job)'였다.[32] 샤이켄은 노골적으로 말한다. "로봇과 같은 혁명적인 신기술의 도입—예를 들어 컴퓨터로 제어되는 다재다능한 기계 팔—은 두 가지 고통스러운 가능성을 제기한다. 상당한 규모의 일자리 실종과 노동 생활의 질적 하락이다." 그는 규제 없는 자본주의와 경쟁 관계에 있는 사회적 정신을 옹호한다. "사람들에게 해를 입히는 기술이 아니라 이로운 기술이 목표가 되어야 한다."

하버드대학교의 경제학 교수 바실리 레온티예프(Wassily Leontief)는 1982년 〈사이언티픽 아메리칸(Scientific American)〉 특별호에서 이 암울한 메시지에 대해 더 자세히 설명한 바 있다. 그는 점차 심화되고 있는 문제들을 서술했다.

> 그러나 오늘날에는 과거의 경험이 미래의 기술 변화에 대한 신뢰할 만한 나침반이 되지 못한다는 신호가 있다. 고체전자공학의 출현으로 상품 생산에서 인간의 근육을 대체하던 기계들이 이제는 생산뿐만 아니라 서비스 분야에서도 바통을 이어받아 인간의 신경계 기능을 대체하고 있다. … 기계와 인간의 관계가 근본적으로 변화하고 있다. … 이제 컴퓨터는 화이트칼라 노동자의 역할을 대신해 처음에는 단순한 작업으로 시작해서 점점 더 복잡한 정신적 작업을 수행한다. 인간의 노동은 태곳적부터 주요 생산 요소의 역할을 해왔다. 미래에는 인간의 노동이 이 지위를 유지하지 못할 것이다.[33]

레온티예프는 산업혁명이 자동화된 마력(馬力)을 공급하면서 퇴출된 말에 인간을 비유한다. 인공지능은 그와 같은 방식으로 인간의 지적 능력을 대체하며 정책입안자들에게 어서 빨리 그 길을 따라오라고 압박 중이다. 그러나 오바마 정부는 2016년 10월이 되어서야 〈인공지능의 미래에 대한 준비(Preparing for the Future of Artificial Intelligence)〉라는 보고서를 발표했다.[34] 인공지능에 대한 기본 지침서이자 인간과 기계의 상호작용에 대한 처방전인 이 보고서는 자동화의 부정적 영향이 저임금 일자리에 가장 큰 영향을 줄 것이라는 증거에 기대고 있었다.

인공지능 지니가 병에서 풀려났다. 그리고 인간의 본성과 자유시장에 힘입어 점점 더 그 힘을 키워가는 중이다. "히말라야 동굴에 은둔하는 수도승이나 상아탑의 지성들이 뭐라고 하든, 자본주의라는 비대한 조직에 행복은 곧 쾌락이다. 그게 다다." 유발 하라리(Yuval Harari)가 《호모 데우스》에서 한 말이다. 그는 호모 사피엔스와 인공지능이 결합해 그 결과 초지능 신인류가 도래할 것이라고 말한다. 그의 견해에 따르면 과학 연구와 경제 활동은 "더 나은 진통제, 새로운 맛의 아이스크림, 더 편안한 매트리스 그리고 버스를 기다리는 동안 한 순간도 지루할 틈이 없도록 더 중독성 높은 스마트폰 게임을 생산"함으로써 행복을 추구한다.[35]

인구통계학적 문제는 AI가 더 많은 일을 하도록 독려한다. 〈사우스차이나 모닝 포스트〉는 2021년에 "중국의 노동인구가 감소하면서 공장들이 빈자리를 채우기 위해 기계로 눈을 돌리고 있다"라는 기사를 냈다.[36] 중국 포산에 있는 가전제품 제조업체인 메이디(Midea)의 생산현장에서는 사람을 찾아볼 수 없다. "인간은 조립라인에서 사라졌고 그 자리는 로봇과 원격으로 일하는 디지털에 정통한 기술자와 엔지니어들로 대체되었다." 사람이 내리는 결정을 기계가 할 수 있게 되면 아직 남아 있는 기술자와 엔지니어들마저 사라질 것이다.

효율성을 위한 경쟁은 규칙을 비도덕적인 방식으로 왜곡시킬 수 있다. 애리얼 에즈라치(Ariel Ezrachi)와 모리스 스투케(Maurice Stucke)는 〈일리노이대학교 법학 리뷰(University of Illinois Law Review)〉에서 "가격결정 메커니즘이 컴퓨터 알고리즘으로 전환되면서 담합의 유형도 변화할 것"이라고 주장했다. "우리는 경영진이 연기 자욱한 호텔 방에서 담합하던 세상에서 가격결정 알고리즘이 서로의 가격과 시장 데이터를 지속적으로 모니터링하고 조정하는 세상으로 이동 중이다."[37] 양심의 가책 따위는 포기하라. 아니면 불쾌한 결과에 직면할 것이다.

머신 러닝의 진화와 화이트칼라 노동자들의 위기

알고리즘을 구축한 이들은 머릿속이 아주 복잡할 것이다. AI는 친구인가, 적인가? 자기학습 알고리즘은 프로그래머를 비롯해 인간의 역할을 미래 산업이 창출할 수 있는 것보다 더 많이 대체할 것인가?

에릭 브린욜프슨(Erik Brynjolfsson)과 앤드루 맥아피(Andrew McAfee)는 그들의 저서 《제2의 기계 시대》에서 고용시장이 사라질 것이라는 두려움을 일축했다. 그들은 놀라운 기술발전으로 오히려 누구도 생각지 못한 새로운 직업이 생겨나리라 예측한다.[38] 농업과 제조업 일자리가 사라지기 시작했을 때도 과연 누가 전자와 데이터 처리 또는 통신 분야 일자리가 새로 생길 것이라고 예측할 수 있었겠는가?

일리 있는 말이다. 다만 인간의 지적 능력을 대체하는 것과 육체적 능력을 대체하는 것은 완전히 다르다. 제조업의 쇠퇴와 서비스업의 부상으로 생겨난 좋은 일자리들은 힘이 아니라 두뇌를 필요로 했다. 누구나 지식노동자가 되고 싶어 했다. 그러나 이제 우리는 지식에 대한 독점권을 잃었다. 인공지능은 사람들이 꿈꾸고 원하는 일들을 인간의 두뇌가 처리할 수 있는 것보다 더 빠르고 유능하게 처리할 수 있다. 물론 인간을 위한 일자리도 분명 남아 있을 것이다. 하지만 누가 그 직업을 원할까?

일의 미래에 관한 전문가이자 MIT 경제학 교수인 데이비드 오토는 "문제는 일자리의 수가 아니라 질과 접근성이다"라고 말했다. 그는 TED 강연에서 현금 자동입출금기(ATM)가 은행 창구의 필요성을 줄였다고 지적했다.[39] 그리고 그 결과 은행은 더 많은 지점을 개설하고 출납원이 되었어야 할 사람들을 더 생산적으로 활용할 수 있었다.

한편 대니얼 서스킨드와 마틴 포드(Martin Ford)는 각각 그들의 저서에서 디스토피아적 관점을 수용했다. 그들은 AI와 로봇이 대부분의 일자리를 채울 것이라고 예상한다. 서스킨드는《노동의 시대는 끝났다》에서 "21세기를 거치면서 인간의 노동에 대한 수요가 점진적으로 줄어들 것"이라고 경고했다.[40] 마찬가지로 포드도《로봇의 부상》에서 일자리 없는 미래라는 위협을 우려한다.

자, 그러면 여기서 잠시 멈춰 이번에 겪을 기술적 진보는 과거와 다를 것이라는 주장을 더 자세히 살펴보도록 하자. 지금껏 경험했던 모든 기술 혁명과 달리 이번에는 일자리가 거의 없거나 나쁜 일자리만

남을 것이라는 주장 말이다. 이번에는 대체 뭐가 다른 걸까?

산업혁명은 생산성을 높인다. 첫 번째 혁명은 증기 동력을 가져왔다. 두 번째 혁명은 대량생산을 탄생시켰다. 세 번째 혁명은 전기를 활용했다. 이 세 번의 산업혁명에서 많은 일자리가 사라졌지만 약간의 혼란이 지나고 나자 예전보다 더 많은 일자리가 생겨났다. 사람들은 영원히 직장에서 쫓겨난 게 아니었다. 제조업 일자리 때문에 농장의 잉여 노동자가 도시로 몰려들었고 소득이 증가했다. 제조업 일자리가 사라졌을 때는 서비스 부문에서 고용이 창출되었다.

그러나 오늘날에는 인간 노동자가 옮겨갈 수 있는 곳이 적다. 고수익 커리어의 마지막 보루인 하이테크 기업은 과거 세대의 거대 제조업체보다 훨씬 적은 수의 노동자를 고용한다. 지금은 메타(Meta)가 된 페이스북이 좋은 예시다. 2021년 말에 메타의 시가총액(모든 주식의 합산 가치)은 9,420억 달러로, 이는 세계에서 여섯 번째로 높은 금액이었다. 그러나 이들이 고용하고 있는 직원 수는 약 6만 명에 불과했다. 반면에 포드 자동차는 시가총액은 770억 달러지만 18만 6,000명의 직원을 고용한다. 실리콘밸리는 엄청난 부와 고속 성장하는 회사들로 가득하지만 다른 전통적인 부문보다 훨씬 적은 수의 인력을 고용하고 있다.

그리고 자동차가 스스로 운전할 수 있게 된다면 전 세계의 우버 운전사와 트럭 운전사는 어떻게 될까? 수백만 개의 일자리가 사라질 것이다. 기술은 거의 모든 분야에 혁명을 가져왔다. 로봇 바리스타와 요리사는 인간을 대체할 수 있다. 실제로 요리란 음식을 조리하는 단계

별 지침, 즉 일종의 알고리즘이다. 자동 계산대는 오프라인 소매점에서 일하는 직원들을 대체한다. 오늘날 전자상거래 창고에서는 로봇들이 재고를 옮기고 관리한다. 내일이 되면 로봇과 드론이 배송지까지 물건을 배달할 것이다.

전통적인 교육은 일반적으로 교실의 크기를 수십 명의 학생들로 제한한다. 오늘날에는 교사 한 명이 수백만 명의 시청자에게 다가갈 수 있다. 집 안에서 일류 대학의 수업을 들을 수 있는데 뭐하러 커뮤니티 칼리지에 간단 말인가? 물론 코로나19 위기 때 가정에 관한 연구에서 알 수 있듯이 예전과는 학습 경험이 다르고 그 결과도 다르긴 하다. 그러나 비용의 차이는 막대하고, 시간이 지남에 따라 온라인 교육과 훈련의 질도 크게 향상될 것이다.

금융 서비스는 한 세대 전과 비교하면 아예 비슷하지도 않다. 치열한 경쟁 때문에 수만 개의 관리부서 및 고객 응대 업무가 자동화되었다. 이제 컴퓨터는 결제 서비스와 신용 할당, 보험, 자본시장 지원, 심지어 자산 관리까지 처리한다. 선도적인 기업들은 사람보다 더 빠르게 포트폴리오를 조정하고 다각화할 수 있는 알고리즘 기반 방침을 홍보한다.

회계 및 법률 전문가들은 산더미 같은 서류를 몇 초 만에 읽고 처리할 수 있는 전자 구직자들을 관리하고 있다. 팬데믹 이후 환자들은 온라인으로 건강 상태를 진단하는 원격 의료에 익숙해졌다. 컴퓨터는 수만 개의 유사한 증상과 진단을 즉각적으로 검색하고 도출해낼 수 있다. 컴퓨터가 인간 의사만큼 건강상의 문제를 포착할 수 있다는 증거가 늘어나면서 의료계는 영상의학 전문의, 간호사, 심지어 내과 서비스까지 자동화의 길로 향하고 있다. 정서적인 공감이 필요한 역할도 예외가 아니다. 일본에서는 고령화 인구와 간병인 부족 현상에 대처하기 위해 병원과 의료시설에 로봇을 배치하고 있다.

로버트 라이히(Robert Reich) 전 미국 노동부 장관은 세계경제포럼에서 발간한 기고문에서 "당신이 '전문가'이기 때문에 당신의 직업은 안전하다고 생각한다면 다시 생각해보라"고 경고했다. "전문 인력을 가장 많이 보유하고 있는 의료와 교육 부문은 점점 더 비용 절감에 대한 압력을 받고 있다. 그리고 전문 기계가 그 자리를 대신할 준비를 하고 있다."[41]

MIT의 대런 애스모글루(Daron Acemoglu)와 보스턴대학교의 파스쿠알 레스트레포(Pascual Restrepo)는 로봇공학이 다양한 산업 분야에 도입됨으로써 발생한 영향을 연구했다. 그들은 노동자 1,000명당 로봇이 한 대 추가될 때마다 고용은 0.2퍼센트, 임금은 0.5퍼센트 감소한다는 사실을 발견했다.[42] 별로 큰 수치가 아니라고 생각한다면 이런 추세가 계속 지속된다고 생각해보라. 일자리와 소득은 시간이 지날수록 증가해야 한다. 그런데 만일 자동화가 그런 흐름을 역전시킨다면 우리는 어떻게 전진할 수 있겠는가?

MIT의 데이비드 오터는 고도로 숙련된 노동자와 저숙련 노동자를 위한 일자리가 많아질 것이라고 전망한다. 기업전략가, 신경외과 의사 및 의료서비스 보조자는 아직 컴퓨터에 자리를 비켜줄 필요가 없다. 그러나 중간에 있는 방대한 영역에서는 심각한 문제가 발생할 것으로 보인다. 그런 직업들은 "앞으로 점점 더 기계에 맡길 수 있는 잘 정의되고 성문화된 절차를 수행할 것이다." 전 세계의 딜버트(Dilbert)들이여[회사 생활을 그린 미국의 풍자만화 〈딜버트〉의 주인공으로 대기업의 엔지니어다-옮긴이], 조심하라.

스스로 학습하는 알고리즘은 예전에는 기계화가 되지 않을 것이라고 여겼던 많은 일을 할 수 있다. 의사, 변호사, 교사, 산림감시원 등 데이터를 읽고 분석하는 이들은 이제 방대한 양의 데이터를 순식간에 스캔하고 검색하고 기억하고 기발한 답변을 내놓을 수 있는 컴퓨터와 경쟁해야 한다.

이것들이 바로 AI 혁명이 일자리와 임금을 전반적으로 파괴하는 첫 번째 혁명이 될지도 모르는 이유다. 이번에도 러다이트들이 틀렸다고 가정하는 안일한 태도는 치명적인 실수가 될 것이다. AI는 과거의 그 어떤 혁명보다 더 많은 직업을 장악해나가고 있다. 수많은 산업 분야의 일자리에 영향을 미치고, 블루칼라는 물론 지식노동자에게도 영향을 끼치고 있다.

머신 러닝은 AI의 발전을 장기적으로 가로막는 장애물 중 하나였던 자연어 처리를 해냈다. 이제 AI는 방대한 양의 말뭉치를 스캔하고 패턴을 분석함으로써 다양한 언어의 번역을 성공적으로 해내고 있으며, 인간의 언어에 가까운 새로운 텍스트를 생성하는 법을 습득했다. 언어에 대한 미묘한 이해는 튜링 테스트가 넘어야 할 마지막 장애물 중 하나다. 딥마인드의 공동 창립자이자 최근까지 구글의 AI 정책 책임자였던 무스타파 술레이만(Mustafa Suleyman)은 "트랜스포머 혁명이

AI 능력을 가속화하면서 AI가 생성한 텍스트와 이미지, 오디오를 인간이 생성한 것과 구분하기가 극도로 어려워질 것"이라고 말했다.[43] 그 결과 고급 인지 능력을 활용하는 많은 화이트칼라 직업이 쓸모없어질 것이다. 인간은 상대방이 기계라는 사실을 깨닫지 못할 것이다.

내가 딥마인드의 또 다른 공동 창립자인 데미스 하사비스(Demis Hassabis)를 만났을 때 그는 다가오는 특이점을 과학, 의학, 기술, 생물학 또는 지식과 관련된 모든 문제를 병렬적으로 동시에 해결하는 1만 명의 아인슈타인과 비슷한 초지능에 비유했다. 만일 우리를 기다리는 것이 그런 미래라면 인간이 대체 어떻게 경쟁할 수 있겠는가?

사실 AI는 처음에는 틀에 박힌 일상적인 업무를 대체했다. 그 뒤에는 기계가 습득할 수 있는 일련의 정형화된 단계를 반복하는 인지 작업을 수행하기 시작했다. 그리고 이제 AI는 점차 창의적인 분야로 옮겨 가고 있다. 오늘날 창조 산업 종사자들을 포함한 노동자들은 더 이상 숨을 곳이 없다.

이 모든 것이 AI가 우리 인간을 뛰어넘어 점차 범용 인공지능, 즉 AGI(Artificial General Intelligence)에 가까워지게 만들고 있다. 초지능 기계가 인간을 능가하는 시점이 다가오는 것이다. 레이 커즈와일(Ray Kurzweil)을 비롯한 미래학자들은 우리가 지금 알고 있는 모든 것이 파괴되고 혼란에 빠지는 중요한 순간이 올 것이라 예견한다. 기계가 인간의 지시 없이도 스스로 초고속으로 학습할 동기를 갖게 되면 이른바 지능 폭발(intelligence explosion)이 발생한다. 그들의 학습 속도와 범위는 아무런 제한도 없고 어떤 연결점도 발견해낼 수 있을 것이다.

그것이 바로 머지않아 다가올 특이점의 특성이다. 인간의 두뇌는 처리 능력이 형편없던 인쇄회로기판 시대의 진공관 수준으로 전락할 것이다.

나는 하사비스에게 예전에는 단순히 픽션으로 치부되었던 과학소설의 아이디어들이 실현될지 물어보았다. 그는 우리가 다섯 가지 주요 기술 혁신 단계에 와 있으며 약 20년 후면 특이점에 도달할 것이라고 예상했다. 우리는 호모 에렉투스와 호모 하빌리스처럼 오래전에 사라진 초기 인류처럼 과거의 유물이 될 것이다. 유발 하라리는 지식이 기계에서 다음 기계로 반복적으로 이전될 수 있다면 더 똑똑하고 강력하며 불멸의 존재가 될 수 있는 호모 데우스의 시대가 올 것이라고 주장한다.

《슈퍼인텔리전스》의 저자이자 옥스퍼드대학교의 철학 교수인 닉 보스트롬(Nick Bostrom)은 인류에 대한 실존적 위험으로 거대 소행성 충돌과 핵전쟁 그리고 인공지능을 꼽았다. 고인이 된 수학자 스티븐 호킹(Stephen Hawking)은 AI가 "인류의 종말을 초래할 수 있다"라고 우려하면서 인류가 다른 행성으로 이주해야 한다고 주장했다. 기계가 인간의 일자리뿐만 아니라 인류 전체를 지배할 것이기 때문이다. 테슬라의 창립자 일론 머스크는 그의 회사가 생산하는 전기차의 제어 AI를 환영하지만 AI에 궁극적인 결정권을 맡기는 것은 우려한다. 머스크는 〈이코노미스트〉 인터뷰에서 "마르쿠스 아우렐리우스가 황제일 때는 괜찮아도 칼리굴라가 황제가 되면 좋지 않다"라고 말한 바 있다.[44]

초지능이 지배하는 미래와 노동의 종말

심각한 구조적 기술 실업이 대부분 노동자를 밀어내는 데 얼마나 오래 걸릴지는 아무도 알 수 없다. 그러나 그 잠정적인 기간마저도 꽤 험난한 시간이 될 것이다. 부정적인 수요 충격이 덮칠지 모르기 때문이다. 모든 징후는 AI라는 대안이 임금과 급여를 낮추고 이미 악화되고 있는 문제를 더욱 심화시킬 수 있음을 보여준다.

사람들이 적게 벌수록 불평등은 더 커질 것이다. 기술 혁신은 자본 집약적이고 고숙련 기술에 편향되어 있으며 노동절약적이다. 당신이 기계를 소유하고 있거나 인적자원 분포의 상위 5퍼센트에 속한다면 AI는 당신을 더욱 부유하고 생산적으로 만들어줄 것이다. 그러나 당신이 저숙련 노동자나 중숙련 블루칼라 또는 화이트칼라 노동자라면 AI는 당신의 임금을 낮추고 당신의 직업을 쓸모없는 것으로 전락시킬 것이다. 이런 추세는 사회적 안정이 사람들이 성공을 거둘 수 있는 보편적 기회의 존재에 의존하는 선진경제에서 이미 가시화되고 있다. 중앙정보국(CIA)이 집계한 데이터에 따르면 미국의 소득 불평등은 아르헨티나 및 튀르키예와 비슷한 수준이다.[45]

대니얼 서스킨드는 미국에서 부의 불평등이 통제 불능 수준으로 치닫고 있음을 지적한다. 1981년부터 2017년까지 "이미 불균형적으로 높았던 상위 0.1퍼센트의 소득점유율이 3.5배 이상 증가했고, 상위 0.01퍼센트의 점유율은 5배 이상 증가했다." 서스킨드는 또한 전 세계적으로 소득 상위 10퍼센트의 임금이 하위 10퍼센트에 비해 더 빠른 속도로 상승했다고 말한 앤서니 앳킨슨(Anthony Atkinson)의 불평등에 관한 연구를 인용한다. 서스킨드는 미국 CEO의 수입이 지난 40년 사이에 일반 노동자의 28배에서 2000년에는 376배 이상으로 급증했다는 사실을 상기시킨다.[46]

불평등은 세계 제2의 경제 대국에도 지대한 영향을 끼치고 있다. 중국 정부는 빈부격차가 점점 심화되는 상황을 크게 우려하고 있다. 2021년 9월 〈닛케이 아시아(Nikkei Asia)〉는 '불평등 퇴치 운동의 가혹한 스포트라이트를 받고 있는 중국의 미디어 스타들'이라는 기사를 내놓았다. "중국의 기술기업 거물들이 독점 또는 공익에 반하는 관행에 대해 당국의 감시를 받고 있다. 현재는 중국에서 최고의 인기를 누리는 스타들마저 이 캠페인의 엄격한 시선 아래 놓이게 되었다."[47]

부자는 더 부자가 되고 노동자는 적게 번다면 소비가 충분히 이뤄지지 않아 경제가 어려워진다. 저소득 가구는 손에 들어온 거의 모든 것을 소비하는 반면, 부유층은 저축을 더 많이 하는 경향이 나타나기 때문에 결국 성장이 정체되는 것이다. 마틴 포드는 《로봇의 부상》에서 "가차 없는 자동화로 일자리와 소득이 줄어들면서 대부분 소비자가 지속적인 경제 성장에 필수적인 수요를 견인하는 데 필요한 수입과 구매력을 잃을 수 있다"라고 경고했다.[48]

포드 자동차의 회장인 헨리 포드와 전미자동차노조(United Auto Workers) 위원장 월터 로이터(Walter Reuther)의 흥미진진한 대화—실제 있었던 일이라는 증거는 없지만—를 들어보면 이 딜레마를 이해하는 데 도움이 될 것이다. 두 사람은 자동화의 출현에 관한 이야기를 나누고 있었다. 포드가 로이터에게 어떻게 로봇에게서 노동조합비를 받을 것인지 물었다. 그러자 로이터는 포드에게 이렇게 반문했다. "그러면 당신은 어떻게 사람들이 자동차를 사게 할 것인가?" AI는 바로 이렇게 자본주의를 자멸시킬 것이다. 신마르크스주의가 보는 과소소비는 기술 발달로 불평등이 심화되면서 촉발된다.

이제 초거대 위협과의 연관성으로 돌아가 보자. 초거대 위협은 부채 부담과 AI가 충돌하는 곳에 놓여 있다. AI가 점차 많은 것을 주도하는 세상에서 자동화할 수 없는 고도로 발달된 기술을 보유한 이들과 생산 수단을 소유한 자들은 예전보다 더 큰 경제 파이를 얻게 된다.

창업기업가 제리 캐플런(Jerry Kaplan)은 구글 강연에서 "칼 마르크스가 옳았다"라고 말했다. "자본과 노동의 투쟁은 기본적으로 노동자에게 불리하다. 이는 자동화의 혜택이 자동으로 새로운 시스템에 투자할 능력이 있는 사람들에게 주어진다는 뜻이다."[49]

막대한 부채는 뒤처진 사람들, 즉 줄어든 급여나 공적 보조금으로 살아가는 이들에게 훨씬 더 큰 부담을 부과한다. 저개발 국가들은 이에 상당히 취약하다. 반면에 자본을 가진 자들은 소득을 창출하고 부채를 관리할 수 있다. 그들은 뒤처지지 않는다. 그러나 기계의 부상으로 뒤처진 대부분 노동자는 경제 파이가 커지더라도 늘어나는 부채 문제를 해결할 수 없으며 도리어 상황이 악화될 뿐이다.

인간인 나는 같은 인간을 응원한다. 또한 경제학자인 나는 자원을 가장 효율적으로 사용할 방법을 탐구해야 한다. 어떻게 해야 장기적인 발전을 지속하는 동시에 노동자를 보호할 수 있을까? 이렇게 우선순위가 충돌한다.

앞으로 수십 년 안에 북미와 중국 및 유럽 지역에서 몇몇 승자가 나타날 것이다. 그 외에 많은 국가는 기술 실업의 파도에 휩쓸리고 상환 불가능한 부채에 짓눌려 패자가 될 것이다. 양극화는 부자와 가난한 이들을 대립시킬 것이다.

'프레카리아트(precariat)'가 흘러넘치는 새로운 세상에 온 걸 환영한다. 이들은 AI 때문에 직업을 잃고 불안정한 수입과 복지 혜택 없는 임시직을 전전하는 고등교육을 받은 중숙련 노동자들을 가리킨다. 이들은 아무 미래도 없이 이런저런 일을 하며 불안하게 떠돌다 닳아서 구멍 난 사회안전망 아래로 추락할 것이다. 그런 다음에는 어떻게 될까? 소득이 감소하면 더 많은 돈을 빌려야 한다. 소득 격차가 벌어지면서 부채 부담은 더욱 무거워진다. 골치 아픈 상황이지만 해결책이 보이지 않아 상황은 계속 악화된다.

자동화 세상에 맞춘 교육으로 소득 일부를 구제할 수는 있겠지만 고용시장의 축소는 잠재력을 제한한다. 안타깝게도 교육은 AI의 맹공격을 막아줄 만병통치약이 되지 못한다. 기술에 대한 약간의 업그레이드가 더 좋은 직업과 높은 소득으로 이어질 수 있을 때는 교육의 투자수익률이 높았다. 그러나 기본적인 업무에도 고급 학위가 필요하다면 그 수준 이하의 업그레이드를 해봤자 그림은 바뀌지 않는다. 모든 사람이 컴퓨터를 프로그래밍하고, 데이터베이스를 탐색하고, AI를 향상시키고, 대성공을 거두는 소설을 쓰거나 창업가가 되기에 충분한 재능이나 기질을 가진 것은 아니다. 그렇지 않은 중숙련 노동자들의 일자리를 AI가 대체하면 교육으로 얻을 수 있는 효용은 감소한다.

만일 사람들이 일할 수 없으면 어떻게 될까? 답은 정치적 지뢰밭처럼 보인다. 이제는 승자에게 세금을 부과해야 할 때다. AI가 가져온 수익성 높은 보상은 결국 소수의 손에 들어간다. 로봇이 마치 인간인 양 세금을 부과하는 것은 상당히 매력적인 제안인데, 현실과 별반 다를 필요가 없다. 즉 기계의 소유자에게 세금을 부과하는 것이다.

만일 이 멋진 신세계에서 과세를 조정한다면 다음 질문은 로봇이 생산한 상품의 수요를 유지하는 데 필수적인 부의 재분배에 초점을 맞춰야 할 것이다. 그 한 가지 대안이 2020년 미국 대통령 선거 중에 등장한 바 있다. 바로 소비자가 소비할 수 있도록 돕는 보편적 기본소득(Universal Basic Income, UBI)이다. 여기에는 손실된 소득을 대체하는 것 외에도 보편적 기본지급(Universal Basic Provision, UBP)의 기치 아래 더 강력한 공공 서비스를 제공하는 것도 포함된다.

보편적 기본소득 대신에 지역사회 서비스를 제공하는 다소 변형된 형태도 있다. 개인에게 모든 회사의 지분을 지급하는 건 어떤가? 그러면 노동소득을 얻기 힘들 때도 자본소득을 얻을 수 있을 것이다. 잘 생각해보면 이는 모든 노동자가 생산수단을 소유하는 사회주의의 한 형태이기도 하다. 지금 이런 선택을 사회주의라며 악마화하는 사람들은 나중에 알고리즘이 뇌수술을 하고 패스트푸드를 조리하는 시대가 되면 빨리 이런 제도를 내놓으라고 아우성칠지도 모른다.

어떤 옵션을 선택하든 치열한 정치 싸움으로 이어질 것이다. 만일 논의하는 데 너무 오랜 시간이 걸리면 경제 파이를 어떻게 나눌지 컴퓨터가 결정해줄지도 모를 일이다. 부디 그때 즈음이면 AI가 공감력을 탑재하고 있길 바라자.

유발 하라리는 이렇게 말했다. "21세기 경제의 가장 중요한 질문은 '그 모든 잉여 인간을 어떻게 처리할 것인가'일 것이다. 의식은 없어도 거의 모든 것을 인간보다 더 잘할 수 있는 고도로 지능적인 알고리즘이 생긴다면 의식을 지닌 인간은 무엇을 할 것인가?"[50]

일부 디스토피아 시나리오에서는 불필요한 잉여 인간은 사라진다. 사람들은 보편적 기본소득을 받고 나면 종일 비디오게임만 하다가 끝내 '절망으로 인한 죽음(deaths of despair)'을 재촉하는 약물을 사용할지도 모른다. 미국에서는 2021년에 약물 과다복용으로 10만 명 이상이 사망했다. 아니면 젊은 남성들이 성적으로 활발하게 활동하지 않아 재생산할 수 없는 '인셀'이 됨으로써 인류가 사라질 수도 있다. 우리의 디스토피아 미래는 조지 오웰의 '빅브라더'와 헉슬리의 《멋진 신세계》 그리고 〈헝거 게임〉을 합친 것일지도 모른다.

우리는 운명을 향해 질주하는 중이다. 인간의 본성은 우리를 앞으로 나아가게 한다. 나는 초지능을 지닌 인공 후손들에 대해 사탕발림을 하지 않을 것이다. 내 눈에는 자동화가 빼앗아간 일자리를 새로운 일자리가 대체하는 행복한 미래가 보이지 않는다. 혁명은 이미 막바지에 이른 것 같다. 인공지능의 개화는 인류의 삶을 몰라보게 변화시킬 것이다.

운이 좋다면 지구는 지능 폭발의 특이점에 도달할 것이다. 혹시 인류에서 기계로의 전환이 완료되기 전에 치명적인 팬데믹이 우리를 끝장내지는 않을까? 기후 변화가 지구를 파괴하기 전에 이성적인 기계가 지구를 구해줄 수는 없을까? 우리는 산더미 같은 빚에 깔려 질식할까? 아니면 미국과 중국의 군사적 충돌 때문에 세상이 멸망할까? 실제로 AI를 지배하는 이들이 세계를 지배하는 초강대국이 될 것이다. 다음 장에서는 지정학적 경쟁이라는 초거대 위협을 살펴보자.

9장
지정학적 갈등과 새로운 냉전의 시작

중국의 지정학적 야망이 얼마나 거대한지 가늠하고 싶다면 베이징에 있는 천안문 광장을 방문해보라. 미식축구장 83개 넓이에 필적하는 이 광장은 규모뿐만 아니라 역사 또한 방대하다. 자금성은 6세기 동안 그 안에 고귀하게 격리되어 살았던 황제들을 상상하게 한다. 광장 건너편에 있는 인민대회당은 1949년에 중국 공산당이 집권하게 된 혁명을 기념하는 곳이다. 광장은 1989년의 봉기를 떠올리게 한다. 중국 정부는 민중의 비폭력 시위에 대학살로 응답함으로써 누가 진짜 권력자인지 가르쳐주었다.

2015년 베르그루엔 연구소(Berggruen Institute)는 수십 명의 서방 기업 및 학계 지도자를 초청해 시진핑 중국 국가주석과의 만남을 주선했다. 우리는 거대한 대리석 계단과 웅장한 기둥이 있는 인민대회당에 모였다. 인민을 기리는 장엄한 로비는 왕궁을 방불케 했다. 우리는 널따란 강당에 착석했고 당 간부 수백 명이 종종 적절한 타이밍에 그들의 지도자들에게 박수를 보냈다.

우리가 아무 말 없이 조용히 앉아 있을 때 시진핑이 등장했다. 메시지는 분명했다. 그는 마치 황제처럼 '우리에게 알현을 허락하고 있었다.' 큰 키에 자신감으로 충만하며, 문화대혁명 기간에 실각한 당 지도자의 아들인 그는 이 '중화왕국'을 완전히 장악하고 있었다.

시진핑의 연설은 유럽의 역사에서 기원한 이야기로 옮겨 갔다. 특히 그는 '투키디데스의 함정'에 대해 말했는데, 이는 고대 그리스의 두 국가였던 스파르타(당시의 강자였다)와 아테네(새로 부상하고 있었다)의 갈등에서 나온 개념이다. 고대 역사가인 투키디데스는 권력과 영향력을 두고 다투던 두 국가의 경쟁이 기원전 5세기 후반의 펠로폰네소스 전쟁을 촉발했다고 주장했다. 시진핑은 중국의 굴기는 평화로울 것이며, 현대에 또 다른 투키디데스의 함정으로 이어질까 봐 우려할 필요가 없다고 주장했다.

기존 세력을 위협하는 새로운 강대국의 부상은 항상 전쟁으로 이어지는가? 하버드대학교의 그레이엄 앨리슨(Graham Allison) 교수는 저서 《예정된 전쟁》에서 이 오래된 논지를 직접 검증했다.[1] 앨리슨은 1500년대 이래 기존의 지배 세력과 신흥 세력이 대립한 16건의 사례를 살펴본 결과 그중 12번이 전쟁으로 이어졌다는 것을 발견했다. 포르투갈과 스페인, 프랑스와 합스부르크 제국, 합스부르크와 오스만 제국, 프랑스와 영국. 이는 우리가 두 번의 세계대전을 겪고 핵전쟁으로 인류가 멸망할 수 있다는 교훈을 얻을 때까지 계속되었다. 냉전은 평화롭게 끝난 네 차례의 예외 중 하나였다. 힘을 키우던 소련이 쇠퇴해 결국 내부에서 붕괴했기 때문이다.

또 다른 예외는 대영제국이다. 미국은 전투 없이 영국을 넘어섰는데, 부분적으로는 지배 세력의 교체가 영국의 언어나 정치 및 경제 체제에 위협이 되지 않았기 때문이다. 영국은 두 차례의 세계대전에서 미국의 지원이 필요했다. 하지만 이 두 가지 사례는 중국과 미국의 관계에 대입하기에는 그리 도움이 되지 않는다.

모든 것을 고려하면 투키디데스가 옳았다. 새로운 세력과 기존 세력이 마찰을 일으키면 일반적으로 그리고 결국에는 전쟁이 발발한다. 앨리슨 교수가 이런 상황을 '투키디데스의 함정'이라고 부르는 데는 이유가 있다.

딸을 하버드대학교에 보냈다는 시진핑은 투키디데스의 함정에 대해 여러 번 언급했다. 그는 중국과 미국이 함께 번영할 수 있을 것이라며 우리를 거듭 안심시켰다. 중국이 세계를 지배하는 강대국이 되고 있지만 걱정하지 마라, 경쟁국이라고 해서 피를 흘릴 필요는 없다, 우리는 전쟁을 하지 않고도 서로 협력하고 경쟁할 수 있다고 그는 계속해서 암시를 보냈다.

나는 시진핑 주석에게서 깊은 인상을 받고 회당에서 나왔지만 중국의 옛 교훈을 포기할 준비는 되어 있지 않았다. 공자는 말했다. '미래를 알고자 한다면 과거를 공부하라.'

최악인 군사 전쟁 시나리오는 차치하더라도 경제 및 지정학적 경쟁으로 서로를 상처 입히면 우리 모두 위험에 빠질 것이다. 만일 중국이 세계 최대의 경제라는 몽둥이를 휘두르면— 전문가들이 2030년 이전에 그렇게 될 것이라고 예측하는 것처럼— 생산 시설의 해외 이전과 보호무역주의를 둘러싼 다툼 같은 것은 하찮은 문제로 전락할 것이다. 미국은 토스터부터 항공모함에 이르기까지 모든 것을 연결하는 미래 기술에서 주도권을 잃을 수 있다.

눈에 보이기 시작한 냉전은 점점 더 차갑게 식어가고 있다. 공급망은 붕괴되고 동맹 관계는 재정비될 것이다. 파괴적 혁신으로 시장은 불안해질 것이며 시장 활동이 일시적으로 중단되면 팬데믹 이후의 결핍이 비교적 풍성한 시절이었다고 여겨질 것이다. 미국의 경제가 정체되면서 스태그플레이션의 또 다른 특성인 물가가 상승할 수도 있다. 제조업, 은행, 주택 시장은 가끔이 아니라 정신이 혼미할 정도로 자주 위기에 흔들릴 것이다.

마음을 단단히 먹어라. 미중 간 새로운 냉전이 세계 경제와 지정학적 현실을 재편해 권위주의 국가인 중국이 새로운 규칙을 세울 수도 있다. 이 냉전에서 두 국가는 상대와 맞서기 위해 동맹국에 의존할 것이다. 미국은 유럽에는 NATO 동맹국이 있고 아시아에는 한국과 일본, 호주 등이 있으며 이제는 중국의 부상을 두려워하는 인도와도 점차 가까워지고 있다. 중국 측에는 러시아와 이란, 북한, 파키스탄을 비롯한 유사 동맹국이 있는데, 이들 모두 미국과 서방 국가들이 제2차 세계대전 이후 구축한 경제, 금융, 지정학적 세계 질서에 도전하는 수정주의 국가들이다. 따라서 서방 세계와 중국(및 그 동맹국) 사이에 광범위한 냉전이 빠르게 확산되고 있다.

러시아의 우크라이나 침공은 향후 20년 안에 언제든 뜨거워질 수 있는 냉전의 첫 번째 군사적 공격이다. 실제로 시진핑 주석과 블라디미르 푸틴 러시아 대통령은 우크라이나 침공 직전인 2022년 초에 만나 양국 간에 암묵적인 동맹을 맺고 두 나라의 전략적 동반자 관계에는 "한계가 없다"라고 선언했다.

21세기 신냉전을 불러온 미국의 오판

1971년에 닉슨 대통령이 중국을 방문했을 때 양국이 이런 치열한 경쟁 관계가 되리라고 예상한 사람이 있었을까? 두 나라는 번영하고 싶다는 열망 외에는 아무런 공통점이 없었다. 역사가 200년도 채 되지 않은 자유민주주의 국가인 미국은 경제적으로 거의 모든 측면에서 세계를 주도했다. 달러는 전 세계가 신뢰할 수 있는 안정적인 통화였다. 당연히 미국에도 문제는 있었지만 자유 진영의 어느 국가도 미국의 글로벌 패권과 리더십에 의문을 제기하지 않았다.

중국에서는 신생 공산당 정권이 점점 늘어나는 거대한 인구를 먹여 살리기 위해 고전하고 있었다. 중국 문명은 기원전 2세기 진나라까지 거슬러 올라간다. 만리장성은 완공되는 데 거의 200년이 걸렸다. 삽 말고 달리 발전된 기술도 없이 거의 1,200년에 걸쳐 건설된 대운하(大運河)의 길이는 약 2,000킬로미터로 메인주의 뱅고어에서 콜로라도주 덴버까지의 거리에 필적한다. 고대 중국은 제지, 활자 인쇄, 화약, 나침반, 술, 기계식 시계를 발명했지만[2] 닉슨이 찾아간 나라는 실패한 경제 정책과 서구 교육을 범죄로 취급한 문화혁명의 잔재 속에서 산업이란 게 거의 존재하지 않았던 나라였다.

이 역사적인 방문에 대한 미국의 기대는 인구 10억 국가에 수출을 증진하는 데 집중되어 있었다. 〈뉴욕 타임스〉는 "닉슨의 중국 방문 소식에 곡물과 대두가 약진 중"이라고 보도했다.[3] 〈타임스〉는 "닉슨 대통령의 당면 목표는 정치와 선전 효과를 위한 위험한 곡예가 아니라 미국 외교의 진정한 전환점을 만드는 것"이라고 분석했다.[4] 전략적으로 더 중요한 것은 미국의 중국에 대한 개방이 소련을 고립시키는 데 도움이 되었다는 점이다. 이는 20년 뒤에 첫 번째 냉전이 성공적으로 종결되는 데 도움을 주었다.

역사가 생성되고 있음을 감지한 지역 신문들은 국제 뉴스를 위한 공간을 마련했다. 매사추세츠주 그린필드에 있는 〈그린필드 레코더(Greenfield Recorder)〉의 편집진은 "이번 방문은 두 가지 목적으로 작용할 것이다"라고 썼다. "미국의 비즈니스와 중국에 대한 프로파간다, 어느 쪽이 더 중요한지 그리고 닉슨이 원하는 결과를 얻을 수 있을지는 두고 봐야 할 것이다." 사설은 기억에 남는 경고를 덧붙였다. "레드차이나"가 전 세계로 영향력을 확장할 경우 이 행보는 "세계를 군사적, 경제적으로 혼란에 빠트린 책임"을 물 수도 있다고 말이다.[5]

고인이 된 경제학자이자 후버 연구소(Hoover Institute) 연구원인 해리 로언(Harry Rowen)은 사회에 만연한 분위기에도 굴하지 않았다. 그는 1996년에 "중국은 언제 민주주의가 될 것인가?"라고 물으면서 이렇게 답했다. "답은 2015년 즈음이다. 이 예상은 중국이 안정적이고 인상적인 경제 성장을 한다는 전제에 바탕을 두고 있으며, 아시아와 세계 다른 곳에서 자유민주주의가 성장한 패턴이기도 하다."[6] 그러나 그의 예측은 잘못된 것으로 판명되었다.

1980년대가 되자 거대하고 값싼 중국의 노동력이 미국 기업을 유인하기 시작했다. 지난 10년간의 파업과 스태그플레이션은 저비용 생산과 파업이 불가능한 무관심한 노동자에게 거부하기 힘든 매력을 부여했다. 중국산 제품이 전 세계 소매점으로 퍼져나갔고, 중국은 강력한 제조업 수출국이 되었다. 상공회의소와 미국의 다른 산업 단체들은 무역 협정을 끌어내기 위해 로비를 벌였다. 새 시장을 열망하는 미국은 매년 갱신을 조건으로 중국에 최혜국 지위를 부여했다.

중국은 빠르게 성장했다. 그러나 1980년대에는 미국도 왕성한 성장을 누리고 있었기에 중국이 거대한 적이 될지도 모른다는 불안감이 심하지 않았다. 한편 중국 학생들은 과학과 경영학을 공부하기 위해 미국 대학과 대학원에 몰려들었다. 그들은 미국의 기술과 자유 기업, 시장 지향 경제에 대해 탐욕적인 열망을 품은 채 고향으로 돌아갔다.

덩샤오핑 주석이 이끌던 시절, 중국 공산당은 철권 장악을 포기하지 않은 채 민간 시장을 독려했다. 자유기업 구역이 급증했다. 그러나 공산당은 서구를 본받아야 할 모델로 보지 않았다. 중국의 정책입안자들이 보기에 경기침체를 짊어진 당파적 민주주의는 궁핍한 소련을 무너뜨린 벼랑 끝과 매우 흡사했다. 역사학자 니얼 퍼거슨(Niall Ferguson)은 "중국 공산당에서 절대로 나오지 않을 한 가지가 있다면 중국의 미하일 고르바초프다"라고 말하기도 했다.[7]

실제로 1989년 천안문 광장에서 민주화 시위가 일어났을 때 중국 공산당은 광장으로 군대를 진군시켰다. 공식적인 사망자 통계는 없지만 그 사건으로 최소한 수백, 최대 수천에 이르는 희생자가 발생했다. 이로써 선출 정부와 민주주의로의 점진적 전환에 대한 희망은 종지부를 찍었다.

중국 정부의 이런 폭력적인 탄압은 워싱턴D.C.에서 분열을 일으켰다. 조지 H. W. 부시 공화당 정부를 대변하는 제임스 A. 베이커 3세 (James A. Baker III) 미 국무부 장관은 인권과 중국에 구애하는 전략적 가치 사이에서 균형을 잡아야 한다고 말하며 중국에 제재를 가하는 데 반대했다. 상원 다수당 원내대표인 민주당의 조지 J. 미첼(George J. Mitchell)은 "조직적 살인, 즉 자국민에 대한 정부의 테러"를 처벌하기 위해 제재를 가해야 한다고 주장했다.[8] 2년 후 조지 H. W. 부시 대통령은 중국의 최혜국 지위를 갱신함으로써 미첼을 비롯한 비판 진영의 의견을 묵살했다. 그는 그런 조치가 "민주적 변화를 위한 환경을 조성하는 데 도움이 될 것"이라고 말했다.[9]

글로벌 소비자에 대한 접근성이 증가하면서 1990년대에 중국은 대대적으로 도약하기 시작했다. 수출이 급증했다. 중국산 제품이 전 세계를 휩쓸었다. 중국의 최혜국 지위는 클린턴 행정부 아래서도 지속되었다. 중국의 GDP는 거의 네 배로 성장했고, 두 배로 불어난 경제는 미국의 12퍼센트까지 증가하며 선두인 미국과의 거리를 좁혀나갔다. 그 모든 반증에도 불구하고 중국이 점진적으로 자유민주주의와 자유시장경제로 발전하리라는 미국의 믿음에는 변함이 없었다.

테러리스트들이 세계무역센터에 비행기를 충돌시킨 지 두 달 후, 중국은 세계 무역공동체의 완전한 일원이 되었다. 희망이 부풀어 올랐다. 미국 무역대표부의 로버트 B. 졸릭(Robert B. Zoellick)은 이렇게 말했다. "금세기가 지나고 사람들이 이날을 회고할 때 중국이 WTO에 가입함으로써 우리가 세계 경제와 상업 시스템을 발전시키는 결정적인 단계에 돌입했다고 평가할 것이다."[10]

10억이 넘는 허기진 중국 소비자들이 유혹의 손짓을 보냈다. 미국 관료들은 무역량이 늘면 미국의 농민과 소매업자, 제조업자, 은행가에게 수익성 높은 시장이 활짝 열릴 것이라고 확신했다. 이렇게 긍정적인 분위기 속에서 새로운 세기가 시작되었다. 인권과 지적재산권을 둘러싼 마찰이 있었지만 상업적 이득의 잠재력을 생각하면 극복할 수 없는 것은 없었다.

21세기에 막 접어들었을 때 미국과 중국은 아직 경쟁 관계라고 보기는 어려웠다. 민주적 자유시장 경제는 타의 추종을 불허하는 거대한 부를 창출하고 있었다. 중국을 제외한 개발도상국들은 미국식 자유시장과 거버넌스를 모방한 거시경제 정책인 워싱턴 합의에 서명했다. 그 후 서구권은 글로벌 금융 위기에 빠졌다. 정치 체계가 점점 더 양극화되고 당파적으로 변하자 서구권 제도는 나약하고 취약해 보였다. 부동산 가격이 폭락하고 은행 시스템이 흔들렸다. 증시는 추락하고 경제는 정체되었다. 중국은 자애로운 기술관료 독재와 국가 자본주의 모델이, 제대로 규제되지 않은 시장경제와 기능장애를 겪는 자유민주주의보다 더 우월하다고 믿기 시작했다.

서구권이 생존을 위해 고투하는 동안 중국은 사회 기반 시설과 부동산 투자를 우선순위로 삼아 수출의 감소를 상쇄했다. 중국의 가정들이 개인의 주택 소유권을 수용하면서 차입이 늘고 부동산 가격이 상승했다. 미국보다 더 많고 긴 고속도로와 고속철도로 연결된 새 도시들이 기록적인 속도로 생겨나기 시작했다. 낡은 도시들은 곧장 현대화되었다.

그레이엄 앨리슨은 자신의 고향인 매사추세츠주 케임브리지에 있는 2차선 교량을 보수한 이야기를 상징적인 예로 들곤 했다. 그의 고향에서는 4년 동안 여러 차례에 걸쳐 공사가 지연되어 보수비용으로 원래 예산의 세 배가 들어갔다. 하지만 2015년에 중국 베이징에 있는 4차선 산유안 다리는 겨우 43시간 만에 보수를 마쳤다.

한 경제 데이터포인트는 21세기의 첫 10년 동안 미중 간 갈등이 심화되고 있었음을 보여준다. 중국의 생산량은 세 배 이상 증가해 미국 GDP의 41퍼센트까지 따라잡았다. 공산당의 통치 아래 지난 60년간 세계에서 가장 가난한 국가 중 하나가 역동적인 중소득 국가로 변모한 것이다. 평균 수명은 두 배로 늘었으며 초등 및 중등학교의 입학률은 10배 이상 증가했다. 실업률이 급감했다. 컬럼비아대학교의 경제학 교수 제프리 삭스(Jeffrey Sachs)는 "중국 인구의 압도적 다수의 물질적 수준이 1980년대 이후 30년 동안 전례 없는 속도와 규모로 향상되었다는 데는 의심의 여지가 없다"라고 말했다.[11] 실제로 중국은 경제 개방 이후 거의 30년 동안 평균 10퍼센트의 GDP 성장률을 기록했다.

중국 공산당이 어떤 견제도 받지 않고 놀라운 성과를 거두는 동안 미국과 서구 민주주의 국가들은 당파 싸움 때문에 종종 마비 상태에 빠졌다. 어려움을 겪던 개발도상국들은 중국의 발전에 경탄하며 서방을 비웃었다. 그들이 보기에 민주주의는 성장에 앞자리를 내줘야 했다. 경제학자 담비사 모요(Dambisa Moyo)는 TED 강연에서 "'자유가 아니면 죽음을 달라'는 말은 일단 여유가 있을 때는 좋은 말"이라고 했다. "하지만 만약 당신이 지금 하루 1달러 미만으로 살고 있다면 일단 살아가고 가족을 부양하느라 너무 바빠 민주주의를 선포하거나 수호할 시간이 없을 것이다."[12]

2013년에 다른 최고위직 후보들과 달리 부패 혐의에서 깨끗하다고 주장하던 시진핑이 정권을 잡자 중국의 명성은 더욱 높아졌다. 중국에서 유명한 가수인 아내 펑리위안도 그의 대중적인 매력을 더욱 매끄럽게 다듬는 데 도움을 주었다.

정권을 잡은 시진핑은 권력을 공고히 하기 위해 재빠르게 움직였다. 그는 정치 경쟁자들을 제거하고 국가의 경제 모델을 재편했다. 그의 열성적인 반부패 운동으로 당원 수천 명이 감옥과 재교육 수용소에 갇혔다. 그는 마르크스주의의 생명력을 강조했다. "공산주의가 실현 불가능한 희망이라고 믿는 사람들이 있지만 현실은 마르크스와 엥겔스의 분석이 시대에 뒤떨어지지 않았음을 거듭 입증한다. 자본주의는 결국 소멸할 것이다."[13]

시진핑은 중국의 새로운 번영과 함께 증가하고 있는 부의 불평등을 규탄했다. 중국판 아마존닷컴인 알리바바(Alibaba)를 설립한 억만장자 마윈이 공개석상에서 사라졌다. 재계와 연예계의 다른 이들도 자유를 박탈당했다. 시진핑의 권력 장악은 영구적인 인격 숭배로 확장되었다. 2017년에 당 중앙위원회는 아예 임기 제한을 철폐해 시 주석이 2022년 이후에도 계속 집권할 수 있도록 길을 닦았다.

2021년 11월 〈파이낸셜 타임스〉는 "중국의 저명한 좌파 논평가가 '대자본가'와 연예계의 '여성스러운 남자'들을 비난"했다고 보도했다. "유명 인사들이 시야에서 사라지고 있다. 다른 사람들은 종신직에 앉은 전능한 최고지도자가 최우선 과제로 내놓은 정책에 충성을 맹세하고 수십억 달러를 약속하는 경쟁을 하고 있다."[14]

미국이 중동 분쟁에 수조 달러를 낭비하고 결국 이라크와 아프가니스탄에서 철수하는 동안(후자의 경우 대재앙으로 판명되었다), 중국은 국내외의 첨단기술 및 기반 시설 프로젝트에 투자했다. 전문가들은 2014년과 2015년에 5G 역량을 개발하는 데만 1,800억 달러를 투입했다.[15] 아시아 소사이어티(Asia Society) 이사이자 중국어를 유창하게 구사하는 케빈 러드(Kevin Rudd) 전 호주 총리는 중국이 그 결과 많은 분야에서 모두가 인정하는 리더십을 누리게 되었다고 말한다. CIA가 매년 발간하는 〈세계 사실 연감(World Fact Book)〉에는 다른 분야도 추가되었는데 광업 및 광석 가공, 철, 철강, 알루미늄 및 기타 금속, 기계 설비, 무기, 섬유 및 의류, 석유, 시멘트, 화학, 비료, 소비자 제품(신발, 장난감, 전자제품 포함), 식품 가공, 자동차, 철도 차량 및 기관차, 선박, 항공기, 통신 장비, 상업용 우주 발사체 그리고 인공위성이었다.[16]

발자취를 확장한 중국은 야심 찬 '일대일로 프로젝트[一帶一路, BRI, 일대(육상 실크로드)와 일로(해상 실크로드)의 경제 벨트 구축을 뜻하는 중국의 서부

진출 국가 정책-옮긴이]'에 착수했다. 이로써 중국은 아시아와 중동, 중남미 및 아프리카 전역의 수십 개 저소득 및 중소득 국가에서 중요 기반 시설 및 개발 사업의 주요 자금 조달처가 되었다. 중국 은행들은 서구 대출자들이 발을 디디기 두려워하는 곳에서 권력을 휘둘렀다. 중국이 제공하는 차관은 더욱 확대되어 아시아와 아프리카 전역에 도로와 철도, 발전 시설 등을 건설했다.

윌리엄 앤드 메리 칼리지(College of William and Mary)의 의뢰를 받은 연구진은 165개국에 걸쳐 있는 8,430억 달러 규모의 1만 3,000개 이상의 일대일로 프로젝트를 조사했는데, 2017년까지 18년 동안 일대일로의 투자 규모는 국제 개발에서 미국을 비롯한 주요 강대국의 거의 두 배에 이르렀다.[17] 그리고 많은 경우 차관을 도입한 국가가 중국의 후한 대출금을 상환하지 못하면 중국은 그들이 자금을 조달한 항구와 기타 자산을 직접 통제할 수 있게 된다.

2017년에 세워진 획기적인 이정표는 중국이 이제껏 개발도상국으로서 누린 무역 우위에 대한 논란을 야기했다. 〈사우스 차이나 모닝 포스트〉는 "중국이 미국을 제치고 구매력지수 1위로 올라섰으나 여전히 개발도상국 지위를 고수하고 있다"라고 보도했다.[18] GDP, 즉 국내총생산(또는 생산량)은 한 국가가 생산하는 모든 재화와 서비스의 가치를 더한 것이다. 미국은 이 범주에서 선두를 달리고 있다. 한편 구매력평가지수(PPP)는 동등한 재화와 서비스의 상대적 비용으로 국가의 부를 측정한다. 이 분야에서 중국은 2017년에 19조 6,000억 달러를 기록함으로써 미국을 근소하게 제치고 세계 1위를 차지했다.

그러나 중국 국가통계국은 PPP 기준 GDP 1위가 되었다고 해서 세계 최대 개발도상국이라는 중국의 위상에 변화가 있어서는 안 된다고 주장했다. 개발도상국 지위는 중국이 세계무역기구의 무역 개방 규정을 부분적으로만 준수할 수 있게 허용하기 때문이다.

부유한 국가들이 그들의 최고 무역 상대국과 관계를 강화하자 가난한 국가들은 중국을 경외의 눈으로 바라보았다. 그런 중국의 이미지를 훼손한 것은 팬데믹이었다. 코로나19의 최초 발원지로서 우한을 둘러싼 혼돈과 부정은 좌절과 분노를 낳았다. 그러나 경제가 황폐해진 다른 곳과 달리, 중국은 2020년에도 어떻게든 성장을 견인해 힘과 영향력을 확대했다.

전염병이 수그러들면서 두 글로벌 경쟁국은 이제 거의 동등한 위치에서 경쟁하게 되었지만 몇 가지 극심한 차이가 있다. 성숙한 미국 경제는 압도적인 코로나19 환자와 사망자, 점점 심각해지는 커다란 불평등, 더 커진 적자와 부채에 직면했고 정치 부문의 부식성 양극화는 말할 필요도 없다. 중국도 부채 위기와 심화된 불평등에 직면했지만 정치적 양극화가 없고 팬데믹에서 상대적으로 높은 통제력을 발휘했다(2022년에 오미크론 변종 확산으로 제로코로나 정책이 심각한 도전을 맞이하긴 했지만). 그리고 연 성장률은 여전히 미국을 능가하고 있다.

2019년에 중국은 11만 달러 이상 자산 보유 인구가 1억 명을 돌파해 처음으로 미국을 앞질렀다. 중국은 인구가 미국의 네 배에 이르기 때문에 1인당 국내총생산이 미국보다 낮더라도 총소득에서는 미국을 훨씬 뛰어넘는다. 중국이 오늘날 미국의 약 5분의 3 수준인 일본과 비숫하게 1인당 국내총생산을 기록하게 된다면 지금보다 2.3배는 더 부유해질 것이다.[19] 그리고 부가 증가하면 중국은 막강한 경제력을 바탕으로 더 큰 야망을 실현할 수 있다.

개방과 성장에 가려진 중국의 야심

중국이 글로벌 무역 및 시스템에 참여하면서 천천히, 아주 천천히 시장경제를 수용하고 덜 권위적인 국가가 되리라는 서방 세계의 가정은 완전히 틀렸다. 중국은 그들과 전혀 다른 생각을 하고 있었다. 케빈 러드는 "베이징은 '시장 분할'의 효율성을 이야기하지만 그들이 말하는 것은 주류 경제학자들이 시장 원칙이라고 부르는 것을 따르지 않는다"라고 말한다. "그보다 중국 경제는 중재자가 절대적인 정치적 권한을 휘두르는 국가 자본주의 체제다."[20]

중국은 지난 10년 사이 더욱 권위주의적인 나라가 되었다. 노련한 중국 전문가인 존 J. 미어샤이머(John. J. Mearsheimer)는 〈포린 어페어스(Foreign Affairs)〉 2021년 11월 · 12월 호에서 미국의 원래 계획에 비문(碑文)을 바쳤다. "포용 정책은 최근의 역사에서 그 어떤 나라가 한 것보다 더 최악의 실수였을지 모른다."《미국 외교의 거대한 환상》의 저자이기도 한 미어샤이머는 이렇게 썼다. "강대국이 동료 경쟁국의 성장을 적극적으로 조장한 사례는 이제껏 없었다. 그리고 이제 뭔가 조치하기에는 너무 늦어버렸다.[21]

후버 연구소의 웹세미나에서도 트럼프 대통령의 전 국가안보보좌관이자 육군 중장으로 전역한 H. R. 맥매스터(H. R. McMaster)가 비슷한 평가를 했다. 맥매스터는 "우리는 국제 질서에 합류한 중국이 규칙에 따라 행동할 것이라는 가정에 매달렸다"라고 말했다. "중국이 경제적으로 번영하면서 경제 시스템을 자유화하고 정부의 형태를 자유화할 것이라고 믿었지만 그런 일은 일어나지 않았다."[22]

서방이 헛된 희망을 키우는 동안 중국은 덩샤오핑 전 공산당 위원장이 조언한 대로 점점 커지는 힘을 숨기며 때를 기다렸다. 서구인들은 1836년부터 1949년 중화인민공화국이 수립될 때까지 '굴욕의 세기' 동안 중국인들이 입은 상처와 뿌리 깊은 분노를 헤아리지 못했다.[23] 19세기 중반 영국과 프랑스가 청나라를 무너뜨리고, 영토를 장악하고, 무역 양허를 강요한 두 차례의 아편 전쟁에서 시작된 상처는 의화단 운동 그리고 미국, 일본, 러시아 등 여러 유럽 국가를 포함한 8개국 연합에 청나라 제국군이 패배할 때까지 지속되었으며 제2차 세계대전에서 일본을 물리치면서 끝났다. 서구 분석가들은 중국 문화에 남아 있는 그 시절의 각인을 과소평가했다. 이제 세계적으로 부상한 지금 중국은 경제 분야뿐만 아니라 아시아와 전 세계에서 강대국으로 인정받기를 원한다.

솔직히 말하자면 우리는 낙관할 이유가 있었다. 유럽에서는 자본주의가 사회주의를 이겼다. 아시아에서는 한때 권위주의 국가였던 한국과 태국, 대만 인도네시아가 자유화되어 민주주의 국가가 되었고, 심지어 싱가포르도 제한적이긴 하지만 그 길을 따랐다. 미국과 유럽의 기준에 부합하는 완벽한 민주주의는 아닐지 몰라도 적어도 합리적인 민주주의였다. 그러니 많은 사람이 중국이 중소득 국가 지위에 도달하면 결국 같은 길을 가리라 예상한 것도 이해할 만하다. 일단 경제적으로 개방된 다음 정치적으로도 개방되는 것이다.

그러나 중국은 통제를 강화했다. 일당독재 체제는 정책에 대한 논의를 배제한다. 중국은 부의 불평등이나 기후 변화 같은 심각한 문제를 절대적인 명령을 내려 공략할 수 있다. 시진핑은 중국 아동들이 비디오게임을 하는 데 너무 많은 시간을 낭비한다면서 이를 법령으로 금지한다. 부유층이 사교육에 너무 많이 투자하고 있다고 판단되면 사교육을 금지하고 경제적 평등을 촉진하기 위해 세금을 인상한다. 기술 대기업이 너무 큰 힘을 행사하고 있다고 생각되면 정부가 제재를 가한다. 기후 변화를 해결하기 위해 탄광을 폐쇄하기도 한다.

그러나 이런 억압은 측정하기 어려운 비용을 부과한다. 권위주의 국가는 관료주의적 절차를 생략할 수는 있지만, 혁신과 성장을 유지하는 데 필요한 자유를 보장할 수 있을까?

2003년부터 2013년까지 후진타오 주석이 중국을 이끌던 시기에 나는 매년 3월 베이징에서 열리는 발전 포럼에 참석해 사흘 동안 중국의 고위 관리들을 만났다. 그러다 2012년에 구겐하임 미술관에서 아시아 예술을 관장하는 친구에게 얼마 후에 중국에 갈 것이라는 이야기를 한 적이 있다. 그는 내게 저명한 예술가이자 반체제 인사인 아이웨이웨이(艾未未)를 꼭 만나보라고 말했다. 아이웨이웨이는 사회정의와 표현의 자유를 옹호한 죄목으로 투옥되었다가 석방되어 가택연금 상태에 있었다. 나는 베이징 외곽에 있는 그의 집을 방문했고, 우리는 세계와 중국 그리고 다른 공통 관심사에 대해 두 시간 동안 대화를 나눴다.

나는 아이웨이웨이와 찍은 셀카를 트위터에 올렸다. 그전에 중국판 트위터인 웨이보(Weibo) 소식통과 나눈 대화에 대해서도 약간의 생각을 적었다. 그들은 내 트윗이 흥미롭다고 생각했고, 다른 청중을 위해 이를 자동으로 웨이보에 게시해도 되겠느냐고 물었다. 나는 괜찮다고 대답했다. 나는 웨이보 계정이 없었기 때문에 그들이 대신 계정을 만들어주었다. 트위터에 아이웨이웨이와 찍은 셀카를 올리자 웨이보 계정에도 자동으로 그 사진이 게시되었다. 내가 쓴 내용은 우리가 예술과 문화에 대해 흥미로운 대화를 나눴다는 것뿐이었다.

나는 아이웨이웨이가 웨이보에서 검열 당국과 쫓고 쫓기는 게임을 했다는 것을 알고 있었다. 그가 계정을 만들면 몇 분도 안 돼 검열 때문에 계정이 삭제되었다. 그래서 나는 아주 평범하고 일반적인 내용만 썼다. 우리가 검열관의 눈살이 찌푸려질 대화를 나눴다는 암시가 될 만한 것은 전부 피했다. 하지만 그런 건 중요하지 않았다. 내 웨이보 계정은 30분도 안 돼 사라졌다. 이것이 중국의 '만리방화벽'이다.

반체제 인사까지 갈 필요도 없다. 일상적인 상호작용도 공산당의 철권 질서에 노출되어 있다. 내가 중국을 방문했을 당시만 해도 회의를 주재하는 데 아무런 문제도 없었다. 학계 석학들이나 정책입안자들과 열린 마음으로 대화를 나눌 수도 있었다. 하지만 지금의 중국은 훨씬 폐쇄적이다. 모두가 신중하게 행동을 삼간다. 서양인과 우정을 쌓았다간 문제가 발생할 수 있기에 조심하는 것이다.

요즘에는 전화를 걸면 상대방이 불안해하는 것을 느낄 수 있다. 대화를 나눌 때도 솔직함은 사라지고 신중함만이 남아 있다. 중국의 전 재무부 장관은 영어를 유창하게 구사할 수 있는 인물이었다. 우리는 처음 만난 자리에서도 자유롭게 이야기를 나눴다. 하지만 코로나19가 발발하기 전 만났을 때는 탁자를 사이에 두고 앉았고 그는 통역사를 통해 말했다. 영어를 말하는 것조차 위험한 시대가 된 것이다. 얼핏 사소한 것처럼 보일지 몰라도 내가 보기엔 아주 중요한 변화다. 중국은 우리 쪽으로 다가오고 있지 않다. 도리어 멀어지고 있다.

2021년 말 〈파이낸셜 타임스〉는 중국에 민주주의가 싹틀 기미가 전혀 보이지 않는다고 보도했다. "지난 2주간 갑자기 불어닥친 정치적 광풍으로, 시진핑 국가주석의 집권 아래 공산당이 점점 더 독재적인 역할을 하면서 중국이 마오주의 요소를 수용하는 새로운 시대로 접어드는 건 아닌지 많은 사람이 궁금해하고 있다."[24]

1990년 이전에는 아무도 중국이 미국과 대등한 경쟁을 하게 되리라고는—하물며 미국을 능가하리라고는—생각지도 못했다. 우리는 경제학 교과서가 소비자에게 유리할 것이라고 묘사한 종류의 경쟁과 상호협력을 환영했다. 다른 정치 체제의 중국이 부상할 수 있다는 것은 알았지만 그래도 상관없었다. 민간 부문을 육성하고 자체적으로 온건한 권위주의를 유지하는 한, 논평가들은 중국이 세계 경제에 합류한다는 데 환호했다. 거대한 시장은 덤핑과 지적재산 절도, 불공정 거래 관행에 관한 넘쳐나는 증거보다 더 중요했다. 중국은 혼자 힘으로 자신을 끌어올리기에는 할 일이 너무 많았다. 지정학적 야망은 시급한 국내 수요 때문에 굳건한 무역 관계보다 훨씬 뒷전으로 밀려났다. 어쨌든 서방 세계는 그렇게 믿었다.

중국의 발전은 전문가들을 놀라게 했다. 비판하는 이들은 불공정 거래 관행을 지적하는데, 이는 성공의 부분적인 원인이기도 하다. 중국은 그들의 성공을 서구 국가들로부터 '하지 말아야 할 것'을 배운 덕분이라고 말한다. 중국의 정치 체제는 반대 진영의 이의 없이 목표를 설정하고 성취할 수 있다. 중국은 사회주의를 표명하지만 이는 명목상일 뿐 실은 기술관료적 권위주의, 국가 자본주의가 더 적절한 묘사일 것이다. 하지만 어떤 이름을 붙이든 중국인들은 제대로 기능하지 못하는 민주주의와 이기적인 글로벌 금융기관에 비하면 더 낫다고 느낄 것이다.

기존 노선을 유지하겠다는 초반의 약속에도 불구하고 중국은 서구 세계와의 경쟁에 점점 더 열을 올리고 있다. 중국은 세계은행과 IMF의 자국 버전을 설립했다. 미국 빅테크 기업은 자국에 진출하지 못하게 막으면서 한편으로는 국내의 거대 기업들을 육성한다. 남중국해에 인공섬을 만들고 서방에서 공해상이라고 주장하는 영토에 대해 영유권을 주장한다. 그러면서도 시 주석은 신생 강대국이 부상한다고 해서 공격 행위가 필연적인 것은 아니라고 주장한다. 미국과 미국의 동맹국과는 달리, 중국은 1979년 이후 국경 분쟁 외에는 전쟁을 치른 적이 없다.

실제로 중국은 평화를 조성할 충분한 동기가 있다. 무역을 활성화하려면 운송 항로가 열려 있어야 한다. 대립과 갈등은 중국 경제에 활력을 불어넣은 무역을 위태롭게 만들 것이다. 중국은 아시아 국가들과 자유무역협정(FTA)인 역내 포괄적 경제동반자협정(Regional Comprehensive Economic Partnership, RCEP)을 체결했다. 또한 포괄적-점진적 환태평양 경제동반자협정(Comprehensive and Progressive Agreement for Trans-Pacific Partnership, CPTPP)에 가입하기 위해 로비를 벌이는 중인데, 이는 미국이 트럼프 대통령 정부 시절에 탈퇴하고 바이든 역시 재가입을 포기하기 전까지 국제 협력에 도움이 된 중요한 무역 협정 TPP의 후속 협의체다.

워싱턴에서 우려의 목소리가 점차 증가하고 있다. 중국이 먼저 아시아에서, 그다음에는 전 세계에서 새로운 경제 및 군사 강국으로서 미국의 자리를 대체할 계획을 세우고 있다는 것이다. 경제적 측면에서는 2015년 중국이 발표한 '메이드 인 차이나 2025(Made in China 2025)'라는 새로운 산업 전략이 위기감을 느끼게 하는 요인이다.

이 계획은 중국이 막대한 보조금과 재정적 인센티브를 사용해 저부가가치 및 노동집약적 제조업에서 벗어나 정보기술(AI, 사물인터넷, 스마트 가전, 반도체), 로봇공학(자동차 및 머신 러닝), 청정에너지 및 친환경 차량(EV 및 자율주행 차량), 항공우주 장비, 해양공학 및 첨단 선박, 철도 장비, 전력 장비, 신소재, 생명공학, 의학 및 의료 기기 그리고 농업 기계 등 미래의 핵심 산업에서 선도적 역할로 올라서는 것이 목표다. 여기에 지난 2017년에 중국은 2030년까지 AI 분야의 글로벌 리더가 되겠다는 '신세대 인공지능 계획(New Generation Artificial Intelligence Plan)'을 발표했다.

더불어 중국은 강력한 군대를 건설 중이다. 무기고에 핵탄두를 추가하고, 군대의 수행 능력을 향상시키고, 대양해군(大洋海軍)을 확대했다. 그들은 이런 조치가 전부 자국 수호를 위해서라고 말하지만 미국도 항상 그렇게 말하지 않았던가. 중국의 메시지는 명확하다. '우리는 위대하고 강력하다. 우리를 존중하라. 너희가 우리를 방해하지 않는 한 우리도 너희를 건드리지 않을 것이다.'

중국의 지정학적 야망에 대한 우려가 커지면서 오바마 행정부는 아시아를 전략적 중추로 삼았다. 오바마 정부는 유럽에서 시선을 돌려 오늘날 가장 무시하기 힘든 경제적 기회와 군사적 위협이 공존하는 이 지역에 관심을 쏟기 시작했다. 트럼프 정부는 선거 유세에서 자극적인 언사로 열기를 고조시켰다. 그들의 국가 안보 전략은 중국을 '전략적 경쟁국'이자 (러시아와 함께) 제2차 세계대전 이후 구축된 세계 질서에 도전하는 '수정주의 세력'으로 규정했다. 트럼프 행정부는 미 국방에 대한 가장 큰 위협으로 중국과 러시아를 지목했다. 중국이 "단기적으로는 인도-태평양 지역의 패권을 추구"하고 "미래에는 글로벌 패권을 노린다"라고 주장했다. 이는 워싱턴 정가의 새로운 공통된 합의가 되었다. 이 모든 것은 새로운 냉전이 시작되었음을 인정하는 것과 같다.

신냉전은 이제 일관된 방향으로 흐르고 있다. 글로벌 공급망과 수요에 의미심장한 혼란과 파괴를 초래하는 방향이다. 거의 한 세기 만에 처음으로 미국은 중요한 천연자원과 산업자원을 장악하고 있는 강력한 적수를 만나게 되었다. 나는 이 냉전이 할리우드식 결말로 끝날 것이라고 생각하지 않는다. 2021년 초 싱가포르의 외교관 키쇼르 마흐부바니(Kishore Mahbubani)는 하버드대학교 케네디 공공정책대학원(Kennedy School of Government) 강연에서 이렇게 말했다. "서양의 지배는 200년간의 일탈이었고, 이제 그 끝이 다가오고 있다."[25]

두 번째 냉전에는 승자도, 결말도 없다

나는 다른 많은 분석가와 마찬가지로 경쟁과 대립이 심화되고 협력이 줄어 냉전이 점점 더 심각해지리라고 생각한다. 어쩌면 이번에는 물리적 충돌이 발생하지 않고 냉전으로만 남을지도 모른다. 세계가 분열되고 긴장감이 팽배하겠지만 그걸로 끝이다. 자극적인 표현을 피하는 신중한 분석가 케빈 러드는 "아직 냉전 2.0이 아닐 수는 있지만 적어도 냉전 1.5처럼 보이기 시작했다"라고 말했다.[26]

그러나 중국과의 냉전은 소련과의 냉전과는 매우 다른 양상을 띤다. 미국과 소련의 무역 규모는 연 수십억 달러를 넘지 않았다. 당시의 냉전은 국경에서 탱크와 미사일이 서로를 겨누는 군사적 대치 상태를 의미했다. CNN 앵커 파리드 자카리아(Fareed Zakaria)는 이렇게 말했다. "그러나 오늘날 이는 미국과 중국 사이에 단 며칠 만에 오가는 무역량에 불과하다. 당시 소비에트연방은 자유세계의 경제 지도에 거의 존재하지도 않았다."[27]

문을 닫고 있던 소련은 주로 원자재에 의존했다. 오늘날 중국은 훨씬 다양한 산업 기반을 운영하고 있고 많은 분야에서 세계를 선도한다. 외교는 그보다도 더 복잡하고 정교하다. 군사력은 눈에 보이는 방식으로 구축되고 있지만 실제로 신냉전의 최전선은 주로 경제와 기술 분야다.

현재 일부 사람들이 제2차 냉전이라고도 부르는 현 상황은 두 경쟁 국과 그 동맹국들 사이의 탈통합 또는 탈동조화를 특징으로 한다. 이런 탈동조화는 무역과 기술, 투자, 자본과 노동의 이동, 데이터 및 정보 분야에서 이미 시작되었다.

2021년 9월 〈사우스 차이나 모닝 포스트〉의 헤드라인은 핵심을 찌르고 있다. '미국과 중국의 탈동조화: 세계가 미국 블록과 중국 블록으로 나뉘면 가장 많은 것을 얻는 건 누구인가?' 어쩌면 이 질문은 가장 많은 것을 잃는 건 누구인지 묻는 것일 수도 있다. 미국인들은 공급망이 무너져 가게의 상품 진열대가 텅텅 비는 것을 걱정해야 할지 모른다. 베이징의 한 고문은 "미국의 첨단기술 제품에 대한 접근성을 상실하는 것은 쌀은 남아돌아도 맛있는 음식은 없는 것과 같다"라고 우려했다.[28]

저명한 경제학자이자 전 중국 중앙은행 고문인 위용딩(余永定)은 〈사우스 차이나 모닝 포스트〉 인터뷰에서 탈동조화가 중국에 엄청난 영향을 미칠 것이라고 말했다. 세계 경제 리서치 회사인 캐피털 이코노믹스(Capital Economics)의 연구에 따르면 점진적인 탈동조화는 서구 사회에 유리하다. 중국 블록에 속한 국가들은 인구는 약간 더 많을지 몰라도 세계 GDP의 68퍼센트를 차지하는 서구 블록보다 경제 규모가 훨씬 작다.[29] "중국의 진영에는 많은 국가가 있지만 대부분은 경제 규모가 작다." 캐피털 이코노믹스는 이렇게 말한다. "중국은 여전히 최종 수요와 생산 자원 양쪽 모두에서 서구에 훨씬 많이 의존하고 있다."

이건 좋은 소식이다. 그러나 소비재 무역에만 주목하면 전체적인 그림을 보지 못한다. 탈동조화는 상품과 기술, 서비스의 무역을 저해할 것이다. 자본 투자, 노동력과 학생, 과학자의 이동, 나아가 정보화 시대의 생명인 데이터의 이전까지도 제한할 것이다.

2021년 10월 〈사우스 차이나 모닝 포스트〉는 "중국이 정보 통제를 강화해 데이터가 해외로 이동하는 것을 막는 엄격한 규제를 마련했다"라고 보도했다. 중국 인터넷정보판공실(国家互联网信息办公室)은 해외로 이전되는 모든 비즈니스 관련 데이터를 검토하기를 원한다.[30] 미국은 미국 시민의 개인정보를 수집할 수 있는 중국 기업 소유의 앱에 제재를 가하고 있다. 개인정보는 대기업의 핵심 원동력인 새로운 석유이기에, 이는 훨씬 광범위한 형태의 보호주의와 무역 규제의 시작이라고 할 수 있다.

트럼프 행정부 시절 양국이 부과한 관세와 규제는 탈동조화를 가속화했다. 파편화된 경제는 세계를 두 개의 경쟁적인 경제 체제로 분열시킬 것이다. 하나는 서방이, 다른 하나는 중국이 지배하는 곳으로 말이다.

탈동조화로 인해 권위주의에 가까운 가난한 국가들이 한쪽을 선택해야 할 때가 온다면 중국의 지정학적 입지와 왕성한 성장 그리고 저렴한 기술을 더 선호할 수도 있다. 중국은 특혜 무역협정과 투자 자본을 통해 시장을 지배하려들 것이다. 중국의 저렴한 5G 기술은 개발도상국의 발전을 도울 것이다. 중국은 최고 수준의 사물인터넷, AI, 통신 솔루션을 제공하고 피후견 국가에 준비통화를 달러가 아닌 인민폐로 바꾸라고 조언할 것이다. 중국의 대출기관이 영향력을 행사하고 그들의 감시 기술과 전술 무기로 피후견 국가들은 국내의 반대 세력을 진압할 것이다.

중국 지도자들은 임금이 상승하면서 생산비용 우위라는 장점이 곧 종식될 것임을 알고 있다. 중국이 2030년까지 인공지능 분야에서 글로벌 선두 주자가 되기를 원하는 것도 이런 이유 때문이다. 에릭 슈미트(Eric Schmidt) 전 구글 회장은 언젠가 중국이 미국을 크게 앞지를지 모른다는 생각에 경계심을 늦추지 않고 있다. 그는 2021년 '중국의 AI 패권 경쟁(China's Race for AI Supremacy)'이라는 제목의 영상에서 "중국 정부는 네 배나 많은 엔지니어를 보유하고 있다"라고 〈블룸버그〉에 말했다.[31] "그들은 AI로의 전환과 디지털화에 막대한 자금을 투입하고 있다. 컴퓨터 시스템의 신속한 발전은 21세기 경제의 모든 방면에 영향을 미칠 잠재력이 있으며, 중국 공산당은 이런 발전을 주도하고 싶다고 밝혔다."

일부 관측통은 기술 군비 경쟁이 이미 끝났다고 말한다. 국방부의 첫 CSO(최고소프트웨어책임자)인 니컬러스 차일란(Nicholas Chaillan)은 이렇게 말했다. "15~20년 후면 중국과 경쟁해서 이길 가능성이 없다. 이미 기정사실이 됐다. 내가 보기엔 벌써 다 끝났다."[32]

중국과 피후견 국가 사이의 새로운 협력 및 개발 협력은 상호 동반자 관계를 구축해 성숙한 산업 경제를 점점 더 고립시킬 것이다. 중국과 러시아, 이란과 중국은 이미 비공식 동맹 관계에 있다. 이들 국가는 군사 훈련에도 함께 참여한다. 얼마 전 중국과 러시아는 일본 본토인 홋카이도와 혼슈 사이에 있는 좁은 공해 해역에 10척의 군함을 파견했다. 원래는 냉전 시대에 미국 군함이 자유롭게 이동할 수 있게 의도적으로 공해로 남겨놓은 길이었다.[33]

또한 러시아의 푸틴은 2022년 우크라이나를 침공하기 전에 시진핑을 만나 양국 간의 새로운 경제 및 지정학적 동맹을 공식화함으로써 두 나라의 실질적인 동맹 관계를 더욱 공고히 했다. 대만을 호시탐탐 노리고 있는 중국이 러시아의 우크라이나 점령 시도를 공인해준 셈이다. 지금 세계에 냉전이 무르익고 있는지 아직도 의심스럽다면, 제2차 냉전 시대에 온 것을 환영한다.

중국과 무역하는 미국의 전통적인 동맹국들은 골치 아픈 미래에 직면했다. 그들은 탈동조화라는 딜레마의 뿔에 걸릴 것이다. 중국은 2020년 상품 무역에서 미국을 제치고 유럽연합의 가장 큰 무역 파트너가 되었다.[34] 만약 미국과 중국 중 한쪽이 유럽을 향해 다른 한쪽에 강경하게 대응하라고 요구하면 어떻게 될까? 미국은 이미 유럽 국가들에 화웨이의 5G 무선 네트워크가 중국 정부의 감시 수단으로 사용되어 보안 위험이 발생할 수 있다며 화웨이 네트워크를 도입하지 말 것을 주문했다. 일부 국가는 그 요구를 받아들였지만 많은 국가가 그에 동의하지 않았다.

한편 미국은 유럽에 대해 비장의 카드를 쥐고 있다. NATO 동맹국이 국방비로 지출하는 비용은 도합 2,000억 달러에 불과하다. 미국은

7,000억 달러를 지출한다. 최근 러시아의 우크라이나 침공으로 평화로운 유럽인들은 러시아 불곰의 제국주의적 야망을 우려하기 시작했지만 NATO 국가들은 대규모 공격(이를테면 러시아의 침공)을 받아도 방어할 능력이 없다. 미국이 러시아를 막을 군대를 유럽 내에 계속 주둔시키면서 유럽에 지금처럼 중국과 무역을 지속해선 안 된다고 한다면? 유럽은 중국과 선을 그어야 할 것이다. 중국에 대한 서구권의 평행추가 되려면 경제적으로 큰 희생을 치러야 한다.

실제로 2021년 NATO 사무총장은 〈파이낸셜 타임스〉 인터뷰에서 이렇게 말했다. "중국의 부상에 따른 안보 위협에 대응하는 것은 앞으로 NATO의 행동 원칙에서 중요한 부분이 될 것이며 … 이는 미국이 아시아의 지정학적 중추국과 비슷한 역할을 하는 서구 국가들의 목표에 대해 재검토해야 함을 의미한다."[35]

중국은 미국과 함께한다면 점진적으로 중국에서 나가야 한다고 유럽에 경고할 것이다. 이는 유럽의 자동차 매출 및 사업 거래가 줄어든다는 의미다. 중국에 대한 외국인 직접투자와 중국에서의 제조도 줄어들 것이다. 완전한 탈동조화는 지독하게 비쌀 것이다.

이는 중국도 마찬가지다. 그러나 중국은 감당할 수 있을 것으로 보인다. 중국은 2021년에 탈동조화를 위한 준비로 읽을 수 있는 제14차 5개년 계획에 착수했다. 목표는 13억 소비자를 보유한 국내 시장에서 실현 가능한 경제적 '자립'과 '자주 혁신'이다.

트럼프 행정부 기간 양국이 주고받은 강경한 대화는 결국 관세를 초래해 궁극적으로 상점에서 물건을 사는 미국인들에게 피해를 주었다. 바이든 행정부는 외교적 방법을 조금 더 선호하는 경향이 있지만 여전히 중국을 경쟁과 대립이라는 렌즈를 통해 바라본다. 미-중 무역 대표부의 캐서린 타이(Katherine Tai)는 두 국가의 관계에 대해 돌려 말하지 않는다. "중국은 너무도 오랫동안 세계 무역 규범을 준수하지 않았고 그로써 미국과 세계 다른 국가들의 번영을 저해했다. 최근 몇 년 사이 베이징은 국가 중심 경제 체제를 두 배로 강화했다. 중국의 계획에는 미국과 다른 국가들의 우려를 해결하기 위한 의미 있는 개혁이 없다는 사실이 분명해졌다."[36]

오늘날 워싱턴D.C.에서는 논쟁이 오가는 대부분의 쟁점과 달리 중국에 관한 정책만큼은 초당적인 협력이 이뤄지고 있다. 2021년 6월 미국 상원에서 공정한 경쟁의 장을 조성하기 위해 첨단기술 분야에서 미국의 리더십과 생산성을 강화하는 법안인 2,500억 달러 규모의 미국 혁신경쟁법(United States Innovation and Competition Act)이 통과되었다. 이 법안은 민주당 소속 상원 다수당 원내대표인 척 슈머(Chuck Schumer) 뉴욕 상원의원과 공화당 소속인 토드 영(Todd Young) 인디애나주 상원의원이 공동 발의한 이전 법안을 통합한 것이다. 2022년 초에는 하원에서도 승인되었다.

이 두 번째 냉전은 시작부터 과거와는 전혀 다르고, 예전처럼 자진해서 텐트를 접고 끝날 것이라 기대해서도 안 된다. 2019년에 바이든 대통령의 현 보좌관 두 명이 〈포린 어페어스〉에 글을 기고해 대안을 제시한 적이 있다. 신미국안보센터(Center for New American Security)의 전 이사장이자 공동 설립자인 커트 캠벨(Kurt Campbell)과 제이크 설리

번(Jake Sullivan) 국가안보 보좌관은 "미국의 전략은 중국의 행보에 대한 가정에 의존하기보다 앞으로 중국의 체제에 어떤 일이 발생하든 대처 가능한 것이어야 한다"라고 썼다. "냉전의 종식 같은 최종 상태가 아닌, 미국의 이익과 가치에 유리한 조건에서 현실적인 공존이라는 안정된 상태를 추구해야 한다."[37]

그보다 먼저 〈포린 어페어스〉에 기고한 사설에서 캠벨과 공동 필자였던 일라이 래트너(Ely Rattner)는 매우 직설적인 경고를 날렸다. "워싱턴은 지금 현대사에서 가장 역동적이고 강력한 경쟁자를 마주하고 있다."[38] 현재 두 사람은 모두 바이든 대통령의 고문으로 일하고 있다. 기자가 바이든 대통령에게 시진핑에 대해 질문했을 때 그 역시 쓸데없이 돌려 표현하지 않았다. "이것만은 분명히 해두겠다. 우리는 서로를 잘 알고 있고, 오랜 친구가 아니다. 이건 그저 순수한 비즈니스일 뿐이다."[39]

국제 질서의 파편화가 부른 무력 충돌의 위험

경쟁이 격화되어 중국과의 냉전이 뜨거운 군사적 충돌로 발전할 수도 있을까? 전문가들의 의견은 '아마도'부터 '그렇다'까지 다양하다. 다만 모두가 그렇지 않길 바란다고 재빨리 덧붙일 뿐이다.

때때로 양국의 국가 지도자들은 공식 연설을 통해 온도를 낮추려고 노력한다. 시진핑은 "우리가 사는 시대는 도전과 희망으로 가득하다"라고 선언했다. "인류의 미래는 어디로 향해야 하는가? 중국의 대답은 모든 국가의 인민이 서로 협력하고, 시대의 부름에 부응하며, 글로벌 거버넌스를 강화하고, 혁신 주도의 발전을 추구하고, 인류의 미래를 공유하는 공동체를 건설하는 것이다."[40]

그러나 그는 다른 곳에서는 훨씬 호전적으로 말했다. 2021년 7월에 시진핑은 중국의 굴기를 가로막으려는 이들은 "강철의 만리장성에 머리가 깨져 피투성이가 될 것"이라고 말했는데, 이는 최근 몇 년 사이에 많은 중국 외교관이 채택한 공격적인 외교 스타일인 '전랑외교(戰狼外交)'와도 일치하는 발언이다[이 용어는 중국의 인기 영화 〈특수부대 전랑(戰狼) 2〉에서 따온 것으로 영화가 내세운 홍보 문구는 "중국을 범하는 자, 아무리 멀리 있어도 반드시 멸한다"였다]. 중국 내에서 민족주의와 외국인 혐오도 확실히 증가하고 있다.

바이든 대통령은 '가차 없는 외교'의 장점을 내세운다. 언론 보도에 따르면 최근 미중 간 이뤄진 전화 통화와 외교적 교류는 대화의 가능성을 모색하고 있다. 그러나 바이든의 국가 안보 전략은 트럼프와 크게 다르지 않다. 오히려 트럼프와 달리 홍콩과 티베트, 대만, 신장 자치구의 인권과 민주주의의 쇠퇴를 지목하면서 마찰이 늘어나는 실정이다. 또한 바이든 행정부는 중국이 계속해서 자국 산업에 보조금 정책을 이어나간다면 새로운 관세를 부과하겠다고 위협했다.

조 바이든이 대통령으로 취임하기 직전에 시진핑의 측근인 천이신(陳一新)은 "동양의 부상과 서양의 쇠퇴가 [글로벌] 추세가 되었으며 국제 지형이 우리에게 유리하게 변화하고 있다"라고 선언했다. 중국은 미국과 서방이 앞으로도 계속해서 쇠퇴할 것이라 믿는다.[41]

중국과 호주의 관계 강화를 위해 노력한 케빈 러드 전 호주 총리는 미중 간 균형을 분석하는 데 가장 적합한 인물이라 할 것이다. 러드가 이끄는 아시아 소사이어티에서 발간한 《피할 수 있는 전쟁(The Avoidable War)》에서 그는 암울한 사실을 인정한다. "작금의 위기 전에도 전후 자유주의 국제 질서는 이미 파편화되고 있었다."

양측 모두에서 도발이 일어나고 있다. 중국에서는 마오쩌둥이 다시 인기를 얻으면서 "한국에서 미국과 전쟁을 벌이고 휴전을 이뤄낸 업적"으로 칭송받고 있다. 중국에 겁먹은 미국인들은 리처드 닉슨이 "프랑켄슈타인을 창조했다"라며 비난하기 시작했다.[42] 2021년 〈파이낸셜 타임스〉는 '시진핑의 권력 놀이에서 느껴지는 마오주의의 메아리(The Maoist Echoes of Xi's Power Play)'라는 헤드라인을 내보냈다.[43]

러드는 전략적 이유와 신중한 계획보다 비행기나 군함 또는 부주의한 정치인과 관련된 우연한 사고 때문에 전쟁이 일어날지도 모른다는 두려움을 더 크게 느끼는 것 같다. 그는 세계적으로는 사소한 사건에 불과했던 페르디난드 대공의 암살이 결과적으로 제1차 세계대전의 계기가 되었다고 말한다.

중국 주변 해역의 상황이 치명적인 오판을 불러올 수도 있다. 현재 중국 외에도 브루나이와 인도네시아, 말레이시아, 필리핀, 대만과 베트남 등 6개 국가가 각자 일부 해역에 대해 영유권을 주장하고 있다. 베이징 정부는 '남해 9단선' 안쪽에 대해 '역사적인 해양권'을 주장하는데, 그들이 내세운 경계는 이웃 국가들의 영토를 침범하고 있다. 중국은 2016년 국제상설중재재판소(Permanent Court of Arbitration, PCA)에서 그들의 주장에 반하는 판결을 내린 것을 좋아하지 않는다. 그들은 국제재판소의 판결에도 불구하고 실효 지배(實效支配) 주장을 확립하기 위해 어선과 해안경비대 선박을 배치하는 '회색 지대' 전략을 펼치고 있는데, 만일 그런 상황에서 충돌이 발생해 선박이 한 척이라도 침몰한다면 커다란 재앙으로 이어질 것이다.

도발적인 말을 주고받는 것 외에도 양국의 전략가들은 전쟁 게임을 하고 있다. 미국은 중국이 영해라고 주장하는 해역에 선박을 보내고 있다. 우리가 분쟁으로 비화될 사건을 예견할 만한 상상력이 부족하다는 사실에 놀란 제임스 스타브리디스(James Stavridis) 퇴역 제독은 엘리엇 애커먼(Elliot Ackerman)과 함께 2034년에 중국과 미국이 전면전을 벌이는 소설을 공동 집필하기도 했다.[44] 한편 중국은 평화적인 의도라고 변명하며 남중국해 섬들에 대해 영유권을 주장하고 군사화하는 한편, 일본을 조롱하고 있다. 또 중국 전투기는 군사적인 문제가 발발할 위험을 무릅쓰고 정기적으로 대만 영공을 침범하고 있다.

중국의 목표는 이제 우주로까지 뻗어나가고 있다. 최근에는 극초음속 로켓인 장정(長征) 호가 지구의 저궤도를 도는 데 성공했다. 〈파이낸셜 타임스〉는 "이런 시스템이 실제로 배치된다면 미국의 미사일 방어 시스템을 피해 갈 수 있다"라고 지적했다. 물론 중국은 이를 군사적 목표가 전혀 없는, 일반적인 우주 발사 실험이라고 주장했다.[45]

양국의 현 지도자들은 동맹국들을 줄 세우며 협력과 상호 존중을 강조한다. 시진핑 주석은 블라디미르 푸틴 대통령과 성공적인 화상 회담을 마쳤으며 러시아와 선린우호협력조약을 맺었다고 선전했다.

또한 "새 시대를 위한 중국과 러시아의 포괄적이고 전략적인 동반자 관계는 강력한 추진력과 폭넓은 전망을 품고 있다"라고 선언했다.[46]

한편 미국의 조치에 대해 〈포린 어페어스〉는 '미국이 아시아를 화약고로 만들고 있다(America Is Turning Asia into a Powder Keg)'라는 제목의 기사를 게재했다. 기사는 중국의 해양 시위 활동을 막기 위한 미국의 계획 및 전략을 나열한다. 일본의 초음속 무기 개발 장려, 인권 침해 위험에도 불구하고 필리핀에 대한 무기 판매 증진, 호주에 핵잠수함 기술 이전, 팔라우에 새로운 레이더 시스템 구축, 인도-태평양 전역에 서방의 영향력을 확대하는 정책 등이다.

중국에 대항하기 위한 미국, 인도, 호주, 일본으로 구성된 전략 포럼 쿼드(Quad)도 강화하고 있다. NATO는 부상하는 중국을 억제하는 도구가 될 수 있다. 미국과 서구 세계는 이를 방어적인 행동 — 아시아에서 중국의 공격적인 부상을 막기 위한 — 으로 인식하지만, 중국에서는 자국의 발전과 아시아 내에서 필요한 정당한 국방력을 억누르려는 시도로 보고 있다.

따라서 중국은 이에 대응하기 위해 미국과 서구 중심의 세계 질서를 대체하려는 수정주의 열강들과 밀접한 관계를 구축하고 있다. 러시아는 2022년 우크라이나 침공을 시작으로 모든 이웃 국가를 포괄하는 구소련 세력권을 부활시키는 데 목표를 두고 있다. 시아파인 이란은 미국과 이스라엘 그리고 페르시아만에서 패권을 다투는 여러 수니파 아랍 국가들과 대립 중이다. 이란과의 핵 협정이 무산되거나 2024년 이후 공화당 새 정부에서 협상을 거부한다면 전쟁이 발발할 수도 있다. 이란의 핵 보유를 생존에 대한 실존적 위협으로 보고 있는 이스라엘은 이란이 현재의 핵 확산 노선을 계속 유지한다면 이란을 선제 타격할 수도 있다.

핵무기를 제외한 모든 면에서 실패한 국가인 북한은 일본, 한국, 미국에 명백히 위험한 존재다. 미사일 발사를 비롯해 다른 도발을 지속한다면 언젠가는 전면적인 군사 대립이 발발할 것이다. 중국의 영향권에 있는 다른 나라로는 파키스탄과 캄보디아가 있는데, 파키스탄의 경우 중국과 심각한 영토 분쟁을 겪고 있는 또 다른 핵보유국 인도와 꾸준한 경쟁 관계에 있는 불안정한 핵보유국이다.

아시아에서 가장 일촉즉발의 상황에 놓여 있는 나라는 대만이다. 〈이코노미스트〉의 표지 기사는 중국이 그들의 목표를 명확하게 밝히면서 대만이 '지구상에서 가장 위험한 곳'이 되었다고 평했다.[47] 중국은 2,300만 명의 인구와 자유주의 선출 정부 그리고 전 세계에 마이크로칩을 공급하는 활기찬 경제를 보유한 대만을 합병할 계획이다. 2021년 10월에는 인민해방군 제트전투기가 대만 영공을 수십 차례 비행하기도 했다.

중국은 영토를 되찾겠다는 결의를 거듭 강조한 바 있다. 그러나 대만인들은 본토의 의지에 굴복할 생각이 없다. 비록 공식적인 국방 동맹은 없지만 바이든 대통령은 대만이 미 해병대와 함께 특수 훈련을 해왔다고 말하며 분명한 지지를 표명했다. 유럽연합은 대만에 대표단을 보내 우의를 강조했다.

지금까지 미국은 중국이 대만을 침공할 경우 군사 개입을 통해 방어에 나설 것인지에 대해 전략적인 모호성을 유지해왔다. 미국은 중국의 대만 침공을 방지하거나 최소한 그런 시도에 대해 중국이 많은 비용을 소모하도록 우크라이나 때처럼—이 경우에는 조금 늦게 행동했지만— 대만에 군사 장비 공급을 강화할 가능성이 크다.

하지만 만일 중국이 대만을 직접적으로 침략하지 않고 해상을 봉쇄한다면? 미국은 그 봉쇄를 깨기 위해 행동에 돌입할까? 아니면 눈만 끔벅이면서 중국이 대만을 효과적으로 목 졸라 죽이도록 내버려둘 것인가? 만일 그렇게 한다면 아프가니스탄 붕괴 및 우크라이나에 군사 개입을 하지 않기로 결정한 이후 아시아 동맹국 방어와 관련해 이미 약해진 미국의 신뢰도에 어떤 영향을 끼칠 것인가?

어쨌든 대만은 우크라이나와 마찬가지로 NATO의 정식 회원국도, 미국의 정식 동맹국도 아니다. 미국은 대만을 보호하기 위해 중국과 전쟁을 벌일 것인가, 아니면 우크라이나의 경우처럼 대만에 자국을 방어할 무기만 제공할 것인가? 답은 아무도 모른다. 하지만 시진핑 주석은 대만과 본토를 통일한 지도자라는 역사를 만들고 싶어 한다. 따라서 우리는 중국과의 전쟁이라는 잠재적인 초거대 위협에 직면해 있다.

미중 경쟁의 방향은 부분적으로 향후 10년간의 성장 추세에 달려 있다. 미국이 과거와 같이 경제를 개혁해 활력을 유지한다면 아시아와 대만의 현 상황이 부분적으로나마 유지될지 모른다. 그러나 중국은 계속 성장하는데 미국은 휘청거린다면 미국은 전략적 우위를 잃고 중국은 더욱 독단적, 공격적으로 변해갈 것이다. 군사 무기에 대한 지속적인 투자는 중국이 아무 제재도 받지 않고 행동을 시도할 수 있도록 힘을 실어줄 것이며, 만일 미국이 대결을 피하려 한다면 미국의 리더십은 위태로워질 것이다.

아니면 반대로 중국이 휘청거릴 수도 있다. 모든 사람이 중국이 위대하다고 믿는 것은 아니다. 어떤 대가를 치러서라도 권력을 유지하려는 공산당은 경제 성장을 촉진하는 동기를 억압할 수 있다. 과시적 소비 및 불평등 퇴치 운동과 더불어 첨단기술 산업이나 마윈과 같은 업계 거물들에 대한 광범위한 탄압은 민간사업 부문의 신뢰를 떨어뜨렸다. 사교육 산업을 단속하고 모든 사교육 교재에 정부 승인을 요구함으로써 지적 자유에서도 한 발짝 멀어져 중산층이 영속할 수 있는 수단을 제거해버렸다. 공산당이 그들의 권력을 위협할 수 있는 모든 것을 억압할 때마다 그런 조치는 단순한 반대 의견 그 이상의 것을 억누른다.

공산당 정권 초기에 부족한 식량에 대한 수요를 완화하기 위해 실시했던 한 자녀 정책의 유산은 이제 고용주들의 고민거리가 되었다. 노동력이 빠른 속도로 고령화되고 있다. 중국이 지속 가능한 방식으로 부자가 되기 전에 늙을 것이라는 관측도 있다. 중국도 선진경제와 마찬가지로 점점 줄고 있는 노동자들이 점점 늘고 있는 은퇴자 집단을 부양해야 한다. 은퇴 노동자의 규모는 앞으로 중국 정권에 도전할 정책입안자들에게 큰 딜레마가 될 것이다.

중국이 직면하고 있는 문제는 그 외에도 또 있다. 히말라야 산기슭 국경지대에서 발생한 인도와의 격렬한 충돌은 아시아 이웃 국가들의 주목을 받았다. 그리고 무슬림 위구르족에 대한 중국 정부의 가혹한 탄압과 홍콩 민주주의에 대한 엄중한 단속은 많은 국가의 비난을 받았다.

그리고 한참 동안 치솟았던 부동산 가격에 현실이 끼어들었다. 최근 몇 년 사이 중국의 집값이 흔들리기 시작했다. 사람들이 들어오지 않아 비어 있는 건물들과 유령 도시가 생겼다. 세계에서 가장 많은 부채를 보유한 부동산 회사 에버그란데(Evergrande)는 파산 직전이고, 다른 많은 부동산 회사도 비슷한 곤경에 처해 있다. 외국 대출기관들은 손해를 볼 것이다. 하지만 이는 채무불이행이 시작될 경우 중국 전체를 뒤흔들 더욱 거대한 문제의 일부일 뿐이다.

중국의 민간 및 공공 부채는 코로나19 위기가 부채 부담을 급증시키기 전인 2019년에 이미 GDP의 세 배 이상을 기록하고 있었다. 부채 위기는 국가 자원을 전략적 목표에서 다른 곳으로 돌리고, 해외에서 중국의 명성을 훼손할 것이다. 제로코로나 정책은 2022년의 성장을 더욱 위축시켰다.

불행히도 중국의 문제가 우리들의 문제가 될 수도 있다. 시진핑은 국민에게 번영에 대한 희망을 보여주고 불평등을 줄여야 한다. 그렇게 할 수 없다면 그는 인민을 결집할 다른 대안을 찾으려들 것이다. 외국인 혐오와 민족주의를 부추기고 새로운 영토, 특히 대만을 복속시킨다면 시진핑은 그의 나라에 화려한 유산을 남길 수 있으리라. 따라서 중국은 지금보다 더 약해지더라도 대만에 대해서만큼은 더욱 공격적으로 변할 수 있다.

대중 언론은 중국의 미래에 대해 두 가지 극단적인 시각을 갖고 있다. 세계를 지배하거나, 아니면 붕괴하거나. 나는 어느 쪽에도 동의하지 않는다. 사람들은 수십 년 동안 중국의 경착륙을 예측했지만 매번 틀린 것으로 판명 났다. 중국은 아직도 약 4~5퍼센트의 성장률을 기록하고 있고 이는 미국 성장률의 두 배 이상이다(2021년은 제외). 중국은 세계 최대의 경제가 될 것이다. 거기에는 의심의 여지가 없으며 언제가 될 것인가의 문제일 뿐이다.

중국이 저소득 국가에서 중소득 국가로 그리고 중진국 함정(middle income trap, 개발도상국이 경제발전 초기 단계에서 순조롭게 성장하다가 중진국 수준에 이르러서는 성장이 장기간 둔화되어 정체되는 현상-옮긴이)을 피해 고소득 국가로 성장한다면 그들은 기술적으로 놀랍도록 혁신적인 국가가 될 것이다. 중국은 경제적으로 역동적이며 특히 미래 산업에서 두드러진 발전을 보여주고 있다. 중국의 국가 자본주의 모델이 마음에 들지 않을 수는 있어도 이것만은 확실하다. 중국의 시스템은 경제적으로 비효율적인 대가를 약간 치르기는 했으나 적어도 지금까지는 효과적이었다.

미국인들은 사고방식을 바꿔야 한다. 중국은 글로벌 패권국으로 향하는 궤도에 올라 있다. 우리는 1위를 유지하지 않고도 번영할 방법을 찾아야 한다. 투키디데스의 함정에서 탈출하는 것은 환영할 일이지만 함정을 피한다고 해서 행복한 결말이 보장된 것은 아니다. 두 강대국의 경쟁과 대립은 계속될 것이다.

지금까지 이야기한 아홉 가지 초거대 위협은 주로 부채 수준과 정책 방향에 대한 인간의 결정에 초점을 맞추고 있었다. 이론적으로 우리는 집단적인 자각을 통해 행동을 바꾸면 변화를 가져올 수 있으리라는 희망으로 문제를 해결하기 시작할 수 있다. 그러나 마지막 초거대 위협은 다른 위협에 비해 익숙하지만 훨씬 막막하고 절망적이다. 이 위협은 인류의 번영을 위한 것이었으나 그 과정에서 생태계를 파괴한 수십 년간의 인간 활동에서 비롯되었다.

세계의 기후 변화는 놀라운 일이 아니다. 어쩌면 이제는 지겹게 느껴질지도 모르겠다. 그러나 피로는 위험을 증폭시킨다. 이 초거대 위협을 해결하려면 현재 미중 간 지정학적 경쟁 구도를 무너뜨릴 강대국들의 국제 협력이 필요하다. 더 이상 기후 변화를 고립된 문제로 여겨서는 안 된다. 그보다는 이미 티핑 포인트를 지난 건 아닌지 자문해야 한다. 기후 변화가 다른 초거대 위협과 맞물리면 어떤 끔찍한 결과가 발생할까?

10장

거주 불가능한 지구

만일 당신이 서늘한 위도의 고지대, 식수가 풍부하고 비옥한 농경지에 살고 있지 않다면 이주할 준비를 하는 게 좋겠다. 운이 좋아 딱 들어맞는 장소에 살고 있다고 해도 지구 온난화 때문에 결국은 주변에 함께 살던 모든 것이 흩어질 것이다. 인간도, 세균도 말이다.

여기서 기후 변화의 원인에 대해 논하는 것은 시간 낭비나 다름없다. "인간의 영향으로 대기와 해양, 육지의 온난화가 초래됐다는 사실은 명백하다. 대기와 해양, 빙권(氷圈), 생물권에 빠르고 광범위한 변화가 발생했다." 2021년 8월 기후 변화에 관한 정부 간 협의체 (International Panel on Climate Change, IPCC) 보고서는 이렇게 말했다. "앞으로 수십 년 안에 이산화탄소와 기타 온실가스(GHG) 배출을 크게 줄이지 않는 한 21세기에 지구의 기온은 1.5도에서 2도까지 상승할 것이다."[1] 그로부터 1년도 채 지나지 않은 2022년 봄, 새로운 연구에 따르면 향후 5년 이내에 지구 기온이 1.5도 상승할 위험이 점점 증가하고 있다.

우리는 경고를 무시할 수도 있고 뭔가 조치를 할 수도 있다. 하지만 지금까지의 행보는 대단히 유감스럽다. 과학자들은 이미 1965년에 보고서를 통해 린든 대통령에게 대기 중 탄소 축적에 대해 경고했지만[2] 그 뒤로도 우리는 계속해서 미적거렸고, 그러는 동안 위험은 계속해서 늘어났다.

해결책을 모색하기 위해 이제는 기후과학자와 더불어 점점 더 많은 경제학자가 연구에 참여하고 있다. 지구상에 생명을 유지할 방법을 찾는 것 말고도 누군가는 이를 경제적으로 어떻게 감당해야 할지 말해야 하기 때문이다.

노벨 경제학상 수상자이자 예일대학교의 전 동료인 윌리엄 노드하우스(William Nordhaus)만큼 이런 학문적 융합을 잘 보여주는 인물도 없을 것이다. 그는 2018년 노벨 경제학상을 받았을 때 '기후 변화: 경제학의 궁극적 과제(Climate Change: The Ultimate Challenge for Economics)'라는 제목의 수상 연설을 했다. 그는 우리의 미래에 대해 회의적이지는 않을지 몰라도 최소한 신중하다. "기술 변화는 인간을 석기 시대의 생활 수준에서 벗어나게 했다. 가장 극단적인 시나리오에서 기후 변화는 우리를 경제적 태고로 돌아가게 할 것이다."

노드하우스는 지구 온난화를 "모든 환경적 외부효과 중 가장 중요한 것"이라고 지칭했는데, 환경적 외부효과란 지구 온난화를 불러온 이들이 그에 대해 부담하지 않는 비용을 가리킨다. "지구 온난화는 우리가 사는 행성을 위협하면서 거인처럼 우리의 미래를 굽어보고 있다. 이것이 특히 치명적인 이유는 많은 일상 활동과 관련되어 있고 지구 전체에 영향을 미치며 수십 년, 심지어 수백 년이 넘도록 영향을 미치기 때문이다. 무엇보다 아무리 개인적으로 노력한다고 해도 변화를 늦추기 위해 우리가 할 수 있는 것이 없다."[3]

경제학자 게르노트 바그너(Gernot Wagner)와 마틴 와이츠먼(Martin Weitzman)은 그들의 충격적인 저서《기후 충격: 지구 온난화의 경제적 결과(Climate Shock: Economic Consequences of a Hotter Planet)》에서 "우리가 알고 있는 행성의 변화 가능성"을 예측한다. 그들은 지금 우리가 당면한 도전 과제를 간략하게 정리한다. "무엇보다 기후 변화는 위험 관리 문제이며 전 지구적 규모의 재앙과도 같은 위기를 관리하는 문제다."[4]

그런 거대한 재앙이 일어난다고 해서 놀랄 사람은 없을 것이다. 책과 다큐멘터리, 팟캐스트, 신문, 잡지, 소셜미디어, 영화, TV 토크쇼에는 이미 기후 변화에 관한 정보가 가득하다. 그렇다면 왜 이를 방지하기 위한 행동이나 조치가 이뤄지고 있지 않을까? 수많은 SF 영화를 보면 외계의 침공이 발생했을 때 모두가 인류를 지키기 위해 하나로 단결하는 모습을 볼 수 있다. 기후 변화 문제도 똑같이 전 세계적인 대응이 필요하지 않을까? 그런데 지금까지는 그런 모습이 별로 보이지 않고 있다. 이 서글픈 사실은 인류의 실존적 위기를 맞이할 때 세계가 공동 대응을 펼칠 것이라는 내 믿음을 무너뜨렸다. 나는 너무 낙관적이었다. 이 초거대 위협에는 어마어마한 가격표가 붙어 있었다.

《화이트 스카이》의 저자 엘리자베스 콜버트(Elizabeth Kolbert)는 "수학은 가혹하다"라고 말했다. 기후 변화에 관한 그의 전작인《여섯 번째 대멸종》은 퓰리처상을 수상했는데, 그는 평균 기온을 목표 내로 유지하려고 시도한다면 엄청난 이탈이 발생할 것이라고 경고한다. "그러려면 농업 시스템을 쇄신하고, 제조업을 혁신하고, 휘발유 및 디젤 동력 차량을 폐기하고, 세계 대부분 발전소를 교체해야 한다."

국제에너지기구(International Energy Agency, IEA)는 석탄을 세계 탄소 배출의 가장 큰 원인으로 지목한다. 2020년에 석탄 사용이 감소하자 조금은 진전이 이뤄지고 있는 듯이 보였지만 "2021년은 그런 희망을 깨트렸다." 글로벌 석탄 수요는 다시 사상 최고치를 갱신하는 길로 접어들었다.[5]

우주 계획에서 실패는 선택이 불가한 옵션이다. 그러나 안타깝게도 그런 인식이 지구 표면의 기후 변화까지 확장되지 않는 것 같다. 우리는 아무래도 실패하기로 선택한 것처럼 보인다. 기후 아웃리치(Climate Outreach)의 창립자 조지 마셜(George Marshall)은 BBC 인터뷰에서 이런 우리의 선택이 마치 "아침에 시계 알람이 울리면 스누즈 버튼을 누르는 것과 비슷하다"라고 말했다.[6]

누가 기후 재앙의 스누즈 버튼을 눌렀는가

몇 가지 희미한 희망의 조짐이 있긴 하다. 2021년 10월, UN 고위급 기후행동 챔피언(UN High-Level Climate Champions)과 국제 환경 단체인 기후행동추적(Climate Action Tracker), 베이조스 지구 기금(Bezos Earth Fund), 세계자원연구소(World Resources Institute)에서 발표한 보고서에 따르면 환경 분야에서 눈에 띄는 진전이 있었다. 지난 5년간 풍력 및 태양광 발전은 연 15퍼센트씩 증가했고 이제는 두 부문 모두 대부분 지역에서 석탄발전보다 더욱 비용 효율적이다. 전기자동차는 2020년 세계 경차 판매량의 거의 5퍼센트를 차지했으며 5년 연속 50퍼센트의 연평균 성장률을 기록했다.

그러나 기후행동추적의 관찰에 따르면 지구 온난화 억제를 위한 핵심 조치를 실행하려는 노력은 아직도 매우 부족하다. "가장 가혹한 현실은 이런 긍정적인 측면에도 불구하고 40개 중요 지표 중 어떤 것도 2030년까지 온실가스 배출량을 절반으로 줄이고 21세기 중반까지 완전히 탈산소화할 수 있는 속도로 진전하지 못하고 있다는 사실이다. 이 두 가지 목표는 지구의 기온 상승을 섭씨 1.5도 이하로 억제하려면 반드시 달성되어야 한다."[7]

치명적인 결과가 우리 앞에 놓여 있다. 물은 따뜻해지면 팽창한다. 극지방에서 녹고 있는 빙하와 만년설은 또 어떤가. 지구 표면의 3분의 2가 바다로 덮여 있으니 우리는 엄청난 문제에 직면한 셈이다. 바다가 해안선과 만나는 모든 곳에 물이 차오르고 있고, 게다가 이런 곳은 사람과 생물이 많이 모여드는 장소이기도 하다. 미국 국립해양대기청(National Oceanic and Atmospheric Administration, NOAA)의 조사에 따르면 미국 거주자 10명 중 4명이 홍수와 해안선 침식, 심한 폭풍우에 취약한 고인구밀도의 해안 지역에 살고 있다. UN 해양지도(Atlas of the

Oceans)는 세계 10대 도시 중 8곳이 위험한 해안선 또는 그 근처에 있다고 보고한다.

기온 상승은 그린란드와 남극대륙을 덮고 있는 대륙 빙하에도 영향을 미친다. 극지방 얼음은 그 어느 때보다도 빠른 속도로 녹아내리고 있다. 그린란드만 해도 1992~2001년 사이에 매년 340억 톤의 얼음이 사라졌다. 2016년에는 1년 동안 2,470억 톤의 얼음이 녹아 바닷물이 되었는데, 이는 기존에 비해 일곱 배 이상 증가한 수치다.

"지금 지구에서는 매년 1조 2,000억 톤의 얼음이 사라지고 있다. 이 현상은 앞으로 더욱 악화될 것이다." 2021년 1월 〈워싱턴 포스트〉에서 미국과학진흥협회(American Association for the Advancement of Science, AAAS)의 보고서를 인용해 보도한 내용이다. 빙하가 바닷물이 되면 바다는 더 많은 육지를 잠식할 것이다.

윈델 커롤(Windell Curole)은 〈내셔널 지오그래픽(National Geographic)〉 인터뷰에서 "우리는 기니피그"라고 말했다. 루이지애나주 걸프 해안에서 50년이 넘게 거주하고 있는 커롤은 그동안 걸프 해안이 고등학교 시절 여자 친구의 집과 조부의 사냥 캠프, 지역 공동묘지를 집어삼키는 과정을 지켜봤다. "우리는 거의 땅이고 거의 물인 곳에 살고 있다."[8]

커롤은 이웃들과 같이 결국 물을 피해 내륙으로 이사했다. 이상적인 해결 방법은 아니다. 아무도 이런 식으로 삶의 터전을 잃어서는 안 된다. 그러나 해수면의 상승은 해안 지역에 있는 전 세계 수천 곳의 지역사회를 위협하고 있다. 〈내셔널 지오그래픽〉이 '거대한 해빙(The

Big Thaw)'에서 보고한 바에 따르면 "남태평양에 있는 작은 나라 투발루는 이미 대피 계획을 세우기 시작했다."

해수면이 상승하면 민물 삼각주에 바닷물이 침투해 해당 지역의 생태계를 변화시킨다. 바닷물이 다공성 암석층을 통해 식수와 농작물 관개에 필수적인 지하 대수층에 스며들 수도 있다. 〈내셔널 지오그래픽〉에 따르면 "이집트의 주요 농경지인 나일 삼각주의 광범위한 침식과 염수 침입은 커다란 재앙이 될 것이다. 이집트에는 그 외에 다른 경작지가 거의 없기 때문이다."[9]

컬럼비아대학교의 지구연구소(Earth Institute)에 따르면 다른 개발도상국들도 심각한 상황이다. "가이아나, 몰디브, 벨리즈와 수리남은 도시 인구의 100퍼센트가 해발 10미터 이하에서 거주 중이며 태국과 바레인은 도시 인구 81퍼센트가 그와 유사한 낮은 고도에서 살고 있다."[10] 홍수가 발생하면 도시에 거주할 수 없을 뿐만 아니라 일시적인 홍수에도 국가 경제의 발전과 성장에 차질이 생길 수 있다.

언론의 헤드라인은 암울하다. 2022년 1월 〈사우스 차이나 모닝 포스트〉는 "중국에서 유럽에 이르기까지 모두가 홍수에 대비하지 않으면 후회에 잠길 것"이라고 보도했다.[11] 이 보도는 "홍수는 국가도, 지역도 가리지 않는다"라고 경고했다. "그러나 기후 변화와 점점 악화되는 홍수에 대처하기 위한 장기 투자가 부족하다는 점에서 선진국보다 개발도상국이 더 큰 영향을 받을 것이다."

미국에서는 허리케인 카트리나가 뉴올리언스를 초토화했는데 그마저도 서곡에 불과했다. 기후 위기 시계는 바닷가에 위치한 모든 도시에서 똑딱거리고 있다. 그중에서도 일부 지역의 해발 고도가 2미터 이하에 산호초 장벽 위에 서 있는 플로리다주 마이애미만큼 취약한 곳도 없을 것이다. 요즘은 맑은 날에도 바닷물이 배수 시스템으로 역류하는 홍수가 일상적으로 발생하고 있다.

필립 레빈(Philip Levine) 전 마이애미 시장은 "모든 세대에겐 각자 크고 중요한 대의가 있으며 … 오늘날 우리에게는 기후 변화가 있다"라고 했다. 침수 위험에 처한 마이애미 부동산의 추정 과세 가치는 200억 달러에 이른다. 이 투자금을 보호하려면 마이애미는 공공 예산이 감당할 수 있는 것보다 훨씬 큰 노력을 기울여야 할 것이다. 그러나 2020년에 마이애미에서 홍수 예방, 저렴한 주택 및 교통 문제를 해결하는 '복원 및 공공사업' 범주에 책정된 예산은 9,500만 달러에 불과하다.[12]

코로나19 팬데믹 기간에 태어난 아이들이 중년이 되는 2060년 즈음이면 플로리다에서만 약 150만 명의 주민들이 불어난 바닷물에 밀려나 거주지를 떠나야 할 것이다. 앞으로 그런 위험에 처할 비주거용 부동산으로는 공립학교 334곳, 저소득 주택단지 82개, 병원 68곳, 요양 시설 37개소, 생활 보조 시설 171개소, 교회와 유대교 회당 및 모스크 1,025곳, 슈퍼펀드 사업장 5곳을 포함한 341개의 위험물질 처리소, 원자로 2개, 교도소 3곳, 공항 74개, 고형폐기물 처리장 115곳, 쇼핑센터 277개 그리고 역사적 건축물 1만 9,684개가 포함되어 있다.

마이애미에서 갤버스턴, 샌디에이고에서 주노, 보스턴에서 잭슨빌에 이르기까지 이제 도시 거주자들에게는 시간이 얼마 남지 않았다.

어마어마한 자산이 해수면이 상승하고 있는 길 위에 놓여 있다. "금세기 말까지 만성적인 홍수 위험이 있는 지역에 250만 개 이상의 상업용 및 주거용 부동산이 있다. 그 가치는 오늘날 1조 달러 이상으로 평가된다." 참여과학자연대(Union Concerned Scientists)의 선임기후과학자 크리스티나 달(Kristina Dahl)의 경고다.[13]

컬럼비아대학교의 지원으로 운영되는 지구과학정보 네트워크센터 (Center for Earth Science Information Network)는 해수면 상승에 따른 위험을 평가한다. 현재 세계 인구의 10퍼센트 이상이 해발 10미터 이하의 도시나 준도시 지역에 거주하고 있다. 뉴욕시의 고도는 해발 11미터에 불과해 2012년 허리케인 샌디가 덮쳤을 때 보호를 거의 받지 못했다. 폭풍이 지나간 뒤 로어 맨해튼과 플러싱 및 기타 지역의 지하철과 지하 공간은 완전히 침수되었다. 지하철 시스템의 정비와 수리가 완료되는 데는 총 9년이 걸렸다. 단 한 번의 폭풍우가 자그마치 50억 달러의 피해를 낸 것이다.[14]

중국은 세계에서 가장 많은 인구가 해안 지역에 거주하는 국가다. 해수면이 상승하면 1억 3,000만 명의 인구가 집을 잃고 이주해야 한다. 인도에서는 수십 년 안에 5,500만 명의 삶의 터전이 물에 잠길 것이다. 그다음 순위로는 4,100만 명이 해수면 인근에 거주하는 방글라데시가 있다.

2004년 크리스마스 다음 날 태국과 인도네시아, 스리랑카에서 휴가를 보내던 관광객들은 앞으로 우리가 당할 끔찍한 미래를 먼저 경험했다. 리히터 규모 9.1의 지진으로 발생한 역사상 가장 치명적인 쓰나미가 30미터 높이의 파도로 약 23만 명의 생명을 순식간에 앗아간 것이다.[15] 실제로 현재의 연구에 따르면 심각한 허리케인과 태풍, 쓰나미로 이어질 수 있는 지진과 기후 변화 사이에는 연관성이 있다.[16]

기후 변화의 폐해는 먼 내륙까지 확대되고 있다. 중국은 인류의 5분의 1이 거주하고 있지만 담수 보유량은 전 세계의 7퍼센트에 불과하다. 인구는 증가하고 있는데 극도로 중요한 물 공급은 계속해서 줄어들고 있다. 2021년 12월 〈블룸버그〉는 "수천 개의 강이 사라지고 있는 한편 산업화와 오염으로 남은 물의 상당 부분이 더러워졌다"라고 보도했다. "일부 추산에 따르면 중국 지하수의 80~90퍼센트와 강물의 절반이 마실 수 없는 수준이다. 지하수의 절반 이상과 강물의 4분의 1 이상은 공업용수나 농업용수로 이용할 수도 없다."[17] 물 자원의 절박한 상황은 세계를 지배하고자 하는 중국의 야망에 또 다른 중요한 이유를 추가한다.

중국보다 자원이 적은 국가에서는 파괴적인 기후 변화를 창의적인 방식으로 해결하는 수밖에 없다. 쓰레기를 농작물 비료로 바꾸는 카메룬의 CLSV 재단(CLSV Foundation) 설립자 파투 은당고(Patu Ndango)는 "지구 기온 상승은 아프리카의 농업 부문에 부정적 영향을 끼칠 것"이라고 경고한다.

홍수와 가뭄이 잦아지면 농업 예측이 어려워진다. 농부들이 씨를 뿌린 뒤 비가 늦게 오면 열기 때문에 씨앗이 발아하지 못하고 말라 죽어버릴 수도 있다. 이미 식량이 부족한 지역에서 적절한 시기에 비가 오지 않아 논밭에 물을 댈 수 없게 되면 미래는 더 암울해질 것이다.

은당고는 건조한 지역에서 비가 너무 빠른 속도로 내리면 땅에서 물을 흡수할 틈이 없어 농작물에 도움이 되기보다 주거 지역을 침수시킨다고 말한다.[18]

점점 더 많은 과학적 증거들이 글로벌 기후 변화와 가뭄, 화재, 사막화, 홍수, 허리케인, 태풍처럼 점점 더 빈번하게 발생하는 극단적인 기상 현상이 연관 있음을 보여준다. 기후 변화로 인한 피해는 먼 미래의 일이 아니라 지금 당장의 문제다.[19]

지구 온난화는 미국 전역의 일상을 뒤흔들 것이다. 기온과 해양 온도가 상승하면 혹서와 거센 폭풍이 더 많은 곳에서 더 자주 발생하게 된다. 2021년 12월에는 거대한 토네이도가 켄터키주를 강타해 마을을 초토화하고 사람들의 생명을 앗아갔다. 볼링 그린 경찰서의 로니 워드(Ronnie Ward)는 AP 통신 인터뷰에서 "평소처럼 잠자리에 들었는데 다음 날 아침에 가족들이 전부 사라지고 없었다. 누가 그런 걸 상상이나 하겠는가"라고 말했다. "보통 폭풍이 오면 욕조에 들어가 웅크리고 매트리스를 덮으라고 하지만 이번엔 그래봤자 아무 소용도 없었을 것이다. 어떤 집들은 완전히 무너졌다. 토네이도가 마룻바닥까지 뜯어내서 땅바닥이 드러난 집도 있었다."[20]

2021년 여름, 대체로 기후가 온화하고 실내에 에어컨도 거의 없는 태평양 연안 북서부 지역에서 온도계가 치솟았다. 이 지역 대부분에 가뭄을 부른 6월의 폭염으로 100명 이상의 주민들이 사망했다. 오리건주 세일럼에서는 최고기온이 47도까지 치솟아 기존의 최고 기록을 5도 차이로 갈아치웠다.[21] 더위는 가뭄을 불러왔고, 이 지역을 서부를 휩쓴 대규모 산불의 근원지로 만들었다. 2022년 미국 전역의 폭염은 여름이 아니라 봄에 시작된 것이다.

화재와 홍수가 우리를 덮칠 것이다. 50년 후면 곳곳의 해안이 물에 잠기고 남부의 많은 지역은 사람이 살 수 없을 정도로 더워질 것이며, 미국 인구의 상당수가 경제적으로 생존할 수 있는 유일한 지역인 중서부나 캐나다로 이주해야 할지도 모른다. 그린란드와 남극의 빙하가 깨져 바다로 미끄러지기라도 한다면 해안 지역의 미래는 더욱 앞당겨질 수도 있다. 몇 달 사이에 해수면이 극적으로 상승할 수도 있다.

글로벌 기후 변화는 세계 각국을 궁지로 몰아넣고 있다. 숲이 사막이 되고, 물 공급이 무너지고, 농업이 불안정해져 농작물과 가축, 지역사회가 버티지 못하고 있다. 역사학도들은 곧 식량과 물 공급을 둘러싼 갈등과 혼란의 초기 징후를 발견할 것이다. 다작의 역사학자 제프리 파커(Geoffrey Parker)가 저술한 《글로벌 위기: 17세기의 전쟁과 기후 변화 및 재앙(Global Crisis: War, Climate Change and Catastrophe in the Seventeenth Century)》은 바로 그런 혼란과 끔찍한 결과를 묘사하고 있다.[22]

농경지의 지배권이 걸린 전쟁이 일어나면 왕과 차르, 황제, 전제 군주들은 서로 싸움을 벌인다. 내전은 사회를 분열시킨다. 지난 20년 동안 시리아와 중동 전역, 아프리카 대륙 대부분 지역이 그랬고, 수많은 국가가 들어섰다가 무너졌다. 기후가 악화되면 상황은 더욱 나빠질 것이다.

수십 년 동안 이어진 아랍과 이스라엘의 갈등은 골란 고원의 상수원을 두고 일어난 다툼에 적지 않은 원인이 있다. 그곳에서 시작된 물은 갈릴리 호수를 거쳐 이스라엘까지 흘러 들어간다. 사람들은 시리아 내전이 발발하기 전인 2006~2007년에 가뭄이 발생해 그 지역의 농업이 붕괴했다는 사실을 까맣게 잊곤 한다.[23] 그때까지만 해도 수니파와 시아파, 말라위파와 쿠르드족은 서로를 좋아하지 않고 다소 불안정하긴 해도 평화를 유지하고 있었다. 모두가 먹을 수 있는 충분한 식량이 있었기 때문이다. 그러나 식량이 부족해지자 폭력적 충돌이 발생했다. 그것이 시리아 내전의 시작이었다. 그리고 지금 사하라 이남 아프리카에서도 똑같은 일이 일어나는 중이다.

기후 변화라는 초거대 위협은 벌써 우리 앞에 도달해 있다. 여기서 발생할 갈등과 극심한 빈곤은 전례 없는 규모의 이주를 초래할 것이다. 수억 명의 굶주린 이들이 경제가 쇠퇴한 곳에서 빠져나가려 할 것이다.

아프리카는 54개 국가로 구성되어 있다. 이 목록에는 보츠와나, 나미비아, 르완다, 가나 등 비교적 건강한 국가들도 있지만 콩고민주공화국이나 소말리아, 중앙아프리카공화국, 남수단처럼 매우 취약하고 거의 실패한 국가들도 있으며 나머지는 막다른 궁지에 몰려 있다. 오늘날 많은 아프리카인이 그들의 부모나 조부모 세대보다 풍족한 삶을 영위하고 있다. 기업가정신과 부가 있는 지역을 중심으로 가시적인 진보도 진행 중이다. 그럼에도 아프리카는 환경적으로는 시한폭탄이나 다름없다. 아프리카 대륙의 인구는 금세기 말이면 두 배로 늘어나 20억 명이 될 것이다. 이미 기존 인구를 먹여 살리는 것만으로도 힘에 부치는 데다 물 부족 문제는 말할 것도 없다. 아프리카의 많은 지역사회가 먹을 물을 떠오기 위해 수 킬로미터를 걸어 다닌다. 그런데 물마저 고갈되면 어떻게 될까?

2021년 3월 소말리아의 뉴스 서비스 〈히란 온라인(Hiiran Online)〉은 "기후 변화가 소말리아인 70퍼센트에게서 안전한 물을 빼앗고 있다"라고 보도했다. "강우량 감소와 심각한 물 부족 때문에 가축이 죽고, 흉작이 발생하고, 가계 소득이 감소해 가난한 가정의 많은 아동이 예전보다 적은 양의 식사와 영양가 없는 음식을 먹고 있다."[24]

기후 변화는 적도 지방을 사람이 살 수 없는 곳으로 만들고 있다. 대지는 가혹한 태양광에 시달리다 못해 매년 점점 더 건조해진다. 관개를 지원하기엔 물이 너무 부족하다. 사람들은 농촌을 떠나 도시로 이주해 가난한 한계노동자가 된다. 그마저 일자리를 구할 수 있을 때의 얘기다. 나머지는 경제가 좀 더 건강한 국가로 떠난다. 아프리카와 남미는 동일한 문제에 직면해 있다. 두 반구 모두 적도에서 멀어지려는 대규모 이주가 일어날 것이다.

〈뉴욕 타임스〉는 '기후 변화가 초래한 대이주(Great Climate Migration)'라는 제목의 일요일 추가 섹션 기사에서 중남미의 상황에 대해 다음과 같이 보도했다. "과테말라의 많은 반건조 기후 지역이 사막에 가까워질 것이다. 일부 지역에서는 강우량이 60퍼센트 감소할 것으로 예상되며 하천을 채우고 토양을 촉촉하게 유지하는 물의 양은 무려 83퍼센트까지 감소할 것이다."[25] 그리고 마지막까지 남아 있었지만 "가뭄과 홍수, 파산과 기아의 가혹한 합류 지점"에 도달한 농부들은 한때 비옥한

커피 농장과 울창한 숲이 있었던 지역을 포기하고 떠나갔다.

2022년 즈음까지 전례 없는 규모의 거대한 가뭄이 인도와 파키스탄, 동아프리카, 멕시코와 미국 서부 지역을 덮쳤다. 그에 따른 전 세계적인 흉작과 식량 가격의 상승으로 아프리카에서 인도 아대륙에 이르기까지 수백만 인구가 기아의 위험에 처해 있다.

부유한 국가들은 기후와 관련된 긴장감을 저지하기 위해 현금을 뿌리고 있다. 유럽 국가들은 이주민이 북쪽으로 올라오는 것을 막기 위해 튀르키예 정부에 수십억 유로를 지불한다. 그러나 유럽의 국경에는 수많은 구멍이 뚫려 있고, 그리스는 특히 심하다. 튀르키예의 레스보스섬은 그리스 해안에서 고작 8킬로미터 떨어져 있다. 난민들은 그만큼만 건너오면 되는 것이다. 수백 명이 그보다 더 넓은 물을 건너려다 목숨을 잃었다.

유럽은 중동 및 아프리카와 인접해 있어서 온대 지역으로 오려는 세계 최대 난민의 조류를 마주하고 있다. 그러자 이 취약한 여행자들을 향해 분노가 쏟아졌다. 전 싱가포르 총리는 방대한 수역과 예측할 수 없는 태풍 때문에 아시아의 난민들은 호주나 일본으로 가지 않는다고 말했다. 반대로 지중해는 수심이 얕고 거리도 크게 멀지 않으며 폭풍은 카리브해를 통해 아시아나 미국으로 갈 때보다 더 온화하다.

실패한 국가인 리비아는 사하라 이남 아프리카에서 북쪽으로 향하는 이주자들의 유입을 막는 대가로 유럽 국가들로부터 돈을 받고 있다. 1억 인구가 대부분 젊고 직장이 없는 이집트는 무슬림 형제단 (Muslim Brotherhood, 1928년 이집트에서 창설된 이슬람 단체로 500만~1,000만 명에 이르는 회원을 보유하고 있다-옮긴이)을 지지하는 청년들이 2013년에 정당하게 선출된 무슬림 형제단 대통령을 몰아내고 권력을 장악한 군사 정권과 대립하고 있다. 집권 당국은 이 반항적인 젊은이들에게 보조금을 줄지, 아니면 유럽으로 갈 배를 줄지 결정해야 한다. 이미 많은 이집트 젊은이들이 배에 올랐다.

지구 기온이 3~4도 상승하는 가장 극단적인 시나리오가 실현된다면 기후 난민은 수십억까지는 아니더라도 최소한 수억으로 급증할 것이다. 〈이코노미스트〉는 2021년 '섭씨 3도 오른 세상에는 안전한 곳이 없다(A 3℃ World Has No Safe Place)'라는 제목의 표지 기사에서 이렇게 말했다.

향후 수십 년 안에 기온이 산업화 이전 수준보다 섭씨 3도 이상 상승하면—현재의 공약이 모두 지켜져도 그렇게 될 수 있다—열대 지방의 상당 지역이 야외에서는 일할 수 없을 만큼 더워진다. 산호초와 그에 의존하는 삶의 방식이 사라지고, 아마존 열대우림은 그 자체로 유령이 될 것이다. 극심한 흉작이 다반사가 될 것이다. 남극과 그린란드의 빙하는 다시 회복될 수 없는 수준으로 축소되고 해수면은 오늘날처럼 밀리미터 단위가 아니라 미터 단위로 상승할 것이다.[26]

이제 기온과 해수면의 상승은 환경 재해에 가까워지고 있건만 여기에 대응하기 위한 정치적 움직임은 거의 진전이 없다. 2015년 파리 협정에서 세계에서 가장 부유한 국가들은 지구 평균 온도가 산업화 이전보다 2도 이상 상승하지 않도록 온실가스 배출을 제한하겠다고 약속했다. 그러나 실제로 실행된 조치는 거의 없었다. 많은 과학자가 우리가 사는 세상을 보존하기엔 너무 늦었다고 우려한다. 전 세계에서 날아오는 보고서들도 기후 변화에 관한 정부 간 협의체의 노골적인 경고와 의견이 일치한다. "과거 및 미래의 온실가스 배출로 인한 무수한 변화, 특히 해양과 빙상 및 지구 해수면의 변화는 앞으로 수 세기, 아니 수천 년 안에도 되돌리기 어렵다."[27]

목표 달성에 실패해도 불이익이 없는 자발적 협약으로는 이런 대규모의 도전 과제를 성취할 수 없다. 글로벌 무임승차(다른 국가들이 기후 변화를 막기 위해 행동하는 동안 아무것도 하지 않는 것)는 기후 변화 문제를 해결하기 위해 귀중한 자원을 투입할 동기를 없애버린다. 예를 들어 어떤 국가의 납세자들이 막대한 비용을 들여 온실가스 배출을 줄이기 위해 노력한다고 가정해보자. 하지만 다른 국가들도 똑같이 하지 않는다면 모든 게 무용지물이다. 그들의 돈은 온실가스 배출량에는 아무 영향도 미치지 못하고 그저 낭비될 것이다. 이런 기능장애는 결국 모두를 파멸시킨다.

또한 세대 간 무임승차 역시 미래에 일어날 갈등을 부채질한다. 세계 기후 변화의 비용에 대한 수학적 모델은 종종 경제적 부담을 미래 세대에게 전가한다는 가정을 바탕으로 하는데, 이런 왜곡은 신기술과 부의 증가가 훗날 문제를 마법처럼 해결해줄 것이라는 믿음으로 온실가스 감축 노력을 최소화하는 정책으로 이어진다. 필요한 예산에 대해 어떤 달콤한 말로 꾸미든, 지금 희생이 필요하다고 대담하게 말할 용기를 가진 입법자나 정책입안자가 너무 적다. 오늘날의 지도자들이 전부 사라진 뒤에 끔찍한 결과를 가져올 기후 변화에 젊은 세대가 관심을 갖는 건 놀랄 일이 아니다.

부유한 국가의 이익은 종종 신흥시장 및 개발도상국의 이익과 충돌한다. 2030년까지 미국이 온실가스 배출량의 50퍼센트를, 유럽이 55퍼센트를 감축하겠다고 아무리 약속한들 이 국가들의 실제 정책은 이런 야심 찬 목표를 달성할 수가 없다.

선진경제의 온실가스 배출량이 최고조에 이른 상황에서 지구 온난화에 제동을 걸 수 있느냐의 문제는 환경적 목표와는 다른 방향으로 가고 있는 개발도상국에 부분적으로 달려 있다. 국제에너지기구는 2021년 특별 보고서에서 "신흥경제국 및 개발도상국에서 에너지 전환과 청정에너지 투자가 빠른 속도를 내지 못하면 세계는 기후 변화 문제를 해결하고 다른 지속 가능한 개발 목표를 달성하는 과정에서 중대한 과오에 직면할 것"이라고 경고했다. "그 이유는 앞으로 수십 년 동안 세계 배출량 증가 대부분이 신흥 및 개발도상국의 성장과 산업화 및 도시화에서 비롯될 것이기 때문이다."[28]

간단히 말하면 미국과 부유한 국가들도 똑같은 발전 과정을 거치며 대규모 배출을 해왔고, 이를 통해 온실가스 배출을 줄이기 위한 자원을 보유할 만큼 부를 축적했다. 그렇다면 왜 인도와 중국 그리고 경제발전에 뒤처진 다른 나라들은 그런 사치를 누릴 수 없단 말인가?

〈아이사이언스(iScience)〉 저널에 따르면 2018~2020년까지 개발도상국에 추가된 전력 발전량의 절반 이상이 "기후 변화 대응과 불일치"한다. "우리는 그해에 발생한 전력 발전의 약 절반가량이 지구 평균 온도를 산업화 이전 수준보다 섭씨 1.5도 이상 초과하지 않도록 유지하기에는 지나치게 탄소집약적이라는 사실을 발견했다. 주로 새로운 천연가스 발전소의 보급 때문이다."[29]

세계에서 가장 인구가 많은 두 나라인 중국과 인도를 비롯한 신흥시장에서는 향후 10년 동안 온실가스 배출량이 증가할 것으로 예상된다. 감축은 2030년이 지날 때까지 기다려야 한다. 이들 국가는 기후 변화를 선진국의 탓으로 돌리는데, 실제 사실이 그렇다. 아직 상대적으로 가난한 신흥시장에 성장을 중단하라고 하는 것은 부유한 국가들이 문제를 일으켜놓고 불이익은 남에게 전가하는 것이다. 지난 2세기 동안 환경을 엉망으로 만든 것은 미국과 유럽이니 신흥경제국들이 현재와 미래의 성장을 제한받는 데 격분하는 것도 당연하다.

상황이 별로 안 좋은 것 같은가? 조금만 기다려보라. 교차 효과 때문에 계속 악화될 테니까. 세계 기후 변화는 전보다 더 치명적인 전염병을 더욱 빈번하게 촉발하고 있는 듯 보인다. 1918~1919년 스페인 독감이 유행하고 나서 1958년에 스페인 독감의 훨씬 가벼운 버전인 아시아 독감이 발발할 때까지, 우리는 전 세계적으로 거대한 유행병을 겪지 않았다. 그러나 1980년부터는 HIV와 사스, 메르스, 조류독감, 돼지독감, 에볼라, 지카 그리고 코로나19와 그 다양한 변종의 파도에 휩쓸리고 있다. 이유가 뭘까? 한 가지 가설은 기후 변화로 인한 생태계 파괴에 원인을 돌린다. 즉 박쥐와 천산갑 및 위험한 병원체를 운반하는 동물들이 점점 더 가축 및 인간과 가까운 곳에 살게 되면서 인수공통전염병의 전파가 불가피해진 것이다.

하버드대학교 기후보건지구환경센터(Center for Climate, Health, and the Global Environment)의 조사는 그런 연관성에 초점을 맞추고 있다. "살 곳이 줄고 먹이가 줄면서 동물들은 인간이 있는 곳에서 음식과 쉼터를 찾게 되었고 이는 질병 확산으로 이어질 수 있다." 센터를 이끄는 에런 번스타인(Aaron Bernstein) 박사의 말이다. "기후 변화는 라임병, 구토와 설사를 유발하는 장염비브리오 같은 수인성 질환, 말라리아와 뎅기열 같은 모기 매개 질환 등 일부 전염병 확산에 유리한 조건을 조성했다."[30]

이런 주장에 세계은행, 옥스퍼드대학교, 프랑스 국제응용시스템분석연구소(France International Institute for Applied Systems Analysis)의 연구팀도 동의한다. 그들은 전문가 심사 학술지인 〈사이언스다이렉트(ScienceDirect)〉에 "팬데믹과 극한 기상 현상이 한 경제 내에서 결합되고 상호작용할 경우 비선형 효과가 발생해 손실을 크게 증폭시킬 수 있다"면서 "실제로 전체적인 영향이 개별적인 충격의 합보다 더 클 수 있다"라고 보고했다. 그들은 기업 생산과 가계 수요에 동시에 미친 충격이 "실업을 증가시키고, 임금을 줄이고, 가계 복지를 감소시킬 수 있다"라고 결론 내렸다. 오랫동안 지속된 부정적인 사회경제적 영향은 성장을 저해하고 회복을 방해한다.[31]

〈사이언티픽 아메리칸〉에 따르면 녹은 만년설과 빙하는 물 말고도 더 많은 것을 품고 있다. "지구의 기후가 따뜻해지면서 주빙하(周氷河) 환경에 대해 많은 질문이 제기되고 있다. 물 침투가 증가하면 영구동토층이 더 빠른 속도로 녹을까? 만일 그렇다면 그 아래 오랫동안 얼어 있던 유기체가 '깨어날' 수도 있을까?"[32] 킴벌리 마이너(Kimberley Miner), 어윈 에드워즈(Arwyn Edwards), 찰스 밀러(Charles Miller)는 우리가 경각심을 느끼고도 남을 이유를 제시한다. "신생대에서 홍적세에 이르기까지, 지금은 사라진 생태계에서 진화한 유기체가 출현해 현대 환경과 완전히 새로운 방식으로 상호작용할 수도 있다."

과학자들은 시베리아에서 발생한 탄저병을 추적한 결과 영구동토층의 해빙에 원인이 있음을 밝혀냈다. 피부 병변을 유발하는 병원균인 진성두창바이러스 역시 얼음이 녹으면서 누출된 것일지도 모른다. "극지방이 계속 변화하면서 한 가지 사실만큼은 분명해졌다. 21세기의 기후 변화가 이 미생물 저장소의 기온을 상승시켰고, 그로써 어떤 결과가 나타날 것인지는 아직 전부 밝혀지지 않았다는 것이다." 더구나 영구동토층이 녹으면 "앞으로 100년 사이 지구 온난화를 일으킬 가능성이 이산화탄소의 28~34배나 되는" 엄청난 양의 메탄가스가 방출될 것이다.[33]

어마어마한 비용 그리고 방치된 약속

그렇다면 지구 온난화를 막는 데는 비용이 얼마나 들까? 지구가 불타도록 손 놓고 있을 수는 없다. 하지만 경제 성장을 틀어막지 않고도 환경을 보존할 자금을 마련할 수 있을까?

미국 천연자원보호협회(Natural Resources Defense Council, NRDC)는

허리케인 피해와 부동산 손실, 에너지 비용, 물 비용 등 네 개 부문에서 기후 변화의 경제적 영향을 평가한 바 있다. 협회는 다른 분야는 차치하고 이 네 부문에서만 금세기 말까지 매년 1조 9,000억 달러의 청구서가 날아올 것으로 추정했다. 심지어 NRDC는 그 비용이 최소 예상치라고 경고한다. "해수면 상승을 막기 위한 모든 실천 가능한 방법에는 각각의 문제가 있고 많은 비용이 든다. 그러나 그중 어떤 것도 온실가스 배출로 위험에 처할 미국의 모든 해안 저지대를 보호하지는 못할 것이다."[34]

주된 해결책은 가능한 한 빨리 온실가스 배출량을 순제로로 감축하는 '완화(mitigation)' 정책이다. 현재의 기술 수준을 고려할 때 이 엄격한 해결 방안을 실천하려면 대부분 국가에서 앞으로 수십 년간 제로 또는 마이너스 성장을 해야 한다. 2020년 코로나19 팬데믹 때문에 전 세계의 세속적 활동이 정체되어 60년 만에 최악의 불황을 겪었을 때, 우리는 그게 어떤 건지 이미 달갑지 않은 경험을 맛봤다. 그러나 그때도 온실가스 순배출량은 전 세계적으로 8퍼센트밖에 감소하지 않았다. 게다가 기후 변화와 관련될 때는 부분적으로 기분 좋은 소식이라도 일자리와 소득, 성장경제에 의존하는 부채 상환에서는 끔찍한 소식으로 작용한다.

윌리엄 노드하우스는 이런 식으로 핵심을 설명한다. "경제학자들은 기후 변화를 늦추는 전략에 집중해왔다. 그중에서 가장 성공할 가능성이 큰 방법은 이산화탄소 및 기타 온실가스 배출량을 완화 또는 감축하는 것이다. 그러나 불행히도 이런 접근법에는 많은 비용이 들어간다. 연구에 따르면 효율적으로 완화가 이뤄지더라도 국제 기후 목표를 달성하려면 세계 소득의 2~6퍼센트(현 소득수준에서 보자면 연간 약 2~6조 달러)의 비용이 들 것으로 추정된다."[35]

완화 정책이 성공적으로 실행되려면 지구 기온의 상승 범위를 섭씨 2도 미만으로 유지할 수 있도록 개발도상국을 설득해야 한다. 부유한 국가들이 가난한 국가들에 더 많은 돈을 투자하지 않는 한—지금까지 이들은 1,000억 달러의 보조금을 지급한다는 기존의 빈약한 약속도 제대로 이행하지 않았다—완화는 불가능해 보인다. 심지어 현재의 목표를 달성하더라도 2100년까지 섭씨 3도 상승을 막지 못할 수 있으며 그 결과는 아마겟돈일 것이다. 〈이코노미스트〉에서 과학적 증거를 검토한 후 보고한 바와 같이 "섭씨 3도의 온난화가 발생할 가능성은 매우 크며 그 결과는 재앙적이다."[36]

두 번째 방안은 '적응(adaptation)'이다. 지구 기온이 섭씨 2.5~3도 또는 그 이상 상승할 가능성이 있음을 인정하고 피해를 낮추기 위한 노력을 하는 것이다. 그러나 이런 대규모 적응에는 부유국조차 감당하기 힘든 엄청난 비용이 들어간다.

2012년에 허리케인 샌디는 뉴욕시와 인근 지역에 620억 달러의 피해를 가져왔다. 이 사건 덕분에 예방 조치를 촉구하는 목소리가 높아졌다. 10킬로미터 길이의 인공 섬을 조성해 폭풍해일에서 도시를 보호하는 개폐식 문을 설치하자는 제안도 있었다.

이 기발한 제안에는 무려 1,190억 달러의 비용이 소모되고 시설을 구축하는 데만 25년이 걸린다. 설상가상으로 개폐식 문이 완성된 후에 그 시설이 전부 쓸모없어질 수도 있다. 이 문이 폭풍으로부터 뉴욕을 보호할 수는 있어도 해수면 상승으로부터는 보호하지 못하기 때문이다. 일부 시나리오에 따르면 금세기 말까지 해수면이 1.2~2.7미터까지 상승할 수 있다고 한다. 또한 이 계획이 도시를 보호하고 합리적이라고 해도, 그 비용을 누가 지불할 것인가? 참고로 이게 전부 도시 한 곳에 들어가는 비용이다.

적응과 관련해 많은 이야기가 오가고 있지만 감당할 수 없는 비용에 대해서는 아무도 진지하게 고려하고 있지 않다. UN의 한 연구에 따르면 완화 계획 목표를 달성하지 못할 경우 2050년 즈음에는 개발도상국의 적응 비용만 연간 5,000억 달러에 이를 것이라고 추정된다.[37] 그렇다면 2100년에는 그 비용이 얼마나 될까? 도시들이 위험에 처한 가난한 개발도상국들은 이미 많은 빚을 지고 있다. 그들은 그 비용을 어떻게 감당할 것인가?

완화와 적응에 대해 최대한 냉정하게 추산한 비용만 해도 기가 막힌 수준이다. 재닛 옐런 미 재무부 장관은 2021년 11월 글래스고에서 열린 UN기후변화협약 당사국총회(COP26)에서 이렇게 말했다. "일부에서는 향후 30년 동안 전 세계적으로 100~150조 달러의 비용이 들 것으로 추산한다."[38] 이런 막대한 자원—연간 약 3~5조 달러—을 어떻게 공공 및 민간 부문에서 동원할 수 있을까? 거의 불가능해 보인다.

기후 변화와의 싸움에서 불공평을 어느 정도 완화하기 위해 부유한 국가들은 개발도상국에 당근을 제시했다. 2015년 파리 협정은 기후 변화를 늦추는 데 필요한 조치를 위해 개발도상국에 연 1,000억 달러를 지원할 것을 권고했다. 그러나 시기적으로 늦은 데다 액수도 충분하지 못했고 실제로 지원된 금액은 일부에 불과했다.

세 번째 방법인 태양지구공학(solar geoengineering, 태양광 일부를 차단해 지구 온난화 속도를 늦추려는 연구 분야-옮긴이)은 앞서 말한 두 대책보다는 다소 온건한 가격표를 제시한다. 이 연구는 1991년 필리핀 피나투보 화산 폭발에서 비롯되었다. 당시 분출된 화산재와 연기가 대기권 위 45킬로미터까지 치솟았는데, 과학자들이 에어로졸이라고 부르는 이 미립자는 대기 중에 확산되면 상당량의 태양열을 편향시킨다. 태양에너지가 차단되자 지구 기온이 내려갔고 일부 지역에서는 0.7도까지 하락해 산업혁명이 시작된 이래 지구의 평균 기온 상승치 0.8도를 거의 상쇄했다.

태양지구공학의 옹호자들은 이 화산 효과를 모방하면 기후 변화를 지연하거나 심지어 멈출 수도 있다고 말한다. 지구 온난화를 늦추고 싶다면 대기권 높은 곳에 올라가 미립자를 뿌려라! 이 해결책은 실현 가능하면서도 완화나 적응보다 훨씬 저렴하게 들린다. 그러나 아직 의문의 여지가 많다. 이 검증되지 않은 기술은 어쩌면 심각한 부작용을 초래할지도 모른다. 이 방법을 비판하는 사람들은 오히려 이런 행위를 세계적으로 금지해야 한다고 주장한다. 기후 변화를 근본적으로 해결하기는커녕 기후 변화의 주요 원인, 즉 대기 중에 탄소가 많다는 사실을 무시하는 방법이기 때문이다.

경제학자이자 《기후 충격》의 공저자인 게르노트 바그너는 이 방법이 "기껏해야 탄소 오염이라는 근본적 문제를 말 그대로 은폐하는 일회용 반창고나 진통제에 불과하다"라고 말한다.[39] 이를 시행하면 물고기가 죽고 산호가 표백되는 해양 산성화를 막을 수 없을 것이다. 인공 그늘을 만들면 햇빛이 필요한 농업에도 전 세계적인 피해를 줄 수있고, 태양광 발전은 하얀 하늘 밑에서 어려움을 겪을 것이다. 무엇보다 장기적으로 어떤 결과가 나타날지 알 수가 없다.[40]

기술적으로 획기적인 돌파구가 마련되지 않는다면 태양지구공학은 지구 온난화에 대한 신비과학적 해결책이나 마찬가지다. 바그너는 "수백만 톤의 미세한 인공입자를 성층권에 뿌려 일종의 태양 보호막을 만든다는 계획이 두렵지 않다면 당신은 지구 환경에 전혀 관심이 없는 것이다"라고 말한다. 태양지구공학으로 전 세계 10억 인구가 말라리아에 걸릴 수 있다는 연구 결과도 있다.[41]

온실가스 전선에서 끝없는 희망이 샘솟고 있다면 핵융합 같은 대안은 어느 정도 연구가 이뤄지고 있긴 해도 현재로서는 요원한 꿈처럼 보인다. 깨끗한 수소원료라는 조금 더 현실적인 대안은 기후 변화를 감소할 수 있는 규모로 생산하기에는 비용이 너무 많이 든다. 또부분적으로 화석연료를 사용하기 때문에 화석연료 사용을 줄인다는 목적에 부합하지도 않는다. 현재의 핵분열 기술이 또 다른 선택지가될 수도 있으나 여기에는 안전과 관련된 정치적 논란이 있다.

과학계에서는 밀접한 관련을 지닌 두 가지 해결책, 즉 탄소 포집 및저장(CCS)과 그 변형인 직접 공기 포집(DAC)이 이목을 끌고 있다. 두기술 모두 실현하려면 어마어마한 투자가 필요하다. 공기 중에 섞여 있는 방대한 탄소를 따로 분리해서 빨아들이는 것은 거의 불가능한 일처럼 보인다. UN 보고서에 따르면 지구의 평균 기온 상승치를 섭씨 1.5도로 억제하려면 "매년 170억 톤의 이산화탄소를 제거해야 한다."[42] 2019년 한 해 동안 인간 활동에서 배출된 이산화탄소만 해도 432억 톤이다.[43]

적극적인 탈탄소화를 위해서는 석탄과 석유, 천연가스와 같은 화석연료를 단계적으로 폐지하고 태양광, 풍력, 바이오매스, 수력, 그 외 다양하고 전망성이 있는 친환경 재생에너지로 대체해야 한다. 2021년 5월 국제에너지기구는 2050년까지 실질적인 탄소 순배출량을 0으로 만드는 탄소중립 목표를 달성하려면 전 세계가 화석연료 공급 사업과 탄소 배출 감축 시설을 갖추지 않은 석탄발전소에 대한 투자를 즉각 중단해야 한다고 경고했다.[44]

지난 10년간의 진전은 지구 온난화를 늦추기에는 충분치 못했다. 2009년 총 에너지 소비에서 화석연료가 차지한 비율은 80.3퍼센트였고 2019년에는 80.2퍼센트였다. 현대 재생에너지의 비중은 8.7퍼센트에서 11.2퍼센트로 증가했다. 전력 질주를 해도 모자라는데 굼벵이처럼 기어가고 있는 셈이다.[45]

태양광 및 풍력 발전에 들어가는 비용의 급격한 하락을 고려하면 향후 수십 년 안에 상당히 많은 것을 달성할 수 있으리라 본다. 그러나 그 기간에 우리가 화석연료에서 완전히 탈피하리라는 생각은 터무니없다. 게다가 태양광과 풍력 발전은 계절과 주기에 따른 변동을 줄이려면 과학적 혁신과 에너지 저장(지금도 비용이 많이 들어가는) 기술 개발에 막대한 투자가 필요하다.

시장 기반 솔루션만으로는 문제를 해결할 수 없다. 기업들은 대체로 환경 목표에 동조하고 있다. 화학연료 소비의 최전선에 있는 포드는 2000년부터 매년 지속 가능성 보고서를 발행한다. 또한 "파리 기후협정에 따라 탄소 배출량 감축을 위해 최선을 다하고 캘리포니아주와 협력해 차량에 대해 더욱 엄격한 온실가스 기준을 구축하는 미국 유일의 완전한 자동차 제조업체"라며 자사를 홍보하고 있다.[46]

그러나 민간 부문은 실질적인 변화를 일으킬 자원과 의지 또는 양쪽 모두가 부족하다. 에디슨 전기협회(Edison Electric Institute)는 미국 50개 주와 워싱턴D.C.에 거주하는 2억 2,000만 미국인에게 전력을 공급하는 모든 투자자 소유 전력회사를 대표하는 협회로, 정부의 개입을 위한 로비를 벌이고 있다. "탄소 포집 및 저장에 대한 비용, 규제와 경제적 장벽은 온실가스 배출량을 줄이기 위한 모든 연방 조치 또는 법률에서 다뤄야 한다."[47]

민심을 사려는 노력이 부메랑이 되어 날아올 수도 있다. 화석연료를 추출 및 처리하는 과정을 꾸준히 줄이고 화석연료 사용을 단계적으로 중단 중이지만, 전체 에너지 생산량이 수요에 뒤처지면 1970년대 스태그플레이션의 도화선이 되었던 석유파동 같은 사건이 발생할 수 있다. 사실은 안 그래도 이미 그렇게 되어가고 있는 듯 보인다. 2022년 3월 미국 에너지관리청(U.S. Energy Information Administration)은 2021년 미국의 소매 에너지 가격이 2008년 이후 가장 큰 폭으로 상승했다고 밝혔다.[48]

2021년에는 공급이 수요를 따라가지 못해 골드만 삭스 원자재지수의 에너지 가격이 거의 60퍼센트나 급등했다.[49] 한 추정에 따르면 친환경 주주들의 기관투자자 압박으로 새로운 화석연료 프로젝트에 대한 투자가 40퍼센트 급감했다. 재생에너지 생산이 증가하긴 했지만 수요를 감당할 정도의 속도는 아니었다. 코로나19에 따른 경기침체가 끝나고 치솟은 에너지 수요는 중국과 인도, 영국에서 가격 상승은 물론 심지어 에너지 부족 사태까지 초래했다.

녹색 전환에는 구리와 알루미늄, 리튬 및 기타 필수 원료가 필요하다. 그리고 이런 원료를 채굴하고 가공하려면 화석연료로 생산하는 에너지가 필요하다. 현 정책 때문에 화석연료 가격이 인상된다면 우리는 이른바 '그린플레이션(greenflation)'을 맞이할지도 모른다. 간단히 말해서 청정에너지로 전환하는 과정에 '공짜 점심'은 없다.

우크라이나 침공에 따른 러시아에 대한 제재와 공급 중단으로 석유와 천연가스 가격이 폭등했다. 자동차를 운전하고 주택을 난방하는 비용이 늘어나자 재생에너지 개발을 위한 정책은 뒤로 밀렸다. 기후 위기를 진지하게 여기던 바이든 행정부마저 방침을 수정했다. 미국은 중동 산유국에 석유와 가스 생산을 늘려달라고 간청했고 이란의 석유 수출을 늘리기 위해 핵 협상에 속도를 붙였다. 심지어 국제적으로 따돌림받던 베네수엘라의 포퓰리즘 정권에 산유량을 늘리라는 압박을 가하기까지 했으며, 셰일가스와 석유 등 국내 에너지의 생산을 놓고 환경 규제를 완화하는 장점을 저울질했다.

주유소 휘발유 가격이 급등하자 바이든은 2022년 첫 국정 연설에서 기후 변화에 대해서는 언급하지도 않았다. 몇 달 동안 의회에서 지연되고 있던 '더 나은 재건(Build Back Better)' 기반 시설 법안은 훨씬 축소된 내용으로 간신히 상원을 통과했다.

진보적인 에너지 정책의 비용은 모두에게 부과된다. 재생에너지로의 전환을 가속화하려면 화석연료 생산자에게 보조금을 지불하는 게 아니라 탄소세를 부과해야 한다. 다시 말해 가스와 석유 가격이 상승할 것이라는 얘기다.

화석연료에 대한 보조금을 중단하는 건 쉽지 않을 것이다. 이 보조금은 규모가 클 뿐 아니라 널리 퍼져 있다. IMF의 한 연구는 "2020년 화석연료 보조금은 전 세계적으로 약 6조 달러에 이르는데, 이는 세계 GDP의 6.8퍼센트다. 70퍼센트 이상 환경 비용을 과소 부담하고 있음을 나타낸다."[50] 그런 보조금을 없애기는커녕 줄이는 것만으로도 정치적으로 골치 아픈 결정이 될 것이다.

경제학자들은 화석연료 중독을 종식하는 데 탄소세가 효율적이라는 데는 동의하지만 이런 세금은 정치적으로 전 세계의 반발을 부른다. 2018년 프랑스는 청정에너지로의 전환에 힘을 실어주기 위해 경유와 휘발유에 대한 세금 인상안을 통과시켰지만 이는 운전자들의 '노란 조끼' 시위라는 거대한 풀뿌리 운동을 초래했다. 에너지 가격이 높고 계속 상승하고 있을 때 새로운 탄소세를 도입하는 것은 자리 보전을 하려는 정치인들에겐 정치적 자살행위다.

2022년 초 카자흐스탄 정부가 연료 가격을 두 배로 올렸을 때는 폭력적인 소요 사태가 발생했다. 이 권위주의 정부는 가혹한 탄압을 가

함으로써 정권을 유지할 수 있었다. 세계 각국의 정부들은 2022년에 에너지 비용 상승에 따른 대중의 분노를 누그러뜨리려고 에너지세를 올리기보다 오히려 인하하기 시작했다.

화석연료에서 재생에너지로의 전환을 가속화하는 탄소세가 제정되면 사람들에게 큰 타격이 될 것이다. IMF는 2030년부터 이산화탄소 배출량 1톤당 35달러의 탄소세가 부과된다면 석탄 가격은 두 배로 오르고 전기와 휘발유 가격은 각각 10퍼센트와 25퍼센트씩 인상될 것이라고 추산한다.[51] 이건 좋은 소식이다. 그러나 윌리엄 노드하우스는 톤당 35달러의 세금을 부과하는 것만으로는 기후 변화를 막지 못할 것이라고 말한다. "나는 탄소 가격이 시간이 지날수록 상승해 톤당 40달러에 이르는 모델을 연구했다. 궁극적으로 이 정책은 산업화 이전 대비 섭씨 3도 이상의 기온 상승으로 이어질 것이다."

기온 상승 수준을 섭씨 2도 이하로 유지하려면 탄소 배출량 톤당 200달러에 가까운 세율을 부과해야 한다.[52] 국가적으로 탄소세를 부과하는 국가는 거의 없다. 특히 미국에는 국가 정책이 존재하지도 않는다. 캘리포니아와 몇몇 주들이 탄소 배출에 세금을 부과하고 있긴 하지만 이 인기 없는 과세를 유지하려면 법정에서 투쟁해야 한다. 2022년 세계 평균 탄소세는 톤당 2달러다. 파리 협정의 상한선인 섭씨 2도를 달성하려면 그 100배인 200달러를 부과해야 하는데, 그게 과연 가능할까?

과학 분야에 기적적인 발전이 일어난다면 언젠가는 완화 비용이 낮아질 수도 있을 것이다. 이미 늦지 않았다면 말이다. 냉철한 현실주의자인 과학자와 경제학자들은 그런 희망적인 기대에 회의적이다. 노드하우스는 "[완화] 비용을 획기적으로 줄이는, 기적과도 같은 기술 혁신이 일어날 수도 있지만 전문가들은 가까운 미래에 그런 혁신이 일어날 것이라고는 보지 않는다"라고 말했다. "특히 발전소, 구조 체계, 도로, 공항과 공장처럼 막대한 자본 투자가 필요한 에너지 시스템의 경우 신기술을 개발하고 이를 배포하는 데만 수십 년이 걸린다."[53]

시간이 부족하다는 메시지는 '환경, 사회, 거버넌스(Environmental, Social, and Governance, ESG)'라는 기치 아래 환경 및 사회적 목표를 준수하는 투자를 촉구하며 비용에 특히 민감한 자산관리자에게도 도달했다. 세계 최대 자산운용사인 블랙록의 지속 가능한 투자를 위한 전 최고투자책임자 타리크 팬시(Tariq Fancy)가 보기에 고결한 의도는 비생산적이었다. 2021년 11월 〈이코노미스트〉 칼럼에서 그는 그린워싱(greenwashing, 실제로는 환경에 악영향을 끼치는 활동을 하면서도 친환경을 추구하는 것처럼 홍보하는 '위장 환경주의'-옮긴이)과 그린위싱(greenwishing)이 귀중한 시간을 낭비하고 있다고 주장했다.[54]

"ESG를 둘러싼 이상적인 스토리는 실제로는 정부가 개입해야 하는 사례에 해가 될 뿐이다. 오해의 소지가 있는 홍보 활동은 지속 가능한 투자와 이해관계자 자본주의, 자발적인 준수가 해답이라는 생각을 조장한다." 팬시의 말이다. ESG를 강조하는 기업의 주가와 마케팅 예산은 증가하고 있고, 이는 탄소 배출량도 마찬가지다. 팬시는 "PR은 특히 유해하다. 마케팅으로는 시장 실패를 해결할 수 없기 때문이다"라고 말했다.

그는 재앙과도 같은 환경 불균형을 시장이 시정할 수 있다는 믿음을 거부한다. "기업의 단기적 동기가 장기적인 공익과 항상 일치하는 것은 아니다. 대량으로 쏟아지는 기업의 약속은 구속력도 없고 대개 운영팀이 아니라 커뮤니케이션 부서에서 내놓는 것이다. 시장이 해야 할 역할이 있기는 하지만 그들 혼자 작동할 수는 없다. 결과적으로 ESG 활동은 실질적인 자본 분배 결정에 의미 있는 영향을 미치지 않는데, 이는 기업이 탄소 배출량 감소를 약속할 때 가장 먼저 전제되어야 하는 조건이다."[55]

2021년 글래스고에서 열린 UN 기후변화협약 당사국총회의 결과는 회의론자들이 두려워하던 것을 확인시켜 주었다. 기후 변화를 막겠다는 열정적인 연설과 서명까지 마친 약속에도 불구하고 평균 기온 상승을 1.5도 수준으로 억제하겠다는 파리 협정의 목표는 아무 진전도 없었다. 현재 시행 중인 정책과 행동을 고려하면 세계는 현재 평균 섭씨 2.7도의 기온 상승을 향해 달려가는 중이다.

국가들은 너나 할 것 없이 높은 목표만을 제시할 뿐 이를 뒷받침할 유의미한 배출량 목표를 달성하려는 조치는 시행하지 않고 있다. 도쿄와 파리 협정 이후에도 약속은 지켜지지 않았다. 글래스고 협정도 그렇게 될 가능성이 크다.

기후 변화의 특이점에 도달한 지구

'특이점'이라는 용어는 일반적으로 인공지능이 인간의 지적 능력을 능가하는 수준을 가리키며 (비관론자들에게는) 호모 사피엔스의 종말을 의미한다. 하지만 이 특이점이라는 개념은 기후 변화에도 적용될 수 있다. 회복 불가능한 시점을 넘어선 순간 말이다.

《기후 충격》의 저자 바그너와 와이츠먼은 "알려진 미지의 것들이 많다"라고 썼다. "알려지지 않은 미지의 것이 다수이며 티핑 포인트와 그 외 끔찍한 충격들이 군데군데 도사리고 있다. 그중 일부는 온난화를 가속화할 수도 있다."[56]

최악의 경우 원시시대로 돌아갈지도 모른다. 토양이 검게 타오를 것이다. 사막이 널리 확장되고 화재로 지역사회가 소멸한다. 허리케인은 더 자주, 더 많이 발생할 것이며 토네이도는 기존보다 훨씬 광범위한 피해를 초래할 것이다. 공급망이 붕괴하고 부정적 충격으로 상황은 걷잡을 수 없이 악화된다. 부는 증발할 것이며 사람들의 이동이 기념비적인 규모로 발생할 것이다. 오늘날의 기후 변화에서 초거대 위협을 보지 못한 이들은 어째서 행동할 기회가 있었을 때 아무것도 하지 않았느냐고 의아해할 것이다.

대답은 늘 똑같다. 잘못된 말을 들었기 때문이다. 온난화 부정론자들은 과학계의 미미한 불확실성을 트집 잡았다. 우리는 우리의 눈을 믿지 않았다. 그리고 가장 아이러니하게도 우리에게는 행동할 자원이 없었다. 말하자면 그저 돈이 너무 많이 들었던 것이다.

MEGATHREATS

3부

재앙을 피할 수 있을까

11장

눈앞에 다가온 시나리오

이 책은 지금 우리를 향해 돌진해오고 있는 경제, 재정, 정치, 지정학, 기술, 보건 및 환경적 초거대 위협들을 살펴보고 있다. 건전한 정책을 펼친다면 이런 위협들 중 일부를 부분적으로 또는 완전히 피할 수도 있겠지만 우리가 재앙을 맞이할 것이라는 사실은 거의 확실해 보인다. 그나마 가장 그럴 법한 해결책은 복잡하고 비용이 많이 들며 정치 및 지정학적 갈등으로 점철되어 있다. 아마 우리는 이 방법을 실행에 옮기지 못할 것이다.

2021년 3월에 미국 국가정보위원회(National Intelligence Council, NIC)가 내놓은 보고서 〈글로벌 트렌드 2040: 더 경쟁적인 세계(Global Trends 2040: A More Contested World)〉는 앞으로 20년 안에 세계가 어떻게 변화할지 다섯 가지 시나리오를 상정한다.[1] 시나리오의 반수 이상은 상당한 불안감을 준다. '비극과 전시 체제화', '세계의 표류', '분리

된 사일로 효과(조직 이기주의를 일컫는 말-옮긴이)' 등. 그중에서 유일하게 낙관적인 것은 '민주주의의 르네상스'뿐이다.

각 시나리오의 미묘한 차이점을 생략하고 나면 가장 중요하고 의미심장한 결과를 제시하는 것은 두 가지다. 첫 번째는 하나 또는 여러 개의 초거대 위협이 현실화되어 우리의 문명사회가 심각한 불안정과 혼돈을 향해 뒷걸음질하는 것이다. 이것은 디스토피아 시나리오다. 두 번째는 올바른 판단과 건전한 정책으로 초거대 위협을 일부 모면하는 것이다. 우리는 비틀거리지만 무너지지는 않을 것이다. 이상과는 거리가 멀지만 나는 이것을 '유토피아' 버전이라고 부른다.

먼저 디스토피아 버전에 대해 생각해보자. 유토피아 버전에 대해서는 12장에서 살펴볼 것이다. 자, 이 디스토피아는 어떤 모습일까? 먼저 초거대 위협이 구조적인 문제라는 사실부터 이해해야 한다. 소득과 부의 불평등, 대규모 민간 및 공공 부채, 금융 불안정, 기후 변화, 세계적 대유행병, 인공지능과 지정학적 경쟁은 전 세계의 시스템과 문화에 깊은 뿌리를 두고 있다. 따라서 그 원인을 공격하려면 의도치 않은 결과를 감수해야 한다.

예를 들어 어떤 국가에서 부의 불평등을 해소하기 위해 진보적인 세금 정책을 시행한다면 부유층이 과세율이 낮은 국가로 이주하거나 자본 지출이 억제될 수 있다. 미국과 중국이 무기 체제에 AI를 사용하지 않기로 조약을 맺는다면 다른 국가들이 그들만의 사이버 무기를 개발할지도 모른다. 비전통적인 정책을 사용해 성장을 자극하면 거품과 지속 불가능한 수준의 부채 축적으로 이어진다. 환경을 청소하고 기후 변화를 완화하려면 매우 큰 비용이 들 뿐만 아니라 성장이 감소하고 공공 부채가 늘어날 수 있다.

해결 방안이 꽤 명확할 때조차도 이를 실행하려면 전례 없는 수준의 집념과 끈기가 필요하다. 사람의 몸을 갉아먹는 암세포처럼 초거대 위협은 전 세계의 기반 시설과 현재의 세계 질서에 큰 피해를 입힐 것이다. 암울한 미래를 기대하시라, 친구들이여.

초거대 위협 이후 펼쳐질 디스토피아

소행성이 지구에 충돌하기라도 한다면 단번에 엄청난 충격과 여파가 우리를 휩쓸 것이다. 그러나 초거대 위협은 의사결정권자들이 문제의 중요성과 실현 가능성에 대해 논쟁하고, 지켜보고, 망설이는 사이에 점점 더 조금씩 가까워진다[그런 점에서 〈돈 룩 업(Don't Look Up)〉은 굉장히 적절한 영화다. 거대하고 파괴적인 소행성이 지구를 향해 돌진해오는 동안 고위급 정책 입안자들은 그저 우물쭈물하고 있을 뿐이다].

노동자와 노조는 중산층을 유지할 힘을 잃는다. 조세 정책과 관련 규제는 강력한 기업과 사회적 이해관계에 힘입어 노동자보다 자본에 더 우호적으로 작용할 것이다. 공동화(空洞化)된 지역사회에서는 직업과 저축, 희망이 없는 비숙련 및 반숙련 하급 계층 사이에 '절망으로 인한 죽음'이 퍼져나간다. 개인적 부를 축적한 자들이 정치적인 영향력을 손에 넣는다. 금융기관은 너무도 비대해져 그 무엇에도 무너지지 않고, 기술기업들은 소비자 및 다른 회사들에 비해 거의 무제한의 권력을 쥔다. 알고리즘이 인간의 노동력을 대체하고 결국에는 호모 사피엔스를 쓸모없는 존재로 전락시킨다.

해안 도시에 홍수가 범람하고 농경지는 가뭄으로 바싹 말라간다. 형사 사법제도는 수백만 명의 가난한 미국인과 소수민족을 사회에 복귀할 수 있도록 돕기는커녕 그저 감방에 가둬놓는다. 불평등은 사회 구조를 흔들고 포퓰리즘을 낳을 것이다. 이 모두가 비교적 천천히 진행되고 있는 위기들이다. 그리고 이런 위기에 대해서는 아무도 소행성 충돌이 임박할 때처럼 대대적인 공동 대응 체제를 꾸리지도 않을 것이다.

위기를 막아내려면 국제 협력이 필수적이지만 도무지 가능할 것 같지 않다. 기후 변화와 팬데믹, 사이버 전쟁, 글로벌 금융 위기 그리고 미국과 중국, 러시아, 이란, 북한과의 갈등을 생각해보라. 부유한 국가와 가난한 국가 또는 경제 및 지정학적 경쟁 관계에 있는 국가들은 탈세계화와 글로벌 금융 위기, 대규모 이주, 인공지능의 윤리적 사용에 대해 서로 다르게 인식할 것이다.

위험은 빤히 보이는 곳에 숨어 있다. 가진 자와 갖지 못한 자 사이에 점점 넓어지고 있는 간극은 초거대 위협이 얼마나 심각한지, 얼마나 가까이 다가와 있는지를 말해준다. 무역과 세계화는 선진경제와 신흥시장에서 각각 승자와 패자를 낳는다. 생산은 노동력이 가장 싼 곳으로 이전되어 한때 번창했던 곳에 실업과 빈 공장, 버려진 부동산만이 남을 것이다. 자본은 더 높은 수익을 창출하기 위해 부유한 국가에서 가난한 국가로 이동하고, 이주는 가난한 국가에서 부유한 국가로 이동하며 원주민의 반발을 불러일으킨다. 기술 혁신은 상품과 서비스를 구매하는 사람들을 전기만 소비하는 로봇으로 대체한다. 재정 자원과 부가 점점 더 소수의 손에 떨어지면서 불평등이 더욱 심화된다.

친족과 전문가들로 이뤄진 네트워크는 불평등을 영구적으로 고착시킬 것이다. 몇 안 되는 수익성 높은 기회들은 엘리트층 자손들의 전유물이 된다. 이른바 실력주의 교육 시스템은 장점만 있는 게 아니다. 이는 인맥을 가진 이들에게 유리하게 작용한다. 사회적 이동성이 수렁에 빠지고, 심지어 우리의 짝짓기 습관마저 경제적 지위에 좌우된다. 대학 교육을 받은 남성은 대학 교육을 받은 여성과 결혼하는 경향을 보이고, 이런 패턴은 세대 간의 경제 및 사회 이동을 억제한다.[2]

부의 불평등이 소득 사다리의 낮은 곳에 있는 이들에게만 해가 된다고 생각하지 마라. 점점 감소하고 있는 중산층, 화이트칼라 노동자, 심지어 사회적 안정에 의존하는 부유층까지 훨씬 많은 인구에게 부정적 영향을 미칠 것이다.

많은 사람이 우리 시대의 가장 어렵고 끔찍한 도전 과제 중 하나가 '불평등'이라는 데 동의할 것이다. 그럼에도 불평등을 해소하기 위해 제시된 정책들의 실적은 암울하다. 그중 대부분이 부와 소득을 부자에게서 가난한 이들에게 재분배하는 과세 정책을 포함하고 있어 기득권 부유층 엘리트들의 반대에 부딪히기 때문이다. 역사학자이자《불평등의 역사》의 저자 발터 샤이델(Walter Scheidel)은 평화적인 재분배로는 불평등을 완화한 적이 없음을 보여준다.[3] 의미 있는 변화를 창출하려면 충격적인 대격변이 필요하다. 극심한 불평등 때문에 사회적 격변이나 혁명 또는 전쟁처럼 추악하고 폭력적인 결말로 치달으면 수백만 명이 목숨을 잃는다.

20세기에 러시아와 중국에서 그랬듯이 변혁적 혁명은 사회 및 경제 체제를 바꾸지만 인간의 생명이라는 측면에서 엄청난 비용을 치러야 한다. 탐욕스럽고 비대한 정부의 붕괴는 시민들이 막대한 비용을 들여 경제 자산을 재분배하도록 만든다. 소비에트연방의 붕괴는 표면적으로는 평화로웠을지 모르나 제국의 변방에서 격렬한 갈등과 인구 통계적 붕괴를 일으켰고 결국 체첸에서는 내전이 발생했다.

그리고 러시아에는 새로운 군국주의 독재 정권이 탄생했다. 극소수 엘리트만을 부유하게 만드는 새로운 정실(情實) 자본주의 국가였다. 이 도둑정치(관료와 정치인 등의 지배계급이 국가와 국민의 부를 착복해 개인의 부와 권력을 늘리는 부패한 정치 체제-옮긴이) 독재 정권은 소련 제국을 부활시킨다는 망상에 사로잡혀 점점 공격적으로 변해가고 있으며, 최근에는 우크라이나를 침공했다.

불평등이 심화되면 지속 불가능한 공공 및 민간 부채로 지탱되는 심각한 재정 적자와 민간 적자가 발생한다. 경쟁의 장을 더 평등하게 만들고자 하는 정치적 압력이 거세질 것이다. 소외감을 느끼는 이들이 소득과 지위를 회복하기 위한 정책을 요구하는 목소리가 높아진다. 좌파는 정부에 사회복지를 강화하는 조치를 요구하고, 우파는 정부의 역할을 확대하는 모든 정책에 저항하면서 적자를 더 크게 늘릴 수 있는 감세를 요구한다. 정치적인 수사는 다를지 모르지만 사실 민주당과 공화당은 부채에 대한 책임을 공유하고 있다.

미국의 부채는 두 차례의 세계대전 당시 우드로 윌슨과 프랭클린 루스벨트 대통령 정부 아래서 가장 빠른 속도로 증가했지만, 그다음으로 빠르게 증가한 것은 로널드 레이건과 조지 W. 부시 대통령 때였다.[4] 트럼프 행정부의 2017년 감세 정책도 기억에 남을 실책으로 손꼽힌다. 평시 성장경제에서 1조 달러의 적자를 냈으니 말이다. 그리고 코로나19에 대한 대응에서는 트럼프와 바이든 정부 모두가 과도한 적자 지출을 기록했다.

양립이 불가능한 이 차이 때문에 포퓰리즘 정치인들은 진정한 해결책이 아니라 그저 사람들이 혹할 만한 문구를 대담하게 내세운다. 양극화된 사회적 의제는 유권자들을 좌나 우로 더 깊숙이 이동하도록 압박해 합의의 여지를 낮추고 입법을 교착상태에 머무르게 한다. 서방에서는 반(半)권위주의 정권 등 포퓰리즘이 부상 중이다. 동방에서는 중국, 러시아, 이란, 북한과 다른 국가 자본주의를 환영하는 국가들을 비롯해 개인의 자유를 철저히 억압하는 권위주의와 반(半)권위주의 정권이 넘쳐나고 있다.

이제 이 디스토피아 시나리오에 이주를 추가해보자. 사람들이 일자리를 찾기 위해 이민을 감행하는 것은 소득 불평등을 전 세계적인 규모로 바로잡는 한 방법이다. 이민자들은 가족들의 안전과 안정, 기회를 모색한다. 역사적으로 이민은 성장 국가에서 요긴한 도움이 되었다. 이민자가 없었다면 미국은 지금처럼 번영하지 못했을 것이다. 이론적으로 이민은 선진경제에서 은퇴자 대비 노동인구의 비율을 개선해 사회보장과 기타 노인복지 프로그램의 압박을 완화한다. 젊은 이민자 집단은 세금을 내고 소득 대부분을 소비해 소비자 수요를 늘린다. 그러나 현실적으로 이민은 고령자 문제를 해결하지 못할 것이다. 배척주의자들의 반발이 커 길을 가로막고 있기 때문이다.

다른 초거대 위협이 아프리카와 중남미, 아시아 일부 지역의 빈곤한 정부를 무너뜨리면 이주자가 급증할 것이다. 이들은 기후 변화 덕분에 도리어 농업에 대한 전망이 향상되는 지역, 즉 북반구의 시베리아와 스칸디나비아, 그린란드, 캐나다, 남반구의 뉴질랜드와 태즈메이니아로 향할 것이다. 이들 국가는 주요 군사 강대국의 지원 없이는 국경을 봉쇄하기 어려울 수 있으며 지원국은 그 대가로 강한 요구를 해올지 모른다.

2015년에는 100만 명의 난민이 EU로 유입되어 엄청난 정치적 반발을 일으켰다. 미국에는 그보다 훨씬 더 적은 수의 남부 국경 난민이 들어왔지만 트럼프 정부는 문을 닫는 가혹한 정책을 실시했고, 바이든 정부도 마찬가지였다. 이건 서곡일 뿐이다. 수천만 명의 난민이 절망적 상황에서 벗어나려 발버둥 치면 얼마나 더 심각한 위기와 정치적 반발이 일어날지 기다려보라. 우크라이나 전쟁과 시리아 내전이 이미 보여줬듯이, 전쟁과 분쟁은 기후 변화 및 정치적으로 실패한 국가와 수백만에 이르는 난민의 물결을 일으킬 것이다. 거대한 국가적 또는 지역적 무질서와 충돌이 더 빈번히 발생하면서 대규모 이주가 시작되고, 결국에는 국경의 폐쇄로 이어질 것이다.

불평등과 기후 변화는 구조에서 비롯된 문제다. 그렇다면 다가오는 금융 위기는 어떨까? 혁신은 많은 문제를 해결할 수 있지만 지속 불가능한 부채를 지워 없애지는 못한다. 우리는 출구 전략도 없이 빚을 내어 번영으로 가는 길을 빌렸다. 2000년대에 접어들어 소득 증가세가 둔화되었을 때는 주택과 기타 자산으로 담보된 대출이 소비를 견인했다. 상환 가능성은 점차 어두워졌건만 더 필사적으로 달려드는 소비자와 주택 소유자를 노리는 대출기관을 막을 수는 없었다.

2008년에 금융 거품과 붕괴를 부추긴 행태가 계속해서 이어질 테지만 외부의 자금 투입 또한 계속될 것이다. 글로벌 금융 위기 때문에 일자리와 소득, 부를 잃은 밀레니얼 세대는 이번에는 금융 민주화라는 깃발 아래 또다시 속고 있다. 이는 아르바이트로 연명하는 사람들이 스스로 목을 매달 때 사용할 밧줄의 새로운 이름일 뿐이다. 수백만 명이 스마트폰을 이용해 투자계좌를 개설하고, 얼마 안 되는 저축을 밈 주식이나 암호화폐 같은 허술한 투기성 투자에 쏟아붓고 있다. 고질적인 부의 격차를 줄이기 위해 키보드를 아무리 두들겨봤자 실패할 수밖에 없다. 좌절은 곧 분노로 변할 것이다.

2021년 게임스톱 및 다른 밈 주식과 관련된 내러티브는 이런 현상을 악덕 공매도 헤지펀드와 싸우는 영웅적인 개미 투자자들의 연대라고 선전하지만 실은 추악한 현실을 숨기고 있다. 또다시 희망도 없고 직업도, 기술도, 저축도 없이 빚에 시달리는 사람들이 이용당하고 있다. 요즘에는 많은 사람이 재정적 성공을 거두려면 좋은 직업과 근면한 노동, 지속적인 저축과 투자가 필요한 게 아니라 빨리 부자가 되는 계획이 중요하다고 생각한다. 그들은 암호화폐(내가 '쓰레기 코인'이라고 부르는)처럼 아무 가치도 없는 자산으로 도박을 하고 있다.

제발 착각하지 마라. 밀레니얼 세대의 다윗들이 월스트리트의 골리앗을 무너뜨린다는 포퓰리즘 밈은 무지한 아마추어 투자자들을 기만하기 위한 내부 관계자들의 계략일 뿐이다. 2008년 때처럼 그 결과는 결국 또다시 쌓여가는 위험한 자산 거품이 될 것이다. 다른 점이 있다면 이번에는 미국 의회에 포진한 무분별한 포퓰리즘 의원들이 취약 계층에 레버리지를 더 많이 허용하지 않는다는 이유로 금융 중개업자들을 향해 맹비난을 던지고 있다는 것뿐이다.

거품은 조만간 터질 것이다. 문제는 디스토피아가 과연 도래할 것인가가 아니다. 언제 거품이 터질 것인가 그리고 얼마나 큰 고통을 가져다줄 것인가다. 최근 대규모 자산 거품이 폭발하기 시작한 시점은 2022년이다. 정책입안자들은 막대한 통화와 신용 및 재정 자원을 거의 소진해버렸다. 정책 총알을 다 써버린 까닭에 다음에 금융 위기가 발생하면 궁지에 몰린 가계와 기업, 은행, 중산층을 구제하기가 불가능할 수도 있다.

새로운 대규모 경기부양책을 시행할 능력이 안 된다면 중앙은행과 정부 관리들은 경기침체가 경제를 강타하고, 지역 협력 관계가 무너지고, 사회적 갈등이 확산되고, 강대국이 글로벌 자원을 장악하기 위해 서로 다투는 모습을 무기력하게 지켜봐야 할 것이다. 유로존과 그들의 가장 약한 연결 고리인 이탈리아와 그리스를 주시하며 부채 위기가 티핑 포인트를 지났다는 신호가 나타나지 않는지 살펴보길 바란다. 약해진 회원국이 부채와 경쟁력 위기 때문에 유럽연합을 탈퇴하게 되면 통화동맹 위기가 촉발될 수 있다.

다음 위기는 다른 중요한 측면에서 앞서 언급한 두 가지 위기와는 다르게 보일지도 모른다. 2008년 이후에 인플레이션율은 물가와 임금에 대한 과도한 상승 압력 없이도 성장을 촉진할 수 있는 바람직한 목표인 2퍼센트 미만에 머물렀다. IMF가 저인플레이션이라고 칭한 이 상태는 코로나19가 글로벌 공급망 병목현상, 노동력 공급 감소 그리고 통화와 신용과 재정 부양 프로그램(과도한 저축과 억눌린 수요를 가져온)으로 소비자 수요가 급증할 때까지 지속되었다.

이제 인플레이션은 1983년 이래 최고 수준으로 치솟았다. 인플레이션의 급상승은 일시적인 현상이 아니라 계속 이어질 것이다. 중앙은행들은 손발이 묶인 채 부채의 함정에 빠져 있다. 중기적인 마이너스 공급 충격으로 또다시 위기가 촉발되고 악화되면 인플레이션은 더욱 상승할 것이다. 백기사가 나타나 구해준다면 모를까, 차입과 인플레이션을 진정시킬 목적으로 금리를 인상하면 채무불이행의 물결과 금융시장 붕괴가 밀려올 것이다.

이 쓰나미는 향후 10년간 세계 경제를 강타해 잠재 성장을 저해하고 생산 비용을 증가시킬 것이다. 5장에서 설명했듯이 느슨한 통화 및 재정 정책은 상황을 더 악화시킬 뿐이다. 이 모든 것이 곧 거대한 스태그플레이션 부채 위기가 다가올 것임을 가리키고 있다.

우리가 맞이할 고인플레이션은 달러를 압박할 것이다. 80년간의 전성기가 지난 지금, 달러는 상당히 의문스러운 상황에 처해 있다. 달러화는 예전처럼 의심의 여지가 없는 안정적인 가치저장 수단이 아니다. 두 자릿수에 가까운 높은 인플레이션은 약화된 달러를 더욱 약화시킬 수 있다. 지정학적 목표를 이루기 위한 달러의 평가절하와 무기화는 달러 자산으로 보유하고 있는 중앙은행 준비금을 점차 줄여나갈 것이다. 중국은 이미 달러를 인민폐로 대체할 준비가 되어 있고, 러시아 같은 전략적 경쟁국들도 외환보유고와 자산이 동결된 지금 달러 자산과 달러 기반의 준비통화 체제를 포기할 준비가 되어 있다.

암호화폐 지지자들은 모든 명목화폐를 디지털 화폐로 대체하기 위해 갖은 노력을 기울이고 있는데 암호화폐는 화폐의 필수 기능을 갖추고 있지 않아서 사실상 불가능한 일이다. 미국 달러의 준비통화 지위가 하루아침에 무너지지는 않겠지만 우리는 미국의 경제 및 지정학적 패권이 약화되고 국가 안보를 위해 달러의 무기화가 점점 진행되는 것을 보게 될 것이다. 지난 수 세기 동안 세계 준비통화의 지위는 지정학적 패권과 함께 움직였다. 후자를 잃으면 전자도 잃는다. 만약 무역과 금융 제재에서 계속 강경한 태도를 취한다면 경쟁국들은 결국 무역과 재정에서 달러와 탈동조화할 것이다.

성장 정체, 고용 정체, 일자리 감소 등 경제 불안의 징후는 불안한 정치적 결과를 초래한다. 이는 대개 우익 포퓰리즘을 가장한 정치적 극단주의로 이어질 수 있다. 좌익 포퓰리즘도 몇 가지 공통점을 공유한다. 극에 달한 포퓰리즘은 자유민주주의 및 법치와 관련된 다원주의 가치를 비방하는 경향이 있다. 좌익이든, 우익이든 양극단의 포퓰리스트들은 외국인과 국내 엘리트를 향한 냉담함이나 반감을 중심으로 뭉친다. 이런 분위기는 정적을 엘리트주의자라고 비난하고 사회적 약자나 소수자에 대한 편견을 수용하는 한편, 중국과 러시아처럼 법치주의에 근거하지 않고 부자에게서 가난한 자들에게로 부의 재분배를 찬양하는 권위주의 선동가에게 기회를 제공한다.

신흥시장의 경우 일부 최빈국의 노골적인 독재 정권은 제쳐두고라도 현재 러시아와 벨라루스, 튀르키예, 헝가리, 필리핀, 브라질, 베네수엘라, 카자흐스탄과 중국 등지에서 권위주의 정부가 집권 중이다. 연쇄적인 초거대 위협이 닥치면 이 목록에는 더 많은 나라가 추가될 것이다.

중남미 국가들은 수십 년 동안 좌익과 우익 포퓰리즘에 시달려왔다. 냉전이 종식된 후 얼마간은 많은 지역에서 대의민주주의가 승리한 듯 보였다. 그러나 어려운 시기가 다가오자 포퓰리스트들은 크고 날카로운 도끼를 손에 넣었고, 이들의 부활은 이 지역의 얼굴을 바꿔놓았다. 전도유망해 보였던 민주주의 국가들이 무너졌다. 멕시코는 2018년에 안드레스 마누엘 로페즈 오브라도르(Andres Manuel Lopez Obrador)가 65대 대통령으로 당선되면서 포퓰리즘 국가가 되었다. 2021년에는 칠레와 페루, 2022년에는 콜롬비아 대선에서 좌익 포퓰리스트가 당선되었다. 전문가들은 2022년 브라질 대선도 비슷한 양상이 될 것으로 예상한다(실제로 2022년 브라질 대선 결과 중남미 진보주의의 아이콘인 전 브라질 대통령 룰라가 당선되었다-옮긴이).

브라질은 권위주의에 가까운 자이르 보우소나루(Jair Bolsonaro) 대통령이 집권하고 있었다. 그는 2022년 1월 러시아가 우크라이나 국경에 군대를 집결했을 때 블라디미르 푸틴과 정상회담을 계획해 자유민주주의 국가들을 조롱했다.[5]

중남미는 결코 특이한 사례가 아니다. 여러 해 동안 성장률이 썩 좋지 않았던 남아프리카와 아프리카 다른 지역들도 포퓰리즘과 권위주의 정권의 후보가 되었다. 빈곤층의 삶을 끌어올리기 위해 끊임없이 투쟁 중인 인도는 민주주의 체제에 속하고 경제를 현대화하고 있지만 일부 정치 세력은 무슬림과 독립적인 민주주의 제도 및 법치를 공공연하게 멸시하고 있다. 이 같은 추세는 달갑지 않다. 심지어 이런 흐름은 막 시작되었을 뿐이다.

앤 애플바움(Anne Applebaum)은 〈애틀랜틱〉 2021년 11월 호에서 "이런 멸시는 국제 민주주의 운동가 스르야 포포비치(Srdja Popovic)가 '마두로 통치 모델'이라고 부르는 것으로 귀결될 수 있으며, 알렉산드르 루카셴코(Aleksandr Lukashenko)가 벨라루스에서 준비하고 있는 것도 이것일 수 있다"라고 경고했다. "이 방법을 채택한 독재자는 권력을 유지하기 위해서라면 '실패한 국가가 된 대가를 치르고 실패한 국가의 범주에 들어가는 것을 참을 용의가 있으며' 경제 붕괴와 고립, 대량 빈곤을 기꺼이 받아들일 것이다."[6]

선진 민주주의 국가들도 포퓰리즘에 취약하기는 마찬가지다. 유권자들이 브렉시트에 찬성하면서 포퓰리즘 논쟁은 영국을 유럽연합에서 탈퇴시키는 데 일조했다. 미국에서는 포퓰리스트들이 도널드 트럼프와 그 동맹자들을 선출했다. 우리는 선진국에서 유럽연합과 이민, 채무 국가에 대한 구제를 반대하는 우익 정당에 대한 지지가 늘어나는 것을 목도하고 있다. 자유, 평등, 박애의 역사적 보루인 프랑스는 최근 대통령 후보인 마린 르 펜이 호소하는 반이슬람, 반유대주의, 반이민주의를 점점 더 받아들이고 있다. 르 펜은 2022년 대선에서는 패배했지만 소외 계층의 경제적 불안이 악화되면서 배척주의 메시지로 여전히 높은 인기를 얻고 있다.

미국은 수년 동안 정치적 분열과 양극화, 초당적 협력의 결여, 당파적 급진화, 극우 단체의 부상, 음모론 등이 증가해 사회적 분열이 심각해지고 있다. 이런 경향은 2020년 대선에서 도널드 트럼프가 승리를 도둑맞았다는 거짓 주장을 내세웠을 때 최고조에 달했다. 증거 부족에도 불구하고 트럼프의 대다수 지지자는 그에게 동조했다. 2021년 1월 6일에는 급진적인 백인 우월주의자와 극우 민병대로 이뤄진 그의 지지자들이 무력을 사용해서라도 의회의 선거인단 개표와 조 바이든의 정당한 대통령 취임을 저지하려 했다.

초거대 위협의 등장과 포퓰리즘의 물결이 2022년 미국 중간선거 결과에 부분적으로 영향을 미칠 것이다. 부채와 인플레이션, 세계화, 이민, 기후 변화, 중국의 부상은 유권자들을 경악하게 할 것이다. 관측통들은 2024년 대통령 선거에서 격렬한 다툼뿐 아니라 심지어 결과를 뒤집을 수 있는 폭력 사태까지 발생할지 모른다고 예측한다.[7] 이제는 수많은 사설과 수필, 서적 등에 음모론과 대량의 오보 캠페인, 대규모 폭력, 쿠데타, 폭동, 내전, 분리주의 및 반란 등의 용어가 흔히 등장하고 있다. 종합하자면 지금 우리는 과거에는 생각지도 못했던 것들을 생각 중이다.

2024년 대통령 선거전이 코앞으로 다가와 있다. 〈뉴욕 타임스〉는 "폭동, 분리 독립, 반란, 내전을 비롯해 미국의 정치적 불화의 가능성"이 심각한 위협이라고 지적했다.[8] 정치 풍자 작가인 빌 마(Bill Maher)

는 HBO 시청자들에게 많은 작가가 '느린 쿠데타'의 가능성을 제시했다고 말했다. 워싱턴대학교의 로버트 크로퍼드(Robert Crawford) 명예교수는 중도좌파 성향인 〈더 네이션(The Nation)〉에 미국 '최악의 시나리오'를 예측하는 글을 기고했다.

〈살롱(Salon)〉의 촌시 드베가(Chauncey DeVega)와 영국 언론인 맥스 헤이스팅스 경(Sir Max Hastings)은 대선에 패배한 핵심 당원들이 선동하는 분리 독립이나 대규모 정치 폭력에 대해 우려의 목소리를 냈다. 정치학자 바버라 F. 월터(Barbara F. Walter)의《내전은 어떻게 시작되는가(How Civil Wars Start)》나 저널리스트 스티븐 마르셰(Stephen Marche)의《제2의 남북전쟁(The Next Civil War)》과 같은 제목은 그야말로 노골적이다.

2021년 1월 국회의사당 습격 사건 이후 한 여론 조사에 따르면 미국인 46퍼센트가 미국이 제2의 내전으로 향하고 있다고 생각하는 것으로 나타났다.[9] CIA 태스크포스는 "트럼프 대통령 재임 기간에 미국은 1800년 이후 처음으로 민주주의와 독재 정치 사이에서 불안정하게 유지되는 '혼합 체제(anocracy)'로 퇴행했다"라는 결론을 내렸다.[10]

원자력 발전소의 노심용융(meltdown, 원자로의 노심부가 녹아버리는 것-옮긴이)처럼 초거대 위협은 그 앞에 놓인 모든 물질을 녹여 연료로 변환한다. 경제적 불안과 불평등의 심화는 포퓰리즘으로 이어져 자유무역과 세계화에 대한 반발을 불러일으킬 것이다. 포퓰리즘 경제 정책의 근본 핵심은 경제 민족주의와 자급경제다. 정치, 경제적 포퓰리즘의 부상은 탈세계화와 보호무역주의, 세계 경제의 파편화, 글로벌 공급망의 발칸화, 이주 제한, 자본과 기술 및 데이터의 이동 통제, 미중 간 심각한 갈등을 심화시킬 것이다.

미래가 암울한 이유

디스토피아적 격변은 과학적 사고를 뒤흔들 것이다. 기술의 어두운 측면은 서구의 가치를 위협한다. 소셜미디어에 올라오는 뉴스와 게시물은 끊임없이 그럴듯한 소문의 출처를 만들어내 반향을 일으키고, 이는 종종 해외의 적들에게 이롭게 작용한다. 허무맹랑한 음모론이 엄청난 속도로 퍼져나간다.

처음에는 거짓과 위선을 퍼트리는 독재 정권에 반대하고 저항하는 도구로 여겨졌던 소셜미디어는('아랍의 봄'과 페이스북에서 시작된 이집트 정부에 대한 저항이 기억나는가?) 점점 더 민주주의 제도에 대한 공격을 조장하고 인종차별적 폭력을 이끌고 있다. 미국의 1월 6일 국회의사당 점거 폭동이나 미얀마의 로힝야 대학살만 봐도 알 수 있다. 이런 경향은 인공지능과 머신 러닝이 트랜스포머 기술로 사람들의 생각을 조작하는 방법을 정교하게 발전시키면서 가속화될 것이다.

첨단기술은 독재 정치의 시녀가 될 것이다. 소셜미디어와 정보기술 대기업들은 현재의 권위주의 및 독재 정권이 권력을 유지하도록 돕고 있다. 발전된 기술이 권위주의 독재자들을 정의의 눈에 노출시키고 민주주의를 방어해줄 것이라는 생각은 이제는 순진하게 들릴 지경이다.[11] 중국은 만리장성처럼 높고 튼튼한 방화벽과 소셜미디어로 국민을 통제한다. 사회신용등급 시스템(social credit rating system, 국가가 국민의 개인정보와 온라인 기록들을 수집해 신용 점수를 매기는 시스템-옮긴이)은 금융 서비스에 대한 접근을 제한하고 정치적인 '일탈' 행위를 처벌한다. 심지어 중국은 이런 기술들을 피후견 국가들에 수출해 그들의 독재 체제를 강화하고 있다.

규제 없는 전산화는 일상적이고 반복적인 직업뿐만 아니라 일자리 그 자체를 사라지게 할 것이다. 엄청난 속도로 발전하는 인공지능은 우버 운전사와 법률 보조원, 회계 감사관부터 종국에는 뇌 외과의에 이르기까지 인지 작업에 종사하는 노동자들을 쓸모없게 만들 것이다. 기계가 인간을 능가하는 시점에 도달하면 로봇은 창의적인 일자리를 채울 것이다. 컴퓨터 관련 개발자조차도 로봇이 자신의 자리를 대체했음을 알게 되리라. 기술에 의해 블루칼라와 화이트칼라는 영구히 사라지고 늘어난 실업자는 취약한 사회안전망에 더욱 큰 압력을 가할 것이다. 상처에 소금을 뿌리는 이야기를 하자면, 로봇은 벌써 대부분의 인사 결정을 내리고 있다. 앞으로는 구직 사무소까지 운영하게 될 것이다.

인공지능을 통제하는 자들은 경제적, 재정적, 지정학적으로 어마어마한 권력을 쥘 것이다. 미국과 중국이 미래 산업을 선점하기 위해 경쟁하는 이유도 여기에 있다. 그리고 만일 미국과 중국이 전면전에 돌입한다면 각자의 인공지능 기술이 승패를 가를 것이다.

초거대 위협으로 불안정한 세상에서 확고한 패권을 쥐기 위해 강대국들은 동맹을 강화하거나 재편할 것이다. 중국과 러시아, 이란, 북한 같은 수정주의 세력들의 비공식적인 지정학적 동반자 관계가 미국과 서방 세계에 도전장을 내밀고 있다. 미국은 쿼드와 오커스(AUKUS, 호주, 영국, 미국 간의 안보 협정), 인도-태평양 경제 프레임워크(Indo Pacific Economic Framework) 그리고 이제 아시아에서 군사력을 강화하는 NATO에 이르기까지 아시아에서 새로운 동맹을 강화하고 구축하고 있다.

미국과 서방에 도전하는 수정주의 세력은 아직 그들의 군사력을 따라잡지는 못하고 있다. 미국만 해도 수정주의 국가 4개국을 합친 것보다 더 많은 자원을 군사력에 쏟고 있다. 적들은 미국과 서구권을 약화하고 양극화하기 위해 사이버 스파이 활동, 사이버 공격 및 오정보(misinformation) 캠페인을 펼치는 비대칭 전쟁으로 미국의 힘에 대항할 것이다. 그러나 러시아의 우크라이나 침공과 대만을 둘러싼 갈등이 보여주듯이, 영토를 지배하기 위한 전통적인 하드 파워(hard power, 다른 정치적 세력의 행동이나 관심사에 영향을 미치기 위해 군사력과 경제력을 행사하는 것-옮긴이) 갈등도 사라지지 않을 것이다.

군사적으로 불리하다고는 해도 미국의 적들이 미국과 서방을 향해 재래식 무기를 겨누는 것을 막지는 못할 것이다. 푸틴의 러시아는 구소련과 철의 장막 국가들에 대한 영향력을 넓힘으로써 구소련 제국을 부분적으로 회복하려 한다. 우크라이나에 대한 유혈 침공은 러시아가 '옛 소비에트연방 공화국'의 세력권을 재창조하고자 하는 시도의 시작점이다. 발트해 연안, 중앙유럽과 동유럽, 코카서스 지역과 카자흐스탄 같은 중앙아시아 일부에서도 유사한 긴장이 고조될 것이다.

그리고 북한이 있다. 이 나라에 대한 제재는 장거리 미사일과 사이버 전쟁을 개발하면서 굶주린 국민에게는 숭배를 요구하는 변덕스런 지도자 동지를 대담하게 만들 뿐이다. 중동에서는 어쩌면 이란이 그들의 패권에 도전하는 아랍 국가와 이스라엘에 핵탄두를 겨냥할 수 있고, 아니면 그전에 이스라엘이 이란의 핵시설을 먼저 타격할 수도 있다. 걸프만에서 전쟁이 발발하면 1970년대에 두 번이나 솟구친 그래프보다 더 재앙 같은 유가 상승이 일어나 스태그플레이션 충격이 발생할 것이다.

지정학적 불안 속에서 주도권을 잡기 위해 경쟁하는 국가들과 무수한 일촉즉발의 상황들을 보면 소규모 충돌은 피할 수 없을 것 같다. 재래식 전쟁이 발발하거나 핵전쟁이라는 무서운 망령이 깨어날 수도 있다. 2022년의 우크라이나 전쟁은 발트해 연안과 중부 유럽으로 전선이 확대되거나 심지어는 러시아와 NATO의 군사 및 핵 충돌로 이어질 위험이 있다. 소련이 붕괴하면서 사라진 것처럼 보였던 핵전쟁의 망령이 우크라이나 전쟁이 확대되면서 다시 돌아온 것이다.

지정학적 불화는 세계적으로 가장 광범위한 위험인 기후 변화에 함께 대응하는 일을 방해한다. 기후 변화는 혹서나 홍수 때문에 더 이상 살기 힘들어진 지역의 수십억 인명을 위협한다. 지구 기온이 상승하면 인간이 견딜 수 없을 정도로 심각하고 잦은 폭풍과 폭염이 발생할 것이고 이런 변화는 생물학적 재앙을 불러올 것이다. 생태계가 악화되면 삶의 공간이 줄어들고 동물과 인간이 더욱 가까이 거주하게 된다. 인수공통전염병은 또 다른 팬데믹을 낳을 것이며 의료보건 시스템에 그 어느 때보다 많은 세금을 부과할 것이다. 게다가 온난화로 영구동토층이 녹아 수천 년 동안 냉동되어 있던 병원균이 누출될 수도 있다. 코로나19가 지나갔다고 해서 세계적 유행병이 종식되었다는 의미는 아니다. 그저 다음번 유행병은 언제 닥쳐올지, 우리가 얼마나 빨리 대응할 수 있을지(만일 가능하다면)의 문제일 뿐이다.

해안선과 농경지, 열대림이 사라지고 기후 변화가 심각해지면서 갈등이 고조될 것이다. 기후 변화를 해결하려면 비용이 너무 많이 들거나, 검증되지 않은 기술에 의존해야 하거나, 성장을 포기해야 한다. 글로벌 경쟁 구도는 경제와 재정, 기술, 생물, 지정학, 군사 등 모든 차원의 문제에 집단적 대응을 하지 못하도록 가로막을 것이며 각 국가는 편협한 국익을 우선시할 것이다. 세계는 생태학적 피해에 대한 책임을 모두가 공유해야 한다고 주장하는 국가들 그리고 문제를 일으킨 당사자가 아니기에 그런 요구를 무시하거나, 해결책에 대한 비용을 지불할 여유가 되지 않거나, 기후 변화를 가짜 뉴스로 치부하는 지도자들을 선출한 무임승차 국가들로 분열될 것이다.

그리고 어느 시점이 되면 기후 변화의 혜택을 받는 지역에 폭력적인 토지 수탈이 발생할 것이다. 시베리아의 얼음이 녹으면 중국과 아시아의 다른 강대국들이 이 비옥한 땅을 차지할 수도 있다. 지금도 이미 중국인 수천 명이 시베리아 대초원의 토지를 사들여 경작 중이다. 2021년 인구가 1억 4,500만 명으로 감소한 러시아에서는 그중 겨우 1,700만 명만이 대부분 대륙보다도 더 넓은 시베리아 땅에 거주하고 있는데, 머지않아 중국과의 전략적 동맹이 폭넓은 지정학적 전략 측면에서 커다란 실수였음을 깨달을 것이다. 향후 수십 년 안에 14억 중국인이 기후 변화의 결과에 대처하기 위해 시베리아로 이주하고 싶어 할 것이기 때문이다.

기후 변화는 환경을 변화시킴으로써 여러 가지 방식으로 경제 기반을 잠식할 것이다. 장기간의 가뭄과 극단적 날씨로 식량 가격이 치솟고, 식량 생산이 타격을 입고, 기아와 식량 폭동과 대규모 아사가 발생하고, 파탄 국가의 탄생과 함께 내전이 발발할 것이다. 화석연료에 대한 반발로 전통적인 에너지원에 대한 투자와 역량은 축소됐지만 재생에너지 공급은 이를 충당할 만큼 늘어나지 못했다.

지금은 그럭저럭 버티고 있을지 몰라도 시곗바늘을 빨리 돌려 몇 년 뒤로 가보면 공급량이 감소하고 에너지 가격이 하늘 높이 치솟아 많은 인구가 문자 그대로 아무것도 하지 못하고 있을 것이다. 심지어 리튬과 구리처럼 재생에너지에 필요한 원자재 가격도 급격히 상승할 것이다. 즉 '그린플레이션'이 일어나는 것이다. 화석연료에 의존하는 공급망은 운송을 유지하기 위해 안간힘을 써야 할 것이며 곳곳에 에너지 부족이 만연할 것이다.

우리는 이미 인플레이션으로 고통받고 있다. 다가오는 공급 충격은 생산성 둔화와 맞물려 스태그플레이션을 촉발할 것이다. 이번에는 얼마나 심각할까? 1970년대에 스태그플레이션의 주요 원인이 두 번의 석유 파동이었다면, 여러 개의 초거대 위협이 한 점으로 수렴되었을 때 어떤 결과가 초래될지 상상해보라. 막대한 명시적 부채와 잠재 부채, 탈세계화 및 보호무역주의, 글로벌 공급망의 발칸화, 선진 및 신흥시장의 인구 고령화, 노동 이주 제한, 미중의 냉전 및 탈동조화, 기타 지정학적 위협과 동맹의 변화에 따른 세계 경제의 파편화, 세계 준비 통화로서 미국 달러의 역할 축소, 지구 기후 변화, 팬데믹, 비대칭 사이버 전쟁과 폭발하는 부의 불평등은 모두 스태그플레이션의 암울한 예후를 촉발한다. 우리는 머지않아 1930년대의 대공황과 같은 암울한 미래를 마주할지도 모른다.

이언 브레머(Ian Bremmer)와 나는 2011년 〈포린 어페어스〉에 기고한 글에서 서구의 영향력이 줄고 글로벌 의제가 소멸되어 어떤 패권국도 19세기 영국과 20세기 미국이 그랬던 것처럼 글로벌 공공재를 제공하지 못하는 지-제로(G-Zero) 시대가 오리라고 예측했다. 오늘날 우리는 불안정하고, 변덕스럽고, 위험하고, 혼란스럽고, 분열되고, 파편화되고, 양극화되고, 위험한 세계로 추락하고 있다. 디스토피아는 국제적인 규칙과 제도를 무시할 것이다. 협력 대신 갈등이 국내와 전 세계에 만연할 것이다. 브레머가 말했듯이 우리는 '지정학적 공황'에 처해 있다.

1775년 영국의 경제학자이자 정치가인 에드먼드 버크(Edmund Burke)는 "공공 재난은 매우 강력한 평준화 도구다"라고 경고했다. 디스토피아 시나리오에서 초거대 위협은 서로를 강화하는 부정적인 되먹임 고리를 형성한다. 그리고 이는 정확한 시점은 아무도 모른다고 해도 앞으로 10~20년 내에는 실현될 것이다. 전문가들이 자신 있게 말할 수 있는 게 하나 있다면 버크가 미국 혁명 전야에 한 연설의 한 대목과 비슷할 것이다. 초거대 위협은 정신이 번쩍 들도록 세상을 뒤흔들 것이다.

우리가 할 수 있는 재정적 조치들

향후 20년 안에 다가올 심각한 초거대 위협들을 고려할 때 개인 및 기관 투자자들은 재정 자산을 어떻게 보호해야 할까? 첫째, 미국과 전 세계에서 인플레이션과 다른 초거대 위협의 위험이 증가하면서 투자자들은 '위험' 자산(일반적으로 주식)과 '안전' 자산(예를 들면 미국 재무부 채권)에 미칠 영향을 평가해야 한다.[12]

전통적인 투자 방식은 투자 자산을 60/40 법칙에 따라 배분하는 것이다. 포트폴리오의 60퍼센트는 수익률이 높고 변동성도 높은 주식에, 나머지 40퍼센트는 수익률도 낮고 변동성도 낮은 채권에 투자하는 방식이다. 주식과 채권은 보통 음의 상관관계를 갖기 때문에(하나가 상승하면 하나는 하락한다) 이런 조합은 포트폴리오에서 위험과 수익의 균형을 맞춰준다. 실제로 투자자들이 낙관적인 강세장이나 경기 확장기에는 주가와 채권 수익률이 상승하고 채권 가격이 하락해 채권 시장에서 손실이 발생한다. 반대로 약세장이나 경기침체기에 투자자들이 비관적일 때 가격과 수익률은 반대 패턴을 따른다.

그러나 주식과 채권 가격의 음의 상관관계는 낮은 인플레이션을 전제로 한다. 인플레이션이 상승하면 채권 투자수익률은 마이너스가 되는데, 높은 기대 인플레이션으로 수익률이 상승하면 시장가격이 하락하기 때문이다. 장기 채권 수익률이 100베이시스포인트 상승하면 시세는 약 10퍼센트 하락(급격한 손실)한다. 2021년에는 높은 인플레이션과 기대 인플레이션으로 채권 수익률이 상승해 장기 채권의 전체

수익률이 마이너스 5퍼센트를 기록했다.[13] 연준이 인플레이션에 대응하기 위해 정책금리 인상에 나서면서 채권 수익률이 상승함에 따라 2022년에는 장기 채권에서 더 많은 손실이 발생했다.

지난 30년간 채권이 연수익률에서 마이너스를 기록한 경우는 불과 몇 번에 불과하다. 1980년대부터 코로나19가 시작될 때까지 인플레이션은 두 자릿수에서 매우 낮은 한 자릿수까지 하락했고, 채권 시장은 수십 년 동안 강세장을 유지했다. 수익률은 하락했고 채권에 대한 투자수익률은 가격이 상승하면서 매우 긍정적이었다. 따라서 지난 30년은 높은 인플레이션과 함께 채권 수익률이 치솟아 채권 시장에 막대한 손실을 입힌 1970년대 스태그플레이션과는 극명히 대조적이었다.

그러나 인플레이션은 명목금리와 실질금리 양쪽을 모두 상승시키기 때문에 주식에도 별로 좋지 않다. 주식을 매입하기 위해 돈을 빌릴 수는 있지만 평소보다 비용이 더 많이 들어갈 것이다. 또한 기업의 수익은 장기 채권 수익률 때문에 주식의 평가절하로 이어질 것이다. 따라서 주가가 하락한다. 즉 인플레이션이 상승함에 따라 주식과 채권 가격 사이의 상관관계는 음에서 양으로 변화한다. 인플레이션이 상승하면 1970년대에 그랬던 것처럼 주식과 채권 시장 '양쪽 모두'에서 손실이 발생한다. 1982년까지 S&P 500의 P/E 비율은 8이었고, 이 낮은 수치는 모든 기업이 건전성과는 상관없이 주가가 낮았음을 알려준다.[14] 오늘날 이 비율은 30 이상이다.

더 최근의 사례들은 높은 인플레이션이나 인플레이션 상승이 긴축 통화 정책으로 이어질 것이라는 기대감에 반응해 채권 수익률이 상승할 경우 주가가 타격을 입는다는 것을 보여준다. 심지어 크게 홍보되는 대부분의 기술주와 성장주도 장기 금리 상승의 영향에서 벗어날 수 없다. 미래에 더 많은 배당금이 걸려 있는 '장기' 자산이기 때문이다. 2021년 9월에 10년 만기 재무부 채권 수익률이 22베이시스포인트 상승했을 때 주가는 5~7퍼센트 하락했고, 하락 폭은 S&P 500보다 기술주 중심의 나스닥에서 더 컸다.[15]

이런 패턴은 2022년까지 이어졌다. 1~2월의 채권 수익률이 45베이시스포인트로 소폭 상승했을 때 나스닥 지수는 15퍼센트, S&P 500 지수는 10퍼센트 하락했다. 손실은 6월까지 계속되었다. 인플레이션이 지금보다 다소 떨어지더라도 미국 연준의 목표인 2퍼센트를 계속 상회할 경우 장기 채권 수익률은 훨씬 상승하고 주가는 결국 약세장(20퍼센트 이상 하락)에 빠질 수 있다. 2022년 6월에 기술주 시장인 나스닥은 이미 약세장에 진입했고 S&P 500도 이에 근접했다.

그보다 더 중요한 것은 인플레이션이 지난 수십 년('대안정기')에 비해 계속 상승한다면 주식 60퍼센트, 채권 40퍼센트라는 전통적인 공식으로 구성된 포트폴리오가 장기적으로 막대한 손실을 입을 것이라는 사실이다.[16] 그렇다면 투자자의 과제는 두 가지다. 하나는 채권에 투자되어 있던 40퍼센트를 다른 곳으로 옮겨 위험을 분산할 방법을 찾는 것이고, 두 번째는 위험한 주식을 처리하는 것이다.

60/40 포트폴리오의 고정수익 요소(즉 채권)의 위험을 분산하는 방법에는 최소 세 가지 옵션이 있다. 첫째는 인플레이션 지수 채권이나 높은 인플레이션에 대해 수익률이 빠르게 반응하는 단기 국채에 투

자하는 것이다. 두 번째는 인플레이션이 높을 때 가격이 상승하는 경향이 있는 금이나 기타 귀금속 및 원자재에 투자하는 것이다(또한 금은 향후 몇 년 사이 세계를 강타할 수 있는 정치 및 지정학적 위험에 대비할 수 있는 좋은 위험관리 자산이기도 하다).[17] 마지막으로 토지, 상업용 및 주거용 부동산, 기반 시설 등 상대적으로 공급이 제한된 실물 자산에 투자하는 방법이 있다. 그러나 기후 변화를 고려할 때 국내든 국외든 부동산에 대한 투자는 회복이 가능한 지역, 즉 해수면 상승과 허리케인, 태풍 때문에 침수되지 않을 지역과 거주하기 어려울 정도로 더워지지 않을 지역을 대상으로 해야 한다. 다시 말해 지속 가능한 부동산만을 고려해야 한다.

단기채권과 금, 부동산으로 구성된 최상의 조합 비율은 정책 및 시장 상황에 따라 복합적으로 변화할 것이다. 일부 분석가들은 다른 원자재와 더불어 석유와 에너지도 인플레이션에 대한 좋은 위험 분산 수단이 될 수 있다고 주장한다. 그러나 이 문제는 조금 복잡하다. 1970년대에는 유가 상승이 인플레이션을 유발했지, 그 반대가 아니었다. 그리고 석유와 화석연료에서 벗어나야 한다는 현재의 환경적 압박을 생각하면 이 분야의 수요는 언젠가 정점에 도달할 것이다.

인플레이션은 채권과 주식 양쪽 모두에 나쁜 소식이지만 불황과 높은 인플레이션이 함께 오는 스태그플레이션은 특히 주식에 악영향을 끼친다. 1970년대에 스태그플레이션이 발생했을 때 주가는 급격히 하락했고 P/E 비율은 8까지 떨어졌다. 이는 높은 인플레이션 때문에 장기 채권 수익률이 증가해 주가에 타격을 입혔을 뿐만 아니라

1973년과 1979년에 발생한 두 번의 석유파동으로 1974~1975년의 불황과 1980~1982년의 더블딥이 왔기 때문이다. 이 두 차례의 경기침체는 기업 부문의 수입을 급감시켰다. 이는 명목금리와 실질금리가 급격히 증가한 것과 더불어 주식시장을 강타했고, S&P 500의 주가지수는 1973년 2월의 고점과 1982년 7월의 저점 사이에 58퍼센트나 하락했다.

그렇다면 포트폴리오의 주식과 다른 위험 자산을 어떻게 보호해야할까? 주가 폭락이 예상될 경우는 주식 포트폴리오의 일부를 청산하고 현금으로 유지하는 게 좋다. 현금 상품은 인플레이션 때문에 가치가 침식되긴 해도 주식처럼 막대한 손실을 입지는 않는다. 또한 경기침체와 회복 타이밍을 잘 잡을 수만 있다면 현금을 많이 보유하고 있을 경우 주가가 바닥을 쳤을 때 헐값으로 주식을 매수할 수 있다.

포트폴리오를 이 책에서 논의된 다른 초거대 위협의 영향으로부터 보호하려면 어떻게 해야 할까? 향후 20년 안에 주요 정치, 지정학, 기술, 건강 및 환경적 혼란이 발생하면 현 시장 지수(다우존스 산업평균지수, S&P 500 지수, 니케이 225, FTSE 100, 유로 STOXX 50 등)에 속한 많은 기업 주식이 추락하거나 쓸모없어질 것이다. 이상적으로는 미래 기업과 산업에 투자하는 것이 가장 좋은 방법이다. 그러나 그런 기업 중 다수는 아직 상장 전이고, 사모펀드나 벤처 캐피털 투자에 접근할 수 있는 숙련되고 네트워크에 능통한 투자자들만이 손을 뻗을 수 있다.

미래에 번창할 기업이나 산업에 접근할 수 있는 한 가지 방법은 바로 나스닥 100이다. 주로 기술주로 구성된 나스닥은 머지않아 하락할 기업과 강세를 유지할 기업 그리고 미래에 번창할 일부 신규 상장 기업들이 포함되어 있다. 그러나 현재의 거품이 끼어 있는 높은 P/E 비율을 고려하면 다음번 경기침체로 지수가 더 하락할 때까지 기다렸다가 사는 것이 좋을 것이다.

포트폴리오의 올바른 주식 대 채권 비율과 구성에는 논란의 여지가 있겠지만 이것만큼은 분명하다. 60/40 원칙에 따라 투자하고 있는 개인 및 국부 펀드, 연기금, 기부금, 재단, 패밀리 오피스는 지금이라도 자산을 다각화해서 인플레이션 상승과 마이너스 성장 충격, 정치 및 지정학, 기술, 건강 및 환경적 위험을 분산하는 것이 좋을 것이다. 이런 위험은 수많은 개인의 일자리와 기업, 산업 전체를 혼란에 빠트리거나 궤멸할 것이다. 그러나 개인이나 기관 투자자는 다가오는 금융 불안과 환란으로부터 저축과 투자를 보호할 계획을 세울 수 있다.

12장

'유토피아'에 가까운 미래는 가능할까

암울한 미래에 대한 내 예측은 밥 딜런의 노래이자 지미 헨드릭스의 메가 히트곡인 〈내내 망루에 서서(All Along the Watchtower)〉의 가사를 떠올리게 한다. "여기서 빠져나갈 방법이 있을 거야. 익살꾼이 도둑에게 말했다. 너무 혼란스러워. 안심할 수가 없어."

어쩌면 당신에게는 아직 어린 자녀나 손주들이 있을지도 모르고, 원래 타고난 성격이 낙관적일 수도 있다. 당신은 미래 세대에게 더 좋은 세상을 물려주고 싶을 것이다. 나도 그렇다. 그리고 무엇보다 미래를 확실하게 예측할 수 있는 사람은 없다는 점도 기꺼이 인정한다. 뉴욕 양키스 감독인 요기 베라(Yogi Berra)는 "예측은 어렵다. 특히 미래를 예측하는 것은 더욱 어렵다"라는 유명한 말을 한 적이 있다. 어쩌면 우리는 예상치 못한 기회를 잡을 수 있을지도 모른다. 인간은 뛰어난 기지로 크고 심각한 문제를 해결하곤 한다. 내 조상들이 폭력적인 종교적 편견 때문에 고향인 중앙아시아에서 중동으로, 그다음엔 유럽, 그러다 마침내 미국으로 쫓겨났을 때 그런 것처럼 말이다. 지금과 똑같은 상황은 아니지만 그렇게 생각하면 나도 '닥터 둠' 모자를 잠시나마 벗고 희망찬 생각을 하고 싶다.

성장과 기술 혁신이 뒷받침하는 '덜' 암울한 미래

초거대 위협을 부채질하는 문제들은 강력한 경제 성장을 기반으로 하는 해결책이 필요하다. 예를 들어 선진경제에서 장기적으로 지속되는 고성장—가령 GDP 5~6퍼센트—은 위협적인 부채를 상환하는 데 도움이 될 것이다. 이런 성장은 기후 변화와 고령화, 기술적 실업을 예방하거나 미래의 팬데믹에 대처할 수 있는 값비싼 공공 프로젝트를 실행하는 데 필요한 자원을 창출한다. 또 정치적 긴장과 갈등을 줄여준다. 이런 높은 성장을 이뤄내기 위해서는 생산성을 높이는 기술 혁신이 필요하다. 그렇다면 기술 혁신이 문제를 해결하는 데 도움이 될 수 있을까?

이를테면 기후 변화를 생각해보자. 현재의 기술 수준을 고려할 때 온실가스 배출을 완화하려면 성장에 강력한 제동을 걸어야 한다. 또한 그 대안인 적응 전략을 실천하려면 거의 불가능할 정도의 비용이 필요하다. 높은 성장을 통해 우리가 완화 또는 적응 대책을 실행할 수 있을까? 아니면 기술 혁신이 태양지구공학을 신비과학에서 현실로 바꿔줄 수 있을까? 우리의 목표는 계속 성장하되 온실가스 배출을 급격히 줄이고 가능한 한 빨리 온실가스 순배출 제로 상태에 도달하는 것이다.

일부 혁신은 온실가스를 배출하지 않고도 값싼 에너지를 대량으로 생산할 수 있다. 그중 한 가지 방법이 바로 핵융합 에너지인데, 이는 상당한 관심과 논의를 불러일으키고 있다.[1] 아직 초기 단계긴 해도 최근에 발견한 돌파구는 핵융합이 실제로 가능하며, 궁극적으로는 비용에서도 경쟁력이 있음을 시사하고 있다.

만일 이 새로운 에너지원이나 이와 유사한 혁신이 현실로 나타나면 성장에 제동을 걸지 않고도 순배출 제로를 실현할지 모른다. 저비용 핵융합 발전이 과연 가능할지 아직은 알 수 없지만 최근의 실험은 어느 정도 가능성이 있음을 제시한다. 게다가 과학자들이 에너지를 저렴하게 저장할 수 있는 방법을 찾는다면 재생에너지 가격이 하락해 화석연료와 경쟁할 수도 있을 것이다.

기후 변화를 해결하면 중대한 혜택을 얻을 수 있다. 인간과 동물이 비좁은 공간에 모여 살 때 발생하는 치명적인 인수공통전염병의 위험이 낮아진다. 또한 기술은 더 직접적인 방식으로 유행병을 방어하는 데 도움을 준다. 코로나19는 1918~1919년 스페인 독감 이후 최악의 팬데믹을 가져왔지만 과학자들은 인공지능의 도움으로 바이러스를 매핑하고 기록적인 시간 안에 백신을 개발할 수 있었다. 그리고 혁신적인 접근 방식으로 세포들에 우리 몸 면역반응을 동원하는 법을 가르치는 메신저 RNA, 즉 mRNA를 활용했다.

해피엔딩과 비슷한 일이 일어나려면 우리를 대체할 컴퓨터가 우리를 구해주어야 한다. 신속한 백신 개발이 우리를 새로운 바이러스로부터 보호해줄 수 있길 바라야 한다. 나는 생체의학의 눈부신 발전 속도에 경탄하곤 한다. 2020년 딥마인드의 알파폴드는 반세기 동안 전문가들을 난처하게 만들었던 단백질 접힘 문제를 해결했다. 이는 다른 질병에 대한 진전 속도도 빨라질 것이라는 좋은 징조다. 이런 성공이 계속되면 모든 종류의 질병에 대한 예방과 진단 및 치료에 대한 접근성이 향상되고 비용이 감소할 것이다.

기후 변화에 대한 돌파구를 마련할 수 있다면 계단식 이득을 얻을 수 있다. 건강과 보건이 향상되면 경제가 나아진다. 강력한 성장으로 더 많은 일자리가 창출되고 모두가 더 광범위한 복지 시스템(누진세와 공공 지출 그리고 아마도 보편적 기본소득)을 누리게 된다면 부의 불평등을 완화할 수 있다.

과학 연구와 혁신은 비용을 줄이고 상품과 서비스의 생산을 늘리며, 이는 확고한 소득과 부를 창출할 것이다. 청정에너지인 핵융합이 모든 필요 에너지를 생산하고 화석연료나 현재의 재생에너지보다 더 적은 비용을 요구하는 세상을 상상해보라. 저렴한 에너지는 해수의 담수화에 들어가는 천문학적 비용을 낮출 것이다. 풍부한 담수는 갈증을 해소하는 것은 물론 식량 생산을 확대하고 그에 따른 비용을 낮출 것이다. 수직 농업이나 배양육류 같은 혁신적인 농업 기술은 식량 생산을 위해 많은 물과 토양을 오염시키는 비료의 필요성을 줄이고, 세계 온실가스 배출량의 최소 25퍼센트를 차지하는 축산업에 대한 의존도도 줄일 수 있다.

한편으로 높은 경제 성장은 세계 경제를 괴롭히고 있는 많은 부채 문제를 완화할 것이다. 사적이든 공적이든, 명시적이든 묵시적이든, 국내든 해외든, 가계든 기업이든 부채의 지속 가능성은 차입자의 소득에 달려 있다. 소득이 증가하는 속도가 부채의 증가 속도를 능가할 수 있다면 현재 파국을 향해 달려가는 많은 부채를 감당할 수 있을 것이다. 강력한 성장은 최고의 해결책을 제공한다. 그리고 그 핵심은 바로 성장을 가속화하는 첨단기술에 달려 있다.

마찬가지로 금융의 자동화도 역사적으로 끝없이 반복되어온 호황과 불황의 순환에서 벗어나는 데 도움이 될 것이다. 현재의 금융 시스템에서는 사람이 신용, 대출, 보험 및 자산 배분 결정을 내리며, 따라서 우리는 왜곡된 인센티브와 부분적인 정보, 무수한 인지적 편견의 대상이 될 수 있다. 거품은 바로 여기서 시작된다.

하지만 금융 기술과 인공지능, 빅데이터, 사물인터넷과 5G 네트워크가 결합해 금융과 관련된 결정을 내린다고 상상해보라. 주택담보대출을 받을 사람과 금리 또는 광범위한 자산군에 걸쳐 최적화된 방식으로 투자를 다각화하는 자산 배분 비율이 전부 동일하고 객관적인 기준을 통해 결정된다면 인간의 모순과 비일관성은 사라질 것이다. 더는 시장에 과민하게 반응하며 충동에 굴복해 자산을 거래하지도 않을 것이다. 신용 결정이 합리적일수록 자산과 신용 거품의 위험은 감소한다. 즉 부채 및 금융 위기가 발생할 가능성이 줄어든다.

인간이 로봇으로 대체되면 불평등이 증가해 종국에는 광범위한 구조적 기술 실업으로 귀결될 것이다. 직업이 사라지고 일자리를 잃은 많은 사람이 덜 만족스러운 일을 하고 더 적은 임금을 받는다. 이것이 미국과 유럽의 공장 노동자들에게 일어난 일이며 그들의 고통은 현실이었다. 그러나 전체적인 데이터는 이런 추세가 아직 겁을 먹을 만큼 널리 퍼지지 않았음을 보여준다.

19세기 영국의 러다이트 운동 이후 노동자들은 기계에 밀려나는 것을 늘 두려워했다. 그러나 200년간의 기술적 진보가 모든 일자리를 없앤 것은 아니다. 새로운 유형의 직업이 생겨났기 때문이다. 한편 자동화를 수반하는 높은 경제 성장은 구조적 실업의 영향을 상쇄할 수 있다. 현재의 경제 수준에서 보편적 기본소득은 아직 실현 불가능하다. 선진국의 성장률이 5~6퍼센트 정도, 지금의 두세 배로 증가한다면 어느 정도 가능성이 생길지도 모르겠다.

보편적 기본소득과 보편적 공공사회 서비스 또는 이 둘의 조합은 새로운 금융 안전망을 제공할 수 있다. 부의 불평등을 줄이는 새로운 대안 중 하나는 부의 사후 재분배가 아니라 자산의 사전 분배다. 자산 소유자는 충분한 수익을 통해 이익을 얻고, 따라서 모두가 창의적 활동이나 기업가적 활동 또는 사회적 보상을 받는 활동을 추구할 수 있다. 소득 보조금으로 성취의 새로운 문을 열 수 있다면 '노동의 존엄성'을 포기하더라도 저항의 물결이 일지 않을 것이다. 보편적 기본소득이 있다면 선진경제 및 혁신경제 노동자들은 진보적 자유주의를 경멸하고 포퓰리즘으로 향하는 분노를 느끼지 않고도 더 낮은 임금(그러나 사회복지 덕분에 더 두둑해진 주머니)으로 버틸 것이다.

그러나 기술이 모든 배를 들어 올릴 수는 없는 상황에서 이 그림은 그다지 낙관적이지 않다. 가난하거나 덜 혁신적인 경제에서 포퓰리즘과 권위주의 정권은 사라지지 않을 것이며, 실패한 국가와 민주주의 전통이 없는 국가에서는 계속 이어질 것이다. 그나마 기대할 수 있다면 선진경제와 성공적인 신흥시장을 포함해 진보적이고 포용적인 새로운 민주주의 동맹이 촉진되는 것이다. 이들의 번영은 민주주의와 권위주의 모델 사이에서 흔들리는 국가들에 손짓을 보낼 것이다. 중국은 영향력을 키우기 위해 치열하게 노력할 테지만 서구 세계의 가치는 아시아와 전 세계에서 더 자주 승리할 것이다. 지정학적으로 보자면 확장된 서구 동맹에는 이미 NATO(미국과 유럽), 쿼드와 오커스 및 다수의 안정적인 신흥시장이 포함되어 있다.

이 지정학적 시나리오에서는 서구의 경제 및 지정학적 질서를 엎으려는 수정주의 세력들이 실패할 것이다. 러시아와 이란, 북한은 강한 군사력을 갖고 있으나 국가적으로 취약하고 낙후되어 있다. 러시아와 이란은 석유와 가스라는 원자재에 경제를 의존하고 있는데 이는 경제 성장과 기술 개발의 잠재성을 제한한다. 이들은 한동안 심각한 골칫거리가 될 수는 있겠지만 세계 질서를 재편할 준비는 아직 되어 있지 않다. 또한 포괄적이고 공평한 서구 모델을 채택하지 않는 한 이 국가들은 새로운 형태의 에너지가 석유와 가스를 대체할 경우 체제 붕괴의 가능성에 직면한다. 한편 북한은 주민들을 먹여 살릴 수 없는 실패한 국가이며 언젠가는 붕괴할 운명이다.

활력을 되찾은 서구 체제는 탈세계화와 보호주의에 대한 요구에 대응할 것이다. 저성장과 불평등은 포퓰리즘을 조장하고, 포퓰리즘은 경제 민족주의를 부추긴다. 강력하고 포괄적이며 지속 가능한 성장을 이룬다면 이 두 가지 동향을 모두 견제할 수 있다. 거대한 세계 경제 통합은 글로벌 상거래를 활성화하는 기술 혁신을 확산시키고, 협력은 더 크고 넓은 협력을 낳을 것이다.

서로 긴밀히 연결된 세상에서 미중 간 부분적인 탈동조화가 일어날 수도 있지만 상호 깊은 이해관계에 놓인 이 경쟁국들은 급진적인 탈동조화와 군사적 갈등을 전보다 더 회의적으로 볼지 모른다. 미국과 중국은 협력해야 할 이유가 무궁하다. 두 국가 모두 환경 변화와 팬데믹, 불평등, 공급망 무결성, 호황과 불황 주기에 대처하는 데 생존이 걸려 있기 때문이다. 경쟁이 계속되고 약간의 견제와 대립은 있더라도 협력과 건전한 경쟁을 해야 할 여지가 충분히 존재할 것이다.

기술 혁신은 서비스와 데이터, 정보 및 기술 변화에서 강력한 글로벌 무역을 촉진한다. 지정학적 감정이 아무리 무역을 방해해도 신기술의 거센 물결이 많은 장애물을 무너뜨릴 것이다. 디지털 상품 및 서비스의 무역이 활발해지면 세계 및 지역 경제의 유대가 강화된다. 유로존은 위험 분담을 환영할 것이며 해체 위험이 낮아진다. 이 시나리오에서 세계는 달러를 준비통화로 유지하며 종국에는 중앙은행 디지털 화폐, 즉 전자 달러의 형태가 될 것이다.

이번에는 조금 더 멀리까지 가보자. 혁신이 가속화되어 글로벌 성장과 긍정적인 공급 충격이 발생할 가능성이 커진다면 어떨까? 그런 분위기는 소득을 높이고 인플레이션을 낮춘다. 제품과 서비스 비용의 하락은 '좋은' 디플레이션으로 이어지고, 깨달음을 얻은 중앙은행은 좋은 디플레이션에 맞서는 완화 정책으로 거품을 줄이기보다 그 장점을 이용하려들 것이다.

또한 창조적인 파괴가 발생할 것이다. 더 이상 사용되지 않는 제품, 회사, 직업과 서비스가 사라지고 새로운 아이디어와 새로운 기업, 새로운 직업과 기술을 향한 길이 열린다. 이 멋진 신세계에서 기술 대기업은 여전히 매우 강력한 힘을 자랑할 것이다. 이들은 제재의 범위를 놓고 정부와 갈등을 겪을 테지만, 사이버 보안을 포함한 국가 안보 의제와 관련해 정부와 빅테크가 협력해야 하기 때문에 갈등이 지속되진 않을 것이다. 새로워진 민주주의 국가에서 빅테크에 대한 제재는 건전한 개인정보보호와 개인의 데이터 통제를 가능케 할 것이다.

중국은 사생활이나 인권을 거의 고려하지 않고 내부적, 외부적 목적으로 기술을 악용하고 있다. 서방 세계는 민주주의 원칙을 포기하지 않고 이에 대응해야 한다. 그 대응이 자유를 얼마나 침해할지는 아직 시험이 필요하다. 서방의 기업과 정부는 이미 소비자의 개인정보를 침해하고 있다. 유럽연합은 개인정보보호와 관련해 빅테크를 규제하는 법과 규정을 마련했고 미국도 그 뒤를 따르기 시작했다. 두 당국 모두 독점금지 사례를 법정으로 가져갔다. 심지어 이 유토피아(혹은 실현 가능한 시나리오 중에서 가장 장밋빛인) 시나리오에서조차도 전례 없이 집중된 권력과 영향력을 보유한 기술기업은 여전히 존재할 것이다.

그리고 당연히, 이 낙관적인 시나리오에서도 국가와 지역 및 사회 집단에 승자와 패자가 존재한다. 〈글로벌 트렌드 2040〉에서 미국 국가정보위원회는 더욱 '경쟁적인 세계'를 예견한다.[2] 많은 수정주의 세력이 미국의 패권에 도전할 것이다. 국내 소비자들은 지배적인 기술을 가진 회사에 권한을 이양할 것이다. 사람들은 늘 바라는 직업은 아니더라도 일자리를 얻을 것이다. 기후 변화는 완화되겠지만 사라지지는 않을 것이다. 나는 그나마 이 정도가 최선일까 봐 두렵다. 그러나 혼돈과 불안이라는 디스토피아 시나리오에 비하면 이 유토피아 또는 그나마 덜 디스토피아적인 미래는 논란의 여지가 많더라도 훨씬 매력적이다.

제2차 세계대전 이후 우리가 누린 상대적 번영은 전 세계 많은 인구를 대표한다고 할 만한 우리 가족의 역사로 설명할 수 있을 것이다. 우리 가족은 1950년대에 기회를 찾아 튀르키예에서 이란으로 그리고 이스라엘로 이주했다. 그리고 마침내 1962년에 이탈리아 밀라노에 정착했다. 우리가 이탈리아에 도착했을 때는 '경제 기적'이 한창이었고 새로운 중산층이 번창하고 있었다. 아버지는 수출입 사업을 했다. 번영 속에 혼란이 있었음은 사실이다. 계급 갈등과 국내 테러 사건이 신문 헤드라인을 빈번하게 장식했고 이탈리아 유권자의 약 3분의 1이 공산당을 지지했다.

나는 10대 때 좌파 지식인들의 작품에 푹 빠져들었다. 칼 마르크스는 존 메이너드 케인스를 알기 전에 나를 경제학으로 이끌어준 인물이었다. 나치가 정권을 잡자 독일을 탈출해 훗날 신좌파의 영웅이 된 철학자 헤르베르트 마르쿠제(Herbert Marcuse)는 경제학과 정치 이론, 사회경제적 소외 이론이 서로 부딪치는 교차점을 알게 해주었다. 그러나 전반적으로 당시 이탈리아와 서구 세계는 새로운 번영이 시작되는 시기였다.

1970년대는 안정과 위험에 대한 내 기본적인 가정을 뒤흔들었다. 이탈리아의 경제 엔진이 멈췄다. 이탈리아 정부는 경기침체와 인플레이션, 스태그플레이션 사이를 오락가락했다. 1973년 욤키푸르 전쟁과 1979년 이란 이슬람 혁명은 유가 상승과 함께 정치적 불안을 불러왔다. 이 냉전 시대에는 핵탄두 미사일이 모든 방향을 향해 겨눠져 있었다.

서구권 너머 소비에트 블록과 공산주의 중국 그리고 가짜 사회주의 국가인 인도와 다른 많은 개발도상국에서는 빈곤이 지속되었다. 계획 경제는 수십억 시민들에게 약간의 식량과 주거지, 복지를 제공하고 자유와 경제적 기회를 박탈함으로써 막대한 비용을 지불했다. 중국어로 '철밥통'이라는 단어는 평생 안정된 고용과 지속적인 수입, 복리후생이 보장된 직업을 의미했지만 수천만 중국인이 대기근으로 목숨을 잃었고 계속된 정치적 탄압으로 고통받았다. 1980년대에 들어서 경제가 발전하기 시작했음에도 탄압은 계속되었다.

경제 성장은 주로 자유시장과 국제무역을 수용하고 견고한 사회복지 시스템을 갖춘 국가에 국한되었다. 이런 국가의 중산층 가정들은 1960년대와 1970년대 그리고 1980년대를 거치며 자녀들에게 더 나은 미래를 물려줄 수 있으리라 기대했다. 세계화는 저개발 국가에 부를 가져다주었고 남반구와 아시아에는 새로운 중산층이 형성되었다. 노동조합은 산업노동자들에게 집단적인 영향력을 부여했고, 국가 및 지방 정부는 풍부한 세수와 낮은 부채에 힘입어 필수적인 공공 서비스를 제공할 수 있었다. 한편 냉전 시대에는 핵 억지력의 균형이 세계를 지배했다. 1970년대와 1980년대에 소련과 미국은 무기 협정을 통해 데탕트를 조성하기 시작했는데, 아프리카와 중남미에서는 여전히 대리전이 지속 중이었다. 어쨌든 덕분에 강대국 간 핵미사일이 오갈 위험은 크게 줄어들었다.

소련이 붕괴하고 냉전이 종식된 후에는 집단적 위험의 성격이 바뀌었다. 프랜시스 후쿠야마(Francis Fukuyama)는 인류가 진화의 저점에 도달했다고 선언했다. 그것은 역사의 종말이었다. 우리는 이제 제3차 세계대전 대신 비만처럼 덜 실존적인 위협을 걱정해야 했다.

수십 년의 냉전 기간에 경제 위기와 경기침체는 비교적 경미하고 짧았으며 치명적인 금융 붕괴도 일어나지 않았다. 기후 변화는 전문가들의 눈에만 보였다. 과학과 기술은 경제적 기회와 새로운 산업을 촉진했다. 전 세계적인 유행병은 그저 SF 소설의 소재에 불과했다.

활기찬 민주주의 국가에서는 정당과 후보자 간의 정치적 경쟁은 있어도 폭력 사태는 거의 발발하지 않았다. 서구 사회에는 민족과 문화, 종교적 다양성이 있었다. 이민도 국민성에 큰 위협이 되지 못하는 것 같았다. 민간 및 공공 부채의 비율은 대부분 낮았다. 심각한 부채와 금융 위기는 반드시 일어나는 일이 아니라 그저 예외적인 사건일 뿐이었다.

어쩌면 나도 일을 열심히 잘하기만 한다면 평생 안정적으로 일하다 때가 되면 은퇴해서 연금을 받으며 살 것이라는 확신으로 의사나 변호사, 은행가 또는 지금처럼 경제학자가 됐을지도 모른다. 나는 금융기관들이 건실한 상태를 유지하고, 좋은 회사들이 성장하고, 안정적인 달러와 다른 통화가 내 저축의 가치를 유지해줄 것이라 믿었다. 서방 정부들은 경기침체와 심각한 금융 위기에 대한 안전장치를 제공했다. 그들은 민주주의와 자유, 법치주의, 에너지 안보 및 깨끗한 환경을 지키기 위해 헌신했다. 나는 지역 분쟁이 세계 전쟁으로 번지지 않을 것이라 믿었고, 인공지능 로봇이 내 기술을 능가해 나를 대체할 것이라고는 꿈에도 생각지 못했다. 그래서 그 모든 갈등과 위협, 위험에도 불구하고 세상은 비교적 안정적이었다.

하지만 지난 75년이 일반적인 게 아니라 예외적인 상황에 불과했다면? 지난 4분의 3세기가 예외적으로 안정적이었던 탓에 우리가 향후 수십 년도 과거와 똑같을 거라고 지레짐작하게 되었다면? 우리는 한 세기 전 역사가 가르쳐준 교훈을 잊은 게 아닐까? 20세기가 시작되고 처음 40년 동안 우리는 세계대전과 1918~1919년의 치명적인 스페인 독감, 탈세계화와 초인플레이션, 대공황을 경험했다. 그리고 이는 대규모 무역 전쟁과 금융 및 부채 위기, 디플레이션을 가져왔다. 뒤이어 포퓰리즘과 권위주의가 부상했고 군사적으로 공격적인 정권(독일의 나치즘, 이탈리아와 스페인의 파시즘, 일본의 군국주의)이 탄생해 제2차 세계대전과 홀로코스트로 이어졌다.

한 세기 전의 바로 이 패턴이 지금 우리가 직면하고 있는 미래의 전

조일지도 모른다. 오늘날의 초거대 위협은 한 세기 전의 위협보다도 여러 면에서 훨씬 심각하다. 더 많은 사람이 금융 시스템을 이용하고 있고, 불평등은 더 심화되었고, 우리의 무기조차 훨씬 치명적이다. 포퓰리즘 정치가들은 대중을 선동하는 방법을 매우 잘 알고 있으며 기후 변화도 가속화되고 있다. 심지어 핵 갈등마저 재부상했다. 이번에는 냉전이 정말 무력 전쟁으로 이어질지 모른다.

우리는 다가오는 위기에서 살아남을 수 있을까? 앞에서 나는 서로 연결된 10개의 초거대 위협이 얼마나 심각한 위험을 부를 수 있는지 설명하기 위해 실현 가능한 여러 개의 미래를 두 가지로 간단히 줄여 제시했다. 이 두 가지 전망은 불확실한 미래의 각각 극단적인 방향을 보여준다. 불행히도 두 시나리오 중에서 조금 더 가능성이 있는 것은 디스토피아로 보인다. 초거대 위협은 서서히 진행되고 있기에 해결이 시급해 보이지 않기 때문이다. 소설가이자 노벨 문학상 수상자인 알렉산드르 솔제니친(Alexandr Solzhenitsyn)은 역설이란 관심을 끌기 위해 물구나무선 진실이라고 정의한 바 있다. 초거대 위협은 그런 재주를 부리지 않아도 관심을 끌 수 있다. 비록 사람들이 중요한 교훈을 크게 깨닫지도 못했고 결과를 피하려고 유의미한 행동을 거의 하지도 않았지만 말이다.

기후 변화에 대한 정책적 대응은 대체로 더 열렬하게 기온을 높이는 허세만을 불러왔다. 온실가스 배출에 대한 일관된 조치도 부족하다. 인공지능은 십중팔구 우리의 일자리를 영원히 빼앗아갈 것이다. 불평등은 심화될 것이다. 코로나19는 치명적인 팬데믹이 얼마나 빨리 재발할지, 서로 충돌하는 여러 개의 우선순위가 국내 및 국제적 조율과 대응을 어떻게 방해하는지 적나라하게 폭로했다. 하루아침에 탈세계화가 일어나지는 않겠지만 그 흐름은 무엇도 막을 수 없을 것이다. 극심한 불평등과 일자리 상실 및 소외감에 대한 폭넓은 공감대가 형성되면 사람들은 포퓰리즘을 더 쉽게 받아들인다. 포퓰리즘은 권위주의로 나아가는 관문과도 같다.

우리가 조금만 더 일찍 깨닫고 행동을 시작했더라면 일이 훨씬 쉬워졌을 것이다. 해결책이 지연될 때마다 장애물의 수는 늘어난다. 초강대국 간 다툼과 불어나는 부채 부담은 각 국가를 자국 이기주의의 길로 끌어들인다. 어쩌면 외국의 이익을 짓밟겠다고 공언하는 지도자가 선출될 수도 있다. 그러나 분열된 세계 질서는 지속 가능한 지구에 대한 희망을 사그라뜨릴 뿐이다. 우리는 협력 대신에 내시 균형[Nash equilibrium, 1950년에 수학자 존 내시(John Nash)가 고안한 게임이론으로 상대방의 전략을 주어진 것으로 보고 자신에게 최적인 전략을 선택할 때 그 결과가 균형을 이루는 현상-옮긴이]을 선택했다. 이는 자신의 이익이 공동의 이익보다 더 중요하다고 여기며, 협력에 실패한 결과 모두가 심각한 피해를 입게 되었음을 의미한다.

지금 우리가 사는 세계는 적어도 10개의 초거대 위협에 직면해 있다. 향후 20년 안에 이 위협들은 경제와 재정, 기술, 환경, 지정학, 의료, 사회적 힘의 거대한 충돌로 이어질 것이다. 하나같이 가공할 만한 위력을 지닌 이 초거대 위협들이 한 점으로 수렴된다면 그 결과는 끔찍할 정도로 파괴적이리라. 이 문제를 해결하려면 지구상 모든 사람을 위한 세세한 조정과 협력이 필요하다. 다음번 변곡점 너머에 무엇이 있을지, 솔직히 말하면 두렵다.

우리에게는 변명의 여지가 없다. 망설이는 것은 곧 포기하는 것이다. 스누즈 버튼은 재앙을 불러올 뿐이다. 여러 개의 초거대 위협이 우리를 향해 달려오고 있다. 그 누구도 경험하지 못한 방식으로 우리의 삶을 흔들고 세계 질서를 뒤엎을 것이다. 안전벨트를 단단히 매라. 앞으로 아주 어둡고 험난한 밤길을 달려야 할 테니까.

감사의 글

이 책의 주제를 전개하고 발전시키는 데 여러 가지 아이디어와 피드백, 든든한 성원을 보내준 동료들과 공동 작업자 그리고 친구들에게 감사 인사를 전한다. 그에 대한 내 견해가 어찌 됐든 그저 모두에게 감사할 따름이다.

내게 새 책에 대한 아이디어를 제안하고 기획서를 구체화할 수 있도록 도와준 리 뷰로(Leigh Bureau)의 에이전트 웨스 네프(Wes Neff)에게 감사한다. 공동 작업자인 스티븐 민츠(Steven Mintz)는 각 장의 초안을 작성하는 데 도움을 주었을 뿐 아니라 편집 및 수정을 거듭해 많은 독자에게 이 책이 더욱 매력적으로 다가가도록 만들어주었다. 이책을 완성하기까지 그와의 작업은 그야말로 필수적이었다.

또한 편집자이자 리틀 브라운(Little, Brown and Company)의 발행인인 브루스 니컬스(Bruce Nichols)가 각 장에 대해 예리한 의견을 제시하고 편집에 도움을 준 덕분에 책의 내용과 구조를 크게 개선할 수 있었다. 리틀 브라운 팀의 린다 애런즈(Linda Arends)와 애나 드 라 로사(Anna de la Rosa), 로라 매멀록(Laura Mamelok), 멜리사 매들린(Melissa Mathelin) 그리고 내 프리랜서 교열 검수자인 데이비드 고어링(David Goehring)도 편집 및 출판 과정에서 커다란 역할을 했다.

뉴욕대학교 스턴 경영대학원(Stern School of Business)의 동료들은 20년이 넘는 세월 동안 나와 지적, 학문적 교류를 나누었다. 내 많은 논문의 공동 저자이자 오랫동안 함께 일해온 브루넬로 로사(Brunello Rosa)는 끊임없는 아이디어와 상호작용의 원천이다. 애틀러스 캐피털 팀(Atlas Capital Team)의 레자 번디(Reza Bundy)와 동료들은 내가 이 책에서 제시한 우려를 공유했고, 초거대 위협에 대한 재정적 해결책에 대해 함께 고민했다. 붐버스트(TheBoomBust)의 동료인 데이비드 브라운(David Brown)도 내 관점에서 자산 시장의 영향을 도출하는 데 도움을 주었다.

루비니 매크로 어소시에이츠(Roubini Macro Associates)에서 오랫동안 비서실장으로 일한 킴 니스벳(Kim Nisbet)은 무한한 인내심을 발휘해 내 잦은 출장과 촘촘한 회의 일정을 아주 효율적으로 관리해주었다. 프로젝트 신디케이트(Project Syndicate) 팀과 켄 머피(Ken Murphy)는 내가 이 책의 주제 중 일부를 처음으로 발표한 월간 칼럼을 편집해주었다. 마누 쿠마르(Manu Kumar)와 브래드 세처(Brad Setser)는 오랜 친구이자 학문적 동료이기도 하다. 나는 이 두 사람에게서 많은 것을 배웠으며 이들의 우정에 진심으로 감사한다.

다보스 세계경제포럼, 암브로세티 포럼, IMF, 세계은행, 국제결제은행, 브레튼우즈 개혁위원회(Reinventing Bretton Woods Committee), 밀컨 글로벌 컨퍼런스(Milken Institute Global Conference), NBER, CEPR 등여러 해 동안 내 견해를 발표한 많은 회의와 포럼 등에서 받은 피드백도 큰 도움이 되었다.

중대한 정책이나 시장 경험이 있는 많은 학계 동료가 다양한 생각과 중요한 아이디어의 연료를 제공해주었다. 케네스 로고프, 배리 아이켄그린(Barry Eichengreen), 대니 로드릭, 모리 옵스펠드(Maury Obstfeld), 제프 프랑켈(Jeff Frankel), 윌리엄 노드하우스, 래리 코틀리코프(Larry Kotlikoff), 제프리 삭스, 마이클 페티스(Michael Pettis), 알베르토 알레시나, 리처드 포르테스(Richard Portes), 헬렌 레이(Helen Rey), 폴 크루그먼, 카르멘 라인하트(Carmen Reinhart), 나심 탈레브(Nassim Taleb), 라구 라잔(Raghu Rajan), 조 스티글리츠, 니얼 퍼거슨, 로버트 실러, 키쇼르 마흐부바니, 윌렘 부이터(Willem Buiter), 지안카를로 코르세티(Giancarlo Corsetti), 브래드 드롱(Brad DeLong) 그리고 《위기 경제학》의 공동 저자인 스티븐 밈(Steven Mihm)에게 감사한다.

나는 많은 전·현직 정책입안자들과 수십 년 동안 교류해왔다. 그중 몇몇은 학계 또는 시장에서 탁월한 배경을 지닌 인사들이다. 나와다소 다른 견해를 갖고 있을지는 몰라도 나는 그들로부터 참으로 많은 것을 배웠다. 래리 서머스, 재닛 옐런, 팀 가이트너, 벤 버냉키, 크리스틴 라가르드, 마리오 드라기, 옌스 바이트만(Jens Weidman), 라엘 브레이너드(Lael Brainard), 리처드 클라리다(Richard Clarida), 랜달 퀄스, 장클로드 트리셰, 마크 카니, 프랑수아 빌르루아 드갈로(Francois Villeroy de Galhau), 케빈 러드, 제이슨 퍼먼(Jason Furman), 야곱 프렌켈(Jacob Frenkel), 구로다 하루히코(黑田東彦), 스탠리 피셔(Stanley Fischer), 기타 고피나트(Gita Gopinath), 데이비드 맬패스(David Malpass), 마리오 몬티(Mario Monti), 엔리코 레타(Enrico Letta), 파올로 페센티(Paolo Pesenti), 애덤 포센(Adam Posen), 테드 트루먼(Ted Truman), 데이비드 립턴(David Lipton), 애나 겔페른(Anna Gelpern), 댄 타룰로(Dan Tarullo), 존 립스키(John Lipsky), 빌 화이트(Bill White), 올리비에 블랑샤르, 페데리코 스투르제네게르(Federico Sturzenegger), 안드레스 벨라스코(Andrés Velasco), 펠리페 라레인(Felipe Larraín), 한스헬무트 코츠(Hans-Helmut Kotz), 디나 파월(Dina Powell), 비토리오 그릴리(Vittorio Grilli), 파비오 패네타, 이그나치오 비스코(Ignazio Visco), 캐서린 만(Catherine Mann), 로렌스 분(Laurence Boone), 루이스 데 긴도스(Luis de Guindos), 필립 레인(Philip Lane), 신 현, 클라우디오 보리오(Claudio Borio), 앤디 홀데인(Andy Haldane), 토머스 조던(Thomas Jordan), 스테판 잉베스(Stefan Ingves), 일란 고우지파인(Ilan Goldfajn), 알레한드로 베르너(Alejandro Werner)에게 사의를 표한다.

또한 많은 금융시장 전문가가 그들의 시장 및 자산 가격의 영향과 내 거시경제 아이디어를 연결할 수 있게 해주었다. 모하메드 엘 에리언(Mohamed El Erian), 조지 소로스(George Soros), 루이스 베이컨(Louis Bacon), 앨런 하워드(Alan Howard), 크리스 로코스(Chris Rokos), 레이 달리오, 바이런 윈(Byron Wien), 스텔리오스 자보스(Stelios Zavvos), 스티브로치(Steve Roach), 데이비드 로젠버그(David Rosenberg), 마크 잔디(Mark Zandi), 짐 오닐(Jim O'Neill), 루이스 오가네스(Luis Oganes), 조이스 창 (Joyce Chang), 루이스 알렉산더(Lewis Alexander), 옌스 니스테트(Jens Nystedt), 로버트 칸(Robert Kahn), 조슈아 로스너(Joshua Rosner), 빌 제인 웨이(Bill Janeway), 론 페렐만(Ron Perelman), 아비 티옴킨(Avi Tiomkin), 아르납 다스(Arnab Das), 조지 매그너스(George Magnus), 크리스천 켈 러(Christian Keller), 얀 하치우스(Jan Hatzius), 리처드 쿠(Richard Koo), 마 이클 밀컨(Michael Milken), 존 폴슨(John Paulson), 자비에 보테리(Xavier Botteri), 리처드 휴로위츠(Richard Hurowitz), 제프 그린(Jeff Greene)에게 감사한다.

더불어 이언 브레머, 마틴 울프(Martin Wolf), 파리드 자카리아, 에 릭 슈미트, 니컬러스 베르그루엔(Nicholas Berggruen), 질리언 텟(Gillian Tett), 리처드 하스(Richard Haass), 무스타파 술레이만, 재러드 코언(Jared Cohen), 앤드루 로스 소킨(Andrew Ross Sorkin), 자크 아탈리(Jacques Attali), 톰 킨(Tom Keene), 존 페로(Jon Ferro) 등 많은 사회참여 지식인 과 일부 언론 논평가들이 내 생각과 관점을 형성하는 데 영향을 주었 음을 밝힌다.

주

들어가는 글

1. Kristalina Georgieva Gopinath, and Ceyla Pazarbasioglu, "Why We Must Resist Geoeconomic Fragmentation—And How," International Monetary Fund, May 22, 2022, https://blogs.imf.org/2022/05/22/why-we-must-resist-geoeconomic-fragmentation-and-how/.

1장

1. "Argentina Clinches Near-Unanimous Backing for Debt Restructuring," *Financial Times*, August 31, 2020, https://www.ft.com/content/e3e8b783-9455-46f3-946f-15c31a29778b.
2. Lawrence H. Summers, "The Biden Stimulus Is Admirably Ambitious. But It Brings Some Big Risks, Too," *Washington Post*, February 4, 2021, https://www.washingtonpost.com/opinions/2021/02/04/larry-summers-biden-covid-stimulus/.
3. Liz Alderman, "Europe's Pandemic Debt Is Dizzying. Who Will Pay?" *New York Times*, February 17, 2021, https://www.nytimes.com/2021/02/17/business/europe-pandemic-debt.html?smid=wa-share.
4. *Global Debt Monitor*, Institute of International Finance, February 23, 2022. (온라인에서는 회원 신청 후 구독 가능)
5. *Global Debt Monitor*, "Attack of the Tsunami," Institute of International Finance, November 18, 2020. (온라인에서는 회원 신청 후 구독 가능)
6. Mike Chinoy, "How Pakistan's A. Q. Khan Helped North Korea Get the Bomb," *Foreign Policy*, October 11, 2021, https://foreignpolicy.

com/2021/10/11/aq-khan-pakistan-north-korea-nuclear/.

7. "More Debt, More Trouble," IIF *Weekly Insight*, November 20, 2020.

8. Joe Wallace, "Ukraine-Russia War Is Fueling Triple Crisis in Poor Nations," *Wall Street Journal*, May 24, 2022, https://www.wsj.com/articles/russian-ukraine-war-precipitates-a-triple-crisis-in-poor-nations-11653406985?mod=mhp.

9. "World Bank Group Ramps Up Financing to Help Countries Amid Multiple Crises," the World Bank Press Release, April 19, 2022, https://www.worldbank.org/en/news/press-release/2022/04/19/-world-bank-group-ramps-up-financing-to-help-countries-amid-multiple-crises.

10. Jeanna Smialek and Matt Phillips, "Do Fed Policies Fuel Bubbles? Some See GameStop as a Red Flag," *New York Times*, February 9, 2021, https://www.nytimes.com/2021/02/09/business/economy/gamestop-fed-us-economy-markets.html?smid=wa-share.

2장

1. IMF press release no. 16/500, "IMF Executive Board Concludes Article IV Consultation with Argentina," November 16, 2016.

2. Mary Anastasia O'Grady, "Argentina's Credibility Crisis," *Wall Street Journal*, January 3, 2014, https://www.wsj.com/articles/argentinas-credibility-crisis-11609709871?mod=searchresults_pos11&page=1.

3. Stephen Bartholomeusz, "Zombies Are Stirring as the Fed Creates a Monster Debt Problem," *Sydney Morning Herald*, June 16, 2020, https://www.smh.com.au/business/markets/zombies-are-stirring-as-the-fed-creates-a-monster-debt-problem-20200616-p5531h.html.

4. John Detrixhe, "Zombie Companies Are Hiding an Uncomfortable Truth about the Global Economy," *yahoo news*, March 9, 2020, https://www.yahoo.com/now/zombie-companies-hiding-uncomfortable-truth-183246812.html.

5. "A New Age of Financial Repression May Soon Be upon Us," *Financial*

Times, July 22, 2020, https://www.ft.com/content/a7663749-179f-4194-ab89-0f8d7f0158ed.

3장

1. Russell Baker, "A Revolutionary President," review of *Nothing to Fear: FDR's Inner Circle and the Hundred Days That Created Modern America*, by Adam Cohen, *New York Review of Books*, February 12, 2009.

2. Michelle Singletary, "Covid Took One Year off the Financial Life of the Social Security Retirement Fund," *Washington Post*, September 3, 2021, https://www.washingtonpost.com/business/2021/09/03/social-security-insolvency/.

3. Sandra Block, "It Still Pays to Wait to Claim Social Security," Kiplinger, November 23, 2021, https://www.kiplinger.com/retirement/social-security/603809/it still-pays-to-wait-to-claim-social-security.

4. Maurie Backman, "Study: Average American's Savings Account Balance is $3,500," The Ascent, September 10, 2020, https://www.fool.com/the-ascent/research/average-avings-account-balance/.

5. Milton Friedman, "Myths That Conceal Reality," *Free to Choose Network*. October 13, 1977, Collected Works of Milton Friedman Project records, Utah State University. https://youtu.be/xNc-xhH8kkk @ 30:40.

6. Laurence Kotlikoff and Scott Burns, *The Clash of Generations* (Cambridge, MA: MIT Press, 2012), Kindle edition, page 13, location 175.

7. Laurence Kotlikoff and Scott Burns, *The Clash of Generations* (Cambridge, MA: MIT Press, 2012) Kindle edition, page 33, location 519.

8. Xavier Devictor, "Poland: Aging and the Economy," The World Bank, June 14, 2012, https://www.worldbank.org/en/news/opinion/2012/06/14/poland-aging-and-the-economy.

9. Bobby Duffy, "Boomer v Broke: Why the Young Should Be More Angry with Older Generations," *Sunday Times*, September 12, 2021,

https://www.thetimes.co.uk/article/boomer-v-broke-why-the-young-should-be-more-angry-with-older-generations-fqh73tc7b.

10. "2021 OASDI Trustees Report," Table IV.B3.—Covered Workers and Beneficiaries, Calendar Years 1945–2095, Social Security Administration, https://www.ssa.gov/OACT/TR/2021/IV_B_LRest.html#493869.

11. "Japan Estimates Cast Doubt over Public Pension Sustainability," Reuters, August 27, 2019, https://www.reuters.com/article/us-japan-economy-pensions-idUSKCN1VH0PZ.

12. "The State Pension Funding Gap: 2018," Pew, June 11, 2020, https://www.pewtrusts.org/en/research-and-analysis/issue-briefs/2020/06/the-state-pension-funding-gap-2018.

13. NHE Fact Sheet, Centers for Medicare & Medicaid Services, https://www.cms.gov/Research-Statistics-Data-and-Systems/Statistics-Trends-and-Reports/NationalHealthExpendData/NHE-Fact-Sheet.

14. David H. Autor and Mark G. Duggan, "The Growth in the Social Security Disability Rolls: A Fiscal Crisis Unfolding," NBER working paper no. w12436, August 2006, https://www.nber.org/papers/w12436.

15. Katy Barnato, Katy, "Rich Countries Have a $78 Trillion Pension Problem," CNBC, https://www.google.com/amp/s/www.cnbc.com/amp/2016/03/16/rich-countries-have-a-78-trillion-pension-problem.html.

16. Stuart Anderson, "55% of America's Billion-Dollar Startups Have an Immigrant Founder," *Forbes*, October 25, 2018, https://www.forbes.com/sites/stuartanderson/2018/10/25/55-of-americas-billion-dollar-startups-have-immigrant-founder/?sh=56c5aa9548ee.

4장

1. "Game of Boom or Bust," Board Game Geek, 1951, Juegos Crone/Parker Brothers. https://boardgamegeek.com/boardgame/12294/game-boom-or-bust.

2. Matt Egan, "A Little-Known Hedge Fund Caused Widespread Chaos on Wall Street," *CNN Business*, March 30, 2021, https://www.cnn.com/2021/03/29/investing/wall-street-hedge-fund-archegos/index.html.

3. "Total Bank Losses from Archegos Implosion Exceed $10bn," *Financial Times*, April 27, 2021, https://www.ft.com/content/c480d5c0-ccf7-41de-8f56-03686a4556b6.

4. Julie Steinberg and Duncan Mavin, "How Deal Making Caught Up with Lex Greensill," *Wall Street Journal*, March 18, 2021, https://www.wsj.com/articles/how-deal-making-caught-up-with-lex-greensill-11616077055?mod=article_inline.

5. Enda Curran and Chris Anstey, "Pandemic-Era Central Banking Is Creating Bubbles Everywhere," *Bloomberg*, January 24, 2021, https://www.bloomberg.com/news/features/2021-01-24/central-banks-are-creating-bubbles-everywhere-in-the-pandemic#:~:text=Cheap%20money%20provided%20by%20central,save%2C%20invest%2C%20and%20spend.

6. Miles Kruppa and Ortenca Allaj, "A Reckoning for Spacs: Will Regulators Deflate the Boom?" *Financial Times*, May 4, 2021, https://www.ft.com/content/99de2333-e53a-4084-8780-2ba9766c70b7.

7. Madison Darbyshire and Joshua Oliver, "Thrill-Seeking Traders Send 'Meme Stocks' Soaring as Crypto Tumbles," *Financial Times*, May 28, 2021, https://www.ft.com/content/11e59520-a504-4098-9fc1-e2fe66887e14.

8. Jesse Baron, "The Mystery of the $113 Million Deli," *New York Times*, June 2, 2021, https://www.nytimes.com/2021/06/02/magazine/your-hometown-deli.html.

9. "National Industrial Recovery Act (1933)," The Living New Deal, September 13, 2016, https://livingnewdeal.org/glossary/national-industrial-recovery-act-1933/.

10. John Brooks, *Once in Golconda: A True Drama of Wall Street* (New

York: Harper & Row, 1969), https://www.amazon.com/Once-in-Golconda/dp/B001XII24O/ref=sr_1_3?crid=1J2N3ETK4T7PU&keywords=once+in+golconda&qid=1645646785&s=books&sprefix=once+in+golconda%2Cstripbooks%2C60&sr=1-3.

11. *The Financial Crisis Inquiry Report*, Official Government Edition, January 2011, p. 3, https://www.govinfo.gov/content/pkg/GPO-FCIC/pdf/GPO-FCIC.pdf.

12. Michael Bordo and Andrew Filardo, "Deflation in a Historical Perspective," BIS working paper no. 186, November 2005, p. 1, https://www.bis.org/publ/work186.pdf.

13. Tom Petruno, "Is All This Drama the Dow 1,000 Saga Times 10?" *Los Angeles Times*, March 21, 1999, https://www.latimes.com/archives/la-xpm-1999-mar-21-fi-19380-story.html.

14. Leonard Silk, "Climbing Interest Rates," *New York Times*, July 10, 1974, https://www.nytimes.com/1974/07/10/archives/climbing-interest-rates-fed-maintains-tight-antiinflationary-policy.html.

15. Peter Englund, "The Swedish Banking Crisis, Roots and Consequences," *Oxford Review of Economic Policy* 15, no. 3 (Autumn 1999): 84, https://www.jstor.org/stable/23606686.

16. W. H. Buiter, G. Corsetti, and P. A. Pesenti, *Financial Markets and European Monetary Cooperation* (Cambridge: Cambridge University Press, 1998), https://books.google.com/books?id=g6L5SVXBCB4C&pg=PA57&lpg=PA57&dq=%22dress+rehearsal+for+the+ERM+crisis%22&source=bl&ots=NlFwTIR0ne&sig=ACfU3U1oB7bep1_JfQT5LSQSiLK-0GV5mg&hl=en&sa=X&ved=2ahUKEwjL34ve6p32AhUnk4kEHe-tCjMQ6AF6BAgCEAM#v=onepage&q=%22dress%20rehearsal%20for%20the%20ERM%20crisis%22&f=false.

17. Willem H. Buiter, Giancarlo M. Corsetti, and Paolo A. Pesenti, "Interpreting the ERM Crisis: Country-Specific and Systemic Issues," *Princeton Studies in International Finance* no. 84 (March 1998): 1, https://ies.princeton.edu/pdf/S84.pdf.

5장

1. Ben S. Bernanke, "The Great Moderation", 2004년 2월 20일 워싱턴 D.C.에서 열린 미국 동부경제학회(Eastern Economic Association) 회의에서 벤 버냉키 연준 이사의 발언, https://www.federalreserve.gov/boarddocs/speeches/2004/20040220/.

2. William Barnett, *Getting It Wrong* (Cambridge, MA: MIT Press, 2012), 17.

3. Project Syndicate—Nouriel Roubini page, https://www.project-syndicate.org/columnist/nouriel-roubini.

4. Jon Cunliffe, "Do We Need 'Public Money'?" The Bank of England, OMFIF Digital Money Institute, London, May 13, 2021, https://www.bankofengland.co.uk/speech/2021/may/jon-cunliffe-omfif-digital-monetary-institute-meeting.

5. Sylvia Porter, "Economic Miseries Are the Worst Ever," *Paris News*, May 11, 1980, p. 12.

6. Charles Goodhart and Manoj Pradhan, *The Great Demographic Reversal* (Cham, Switzerland: Palgrave Macmillan, 2020), Kindle Edition, p. 159.

7. "Dow Jones—DJIA—100 Year Historical Chart," macrotrends [updated daily], https://www.macrotrends.net/1319/dow-jones-100-year-historical-chart.

8. Editorial, "Prescription for Stagflation," *New York Times*, May 24, 1971, p. 30. https://timesmachine.nytimes.com/timesmachine/1971/05/24/81944647.html?pageNumber=30.

9. *Iowa City Press Citizen*, August 21, 1971, p. 22.

10. "Nifty Fifty Stock Bubbles of the Seventies—Is There a Similarity with Today's Market," EquitySchool, October 24, 2015, https://medium.com/@equityschool/nifty-fifty-stock-bubble-of-the-seventies-is-there-a-similarity-with-today-s-market - 34b19d7a4cff.

11. 니프티50에 대한 설명은 다음을 참조하라. https://en.m.wikipedia.org/wiki/Nifty_Fifty.

12. Chris Plummer, "Remember the Nifty Fifty?" *USA Today*, April 1, 2014,

https://www.usatoday.com/story/money/business/2014/04/01/ozy-nifty-50-stocks/7156447/.

13. "Dow Jones—DJIA—100 Year Historical Chart," macrotrends [updated daily], https://www.macrotrends.net/1319/dow-jones-100-year-historical-chart.

14. Isadore Barnum, "Soaring Sugar Cost Arouses Consumers and US Inquiries," *New York Times*, November 15, 1974, https://www.nytimes.com/1974/11/15/archives/soaring-sugar-cost-arouses-consumers-and-us-inquiries-what-sent.html.

15. Sylvia Porter, "Recession or Depression?" *Bryan Eagle*, June 5, 1975, p. 10.

16. Leonard Silk, "Climbing Interest Rates," *New York Times*, July 10, 1974, https://www.nytimes.com/1974/07/10/archives/climbing-interest-rates-fed-maintains-tight-antiinflationary-policy.html.

17. Daniel Yergin and Joseph Stanislaw, *The Commanding Heights: The Battle for the World Economy* (New York: Simon & Schuster, 2002) Kindle edition location 1283.

18. "If Only Keynes Had Lived to Explain 'Stagflation,'" *Fairbanks Daily News Miner*, Fairbanks, AK, June 16, 1977, https://newspaperarchive.com/fairbanks-daily-news-miner-jun-16-1977-p-4/.

19. *Kenosha News*, March 2, 1978, p. 5 (reprinted from *Business Week*, February 27, 1978).

20. Leonard Silk, "Reagan: Can He Cure Inflation?" *New York Times*, January 11, 1981, https://www.nytimes.com/1981/01/11/us/reagan-can-he-cure-inflation.html.

21. Leonard Silk, "Reagan: Can He Cure Inflation?" *New York Times*, January 11, 1981, https://www.nytimes.com/1981/01/11/us/reagan-can-he-cure-inflation.html.

22. Bill Dudley, "The Fed Is Risking a Full-Blown Recession," *Bloomberg*, June 7, 2021, https://www.bloombergquint.com/gadfly/the-fed-is-risking-a-full-blown-recession.

23. Michael Mackenzie, "Pimco's Ivascyn Warns of Inflationary Pressure from Rising Rents," *Financial Times*, July 31, 2021, https://www.ft.com/content/78b1d9a1-2f1b-4d3b-a930-3ac431f3c8c0?shareType=nongift.

24. Jeff Cox, "Deutsche Bank Warns of Global 'Time Bomb,'" CNBC, June 7, 2021, https://www.cnbc.com/2021/06/07/deutsche-bank-warns-of-global-time-bomb-coming-due-to-rising-inflation.html.

25. Lawrence H. Summers, "The Biden Stimulus Is Admirably Ambitious. But It Brings Some Big Risks, Too," *Washington Post*, February 4, 2021, https://www.washingtonpost.com/opinions/2021/02/04/larry-summers-biden-covid-stimulus/.

26. Gwynn Guilford, "A Key Gauge of Future Inflation Is Easing," *Wall Street Journal*, July 26, 2021, https://www.wsj.com/articles/a-key-gauge-of-future-inflation-is-easing-11627291800?tpl=centralbanking.

27. Kenneth Rogoff, "Don't Panic: A Little Inflation Is No Bad Thing," *Financial Times*, July 16, 2021, https://www.ft.com/content/a7c101be-7361-4307-981d-b8edf6d002be.

28. Lawrence Goodman, "Inflation Fears Offers the Fed a Chance to Modernize with Money," Center for Financial Stability, April 26, 2021, http://www.centerforfinancialstability.org/research/Modernize_Money_042621.pdf.

29. "Bridgewater's Prince Rejects Return of 1970s 'Great Inflation'," *Financial Times*, June 22, 2021, https://www.ft.com/content/717204fa-45e0-4b11-94c2-cf50b8aacbc0.

30. Brian Chappatta, "Schwarzman Sees 'Avalanche' of Opportunities from Tax-Hike Risk," *Bloomberg*, June 23, 2021,. https://www.bloomberg.com/news/articles/2021-06-23/schwarzman-sees-avalanche-of-opportunities-from-tax-hike-risk?srnd=premium.

31. Milton Friedman, "How to Cure Inflation," *Free to Choose Network*, https://www.youtube.com/watch?v=u6GWm0GW7gk @ approx 1m40s.

32. Nouriel Roubini, "The Stagflation Threat Is Real," Project Syndicate, August 30, 2021, https://www.project-syndicate.org/commentary/

mild-stagflation-is-here-and-could-persist-or-deepen-by-nouriel-roubini-2021-08.

33. "State of Supply Chains: In the Eye of the Storm," Accenture. Accessed June 14, 2022, https://www.accenture.com/us-en/insights/consulting/coronavirus-supply-chain-disruption?c=acn_glb_specialreportcogoogle_11296963&n=psgs_0720&gclsrc=aw.ds&gclid=CjwKCAjwo4mIBhBsEiwAKgzXONZcxu7dNt79FwcEdbb81uOeh2HArPmSX1kRZ—REY-ag1hZu9sZOxoCE1wQAvD_BwE.

34. Nouriel Roubini, "The Looming Stagflationary Debt Crisis," Project Syndicate, June 30, 2021, https://www.project-syndicate.org/commentary/stagflation-debt-crisis-2020s-by-nouriel-roubini-2021-06.

6장

1. Alexander William Salter and Daniel J. Smith, "End the Fed's Mission Creep," *Wall Street Journal*, March 25, 2021, https://www.wsj.com/articles/end-the-feds-mission-creep-11616710463?mod=Searchresults_pos11&page=1.

2. "Fed's Daly: Not Much Monetary Policy Can Do to Offset Climate Risk," Reuters, October 22, 2021, https://www.reuters.com/article/usa-fed-daly/feds-daly-not-much-monetary-policy-can-do-to-offset-climate-risk-idUSS0N2O401M.

3. Jon Sindreu, "If Russian Currency Reserves Aren't Really Money, the World Is in for a Shock" *Wall Street Journal*, March 7, 2022, https://www.wsj.com/articles/if-currency-reserves-arent-really-money-the-world-is-in-for-a-shock-11646311306?mod=flipboard.

4. Miles Alvord and Erika Howard, "The Federal Reserve's Big Experiment," *Frontline*, PBS, November 11, 2021, https://www.pbs.org/wgbh/frontline/podcast/dispatch/the-federal-reserves-big-experiment/ @ 14m35s.

5. Ray Dalio, "Ray Dalio Discusses Currency Debasement," The Wealth

Training Company, December 2021, https://www.worldtopinvestors.com/ray-dalio-discusses-currency-debasement/.

6. Federal Reserve Act: Public Law 63-43, 63d Congress, H.R. 7837, https://fraser.stlouisfed.org/title/federal-reserve-act-966/fulltext.

7. Andrew Mellon, Wikipedia entry, https://en.m.wikipedia.org/wiki/Andrew_Mellon#:~:text=In%20his%20memoirs%2C%20Hoover%20wrote,wrecks%20from%20less%20competent%20people.%22.

8. 공공정책의 고용 목표는 1946년 고용법에서 시작되어 1978년 험프리-호킨스 완전고용법에 따라 공식적으로 연방준비제도의 권한으로 확정되었다.

9. Jerome Powell, "New Economic Challenges and the Fed's Monetary Policy Review," Federal Reserve, August 27, 2020, https://www.federalreserve.gov/newsevents/speech/powell20200827a.htm.

10. "What Is Forward Guidance and How Is It Used in the Federal Reserve's Monetary Policy?" Federal Reserve. https://www.federalreserve.gov/faqs/what-is-forward-guidance-how-is-it-used-in-the-federal-reserve-monetary-policy.htm.

11. "Size of the Federal Reserve's Balance Sheet Since Quantitative Easing (QE) Measures Were Introduced from March 2020 to March 2022," Statista, https://www.statista.com/statistics/1121416/quantitative-easing-fed-balance-sheet-coronavirus/.

12. "The QE Quandary," Money Talks from *The Economist* (podcast), April 27, 2021.

13. Robin Harding, "US Quantitative Measures Work in Defiance of Theory," *Financial Times*, October 13, 2014, https://www.ft.com/content/3b164d2e-4f03-11e4-9c88-00144feab7de.

14. Paul Taylor, "Circumstances Have Pushed the E.C.B. Far Beyond Its Mandate," *New York Times*, October 18, 2010, https://www.nytimes.com/2010/10/19/business/global/19iht-inside.html.

15. Atlantic Council Global QE Tracker, https://www.atlanticcouncil.org/global-qe-tracker/. Accessed June 14, 2022.

16. 다음을 참조하라. Stephen Deng, "The Great Debasement and Its

Aftermath," in *Coinage and State Formation in Early Modern English Literature. Early Modern Cultural Studies* (New York: Palgrave Macmillan, 2011), 87–102, https://link.springer.com/chapter/10.1057/9780230118249_4.

17. Peter Coy, "Can We Trust What's Happening to Money?" *New York Times*, December 10, 2021, https://www.nytimes.com/2021/12/10/opinion/cash-crypto-trust-money.html?smid=wa-share.

18. "UK Spy Chief Raises Fears over China's Digital Renminbi," *Financial Times*, December 10, 2021, https://bit.ly/3IEsp9g?cc=4a8f1da715002187c54efd5575c579dc.

19. "Incoming New York Mayor Eric Adams Vows to Take First Three Paychecks in Bitcoin," CNBC, November 4, 2021, https://www.cnbc.com/2021/11/04/new-york-mayor-elect-eric-adams-to-take-first-3-paychecks-in-bitcoin.html.

20. "$BACON Coin—Fractionalizing Home Loans on the Blockchain with Karl Jacob of LoanSnap," *Modern Finance* (podcast), with host Kevin Rose, September 28, 2021 @approx. 30:55.

21. Fabio Panetta, "The Present and Future of Money in the Digital Age," European Central Bank, December 10, 2021, https://www.ecb.europa.eu/press/key/date/2021/html/ecb.sp211210~09b6887f8b.en.html.

22. Fabio Panetta, "The Present and Future of Money in the Digital Age," European Central Bank, December 10, 2021, https://www.ecb.europa.eu/press/key/date/2021/html/ecb.sp211210~09b6887f8b.en.html.

23. Daniel Sanches, "The Free-Banking Era: A Lesson for Today?" Federal Reserve Bank of Philadelphia, Q3 2016, https://www.philadelphiafed.org/the-economy/banking-and-financial-markets/the-free-banking-era-a-lesson-for-today.

24. "The Potential DeFi Collapse, Bull & Bear Markets, and MobileCoin with Ari Paul," *Modern Finance* (podcast), April 20, 2021 @ 42:00.

25. Anny Shaw, "Who is Beeple? The Art World Disruptor at the Heart of the NFT Boom," 비플과의 인터뷰, *The Art Newspaper*, March 5, 2021,

https://www.theartnewspaper.com/2021/03/05/who-is-beeple-the-art-world-disruptor-at-the-heart-of-the-nft-boom.

26. Dimitris Drakopoulos, Fabio Natalucci, and Evan Papageorgiou, "Crypto Boom Poses New Challenge to Financial Stability," *IMF Blog*, October 1, 2021, https://blogs.imf.org/2021/10/01/crypto-boom-poses-new-challenges-to-financial-stability/.

27. Stephen Deng, "The Great Debasement and Its Aftermath," in *Coinage and State Formation in Early Modern English Literature. Early Modern Cultural Studies* (New York: Palgrave Macmillan, 2011), 87–102, https://link.springer.com/chapter/10.1057/9780230118249_4.

28. "Does The World Still Need Banks?" *The Economist*, May 12, 2021 (podcast), https://www.economist.com/podcasts/2021/05/12/does-the-world-still-need-banks.

29. Karrie Gordon, "Commissioner Berkovitz Questioning the Legality of DeFi," Crypto Channel, June 15, 2021, https://etfdb.com/crypto-channel/commissioner-berkovitz-questioning-legality-defi/.

30. Taylor Locke, "The Co-Creator of Dogecoin Explains Why He Doesn't Plan to Return to Crypto," *Make It*, CNBC, July 14, 2021, https://www.google.com/amp/s/www.cnbc.com/amp/2021/07/14/dogecoin-co-creator-jackson-palmer-criticizes-the-crypto-industry.html.

31. "Silicon Valley Payments Firm Stripe Buys Nigerian Startup Paystack," Reuters, October 15, 2020, https://www.reuters.com/article/us-paystack-m-a-stripe/silicon-valley-payments-firm-stripe-buys-nigerian-startup-paystack-idUSKBN27024G.

32. "The Digital Currencies That Matter," *The Economist*, May 8, 2021, https://www.economist.com/leaders/2021/05/08/the-digital-currencies-that-matter.

33. "When Central Banks Issue Digital Money," *The Economist*, May 8, 2021, https://www.economist.com/special-report/2021/05/06/when-central-banks-issue-digital-money.

7장

1. Paul Krugman, "Paul Krugman Explains Trade and Tariffs," *New York Times*, March 16, 2018, https://www.nytimes.com/2018/03/15/opinion/paul-krugman-aluminum-steel-trade-tariffs.html#commentsContainer.

2. Gordon H. Hanson, "Can Trade Work for Workers?" *Foreign Affairs*, May/June 2021, https://www.foreignaffairs.com/articles/united-states/2021-04-20/can-trade-work-workers.

3. "Is It Time to Declare the End of Globalisation?" *Financial Times*, July 19, 2019, https://www.ft.com/content/70bc7566-9bf2-11e9-9c06-a4640c9feebb.

4. "The Modern Era of Globalisation Is in Danger," *Financial Times*, May 24, 2020, https://www.ft.com/content/7b365844-9b75-11ea-adb1-529f96d8a00b.

5. "Insight: The Perils of De-Globalisation," *Financial Times*, July 21, 2009, https://www.ft.com/content/4747bc08-75fc-11de-84c7-00144feabdc0.

6. Mark Landler, "The U.K.'s Gas Crisis Is a Brexit Crisis, Too," *New York Times*, September 28, 2021, https://www.nytimes.com/2021/09/28/world/europe/brexit-britain-fuel-johnson.html.

7. Marc Santora and Helene Bienvenu, "Secure in Hungary, Orban Readies for Battle with Brussels," *New York Times*, May 11, 2018, https://www.nytimes.com/2018/05/11/world/europe/hungary-victor-orban-immigration-europe.html?searchResultPosition=1.

8. Yavuz Arslan, Juan Contreras, Nikhil Patel, and Chang Shu, "How Has Globalisation Affected Emerging Market Economies?" BIS papers no. 100, https://www.bis.org/publ/bppdf/bispap100_b_rh.pdf.

9. "Washington Consensus: EMs Are Actually Quite Keen," *Financial Times*, November 6, 2013, https://www.ft.com/content/f2c09e04-bf1c-3155-ba68-83c2e01f4a10.

10. Joseph E. Stiglitz, *Globalization and Its Discontents* (New York: W.W.

Norton, 2002), 4.

11. Joseph E. Stiglitz, *Globalization and Its Discontents* (New York: W.W. Norton, 2002), 6.

12. "Remarks by Secretary of the Treasury Janet L. Yellen on Way Forward for the Global Economy", April 2022, https://home.treasury.gov/news/press-releases/jy0714.

13. "The Anglo-Saxon Ship Burial at Sutton Hoo," The British Museum, https://www.britishmuseum.org/collection/death-and-memory/anglo-saxon-ship-burial-sutton-hoo.

14. "The Fordney-McCumber Tariff of 1922," Economic History Association. https://eh.net/encyclopedia/the-fordney-mccumber-tariff-of-1922/. Accessed June 14, 2022.

15. "Millions in Trade Lost As Result of Tariff Act," *El Paso Times*, June 17, 1931, p. 1.

16. Congressional Record Vol. 164, No. 40 (House of Representatives—March 7, 2018).

17. Gordon H. Hanson, "Can Trade Work for Workers?" Foreign Affairs, May/June 2021. https://www.foreignaffairs.com/articles/united-states/2021-04-20/can-trade-work-workers.

18. "President Donald J. Trump Is Confronting China's Unfair Trade Policies," White House Archives, May 29, 2018, https://trumpwhitehouse.archives.gov/briefings-statements/president-donald-j-trump-confronting-chinas-unfair-trade-policies/.

19. Charles Roxburgh, James Manyika, Richard Dobbs, and Jan Mischke, "Trading Myths: Addressing Misconceptions about Trade, Jobs, and Competitiveness," McKinsey & Company Report, May 1, 2012, https://www.mckinsey.com/featured-insights/employment-and-growth/six-myths-about-trade.

20. Asher Schechter, "Globalization Has Contributed to Tearing Societies Apart," *Promarket*, University of Chicago Booth School of Business, March 29, 2018, https://promarket.org/2018/03/29/globalization-

contributed-tearing-societies-apart/.

21. Finbarr Bermingham, "US-China Feud Is Acclerating the Biggest Shift in Trade Since the Cold War, Away from Globalisation," *South China Morning Post*, July 6, 2019, https://www.scmp.com/economy/china-economy/article/3017358/us-china-trade-war-accelerating-biggest-shift-trade-cold-war.

22. Henry Paulsen, "Balkanising Technology Will Backfire on the US," *Financial Times*, June 25, 2019, https://www.ft.com/content/0ed49b84-91c1-11e9-8ff4-699df1c62544.

23. Gordon H. Hanson, "Can Trade Work for Workers?" *Foreign Affairs*, May/June 2021, https://www.foreignaffairs.com/articles/united-states/2021-04-20/can-trade-work-workers.

8장

1. "The Return of the Machinery Question," *The Economist*, June 25, 2016, https://www.economist.com/special-report/2016/06/23/the-return-of-the-machinery-question.

2. Sarah Paynter, "First 3-D-Printed House for Sale Listed at $300K on Long Island," *New York Post*, February 8, 2021, https://nypost.com/2021/02/08/first-3d-printed-house-for-sale-listed-in-long-island-new-york/.

3. Aleksandar Furtula, "Dutch Queen and Robot Open 3D-printed Bridge in Amsterdam," AP News, July 15, 2021, https://apnews.com/article/technology-europe-amsterdam-a37e034e02967886c2e0a64c17f34f3a.

4. "In the Age of AI," *Frontline*, PBS, December 2, 2019, https://www.youtube.com/watch?v=5dZ_lvDgevk (@approx. 3:55).

5. "Interview with Craig Smith, Host of Eye on AI podcast," *AI Today* (podcast), September 8, 2021 @ 11:20.

6. Sylvia Smith, "Iamus: Is This the 21st Century's Answer to Mozart?" BBC News, January 3, 2013, https://www.bbc.com/news/technology-20889644.

7. Chantal Da Silva, "From a Hidden Picasso Nude to an Unfinished Beethoven, AI Uncovers Lost Art—and New Challenges," NBC News, October 30, 2021, https://www.nbcnews.com/news/world/lost-picasso-unfinished-beethoven-ai-uncovers-lost-art-new-challenges-rcna2905.

8. Daniel Ren, "Xpeng Unveils Smart Robot Pony for Children," *South China Morning Post*, September 7, 2021, https://www.scmp.com/business/companies/article/3147903/xpengs-unveils-smart-robot-pony-children-taking-it-step-closer?utm_source=copy_link&utm_medium=share_widget&utm_campaign=3147903.

9. Calum Chace, review of *A World without Work*, by Daniel Susskind, *Forbes*, January 30, 2020, https://www.forbes.com/sites/cognitiveworld/2020/01/30/a-world-without-work-by-daniel-susskind-a-book-review/?sh=66fa925d6dd7.

10. "The Return of the Machinery Question," *The Economist*, June 25, 2016, https://www.economist.com/special-report/2016/06/23/the-return-of-the-machinery-question.

11. "The Return of the Machinery Question," *The Economist*, June 25, 2016, https://www.economist.com/special-report/2016/06/23/the-return-of-the-machinery-question.

12. Ken Jennings, "The Obsolete Know-It-All," TEDX SeattleU, March 7, 2013, https://youtu.be/DxBVxglKOVw @ approx. 9:10.

13. "Rosey the Robotic Maid," TV's Saturday Morning Cartoon Legacy: The Jetsons,https://www.youtube.com/watch?v=1pphyvgd7-k.

14. Dalvin Brown, "Why It Will Be Years before Robots Take Over Your Household Chores," *Washington Post*, March 23, 2021, https://www.washingtonpost.com/technology/2021/03/23/future-robots-home-jetsons/.

15. Matthew Scherer, "Regulating Artificial Intelligence Systems," *Harvard Journal of Law and Technology* 29, no. 2 (Spring 2016): 362, http://jolt.law.harvard.edu/articles/pdf/v29/29HarvJLTech353.pdf.

16. "Uber's Self-Driving Operator Charged over Fatal Crash," BBC News, September 16, 2020, https://www.bbc.com/news/technology-5417 5359.

17. Dalvin Brown, "Why It Will Be Years before Robots Take Over Your Household Chores," *Washington Post*, March 23, 2021, https://www. washingtonpost.com/technology/2021/03/23/future-robots-home-jetsons/.

18. Jefferson Graham, "Flippy the Burger-Flipping Robot Is on a Break Already," *USA Today*, March 7, 2018, https://www.usatoday.com/story/tech/talkingtech/2018/03/07/flippy-burger-flipping-robot-break-already/405580002/.

19. "Cali Group Unveils CaliBurger 2.0 with Flippy," Total Food Service, November 1, 2019, https://totalfood.com/cali-group-unveils-caliburger-2-0-with-flippy/.

20. "FamilyMart Preps 1,000 Unmanned Stores in Japan by 2024," *Nikkei Asia*, September 10, 2021, https://asia.nikkei.com/Business/Retail/FamilyMart-preps-1-000-unmanned-stores-in-Japan-by-2024?utm_campaign=GL_techAsia&utm_medium=email&utm_source=NA_newsletter&utm_content=article_link&del_type=5&pub date=20210916123000&seq_num=5&si=_MERGE_user_id_MERGE_.

21. How Germany's Otto Uses Artificial Intelligence," *The Economist*, April 12, 2017.

22. John McCormick, "Retail Set to Overtake Banking in AI Spending," *Wall Street Journal*, September 7, 2021, https://www.wsj.com/articles/retail-set-to-overtake-banking-in-ai-spending-1163100 7001?mod=searchresults_pos10&page=1.

23. John McCormick, "Retail Set to Overtake Banking in AI Spending," *Wall Street Journal*, September 7, 2021 https://www.wsj.com/articles/retail-set-to-overtake-banking-in-ai-spending-11631007001?mod=searchresults_pos10&page=1.

24. *The New York Times Guide to Essential Knowledge* (New York: St.

Martin's Press, 2011), 442.

25. Jessica Brain, "The Luddites," Historic UK, https://www.historic-uk.com/HistoryUK/HistoryofBritain/The-Luddites/.

26. "The Return of the Machinery Question," *The Economist*, June 25, 2016, https://www.economist.com/special-report/2016/06/23/the-return-of-the-machinery-question.

27. Karl Marx, *Capital*, translated by Samuel Moore and Edward Aveling, (Hertfordshire, UK, Wordsworth Classics of World Literature, 2013) Kindle edition location 8018, page 391.

28. John Maynard Keynes, "Economic Possibilities for Our Grandchildren," in *Essays in Persuasion* (New York: W. W. Norton, 1963), 358 - 73, http://www.econ.yale.edu/smith/econ116a/keynes1.pdf.

29. Matthew Scherer, "Regulating Artificial Intelligence Systems: Risks, Challenges, Competencies, and Strategies," *Harvard Journal of Law & Technology* 29, no. 2 (Spring 2016), https://papers.ssrn.com/sol3/papers.cfm?abstract_id=2609777.

30. Andrew Hodges, *Alan Turing: The Enigma* (New York: Simon and Schuster, 1983), p. 382.

31. *The New York Times Guide to Essential Knowledge* (New York: St. Martin's Press, 2011), p. 442.

32. Harley Shaiken, "A Robot Is After Your Job," *New York Times*, September 3, 1980, https://www.nytimes.com/1980/09/03/archives/a-robot-is-after-your-job-new-technology-isnt-a-panacea.html.

33. Timothy Taylor, "Automation and Job Loss: Leontief in 1982," *Conversable Economist* (blog), August 22, 2016, https://conversableeconomist.blogspot.com/2016/08/automation-and-job-loss-leontief-in-1982.html.

34. "Preparing for the Future of Artificial Intelligence," Executive Office of the President, National Science and Technology Council, Committee on Technology, October 2016, https://obamawhitehouse.archives.gov/sites/default/files/whitehouse_files/microsites/ostp/NSTC/preparing_

for_the_future_of_ai.pdf.

35. Yuval Harari, *Homo Deus: A Brief History of Tomorrow* (New York: HarperCollins, 2017), Kindle edition location 1022, p. 43.

36. Josh Ye, Masha Borak, and Orange Wang, "As China's Working Population Falls, Factories Turn to Machines to Pick Up the Slack," *South China Morning Post*, May 27, 2021, https://www.scmp.com/tech/big-tech/article/3134920/chinas-working-population-falls-factories-turn-machines-pick-slack?utm_source=copy_link&utm_medium=share_widget&utm_campaign=3134920.

37. Ariel Ezrachi and Maurice Stucke, "Artificial Intelligence & Collusion: When Computers Inhibit Competition," University of Illinois Law Review, Vol. 2017, No. 5, p. 1775.

38. Steven Pearlstein, review of *The Second Machine Age*, by Erik Brynolfsson and Andrew McAfee, *Washington Post*, January 17, 2014, https://www.washingtonpost.com/opinions/review-the-second-machine-age-by-erik-brynjolfsson-and-andrew-mcafee/2014/01/17/ace0611a-718c-11e3-8b3f-b1666705ca3b_story.html.

39. David Autour, "Are the Robots Taking Our Jobs?" Columbus Museum of Art, https://youtu.be/uNw3ik7g1Ss @ approx. 22:24.

40. Daniel Susskind, *A World without Work* (New York: Metropolitan Books, 2020), Kindle edition, p. 5, location 268.

41. Robert Reich, "Why Automation Means We Need a New Economic Model," World Economic Forum, March 17, 2015, https://www.weforum.org/agenda/2015/03/why-automation-means-we-need-a-new-economic-model/?utm_content=buffere751d&utm_medium=social&utm_source=twitter.com&utm_campaign=buffer.

42. Daron Acemoglu and Pascual Restrepo, "Robots and Jobs: Evidence from US Labor Markets," *Journal of Political Economy* 128, no. 6 (April 22, 2020), https://economics.mit.edu/files/19696.

43. Mustafa Suleyman, "Transformers Are the Future," July 2021.

44. "The Return of the Machinery Question," *The Economist*, June 25,

2016, https://www.economist.com/special-report/2016/06/23/the-return-of-the-machinery-question.

45. "List of Countries by Income Inequality," Wikipedia, https://en.wikipedia.org/wiki/List_of_countries_by_income_equality.

46. Daniel Susskind, *A World without Work* (New York: Metropolitan Books, 2020), Kindle edition, p. 138, location 2608.

47. Yusuke Hinata, "China's Media Stars Caught in Harsh Spotlight of Inequality Drive," *Nikkei Asia*, September 2, 2021, https://asia.nikkei.com/Business/Media-Entertainment/China-s-media-stars-caught-in-harsh-spotlight-of-inequality-drive.

48. Martin Ford, *Rise of the Robots* (New York: Basic Books, 2016), Kindle edition, p. 196, location 3313.

49. Jerry Kaplan, "Humans Need Not Apply," presentation at Google, November 4, 2015, https://www.youtube.com/watch?v=JiiP5ROnzw8 @ approx. 43 minutes.

50. Yuval Noah Harari, *Homo Deus: A Brief History of Tomorrow*, (New York, Harper Collins, 2017) Kindle edition location 5299, p. 322.

9장

1. Graham Allison, "Destined for War: Can America and China Escape Thucydides's Trap?," (New York, Houghton, Mifflin, Harcourt, 2017).

2. "Top 20 Ancient Chinese Inventions," https://china.usc.edu/sites/default/files/forums/Chinese%20Inventions.pdf.

3. "Grains and Soybeans Advance on News of Nixon's China Trip," *New York Times*, July 17, 1971, p. 19, https://www.nytimes.com/1971/07/17/archives/grains-and-soybeans-advance-on-news-of-nixons-china-trip.html?searchResultPosition=5.

4. Max Frankel, "Nixon's China Goal: Genuine Diplomatic Turning Point," *New York Times*, July 23, 1971, p. 2, https://www.nytimes.com/1971/07/23/archives/nixons-china-goal-genuine-diplomatic-turning-point.html?searchResultPosition=7.

5. "Nixon Objectives," *Greenfield Recorder*, Greenfield, MA, November 30, 1971, https://newspaperarchive.com/other-articles-clipping-nov-30-1971-2748225/.

6. "Cold War II: Just How Dangerous Is China?" Uncommon Knowledge, The HooverInstitution, April 9, 2021, https://www.youtube.com/watch?v=E12r-37GZI0 @ 2:20.

7. Niall Ferguson, "Evergrande's Fall Shows How Xi Has Created a China Crisis," *Bloomberg*, September 26, 2021, https://www.bloomberg.com/opinion/articles/2021-09-26/niall-ferguson-evergrande-is-a-victim-of-xi-jinping-s-china-crisis.

8. Thomas L. Friedman, "Congress, Angry at China, Moves to Impose Sanctions," *New York Times*, June 23, 1989, https://www.nytimes.com/1989/06/23/world/congress-angry-at-china-moves-to-impose-sanctions.html?searchResultPosition=1.

9. John J. Mearsheimer, "The Inevitable Rivalry," *Foreign Affairs*, November/December 2021, https://www.foreignaffairs.com/articles/china/2021-10-19/inevitable-rivalry-cold-war.

10. Joseph Kahn, "World Trade Organization Admits China, Amid Doubts," *New York Times*, November 11, 2001, https://timesmachine.nytimes.com/timesmachine/2001/11/11/141240.html?pageNumber=16.

11. Jeffrey Sachs, "China, the Game Changer," Columbia Business School, August 3, 2012, https://www.youtube.com/watch?v=8Ou5zPGBj5U @ approx. 6:41.

12. Dambisa Moyo, "Is China the New Idol for Emerging Economies?" TED Global, June 2013, https://www.ted.com/talks/dambisa_moyo_is_china_the_new_idol_for_emerging_economies/transcript#t-143067.

13. "Cold War II: Just How Dangerous Is China?" Uncommon Knowledge, The Hoover Institution, April 9, 2021, https://www.youtube.com/watch?v=E12r-37GZI0 @ 2:54.

14. Tom Mitchell, "The Chinese Control Revolution: The Maoist Echoes of Xi's Power Play," *Financial Times*, September 6, 2021, https://www.

ft.com/content/bacf9b6a-326b-4aa9-a8f6-2456921e61ec.

15. Kevin Rudd, "To Decouple or Not to Decouple," Asia Society Policy Institute, November 4, 2019, https://asiasociety.org/policy-institute/decouple-or-not-decouple.

16. "China," *The World Factbook*, https://www.cia.gov/the-world-factbook/countries/china/.

17. Ammar A. Malik et al., *Banking on the Belt and Road* (Williamsburg, VA: Aiddata at William & Mary, September 29, 2021), https://www.aiddata.org/publications/banking-on-the-belt-and-road.

18. Frank Tang, "China Overtakes US as No 1 in Buying Power, but Still Clings to Developing Status," *South China Morning Post*, May 21, 2020, https://www.scmp.com/economy/china-economy/article/3085501/china-overtakes-us-no-1-buying-power-still-clings-developing.

19. John J. Mearsheimer, "The Inevitable Rivalry," *Foreign Affairs*, November/December 2021, https://www.foreignaffairs.com/articles/china/2021-10-19/inevitable-rivalry-cold-war.

20. Kevin Rudd, "The Avoidable War," Asia Society Policy Institute, 2021, https://asiasociety.org/sites/default/files/2021-02/AvoidableWarVol3_final.pdf.

21. John J. Mearsheimer, "The Inevitable Rivalry," *Foreign Affairs*, November/December 2021, https://www.foreignaffairs.com/articles/china/2021-10-19/inevitable-rivalry-cold-war.

22. "Cold War II—Just How Dangerous Is China?" Uncommon Knowledge, The Hoover Institution, April 9, 2021, https://www.youtube.com/watch?v=E12r-37GZI0 @ 4:00.

23. "Century of Humiliation," Wikipedia, https://en.m.wikipedia.org/wiki/Century_of_humiliation.

24. Tom Mitchell, "The Chinese Control Revolution: The Maoist Echoes of Xi's Power Play," *Financial Times*, September 6, 2021, https://www.ft.com/content/bacf9b6a-326b-4aa9-a8f6-2456921e61ec?shareType=nongift.

25. "What Happens When China Becomes Number One?" John F. Kennedy Jr. Forum, Harvard Kennedy School's Institute of Politics, April 8, 2015, https://www.youtube.com/watch?v=RO3izbn201s @47m25s.

26. Kevin Rudd, "The Avoidable War: The Decade of Living Dangerously: Navigating the Shoals of U.S.-China Relations," Asia Society Policy Institute, February 2021, p. 22, https://asiasociety.org/policy-institute/avoidable-war-decade-living-dangerously.

27. Fareed Zakaria, "The US and China's 'Cold Peace,'" *Fareed Zakaria GPS*, CNN, https://www.cnn.com/videos/tv/2021/08/08/exp-gps-0808-fareeds-take.cnn @ 1:20. August 8, 2021.

28. Cissy Zhou, "U.S.-China Decoupling," *South China Morning Post*, September 16, 2021, https://www.scmp.com/economy/china-economy/article/3149027/us-china-decoupling-if-it-comes-down-us-bloc-vs-china-bloc.

29. Cissy Zhou, "US-China Decoupling," *South China Morning Post*, September 16, 2021, https://www.scmp.com/economy/china-economy/article/3149027/us-china-decoupling-if-it-comes-down-us-bloc-vs-china-bloc.

30. Xinmei Shen, "China Drafts Tough Rules to Stop Data from Leaving Its Borders," *South China Morning Post*, October 29, 2021, https://www.scmp.com/tech/policy/article/3154135/china-drafts-tough-rules-stop-data-leaving-its-borders-beijing-tightens?utm_medium=email&utm_source=cm&utm_campaign=enlz-today_international&utm_content=20211029&tpcc=enlz-today_international&UUID=6248c9f9-23d8-49ba-b0c9-c3aabf43a5e2&next_article_id=3154141&article_id_list=3154135,3154141,3154133,3154159,3154146,3154142,3154188,3154156&tc=7&CMCampaignID=53c575cbc703d88c0f60cfbebf543364.

31. "China's Race for AI Supremacy," *Bloomberg*, October 20, 2021, https://www.youtube.com/watch?v=zbzcZr_Nadc @00:33.

32. "US Has Already Lost AI Fight to China," *Financial Times*, October 10, 2021, https://www.ft.com/content/f939db9a-40af-4bd1-b67d-10492535f8e0.

33. "NATO to Expand Focus to Counter Rising China," *Financial Times*, October 18, 2021, https://www.ft.com/content/0202ed6e-62d1-44b6-a61c-8b1278fcf31b.

34. Fareed Zakaria, "The Complex China Challenge," *Fareed Zakaria GPS*, CNN, https://www.cnn.com/videos/tv/2021/08/08/exp-gps-0808-fareeds-take.cnn @ 2:12. Augst 8, 2021.

35. "NATO to Expand Focus to Counter Rising China," *Financial Times*, https://www.ft.com/content/0202ed6e-62d1-44b6-a61c-8b1278fcf31b.

36. "Remarks as Prepared for Delivery of Ambassador Katerine tai Outlining the Biden-Harris Administration's 'New Approach to the U.S.-China Trade Relationship," Office of the United States Trade Representative, October 2021, https://ustr.gov/about-us/policy-offices/press-office/speeches-and-remarks/2021/october/remarks-prepared-delivery-ambassador-katherine-tai-outlining-biden-harris-administrations-new.

37. Kurt M. Campbell and Jake Sullivan, "Competition without Catastrophe," *Foreign Affairs*, September/October 2019, https://www.foreignaffairs.com/articles/china/competition-with-china-without-catastrophe.

38. Kurt M. Campbell and Ely Ratner, "The China Reckoning," *Foreign Affairs*, March/April 2018, https://www.foreignaffairs.com/articles/china/2018-02-13/china-reckoning.

39. 바이든 대통령의 발언, June 16, 2021, https://www.whitehouse.gov/briefing-room/speeches-remarks/2021/06/16/remarks-by-president-biden-in-press-conference-4/.

40. "Full Text of Chinese President Xi Jinping's Message for China Pavilion of Expo 2020 Dubai," Xinua, October 1, 2021, http://en.qstheory.cn/2021-10/04/c_665826.htm.

41. Kevin Rudd, "The Avoidable War," Asia Society Policy Institute, 2021, p. 74, https://asiasociety.org/policy-institute/avoidable-war-decade-living-dangerously.

42. Kevin Rudd, "The Avoidable War," Asia Society Policy Institute, 2021, https://asiasociety.org/sites/default/files/2021-02/AvoidableWarVol3_final.pdf.

43. Tom Mitchell, "The Chinese Control Revolution: The Maoist Echoes of Xi's Power Play," *Financial Times*, September 6, 2021, https://www.ft.com/content/bacf9b6a-326b-4aa9-a8f6-2456921e61ec?shareType=nongift.

44. "2034: A Novel of the Next World War", Elliot Ackerman and James Stavridis, Penguin, 2021.

45. "Avoiding the Next Nuclear Arms Race," *Financial Times*, October 22, 2021, https://www.ft.com/content/96d620a0-1825-4131-9cd2-21a3f0832b7d.

46. "Address by Xi Jinping at the Opening Ceremony of the Plenary Session of the Sixth Eastern Economic Forum," Xinua, September 6, 2021, http://en.qstheory.cn/2021-09/06/c_657419.htm.

47. "The Most Dangerous Place on Earth," *The Economist*, May 1, 2021, https://www.economist.com/leaders/2021/05/01/the-most-dangerous-place-on-earth.

10장

1. "Sixth Assessment Report," The International Panel on Climate Change, August 9, 2021, https://www.ipcc.ch/report/ar6/wg1/downloads/report/IPCC_AR6_WGI Headline_Statements.pdf.

2. Dana Nuccitelli, "Scientists Warned the US President about Global Warming 50 Years Ago Today," *Guardian*, November 5, 2015, https://www.theguardian.com/environment/climate-consensus-97-per-cent/2015/nov/05/scientists-warned-the-president-about-global-warming-50-years-ago-today.

3. William Nordhaus, "Climate Change: The Ultimate Challenge for Economics," The Nobel Foundation, December 8, 2018, https://www.nobelprize.org/prizes/economic-sciences/2018/nordhaus/lecture/.

4. Gernot Wagner and Martin L. Weitzman, *Climate Shock: The Economic Consequences of a Hotter Planet*, (Princeton, New Jersey, Princeton University Press, 2015) Kindle edition location 221, p. 6.

5. "Coal 2021," IEA, December 2021, https://www.iea.org/reports/coal-2021.

6. "Why Do We Find It So Hard to Take Action on Climate Change?" *The Climate Question*, BBC, December 19, 2021, https://www.bbc.co.uk/programmes/w3ct2drl @ approx 10:15.

7. "Progress Lacking across All Sectors to Limit Global Warming," press release, Climate Action Tracker, October 28, 2021, https://climateactiontracker.org/press/release-progress-lagging-across-all-sectors-to-limit-warming-to-15-c-but-rapid-change-is-possible-finds-new-report/.

8. Daniel Glick, "The Big Thaw," *National Geographic*, https://www.nationalgeographic.com/environment/article/big-thaw. Accessed June 14, 2022.

9. Daniel Glick, "The Big Thaw," *National Geographic*, https://www.nationalgeographic.com/environment/article/big-thaw. Accessed June 14, 2022.

10. "Rising Seas Threaten Low-Lying Coastal Cities, 10% of World Population," Center for International Earth Science Information Network, Columbia Climate School, Columbia University, October 25, 2019, https://news.climate.columbia.edu/2019/10/25/rising-seas-lw-lying-coastal-cities/.

11. Neil Newman, "From China to Europe, Being Ill Prepared for Floods Will Leave Us Soaked in Regret," *South China Morning Post*, November 8, 2021, https://www.scmp.com/week-asia/opinion/article/3155061/china-europe-being-ill-prepared-floods-will-

leave-us-soaked?module=hard_link&pgtype=article; Chee Yik-wai, "Malaysia's Floods Are Asia's Latest Sign to Act on Climate Change," *South China Morning Post*, January 4, 2022, https://www.scmp.com/comment/opinion/article/3161856/malaysia-floods-are-asias-latest-sign-act-climate-change?utm_source=cm&utm_medium=txn&utm_campaign=enlz-NOT-Follow&utm_content=20220104&d=6248c9f9-23d8-49ba-b0c9-c3aabf43a5e2.

12. Proposed Operating Budget, City of Miami, Fiscal year 2019-2020, http://archive.miamigov.com/Budget/docs/FY20/OperatingBudget.pdf.

13. "Rising Sea Levels Will Put US Homes at Risk in Near Future," CBC News, June 18, 2018, https://www.youtube.com/watch?v=0XGtH_3_7e8&feature=youtu.be.

14. Joel Rose, "Post-Sandy Fixes to NYC Subways to Cost Billions," *All Things Considered*, NPR, December 6, 2012, https://www.npr.org/2012/12/06/166672858/post-sandy-fixes-to-nyc-subways-to-cost-billions.

15. "The 2004 Tsunami Wiped Away Towns with 'Mind-Boggling' Destruction," History, September 18, 2020, https://www.history.com/news/deadliest-tsunami-2004-indian-ocean.

16. Bill McGuire, "How Climate Change Triggers Earthquakes, Tsunamis and Volcanoes," *Guardian*, October 16, 2016, https://www.theguardian.com/world/2016/oct/16/climate-change-triggers-earthquakes-tsunamis-volcanoes.

17. Hal Brands, "China Is Running Out of Water and That's Scary," *Bloomberg*, December 29, 2021, https://www.bloomberg.com/opinion/articles/2021-12-29/china-s-water-shortage-is-scary-for-india-thailand-vietnam.

18. 저자와 파투 은당고의 대화.

19. "Extreme Weather Gets a Boost from Climate Change," EDF, https://www.edf.org/climate/climate-change-and-extreme-weather.

20. Claire Galofaro and John Raby, "On a Single Street, the Tornado Killed 7 Children," *Chicago Tribune*, December 15, 2021, https://www.chicagotribune.com/nation-world/ct-aud-nw-bowling-green-kentucky-tornado-20211215-4hyu3pv2tnaprcg4xhlcik2f5y-story.html.

21. Eddy Binford-Ross, "Salem and Oregon Set Records for Hottest Summer in Recorded History," *Statesman Journal*, September 30, 2021, https://www.statesmanjournal.com/story/news/2021/09/30/summer-2021-hottest-record-oregon-salem/5903779001/.

22. Geoffrey Parker, *Global Crisis: War, Climate Change and Catastrophe in the Seventeenth Century* (New Haven: Yale University Press, 2014), https://www.amazon.com/Global-Crisis-Climate-Catastrophe-Seventeenth/dp/0300208634/ref=asc_df_0300208634/?tag=hyprod-20&linkCode=df0&hvadid=266173573147&hvpos=&hvnetw=g&hvrand=10483712355230085240&hvpone=&hvptwo=&hvqmt=&hvdev=c&hvdvcmdl=&hvlocint=&hvlocphy=9003238&hvtargid=pla-469631944739&psc=1.

23. Madhuri Karak, "Climate Change and Syria's Civil War," JSTOR Daily, September 12, 2019, https://daily.jstor.org/climate-change-and-syrias-civil-war/.

24. "Climate Change Deprives 70% of Somalis of Safe Water," *Hiiran Online*, March 23, 2021. https://www.hiiraan.com/news4/2021/Mar/182062/_climate_change_deprives_70_of_somalis_of_safe_water.aspx.

25. Abrahm Lustgarten, "The Great Climate Migration," *New York Times Magazine*, https://www.nytimes.com/interactive/2020/07/23/magazine/climate-migration.html. July 23, 2020.

26. "A 30C World Has No Safe Place," *The Economist*, July 24, 2021, https://www.economist.com/leaders/2021/07/24/a-3degc-world-has-no-safe-place.

27. "IPCC Assessment of Climate Change Science Finds Many Changes are Irreversible," IISD/SDG Knowledge Hub, August 10, 2021, https://

sdg.iisd.org/news/ipcc-assessment-of-climate-change-science-finds-many-changes-are-irreversible/.

28. "Financing Clean Energy Transitions in Emerging and Developing Economies," International Energy Agency, World Energy Investment 2021 Special Report, https://iea.blob.core.windows.net/assets/6756ccd2-0772-4ffd-85e4-b73428ff9c72/FinancingCleanEnergyTransitionsinEMDEs_WorldEnergyInvestment2021SpecialReport.pdf.

29. Jeffrey Ball, Angela Ortega Pastor, David Liou, and Emily Dickey, "Hot Money: Illuminating the Financing of High Carbon Infrastructure in the Developing World," *iScience* 24, no. 11 (November 19, 2021), https://www.sciencedirect.com/science/article/pii/S2589004221013274.

30. Aaron Bernstein, "Coronavirus, Climate Change, and the Environment," Harvard T.H. Chan School of Public Health, https://www.hsph.harvard.edu/c-change/subtopics/coronavirus-and-climate-change/. Accessed June 14, 2022.

31. Nicola Ranger, Olivier Mahul, and Irene Monasterolo, "Managing the Financial Risks of Climate Change and Pandemics," *One Earth* 4, no. 10 (October 22, 2021): 1375 – 85, https://www.sciencedirect.com/science/article/abs/pii/S259033222100539X.

32. Kimberley R. Miner, Arwyn Edwards, and Charles Miller, "Deep Frozen Arctic Microbes Are Waking Up," *Scientific American*, November 20, 2020, https://www.scientificamerican.com/article/deep-frozen-arctic-microbes-are-waking-up/?print=true.

33. "The Challenge," United Nations Economic Commission for Europe (UNECE), https://unece.org/challenge#:~:text=Methane%20is%20a%20powerful%20greenhouses,are%20due%20to%20human%20activities. Accessed June 14, 2022.

34. Frank Ackerman and Elizabeth A. Stanton, "The Cost of Climate Change," Global Development and Environment institute and Stockholm Environment Institute-US Center, Tufts University, May 2008, p. 8, https://www.nrdc.org/sites/default/files/cost.pdf.

35. William D. Nordhaus, *The Spirit of Green* (Princeton, NJ: Princeton University Press, 2021), Kindle edition location 4716, p. 277.

36. "Three Degrees of Global Warming Is Quite Plausible and Truly Disastrous," *The Economist*, July 24, 2021, https://www.economist.com/briefing/2021/07/24/three-degrees-of-global-warming-is-quite-plausible-and-truly-disastrous.

37. "Scaling Up Climate Adaptation Finance Must Be on the Table at UN COP26," United Nations Conference on Trade and Development (UNCTAD), October 28, 2021, https://unctad.org/news/scaling-climate-adaptation-finance-must-be-table-un-cop26.

38. "Keynote Remarks by Secretary of the Treasury Janet L. Yellen at COP26 in Glasgow, Scotland at the Finance Day Opening Event," US Department of the Treasury, press release, November 3, 2021, https://home.treasury.gov/news/press-releases/jy0457.

39. Gernot Wagner, "Fear of Geoengineering Is Really Anxiety about Cutting Carbon," *Bloomberg*, June 25, 2021, https://www.bloomberg.com/news/articles/2021-06-25/fear-of-geoengineering-is-really-anxiety-about-cutting-carbon.

40. Justin Mikulka, "3 Key Dangers of Solar Geoengineering and Why Some Critics Urge a Global Ban," EcoWatch, December 11, 2018, https://www.ecowatch.com/solar-geoengineering-risks-climate-change-2623070339.html.

41. "Geoengineering Could Put 1bn People at Risk of Malaria: Study", The Business Standard, May 23, 2022, https://www.tbsnews.net/bangladesh/health/geoengineering-could-put-1bn-people-risk-malaria-study-407502.

42. Tim O'Donnell, "Can Carbon Capture Technology Save the Planet?" *The Week*, September 13, 2021, https://theweek.com/climate-change/1004669/can-carbon-capture-technology-save-the-planet.

43. The World Counts, https://www.theworldcounts.com/challenges/climate-change/global-warming/global-co2-emissions/story.

44. "Pathway to Critical and Formidable Goal of Net-Zero Emissions by 2050 Is Narrow but Brings Huge Benefits, According to IEA Special Report," press release, IEA, May 18, 2021, https://www.iea.org/news/pathway-to-critical-and-formidable-goal-of-net-zero-emissions-by-2050-is-narrow-but-brings-huge-benefits.

45. "Renewable Energy," Center for Climate and Energy Solutions, https://www.c2es.org/content/renewable-energy/Accessed June 14, 2022.

46. "Ford Expands Climate Change Goals," press release, Ford Motor Co., June 24, 2020, https://media.ford.com/content/fordmedia/fna/us/en/news/2020/06/24/ford-expands-climate-change-goals.html.

47. "Carbon Capture and Storage," Edison Electric Institute, https://www.eei.org/issuesandpolicy/environment/climate/Pages/carboncapandstor.aspx.

48. "During 2021, U.S. Retail Energy Prices Rose at Fastest Rate Since 2008," Today in Energy, U.S. Energy Information Administration, March 2022, https://www.eia.gov/todayinenergy/detail.php?id=51438.

49. "Today in Energy," US Energy Information Administration, January 3, 2022, https://www.eia.gov/todayinenergy/detail.php?id=50718.

50. Kristalina Georgieva, "Remarks of the Managing Director at the High-Level Dialogue on Energy," International Monetary Fund under the auspices of the UN General Assembly, September 24, 2021, https://www.imf.org/en/News/Articles/2021/09/24/unga-high-level-dialogue-on-energy.

51. Ian Parry, "Putting a Price on Pollution," *IMF Finance & Development* 56, no. 4 (December 2019), https://www.imf.org/external/pubs/ft/fandd/2019/12/the-case-for-carbon-taxation-and-putting-a-price-on-pollution-parry.htm.

52. William D. Nordhaus, *The Spirit of Green* (Princeton, NJ: Princeton University Press, 2021), Kindle edition location 4765, p. 280.

53. William Nordhaus, "The Spirit of Green: The Economics of Collisions and Contagions in a Crowded World," (Princeton NJ, Princeton

University Press, 2021), Kindle Edition, p. 278.

54. Tariq Fancy, "Tariq Fancy on the Failure of Green Investing," *The Economist*, November 4, 2021, https://www.economist.com/by-invitation/2021/11/04/tariq-fancy-on-the-failure-of-green-investing-and-the-need-for-state-action.

55. "Tariq Fancy on the Failure of Green Inveting and the Need for State Action," *The Economist*, November 4, 2021, https://www.economist.com/search?q=Tariq+Fancy+on+the+failure+of+green+investing+and+the+need+for+state+action.

56. Gernot Wagner and Martin L. Weitzman, "Climate Shock: The Economic Consequences of a Hotter Planet," (Princeton, NJ, Princeton University Press, 2015) Kindle edition location 901, p. 56.

11장

1. "Global Trends 2040: A More Contested World," A Publication of the National Intelligence Council, March 2021, https://www.dni.gov/files/ODNI/documents/assessments/GlobalTrends 2040.pdf.

2. Ursula Henz and Colin Mills, "Social Class Origin and Assortive Mating in Britain, 1949-2010," *British Sociological Association* 52, no. 6 (September 12, 2017), https://journals.sagepub.com/doi/10.1177/0038038517726479#:~:text=Assortative%20mating%20is%20the%20tendency,level%20aspect%20of%20social%20inequality.

3. Walter Scheidel, *The Great Leveler* (Princeton, NJ: Princeton University Press, 2017), https://books.google.com/book s/about/The_Great_Leveler.html?id=KXSYDwAAQBAJ&source=kp_book_description.

4. Kimberly Amadeo, "US Debt by President: By Dollar and Percentage," the balance, February 7, 2022, https://www.thebalance.com/us-debt-by-president-by-dollar-and-percent-3306296.

5. Tom Phillips, "Outrage as Bolsonaro Confirms Russia Trip Despite Ukraine Crisis," *The Economist*, January 28, 2022, https://www.theguardian.com/world/2022/jan/28/outrage-as-bolsonaro-confirms-

russia-trip-despite-ukraine-crisis.

6. Anne Applebaum, "The Bad Guys Are Winning," *Atlantic*, November 15, 2021, https://www.theatlantic.com/magazine/archive/2021/12/the-autocrats-are-winning/620526/.

7. "Top Risks 2022," Eurasiagroup, https://www.eurasiagroup.net/issues/top-risks-2022. Accessed June 14, 2022.

8. Jonathan Stevenson and Steven Simon, "We Need to Think the Unthinkable about Our Country," *New York Times*, January 13, 2022, https://www.nytimes.com/2022/01/13/opinion/january-6-civil-war.html?searchResultPosition=1.

9. "Will the US Have Another Civil War?" Zogby Poll, February 4, 2021, https://zogbyanalytics.com/news/997-the-zogby-poll-will-the-us-have-another-civil-war.

10. Spencer Bokat-Lindell, "Is Civil War Looming, or Should We Calm Down?" *New York Times*, January 13, 2022, https://www.nytimes.com/2022/01/13/opinion/civil-war-america.html.

11. Eric Schmidt and Jared Cohen, *The New Digital Age* (New York: Knopf, 2013).

12. Nouriel Roubini, "The Looming Stagflationary Debt Crisis," Project Syndicate, June 30, 2021, https://www.project-syndicate.org/commentary/stagflation-debt-crisis-2020s-by-nouriel-roubini-2021-06?barrier=accesspaylog.

13. Mark Hulbert, "The Good News Hidden in the Bond Market's 2021 Losses," *MarketWatch*, January 7, 2022, https://www.marketwatch.com/story/the-good-news-hidden-in-the-bond-markets-2021-losses-11641576769.

14. "S&P 500 PE Ratio—90 Year Historical Chart," macrotrends, https://www.macrotrends.net/2577/sp-500-pe-ratio-price-to-earnings-chart. Accessed June 14, 2022.

15. Coral Murphy Marcos, "Stocks Fall, Swelling September's Losses," *New York Times*, September 30, 2021, https://www.nytimes.

com/2021/09/30/business/us-stock-market-today.html.

16. Nouriel Roubini, "The Stagflation Threat Is Real," Project Syndicate, August 30, 2021, https://www.project-syndicate.org/commentary/ mild-stagflation-is-here-and-could-persist-or-deepen-by-nouriel-roubini-2021-08?barrier=accesspaylog.

17. Nouriel Roubini, "Clouds over 2022," Project Syndicate, December 29, 2021, https://www.project-syndicate.org/commentary/economic-market-outlook-2022-by-nouriel-roubini-2021-12.

12장

1. John Thornhill, "It Is Time to Bet Big on Fusion Energy," *Financial Times*, November 18, 2021, https://www.ft.com/content/af4a3478-cca3-4610-9325-615716f95a71.

2. "Global Trends 2040," National Intelligence Council, March 2021, https://www.dni.gov/files/ODNI/documents/assessments/ GlobalTrends_2040.pdf.

앞으로 모든 것을 뒤바꿀 10가지 위기

초거대 위협

제1판 1쇄 발행 | 2023년 2월 13일
제1판 9쇄 발행 | 2023년 3월 15일

지은이 | 누리엘 루비니
옮긴이 | 박슬라
펴낸이 | 오형규
펴낸곳 | 한국경제신문 한경BP
책임편집 | 김종오
교정교열 | 김순영
저작권 | 백상아
홍보 | 이여진 · 박도현 · 정은주
마케팅 | 김규형 · 정우연
디자인 | 지소영
본문디자인 | 디자인 현

주소 | 서울특별시 중구 청파로 463
기획출판팀 | 02-3604-590, 584
영업마케팅팀 | 02-3604-595, 562   FAX | 02-3604-599
H | http://bp.hankyung.com   E | bp@hankyung.com
F | www.facebook.com/hankyungbp
등록 | 제 2-315(1967. 5. 15)

ISBN 978-89-475-4877-9   03320